Modern Japanese Economy

현대 일본경제

강철구 지음

JAPAN

Modern Japanese Economy

KyoWooSa 敎友社

머리말

PREFACE

'세계화', '글로벌화'의 이슈는 최근에 떠오르는 단어가 아니다. 요즈음에는 누구나가 다른 민족이나 국가에 대한 지식을 가져야 하는 일종의 강박관념까지 느끼게 만들 정도로 세상이 변했다. 일상의 주장에서도 해외사례나 지구촌의 모습을 담아내야 설득력이 있게 되고, 특히 선진국을 대상으로 하는 분위기는 더욱 역력하다. 그러다 보니 속도와 변화에 민감한 우리나라는 최근 중국경제가 급성장하면서 지금까지 미국 다음으로 중요시 여겨져 왔던 일본경제를 등한시 하고 중국에만 관심을 갖게 되는 듯한 느낌을 갖게 된다.

그러나 일본을 한번 돌아보자. '잃어버린 10년'이란 말이 유행했던 90년대 이후 일본경제는 장기 디플레이션에서 벗어나기 위해 '관(官)'과 '민(民)'이 함께 노력하는 모습을 보여왔고, 그 결과 일본 경제는 다시 회복하고 있으며 2008년 저녁 뉴스에서는 종종 일본의 대학 졸업자들이 대기업을 선택해서 입사할 정도로 실업률이 감소하고, 경기는 호황을 누리고 있다는 소식이 들려온다.

이 책에서는 일본의 경제가 급속히 발전하기 시작한 일본의 산업혁명 이후부터 시작하여 현대에 이르기까지의 과정을 기술하여 일본 경제에 대한 전체적인 윤곽을 빨리 파악할 수 있도록 구성해 보았다. 인류역사가 연속성을 갖고 있는 이상 일본경제 역시 과거를 통해 현재의 경제구조와 경제운영이 어떻게 연속성을 갖고 있으며, 어떠한 기능과 결함을 갖고 있는가를 보다 깊게 이해할 수 있다면 그 자체만으로도 한국의 경제성장을 이해하는데 도움을 줄 수 있을 것이라고 생각했기 때문이다.

책을 읽으면서 더욱 전문적인 지식을 요구할 때는 뒷부분의 참고도서를 보면 된다. 또한 쉬었다 가는 곳을 마련해서 혹시나 책을 읽다가 지루하게 느껴질 때에는 일본의 대표적인 기업들을 통해 가볍게 걸쳐가게 하였다.

마지막으로, 학문적이기보다는 알기 쉬운 일본경제에 관한 책을 쓰고 싶어서 겁도 없이 용기만 갖고 시작하다 보니 깊이는 없고 폭만 넓어지는 느낌을 떨쳐버릴 수가 없다. 또한 글을 쓰면서 여러 교재와 논문, 그리고 인터넷 정보검색을 인용하다 보니 나도 모르는 사이에 내용이 중복되기도 하고 때로는 각주로 표시하지 못하거나 원저자에 대한 표기를 소홀히 다룬 부분이 있을 것이다. 이는 전적으로 본의가 아니라 세심하게 표기하지 못한 저자의 실수임을 인정하고 이에 대해 넓은 마음으로 양해해 주기 바란다.

아무쪼록 이 책을 통해서 근대 및 현대 일본경제에 대한 새로운 지식과, 기존의 지식이 통합되어 알찬 공부가 되었으면 한다.

2008년 3월

저자 강 철 구

차 례

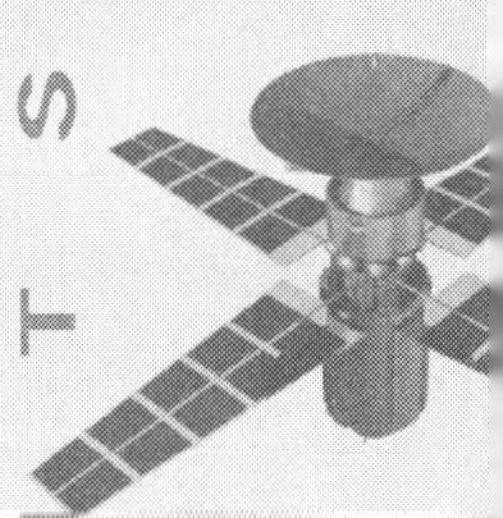

CHAPTER 01

근대 일본경제

제1절 초기 산업혁명기 2

제2절 은행제도와 주식회사의 발달 22

제3절 정부, 기업가 및 노동자 27

제4절 농업의 근대적 변화 39

제5절 대외 경제관계 42

◈ 쉬어가는 일본경제 48

CHAPTER 02

패전 후 일본경제

제1절 전전의 일본경제 54

제2절 전후부흥기(1945~50) 57

제3절 한국전쟁(1950~53) 75

제4절 고도성장기(1956~73) 77

제5절 오일쇼크(1973~74) 86

제6절 저성장기(1975~85) 89

◈ 쉬어가는 일본경제 98

CONTENTS

CHAPTER 03

고도경제시대의 호경기

제1절 진무경기(神武景氣) 106

제2절 이와토경기(岩戸景氣) 112

제3절 올림픽경기(オリンピック景氣) 117

제4절 이자나기경기(いざなぎ景氣) 121

제5절 일본열도개조론 127

◈ 쉬어가는 일본경제 130

CHAPTER 04

재벌구조와 메인뱅크

제1절 재벌의 흥망성쇠 138

제2절 기업집단 146

제3절 메인뱅크 시스템 153

◈ 쉬어가는 일본경제 181

CONTENTS

CHAPTER 05

버블경제와 장기불황

제1절 80년대의 일본경제 188

제2절 90년대의 일본경제 196

제3절 버블붕괴 및 장기불황 199

제4절 설비투자의 역할 207

◈ 쉬어가는 일본경제 212

CHAPTER 06

부실채권과 제로금리정책

제1절 부실채권의 발생원인 220

제2절 부실채권과 금융시스템의 안전성 225

제3절 부실채권 처리 230

제4절 제로금리정책 236

◈ 쉬어가는 일본경제 241

CHAPTER 07

일본의 글로벌화와 EPA 전략

제1절 일본의 글로벌화 준비 248

제2절 일본의 EPA 전략의 추진배경 251
제3절 EPA 추진현황 270
제4절 EPA 전략추진에 따른 문제점 297
제5절 EPA에 따른 경제적 효과 307
◈ 쉬어가는 일본경제 315

■찾아보기 321

CHAPTER 01

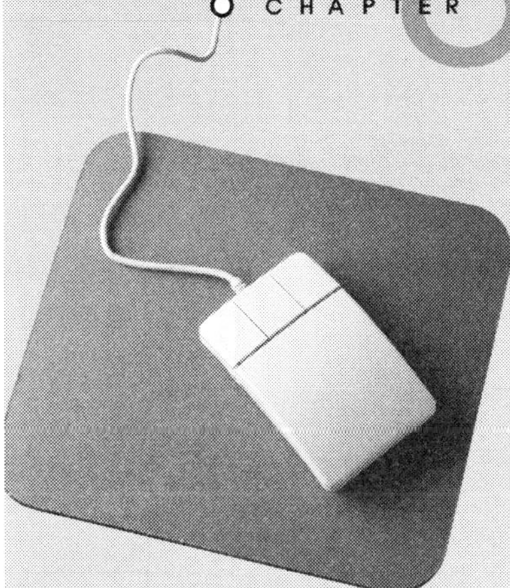

근대 일본경제

제1절 초기 산업혁명기

제2절 은행제도와 주식회사의 발달

제3절 정부, 기업가 및 노동자

제4절 농업의 근대적 변화

제5절 대외 경제관계

◈ 쉬어가는 일본경제

01 CHAPTER

근대 일본경제

제1절 초기 산업혁명기

1. 메이지유신과 산업구조

산업혁명이란 기계발명과 이를 기초로 하여 자본재 생산양식이 전 사회적으로 확립되는 과정으로, 국민경제 전체를 자본주의적으로 편성하는 것이 완성되는 시기를 말한다. 이러한 산업혁명이 고전적인 행태로 나타난 것은 1760년대부터 1830년대에 걸쳐 영국에서 출발하였지만, 일본의 산업혁명기는 일반적으로 1886년부터 1889년에 걸친 면방적업과 철도업, 그리고 광산업을 중심으로 나타난 제1차 산업혁명기부터 러일전쟁 직후(1907년) 생산수단의 국산화가 확정되고 야하타제철소(八幡製鐵所)가 생산을 시작한 제2차 산업혁명기로 구분할 수 있다. 이러한 점을 고려할 때, 일본 자본주의는 메이지유신(明治維新) 이후 본격화되었다고 볼 수 있다. 즉 메이지유신을 기점으로 서양의 기술과 산업, 그리고 이를 뒷받침할 근대국가의 제도 등 이 시기에 대부분이 전면적으로 도입되었고, 국가가 산업 진흥을 위한 적극적인 정책을 펼쳐 나갔기 때문이다. 따라서 영국의 산업혁명에 비해 약 100여년 뒤진 1880년대 중엽 이후 일본은 산업혁명을 거치면서 근대 자본주의가 확립되었다고 볼 수 있다.

1) 페리의 내항

(1) 페리의 내항

1840년에 일어난 아편전쟁(1840~42)에서 대국인 청(淸)이 영국에 패했다는 사실이 전해지자 일본에서는 서양 침략에 대한 위기감이 높아갔다. 한편, 네덜란드 국왕은 편지를 보내어 세계 상황의 변화를 이야기하며 일본의 개국을 권유했지만, 막부(幕府)는 지금까지 고수해 왔던 쇄국정책을 바꾸려고 하지 않았다. 그 당시 태평양까지 영토를 넓혔던 미국은 중국과의 무역을 개시하기 위해 태평양 횡단선로를 설치하는 계획을 세우고, 지나는 길에 있는 일본에 항구를 개항할 것을 요구해 왔다.

바로 이때가 일본이 자본주의를 형성하던 시점으로, 그 시기는 대체로 1853년에서 1877년 전후이다. 즉 1853년 7월 태평양항로에 높은 관심을 갖고 있던 미국은 동인도 함대장관 페리[1)]로 하여금 4척의 군함(黑船, 구로후네)을 이끌고 우라가(浦賀)에 도착하여 자유무역, 조난선 보호, 석탄식료 보급 등을 위한 항구의 개항을 요구하는 미국 대통령의 친서를 전달하였지만, 이에 대해 막부(幕府)는 개국을 거부하였다. 그러나 1854년 2월 페리는 다시 에도만(江戸湾) 앞바다에 정박하여 소약체결을 요구, 그 해 3월 양국은 기나가와(神奈川) 요코하마(横浜)에서 일미화친조약(日美和親條約)에 조인하고, 시모다(下田)·하코다테(箱館) 등을 개항하게 되었다. 이렇게 일본은 전쟁을 거치지 않고 개방하는 길을 택하였지만, 이 조약에는 영사가 주재국에서 자국민의 재판을 본국법에 따라 행할 수 있는 영사재판권이 인정되고 일본에게는 관세자주권이 없는 불평등한 조약이었다.

미국과의 화친조약이 체결되자 일본에 관심을 갖고 있던 많은 서구 열강들이 앞다투어 일본과 화친조약을 체결하기 시작했다. 1854년 영일화친조약, 1855년 러일화친조약, 그리고 1856년 네덜란드와의 화친조약을 체결하였으며 1858년 6월에는 일미수호통상조약을 맺는다. 막부는 이로서 지금까지 견지해 왔던 쇄국정책을 포기하고 서양 열강들과의 수호통상조약을 체결하면서 개항을 통해 서양문물을 받아들이기 시작했고, 서양 열강들과 같은 근대국가 건설을 목표로 중앙집권화를 위한 정책을 비롯하여 전반적인 개혁정책을 실시하였다.

한편, 일미수호통상조약은 칙허(飭許) 없이 처리한 막부의 독단적 처사였으므로 반막부세력(反幕府勢力)이 일어나 막부와 대립하는 격동을 겪었다. 일부 다이묘(大名)와 무사(武士)들은 외세를 배격하고 천황의 권위를 회복하자는 존왕양이(尊王攘夷)론을 주장하였나. 그러나 이것이 불가능함을 알게 된 사츠마번(薩摩藩, 現 鹿兒島縣)과 쵸슈번(長州藩, 現 山口縣)에서는 하급무사들이 실권을 잡고 영국과 제휴하여 근대적인 군비를 갖추어 막부

1) 페리(Matthew Calbraith Perry, 1794~1858)는 귀국 후 "日本遠征記" 3권을 간행하였다.

를 타도한 후 천황중심의 정부를 세우려 하였다. 막부는 프랑스의 원조로 군사개혁을 추진하고 쵸슈정토(1864, 長州征討)를 꾀하였으나 쵸슈번과 동맹을 맺은 사츠마번은 막부의 출병명령에 불응하였다.

(2) 메이지유신(明治維新)

메이지유신(明治維新)[2]을 전후로 한 당시의 상황을 살펴보면 전국적인 물가의 상승으로 약탈행위와 소요사태가 일어났으며, 1859년에는 해외무역이 개시되면서 생사나 차, 금 등이 수출되고 모직물, 면직물, 함선, 무기 등이 수입되었다. 수출품의 격증과 금의 대량유출로 인한 경제의 혼란은 하급무사와 민중의 생활을 압박하였고, 결국 막부는 쵸슈정토에 실패하면서 권위가 땅에 떨어졌다. 이로서 260여 년 내려오던 막부는 1866년 패배하였고 메이지유신(明治維新)을 통해 새 시대를 열었다.

1867년 11월, 막부의 15대 장군 도쿠가와 요시노부(德川慶喜)가 천황 밑에서 계속 실권을 유지하기 위해 천황에게 정권을 반환(大政奉還)한 것을 계기로, 1868년 신정부는 정부조직을 정비하고 에도(江戸)를 도쿄(東京)로 고치고 연호를 메이지(明治)로 정하였다. 1869년에는 천황조정이 교토(京都)에서 도쿄로 천도하였다. 이후 신정부는 중앙집권화를 추진하면서 근대국가로 발전하는 길을 열었는데 이러한 일련의 개혁을 메이지유신(明治維新)이라 한다.

메이지유신(明治維新)을 통해 경제적으로는 관영공장(官營工場)이 만들어지고 정부주도하에 산업이 육성되기 시작하면서 서양식 공업기술이 도입되어 자본가와 노동자 등의 두 계급이 생겼다. 이전에는 사농공상(士農工商) 각각의 직업간 이동이 불가능했으나 메이지유신 이후 직업선택의 자유가 인정되면서 메이지유신 이전의 하층계급이었던 상인들이 중요한 계급으로 성장하는 계기가 되었다.

2) 메이지 유신(明治維新)은 에도 막부를 무너뜨리고 천황이 직접 통치하는 체제로 전환된 사건으로 근대 자본주의 체제로 전환된 개혁을 말한다.

2) 개혁과정

(1) 판적봉환(版籍奉還)

우선 1869년 신정부는 토지와 인민에 대한 다이묘(大名)의 지배권을 천황에게 반환하도록 하는 판적봉환(版籍奉還)을 실시하였다. 판(版)은 토지, 적(籍)은 백성들을 의미하며 번주(藩主)로부터 천황에게 토지와 백성을 반납하겠다는 뜻으로 정부가 이를 허락하면서 번주는 그대로 번의 지사로 임명하였다. 즉 번을 통치하는 사람은 바뀌지 않았지만, 이로서 일본의 토지와 백성은 모두 천황에 속해 있다는 의식으로 전환된다.

(2) 폐번치현(廢藩置縣)

1871년 8월에 신정부는 다시 번(藩)을 폐지하고 부(府)와 현(縣)을 두어 부지사와 현령을 파견하였다. 번(藩)의 권력을 해체하고 메이지 정부 중심의 중앙집권적 체제 확립에 보다 결정적인 역할을 한 것이다. 즉 중앙정부 중심의 근본적인 권력강화가 필요하다는 것을 느낀 메이지 정부는 번(藩)의 폐시를 명령하였고 이로서 일본은 도쿄(東京), 교토(京都), 오사카(大阪) 이렇게 3개의 부(府)와 302개의 현(縣)으로 편성되었으며, 부(府)에는 지사(知事)가, 현(縣)에는 현령(縣令)이 중앙으로부터 파견되어 행정을 담당하였다. 이로서 봉건제도는 붕괴되고 중앙집권정치의 기초가 마련되었다.

(3) 사민평등(四民平等)

그때까지 농민들을 대상으로 소송상의 차별을 두었던 거주이전 규제(토지에의 속박), 직업 규제, 경제활동 규제, 농민토지소유권 규제 등을 폐지하였다. 정부는 국민이 제약에 얽매이지 않고 자유롭게 활동할 수 있도록 신분제도를 폐지하고 황족(천황의 일족), 화족(다이묘와 천황조정의 귀족), 사족(무사)[3], 평민(농공상민) 등으로 나누었으며, 결혼과 직업선택의 자유와 평민의 성(姓) 소유 등, 사민평등 정책을 실시하였다.

3) 사족(士族)이란 무사의 집안을 일컬으며 메이지유신 이후 옛 무사계급에게 주어졌던 신분이다. 이들은 메이지 정부의 근대화 · 서구화 정책으로 경제적 · 정치적 · 신분적 특권을 상실하면서 정부에 대해 강한 불만을 가지고 저항하였다. 결국 이들은 1873년 정한론을 주장하면서 반란을 일으켰고 1876년 무기소지를 금지한 '대도금지령(帶刀禁止令)' 을 계기로 전국 각지에서 반란을 일으켰다.

(4) 징병제 도입

신정부는 1873년 1월, 만 20세의 남자를 징병하는 징병령을 공포하여 구미열강을 모방한 국민군대를 창설하였다. 처음에는 군사적으로 무사계급을 견제하기 위해 징병제를 도입하였지만 이로서 국력의 군사적 기초가 만들어졌다.

(5) 교육제도 정비

근대화를 추진하기 위해 힘을 기울인 정책 중 하나가 국민계몽과 개화를 위한 교육제도 정비이다. 1872년 프랑스제도를 모델로 학제를 제정하였으나 국민생활과 맞지 않아 1879년에는 미국식 교육제도를 모델로 한 교육령이 공포되었다. 신정부가 국민교육을 위해 문부성을 신설하여 소학교 교육에 주력한 결과 전국에 2만 이상의 소학교가 설립되었다. 1877년 최초의 종합대학으로 문학 · 이학 · 법학 · 의학의 네 학부로 구성된 도쿄대학(東京大學)을 설립하였고 국립대학에 외국인 교사를 초빙하여 학문의 발달을 꾀하였으며, 사범교육 · 여자교육 · 산업교육을 위한 전문학교도 설립하였다.

가장 오래된 사립학교로서는 1858년에 후쿠자와 유키치(福澤諭吉)[4]가 설립한 양학숙(洋學塾)을 개칭한 케이오의숙대학(慶應義塾大學)이 있다. 1907년에는 6년간의 의무교육제도를 확립하면서 교육제도를 하나씩 정비해 나갔다.

한편, 1876년 미국의 교육가인 클라크(William Smith Clark, 1826~1886)가 북해도 개척사에 초빙되어 삿포로농학교(札幌農學校)에서 기독교 신앙에 근거한 교육을 통해 우치무라 간조(内村監三), 니토베 이나조(新渡戸稲造) 등의 학생들에게 깊은 감동을 주는 교육을 실시하였다. 우치무라 간조는 삿포로농학교 졸업 후 교회적 기독교에 대해 무교회주의를 제창한 종교가이면서 평론가로 성장하였고, 니토베 이나조는 미국과 독일에 유학한 후 교토대학(京都大學) 교수를 역임하였다. 그는 국제평화를 주장하며 국제연맹(UN) 사무국 차장으로 활약하였으며 무사도(武士道), 농업본론(農業本論) 등 유명한 저술을 남겼다.

4) 후쿠자와(1834~1901)는 일본의 계몽사상가이며 교육가로서 난학(蘭學)을 공부했다. 막부에 등용되면서 3회에 걸쳐 구미를 방문했으며, 메이지 유신 이후에는 정부보다는 민간에서 활동하면서 1868년 케이오기쥬쿠대학(慶應義塾大學)을 설립하였다. 그는 탈아입구(脫亞入口), 관민조화(官民調和) 등을 외쳤으며 "西洋事情", "學問のすすめ" 등은 당시의 베스트셀러로 엄청난 사회적 영향력을 끼쳤다.

(6) 그 외 조세제도개혁, 산업보호육성

신정부는 재정기반이 취약했기 때문에 재원의 안정을 위해, 그리고 정부의 세수입을 일정하게 유지하기 위해 조세제도를 개혁(地租改正)하여 지주와 자작농에게 토지 소유권을 인정하는 지권(地劵)을 발행, 에도시대의 애매모호했던 토지의 소유권을 확실히 만든 다음 그 지권을 갖고 있는 자에게 토지세를 현금으로 국가에 납부하게 하였다. 이후 지조개정사업으로 세제가 통일되고 획일화되면서 정부는 안정된 자원을 확보하게 되었다. 그러나 세금을 낼 수 없는 자작농 농민들은 할 수 없이 토지를 팔게 되고, 토지를 갖고 있지 않는 소작인은 수확한 쌀의 50%를 소작료로 지주에게 주어야 했다. 그러다 보니 농민들의 생활은 예전이나 지금이나 별반 다르지 않은 고통스러운 생활이 지속되었고, 그들 중 일부는 농촌을 떠나 도회지 공장으로 가거나 징병제도를 지탱하는 병력으로 이동하면서 근대산업발전에 필요한 노동력을 제공하였다.

한편, 신정부는 외국기술자를 초빙하고 기계를 수입하여 근대산업의 육성을 꾀하였다. 조선소 · 병기공장 · 광산 · 생사공장 · 면사방적공장 등 많은 관영공장을 만들어 산업을 보호 · 육성하였다. 1871년에는 서양식 우편제도를 발족시키고 1872년에는 철도를 부설하였으며, 일본 근해의 해운권의 확립과 군사수송을 위해 해운회사를 보호하였다. 1873년부터는 태양력을 채용하고, 1일 24시간, 1주 7일제, 일요 휴일제를 확립하였다.

재정부담에 허덕이던 정부는 1880년대에 민영공장이 성공하자 관영공장을 불하하고 민영사업을 보호하였다. 따라서 1890년대에는 민영의 방적 · 철도회사가 계속 설립되었으며, 미츠이(三井) · 이와자키(岩崎, 후에 三菱) 등과 같은 정상(政商)들도 등장하게 되었다. 또한 1882년에는 일본은행을 만들어 금융과 지폐발행을 담당하였다.

3) 사회변화

메이지유신으로 일본의 근대적 통일국가가 형성되면서 경제적으로는 자본주의가 성립하였고, 정치적으로는 입헌정치가 개시되었으며, 사회 · 문화적으로는 근대화가 추진되었다. 또한 국제적으로는 제국주의 국가로서 천황제적 절대주의를 국가구조의 전 분야에 실현시키게 되었다.

한편, 신정부는 1871년 막부시대에 서구열강과 맺은 불평등조약의 개정과 서구의 발달된 문명을 시찰할 목적으로 이와쿠라 토모미(岩倉具視)[5]를 특명전권대사로 하는 이와쿠라 사절단(岩倉使節團)[6]을 파견하였다. 사절단은 제일 먼저 미국에 도착하여 교섭을 시작하였지만 일본에 근대적인 법률제도가 정비되어 있지 않다는 것을 이유로 좀처럼 개정에 응하지 않았다. 그러나 사절단은 본래의 목적인 조약 개정보다는 문명시찰에 중점을 두었다.

한편 당시 사민평등과 징병령에 의해 특권을 상실한 사족들이 불만을 표출하고자 정한론(征韓論)을 내세웠지만, 구미에서 돌아온 이와쿠라 도모미, 이토 히로부미 등은 지금의 국력으로 정한론은 위험하고 국내체제를 갖추어야 한다고 주장하면서 정한론자와 대립하였다. 정한론을 주장했던 대표적인 사족인 사이고 다카모리(西鄕隆盛, 1827~1877)는 이와쿠라 도모미 등에게 밀려 정계에서 밀려난 뒤 가고시마(鹿兒島)에 군사학교의 일종인 사학교를 세웠다. 그들은 조선침략과 사족의 특권보호를 주장하며 1877년 반란을 일으켰으나(세이난전쟁, 西南戰爭)[7] 정부군에 의해 진압되고 메이지 정부는 권력의 기초를 확립하였다.

한편, 이토 히로부미(伊藤博文)[8]는 1885년 내각제도를 비롯하여 대일본제국헌법을 제정(1889년)하고 초대 내각총리대신이 되면서 일본의 입헌정치를 정착시켰다. 종교적으로는 천황을 신으로 숭배하는 신토(神道)를 부활시키고 불교와 기독교는 탄압했다. 특히 기독교는 천황숭배와의 마찰로 극우파들에게 공개적으로 배척받았다.

메이지유신 초기의 일본경제는 농업을 중심으로 한 산업구조를 갖고 있었으나 선진국인 서양제국을 따라잡기 위해 일본은 부국강병책을 내세워 상공업을 진행시켰다. 이러한 개

---

5) 이와쿠라 도모미(1825~1883)는 막부 말기 정치가로서 메이지유신 이후 정부의 중추적인 역할을 담당하였다. 조약개정 준비를 위해 사절단을 이끌고 구미를 순회하였다.

6) 패번치현 직후인 1871년 11월부터 다음해 9월에 걸쳐 메이지정부가 구미에 파견한 사절단이다. 조약개정의 준비교섭 및 해외시찰 등을 사명으로 이토 히로부미(伊藤博文)를 부사로, 그 외 정부 주요인사들로 구성된 48명 및 수행원과 유학생이 있었고 이들은 유럽에서 정치, 경제, 문화의 실정을 견학하여 일본을 구미와 같은 수준의 문명국으로 발전시킬 필요를 통감하고 귀국했다. 그 중에는 7세에 불과한 여자아이 츠다 우메코(津田梅子, 1864~1929)가 최초의 여자유학생으로서 같이 탑승하였다(후에 사립여자대학인 츠다주쿠대학(津田塾大學)을 설립한다).

7) 1877년 일본 가고시마(鹿兒島) 큐슈(九州)의 사족(士族)인 사이고 다카모리(西鄕隆盛)를 앞세워 일으킨 반정부 내란을 일컫는다. 정한론을 주장했던 사이고는 1873년 조선사절단 파견을 둘러싼 집권부의 분열로 이와쿠라 도모미 등에게 밀려 정계에서 밀려난 뒤 가고시마에 일종의 군사학교인 사학교를 세운 후 반란을 일으켰으나 결국은 정부군에 의해 진압되고 사이고 역시 죽음을 선택했다. 톰크루즈 주연의 "라스트 사무라이" 영화의 배경이 바로 세이난 전쟁의 사이고 다카모리를 모델로 만든 영화이다.

8) 이토 히로부미(1841~1909) : 메이지 시대의 정치가로 메이지유신 정부 수립에 공헌한 인물이다. 그는 프러시아(독일) 헌법을 배워 내각제도를 창설했고 대일본제국 헌법을 제정하는 등 천황제 확립에도 노력하였다. 1905년(明治38年) 한국의 통감(統監)으로 부임했으나 우리가 알고 있듯이 독립운동가인 안중근에 의해 1909년 하얼빈에서 암살당했다.

혁으로 일본은 농업국가에서 근대 산업국가로 변모하는 산업혁명이 진행되었고 주요 산업 인력이었던 여성들의 사회적 위치가 높아졌다. 하지만 1920년대까지 열악한 노동환경은 개선되지 않았으며 20C 초 일본사회에도 사회주의가 들어오면서 자본가와 노동자가 대립되는 등 새로운 계급갈등이 벌어졌다. 당시는 일본의 공업이 수공업에서 공장제 수공업으로 전환될 무렵이었다.

구미제국과 같은 근대 자본주의국가가 되기 위해서는 대규모 기계공업의 육성이 필요하다고 판단한 일본정부는 막대한 금액을 투자하여 외국에서 기계를 매입하여 관영공장을 설립함으로써 급속한 성장과 기술보급이 가능했다.

4) 청일전쟁과 러일전쟁

(1) 청일전쟁(1894~95)

메이지유신을 이룩한 일본은 구미에 대한 굴종적 태도와는 달리 아시아 여러 나라에 대해서는 상압적 · 침략직 태도를 보였다. 당시 조선은 일본과 결탁하여 근대화를 추진하려는 개화파와 청에 의존하려는 반대세력이 대립하였던 시대였다. 1884년 정권을 잡은 개화파의 일부는 국내개혁을 시도했지만 반대파는 청에 군대를 보내어 줄 것을 요청하면서 결국 개혁은 실패하였다.

그 후 지배계급의 부정과 악정, 무거운 세금에 시달렸던 조선 남부의 동학신도가 주체가 된 농민들은 무기를 들고 봉기하였고, 이후 외세 배격을 주장하는 갑오경장(동학의 난)이 발발했다. 1894년 7월, 이를 진압하기 위해 조선정부의 요청으로 청국이 출병하자, 일본정부는 이에 대항하여 군대를 파견하여 그 해 8월에 청국에 선전포고를 하면서 청일전쟁이 시작되었다.

근대화에서 앞서 있던 일본군은 육해군에서 모두 청국군보다 우세했다. 전쟁은 8개월 만에 일본의 승리로 끝났으며, 1895년 4월에 시모노세키조약(下關條約)[9]을 체결함으로써

9) 청일전쟁의 전후처리를 위해 일본의 시모노세키에서 청국의 이홍장(李鴻章)과 일본의 이토 히로부미(伊藤博文)가 체결한 조약의 내용은 다음과 같다. ① 청국은 조선국이 완전한 자주독립국임을 인정한다, ② 청국은 랴오둥반도(遼東半島)와 타이완 및 펑후섬(澎湖島) 등을 일본에 할양한다, ③ 청국은 일본에 배상금 2억 냥을 지불한다, ④ 청국의 사스(沙市) · 충칭(重慶) · 쑤저우(蘇州) · 항저우(杭州)의 개항과 일본 선박의 양쯔강(揚子江) 및 그 부속 하천의 자유통항 용인, 그리고 일본인의 거주 · 영업 · 무역의 자유를 승인할 것 등이다. 이로써 일본은 한반도를 그 에 넣어 대륙진출의 기반을 확고히 다지는 계기가 되었다.

청으로부터 조선의 독립을 확인함과 동시에 대만, 요동반도의 양보와 거액의 배상금을 획득하고 청에게 불평등한 통상조약도 맺었다. 게다가 당시 일본 국가세입의 약 3배 정도에 해당하는 3억 엔의 배상금 덕분에 일본정부는 군사공업과 중공업에 대한 투자를 확대할 수 있었다. 또한 청일전쟁 후 중국 · 조선시장이 개척되면서 방적업과 직물업이 급속히 발달하였으며, 미국수출을 중심으로 제사업이 발달하여 1900년경까지 방적업 · 제사업 등 경공업 부문에서 산업혁명이 달성되었다.

한편, 청일전쟁의 패배로 쇠퇴한 청은 서양 열강으로부터 침략을 받기 시작했다. 러시아는 만주에 군대를 출병시켰고 또 조선에까지 세력을 넓혔다. 일본은 청일전쟁에서 얻은 조선에서의 세력을 확보하려고 했다. 그리하여 조선을 둘러싼 일본과 러시아간의 긴장감은 고조되고 러시아와의 전쟁을 주장하는 목소리가 대두되었다. 조선의 명성황후는 일본의 조선에 대한 영향력을 견제하기 위해 러시아와 청나라를 끌어들이는 정책을 펼쳤으나, 결국은 이를 계기로 일본 첩자에게 살해당하고 만다.

일본 국내 정치에도 큰 변화가 일어났다. 즉 정부와 정당이 손을 잡고 군비확장 · 산업진흥에 나서게 되면서 일본은 제국주의 열강제국들과 어깨를 나란히 하는 발판을 마련하였다.

(2) 러일전쟁(1904~05)

1904년 2월 일본과 제정러시아는 만주와 조선의 제패(制覇)를 둘러싸고 전쟁에 돌입하였는데, 1904년 2월 러시아와 국교를 단절한 이래 영국 · 미국의 지지와 러시아의 국내혼란 등으로 전황은 일본에 유리하게 돌아갔다. 1905년에는 일본 육군의 승리에 이어 해군도 러시아함대를 격파하였다.

이후 미국 대통령 루즈벨트의 중개로 1905년 9월 5일 포츠머드강화조약이 체결되어 그 결과 대한제국은 일본의 지도 · 감독권에 속하고 남만주 철도와 사할린 남부, 연해주와 캄차카의 어업권이 일본에 양도되었으며, 러시아는 일본에게 배상하지 않도록 하였다.

그러나 일본측은 사상자 40만명 이상에 20억 엔의 전비를 외채 · 공채 · 증세로 감당하였기 때문에, 러일전쟁 승리 후에도 청일전쟁과는 달리 배상금이 없자 신문 등 대중매체와 일본 군중들은 강화조약의 폐기와 러시아와의 전쟁을 다시 한 번 주장하기도 하였다.

러일전쟁 후 일본은 미국 · 영국의 승인하에 한국에 통감부를 두고 외교 · 내정 · 군사의 실권을 계속 빼앗아 갔으며, 통감이었던 이토 히로부미 암살사건을 계기로 1910년 한국을 병합하여 조선총독부를 두고 식민지지배를 시작하였다. 1911년에는 미국이 일본의 관세자주권을 인정하면서 일본은 구미제국과 대등한 지위에 서게 되었다.

2. 소비재 생산부문

1) 면방적 공업

일본의 공업발전은 소비재 생산부문 중 특히 섬유공업을 선도산업으로 발전하였다. 그 중에서도 면방적 공업은 기계기술을 도입하고 기업규모를 확대하면서 발전하였다. 실질적으로는 자유무역체제 하에 있으면서 일본은 관세자주권을 상실하였기 때문에 일본의 재래식 면공업은 기계제 면제품이 대량으로 수입되면서 결정적인 타격을 받았다. 이후 일본의 근대적 면공업은 일본 정부의 지원 하에 외국기술을 도입하면서 발전하기 시작하였다. 방적부문에서는 1870년대 가고시마(鹿兒島) 등에 방적공장이 설립되어 방적기가 도입되었으며, 1879년 이후에는 2천추(錘) 규모의 소규모 방적공장이 전국 18개소에 설립되었다. 이들 공장은 경영부진 등 영업상으로는 실패하였지만 근대적 면방적 공장의 선구적인 역할을 감당하였다.

대규모 공장이 설립되면서 면방적 공업이 본격적으로 발전하게 된 것은 1880년대 중엽 이후의 일이다. 1883년 오사카방적회사(大阪紡績會社)가 설립되면서 대규모의 근대적 방적공장 시대가 시작되었다. 이 회사는 당시 2천추가 일반적인 시대에 처음부터 주식회사 형태로 1만추를 갖춘 대형공장으로 출발하였고 1886년에는 3만추 규모로 확장하였다. 이 회사의 성공이유는 다음과 같다.

- 대단위 규모에 증기기관의 사용으로 안정적인 조업 가능
- 제품시장 및 노동력 시장에 인접한 입지 조성
- 영국으로부터 방적기술을 배운 기술지도자(山邊丈夫) 존재
- 화족(華族) 등 유력 주주를 중심으로 자금조달 능력 겸비
- 주야 연속 조업을 통해 높은 자본회전율 유지
- 수입면화(중국)의 사용으로 원면비용 절감[10]

이 회사의 성공에 자극되어 1886년 이후 도쿄(東京), 오사키(尾崎), 히라노(平野) 등을 비롯하여 1만추 이상을 갖춘 약 20여개의 주식회사 형태를 갖춘 방적회사가 설립되었다. 1886~89년 및 1895~96년은 면방적업에 있어서의 기업발흥기였다고 할 수 있다.

1890년에는 생산력의 급속한 증대에 따른 면사공급 과잉으로 일본 자본주의 최초의 공황이 발생하였는데, 이에 대해 방적자본은 카르텔을 조직하여 조업단축 및 수출촉진 정책을 추구하였다. 대량생산 능력을 갖춘 면방적 자본으로서는 협소한 국내시장의 테두리를 벗어나 해외시장을 확보할 필요가 발생하였다. 청일전쟁에 승리한 후 일본은 한국시장을 지배하고 중국시장을 확대시키면서 면공업도 같이 발전하였다. 이로서 일본은 면사 수입국에서 수출국으로 전환하였고 해외시장의 개척은 시급한 문제로 등장하였다. 1897년에는 수출액이 수입액의 2.6배에 달하였고, 생산력 증대에 따라 국산면에 의존하던 원면 공급은 1887년 이후 중국산으로, 그리고 1890년 이후에는 인도산으로 전환하였다.

2) 제사업

방적공업과 함께 제사업(製絲業)은 해외수요의 증가에 자극을 받아 수출산업의 주종목으로 발전하였다. 1890~1909년에 걸쳐 생사생산량의 64%가 수출되었으며 그 수출액은 총 수출액의 29%에 달하였다. 수출시장으로는 1900년대 후반기에 생사수출의 70%를 차지했던 미국이 가장 큰 시장이었다. 제사공업은 정부의 강력한 금융지원과 적극적인 수출진흥정책이 뒷받침되면서 발전하였다. 1890년대 이후 섬유공업 전체에서 제사공업이 차지하는 비중은 상대적으로 감소하였지만 1880년대에는 섬유공업회사 투자 총 자본의 53.3%를 차지할 정도로 대규모였다. 공장수 역시 1884년 총 1,981개 공장 중에서 1,043개 공장이 제사공장이었다는 사실은 이를 증명한다.

한편 농촌공업으로 오랜 전통을 가진 제사공업은 서양의 기계제사 기술을 도입하면서 근대적 발전을 이루어 나갔다. 1894년 기계제사에 의한 생산량은 90만 관에 달하여 수공업에 의한 69만 관을 압도할 정도로 성장하였으며, 1903년에는 거의 두 배에 달하는 생산실적을 보였다. 공장수도 기계 쪽이 훨씬 많아 3~4배에 달하였다. 1905년 당시 10인 이상

10) 미와료이치, 권혁기 옮김(2004), "근대와 현대 일본경제사" p107

의 직공을 고용하고 있는 기계제사장 2,300개 중에서 100~500인은 304개, 500인 이상은 7개에 불과하고 대다수는 100인 미만의 중소제사장이었다. 중소제사장은 지역단위로 연합하여 결사를 조직하고 연대책임으로 도매상으로부터의 선대금융(先貸金融)을 받는 등 상호 밀접한 협력을 도모했다.

3) 그 외 소비재 생산부문

면방적공업과 제사공업의 발전에 대응하여 직물공업도 급속한 발전을 이루었다. 면직물공업은 특히 청일전쟁 후에 수출시장이 확대되면서 크게 발전하였다. 이 부문은 1880년대부터 역직기(力織機)를 도입하고 1890년대 이후에는 방적부문에 흡수되면서 방적, 방직 양 부문을 통합한 대자본으로 발전하였다. 한편 면직물 생산부문에서는 가내공업과 생산공장이 광범위하게 존재하면서 국내수요를 충족시켰으며, 이들 생산조직은 1900년대 들어서면서 소폭력직기를 도입하였고 이후 점차 중소기업으로 전환하였다.

한편 견직물공업(絹織物工業)은 1880년대 중엽 수출증대와 국내수요의 증가로 발전하기 시작하였으나, 이 부문에서의 기계화는 면직물이나 제사부문에서의 그것보다 훨씬 낮은 수준에 있었고, 생산형태도 전체적으로 가내공업적 형태가 우세하였다.

섬유공업과 함께 거의 같은 시기에 근대공업으로 발전한 것은 제지공업(製紙工業)과 근대적 제당공업(製糖工業)이다. 제지공업은 1871년 기계수입을 통해 급속히 발전하였는데, 1886년에는 후지제지(富士製紙)와 요카이치제지(四日市製紙) 등의 거대 제지회사가 설립되었고 1887년에는 목재펄프를 원료로 하여 종이를 만드는 오우지제지회사(王子製紙會社)가 시설을 크게 확장하였다. 증기기관을 동력으로 하는 이 펄프공장은 당시 볏짚이나 넝마를 원료로 하여 양지(洋紙)를 생산하던 때에 비교하면 그 생산량이 과히 혁신적이었다.

1895년에는 일본정제당(日本精製糖)과 일본정당(日本精糖)이 설립되었고, 청일전쟁 이후 1900년 타이완제당(臺灣製糖) 등 거대 제당회사가 설립되면서 1910년에 이르러 국내생산이 수입을 능가하였다. 이로써 근대적 제당공업이 확립되었다.

3. 생산재 생산부문

1) 철강공업

소비재 생산부문이 조기에 발전한 것에 비해 생산재 생산부문은 20세기에 진입하면서 본격적인 발전을 하였다. 1887년 철강공업(鐵鋼工業)이 근대기술을 도입한 후 민간기업이 선철생산을 시작하였다. 민영제철기업의 효시는 정부로부터 불하된 가마이시 제철소(釜石製鐵所)를 기초로 설립된 가마이시다나카 제철소(釜石田中製鐵所)이다. 이 회사는 시설을 확장하면서 고품질의 선철을 생산하였으나 국내 선철수요의 50%는 수입에 의존해야만 했다. 한편, 강(鋼)생산은 전적으로 국영 군수공장(육해군공창)[11]에서 생산되었으며, 생산량이 수입량의 67분의 1정도에 불과할 정도로 적었다. 이렇게 뒤떨어진 철강공업은 청일·러일 양 전쟁에 의한 군비확장으로 자극을 받으면서 급속하게 성장하였다. 또한 철강공업의 발전은 철도, 조선, 광산, 군수공업, 기계공업 등에 소재를 공급해 줌으로서 이들 공업의 새로운 발전 기반이 되었다.

〈표 1-1〉 철강의 생산과 수입

평균년도	국내생산				수입	
	선철 및 합금철		강 및 강재		선철 및 합금철	강 및 강재
	수량	수요에 대한 %	수량	수요에 대한 %	수량	수량
	천톤		천톤		천톤	천톤
1901~05	55	45	42	16	66	215
1906~10	1587	60	106	25	105	325
1911~15	262	50	258	38	209	422

자료: "産業史" 土屋喬雄, p.309

청일전쟁 승리 후 받은 배상금을 충당하여 1901년 후쿠오카현(福岡縣) 야하타무라(八幡村)에 국영 야하타 제철소(八幡製鐵所)[12]를 설립하였는데, 이로써 무기와 함정의 생산이

11) 군수공장으로는 육·해군의 4대공창인 ① 도쿄(東京), ② 오사카(大阪)의 표병공창, ③ 츠키지(築地), ④ 요코스카(橫須賀)의 해군공창 등이 있었다.

눈부시게 발전하였고 뒤를 이어 중공업도 같이 크게 신장하였다.

야하타 제철소의 설립을 계기로 민간에서도 제강업 분야에 진출하기 시작하였다. 그 중 가장 대표적인 가마이시 제철소(釜石製鐵所)는 1900년대 들어와 선철 생산능력을 크게 확장하면서 강철 생산체제까지 갖추었다. 그와 함께 스미토모 주강장(住友鑄鋼場:1901년), 고베 제철소(神戸製鐵所:1905), 가와사키 조선소 주강공장(川崎造船所鑄鋼工場:1907년), 일본 제철소(日本製鐵所:1907년), 일본 강관회사(日本鋼管會社:1912년) 등의 민간기업이 계속하여 설립되면서 강제품을 생산하였다. 그 결과 〈표 1-1〉에서 보는 바와 같이 선철 및 강철 생산량은 크게 증가하였고 1911년에는 각각 국내수요의 56%와 38%를 충족할 수 있게 되었다. 생산의 주축은 군수용(특히 해군용)과 철도용이었다. 그 중에서 국영 야하타 제철소는 민간자본의 기반이 아직 취약한 시기에 국내 선철생산의 70%, 강철생산의 90%를 차지하는 등, 국가자본을 통한 철강공업의 발전에서 주도적 역할을 하였다.

2) 기계공업

메이지(明治) 전기에는 기계공업의 발전은 거의 없었고 필요한 기계는 국영 군수공장에 위촉하여 제조하는 정도였으며, 국가자본이 발전을 주도하였다. 초기의 기계제작은 효고(兵庫) 및 나가사키(長崎)의 국영조선소와 기타 국영공작소에서 이루어졌지만, 1887년을 전후한 시기부터 민간의 기계제작 공장이 발전하기 시작하였다. 민간조선소로 설립된 이시카와 시마히라노 조선소(石川島平野造船所)는 1880년대에 기선제조를 전업으로 하면서 시설을 크게 확장하였다. 최초의 민영 기계제작공장으로 설립된 다나카 기계공장(田中機械工場:1875년)이 1880년대 들어와 시설을 확장한 데 이어 1893년에는 시바우라 제작소(芝浦製作所)로 회사명을 바꾸어 전기 전문 제조업으로서 기초를 닦았다. 효고(兵庫), 나가사키(長崎) 양 조선소도 1887년에 불하되어 민영화 되었다.

한편, 이케가이 철강소(池貝鐵鋼所:1889년 설립)는 1905년 일본 역사상 처음으로 선반

12) 군수산업의 중심역할을 한 기업으로서 일본 철강업의 발달을 주도한 국영제철소로 출발했다. 1934년에는 민간철강기업의 일부와 합동하여 반관반민(半官半民)의 일본제철주식회사가 된다. 제2차 세계대전 후에는 후지제철(富士製鐵)과 야하타제철(八幡製鐵) 2개사로 분할 해체되었지만, 1970년 다시 합병하여 신일본제철(新日本製鐵)이 되었다.

을 만들었으며, 이를 계기로 히타치 제작소(日立製作所) 등 기계를 전문으로 제작하는 회사가 설립되었다. 이러한 과정에서 민간 기계제작공업은 발전하였으나 국영 군수공장인 4대공장에 비하면 아직은 왜소한 수준에 불과하였고, 이 부문에서도 역시 국가자본이 발전을 주도하였다. 러일전쟁 후 본격적으로 발전하기 시작한 기계공업은 1910년경에는 수입량과 비슷한 정도의 국내생산이 가능하게 되었다.

3) 그 외 산업

조선공업은 해운업의 발전 덕분에 동반성장을 하게 된 산업이다. 메이지(明治) 초기 국영 군수공장이 우위였으나 러일전쟁 후에 민영공장이 크게 성장하였다. 이와 같이 민간대기업의 설립으로 상선(商船)만이 아니라 군의 발주로 함선을 건조하기에 이르렀으며 조선기술도 세계적인 수준에 달하였다. 생산력 증가에 따라 선박의 국내자급률은 크게 상승하여 1896~1905년간은 평균 31%, 1906~1916년간에는 평균 60%나 되었다.

광업의 경우 메이지 초기의 국영체제 하에서 근대기술이 도입되었지만 1880년대 국영기업이 불하되면서 미츠이(三井), 미츠비시(三菱), 히사하라(久原), 후지타(藤田) 등 민간대자본의 주도하에 근대적 발전이 이루어졌다. 그 결과 1887~1907년 동안 석탄은 8배, 동 및 철광석은 3배의 생산증대를 보였다.

전력사업도 크게 발전하여 1903년 4만 4천kw 수준이던 발전력이 1914년에는 72만 6천kw로 16배나 증가하였다. 특히 1900년대는 풍부한 수력을 이용한 발전의 증가로 1912년에 이르러 화력발전력을 능가하였다. 정부는 전력 발전의 진흥을 위해서 1911년 전기사업법을 제정하였고, 전력업의 발전에 따라 공장전화(工場電化)라든가 전기화학공업의 발달이 촉진되고 전등과 전차의 보급이 촉진되었다.

이 시기 일본 공업의 발전은 다음과 같은 특징이 있다.

첫째, 이 시기에는 공업발전이 불균형하게 이루어졌다. 1890년대를 전후해서 면방적공업을 중심으로 섬유공업은 발전하였으나 중공업은 훨씬 뒤늦은 1900년대 중엽 이후 발전하였다. 소비재산업에 있어서의 수입증대 → 생산증대 → 수입대체 → 수출증대 등의 사이클을 통해 자본재 생산에서의 산업발전 형태가 나타났다. 1909년 공업생산에서 소비재 생산부문이 차지하는 비중은 압도적이었지만, 생산재 생산부문은 이 시기의 발전을 기초로 제1차 세계대전 후에 급속한 발전을 하였다.

둘째, 근대적 기술을 도입한 대기업은 급속한 성장을 이루었지만 재래기술에 기반을 둔 가내공업은 아직도 광범위하게 존재하고 있었다. 그러나 노동집약적인 비근대적 부문은 자본축적과 기술기반은 취약하지만 풍부한 저임금의 노동력을 바탕으로 점차적으로 근대기술을 도입하면서 중소기업으로 전환하였다. 이처럼 근대와 비근대 양 부문의 병존은 후에 대기업과 중소기업과의 사이에 나타나는 이중구조(二重構造)의 배경이 되었다.

셋째, 공업부문은 전쟁준비를 위한 군비확장을 통해 발전하는 상황에서 민간부문의 자본축적은 낮은 수준인 반면, 군수공장 등을 중심으로 생산재 생산부문에는 국가자본의 비중이 컸다. 광공업 및 운수부문에서의 국영기업이 차지하는 비중은 1897년의 약 30%에서 1907년에는 51%로 증가하였고 철도 국유화는 1907년에는 완료되었다.

이렇듯 청일전쟁 후에는 방적을 중심으로 한 경공업부문이 확고한 기반을 구축하였고, 러일전쟁 후에는 중공업부문이 확립되면서 일본에서의 산업혁명은 크게 성공을 거두게 되었다.

4. 교통통신

1) 철도

철도는 당시 일본의 중앙집권과 부국강병을 위한 통치수단으로 일찍부터 건설되기 시작하면서 '근대화의 견인차' 역할을 담당하였다. 최초의 철도는 영국으로부터 자본과 기술을 도입하여 1872년 10월에 개통한 도쿄의 신바시(新橋)-요코하마(横浜) 간 17마일 철도였다[13]. 뒤이어 1874년 5월 오사카(大阪)-고베(神戸), 1877년 3월 오사카(大阪)-교토(京都), 그리고 1889년 도쿄(東京)-고베(神戸) 간의 철도가 개통되었다. 정부는 처음부터 국영철도를 원칙으로 하였으나 당시의 재성사정으로는 철도수요를 감당할 수 없게 되자 외자까지 도입했다. 그러나 이후 민간자본에 의한 철도건설이 요청되었고 1881년 최초의 민간철도회사

13) 1870년 1월에는 비록 외국인 기술자를 고용하여 전신을 건설하였지만 도쿄(東京)-요코하마(横浜) 간 공중전화가 개설되기도 하였다.

〈표 1-2〉 일본의 초기 철도개업 및 철도연장거리 (단위:마일)

연도	국철	사철	지방	계
1872	17	–	–	17
83	182	64	–	245
88	598	450	–	1,048
90	551	1,147	–	1,698
92	557	1,322	–	1,880
94	581	1,537	–	2,118
97	662	2,288	–	2,950
1900	953	2,902	–	3,855
03	1,345	3,151	–	4,495
05	1,500	3,283	–	4,783
06	3,092	1,716	–	4,808
07	4,453	446	–	4,898
10	4,870	251	232	5,354
12	5,217	226	545	5,988
14	5,686	217	1,170	7,074

자료: 일본은행통계국(三野昭一), p.88

인 일본철도회사가 설립되면서 철도건설은 더욱 적극적으로 추진되었다. 이 회사는 1891년 도쿄(東京)-아오모리(靑森)간 철도를 개통하였으며 이에 자극되어 그 후 일본(日本)·산요(山陽)·칸사이(關西)·큐슈(九州)·홋카이도(北海道)탄광 등의 대회사를 비롯한 많은 철도회사가 설립되면서 민간자본에 의한 철도건설이 진전을 보였다.

정부는 민간철도회사에 대해 토지 매수상의 특권이나 용지의 면세를 비롯하여 연 8%의 이익보증, 이자보조 등의 후한 보조를 제공하였다. 〈표 1-2〉에 의하면 철도연장거리는 매년 뚜렷한 증가율을 나타내면서 1914년에는 7천마일을 넘어섰다. 특히 청일전쟁과 러일전쟁에 이르는 시기에 급증하였는데, 1889년 민간철도의 연장거리는 이미 국유철도를 앞지르면서 1897~1900년 사이에 국유철도의 약 3배 규모로 증가하였다.

민간철도가 발달하는 가운데 철도국유화론이 새로이 대두되었다. 이후 철도회사의 경영난이 거대 철도회사에 집중되는 경향을 보였고 러일전쟁 발발과 더불어 철도의 군사적, 경제적 중요성이 새롭게 강조되는 가운데 1906년 3월 철도국유법이 성립되면서 철도 국유화론은 급진전을 보였다. 이에 따라 1906년 10월부터는 국내 17개 사철회사를 매수하여 국유화하였고 동시에 조선반도에서 부설권을 획득하여 관민합동으로 건설한 경부철도도 매수하였다. 1911년에는 압록강 철교가 만들어져 조선철도가 만주철도와 연결되었으며,

조선과 만주에 특약운임을 적용해 저렴한 운임으로 화물운송이 가능하게 되어 조선의 많은 물자가 일본으로 반출되었다.

국유화 이후 사철(私鐵)도 함께 발달하면서 자본주의체제가 본격적으로 성립되기 시작하였다. 1912년에는 기관차의 국산화가 이루어졌고, 1914년에는 철도건설 7개년 계획이 수립되었는데, 이는 제국철도회계법에 의한 다년간의 예산지원으로 철도건설을 가능하게 하는 획기적인 조치였다.

1919년에는 지방철도법이 공포되면서 정부가 지방철도에 투자하게 되었으며, 이후 1922년 철도부설법의 개정을 통해 정부가 지방철도에 직접 투자하였다. 그 결과 수요예측을 정확히 하지 못한 신선(新線)건설이 증가하였고 이는 결국 정치인과 철도관료의 싸움으로 얼룩졌지만, 철도망은 전국으로 확대되는 계기가 되었다. 1920년대에는 도시 교통에서 노면전차를 볼 수 있었으며 1927년에는 도쿄의 아사쿠사(淺草)-우에노(上野)간 지하철이 도입되었다.

제 1차 세계대전 중에는 군부의 요청으로 열차가 운행되었으며 1차 대전 후 다시 철도건설 붐이 일어났다. 제1차 세계대전 후인 1923년에는 관동대지진[14])으로 인해 철도가 큰 피해를 입었다. 한편 1927년 미국의 금융공황과 1929년 뉴욕의 경제공황(1930년~1932년)의 영향은 일본에도 타격을 주면서 농업생산물의 가격이 폭락하고 화물량과 여객수송량은 감소하였다. 그러나 도시화의 추진으로 도시권 수송수단인 사철이나 정기권 수송은 감소하지 않았다.

2) 해운업

1870년대 초부터 정부의 보호육성정책으로 일찍부터 발전하기 시작한 해운업은 청일·러일전쟁을 통해 대규모 군수수요로 비약적인 발전을 보였다. 〈표 1-3〉은 기선보유량의 증가를 나타낸 것으로, 청일전쟁 후인 1887년 및 러일전쟁 후인 1907년의 증가가 두드러지게 나타났다. 해운업의 발전을 주도한 것은 일본우선(日本郵船), 동양기선(東洋汽船), 오사카상선(大阪商船) 등이었다. 특히 일본우선은 1893년에 일본 최초의 원양항로인 봄베이항로를 개설하였으며 1896년 유럽항로, 북미항로, 호주항로를 개척하였다. 동양기선은

14) 1923년 9월 1일 오전 11시 58분에 발생한 진도 7.9의 대지진으로 인해 사망자 9만9천 명, 행방불명자 4만 3천 명, 부상자 10만 명, 피해세대 69만에 이르는 피해를 입었다.

〈표 1-3〉 기선 보유량

연 도	척수	톤수(1000G.T.)
1870	35	15.5
72	96	23.4
77	183	49.1
82	344	42.1
87	486	72.3
92	642	102.3
94	745	169.4
97	1,032	438.8
1902	1,441	610.0
07	2,223	1,117
11	2,844	1,387
12	3,064	1,443
14	3,487	1,593

자료: 日本銀行統計局, 三野昭一, p.120

1898년 북미 샌프란시스코항로를 개설하였고 1905년에는 남미 서안항로를 열었다. 오사카상선도 1909년 북미 타코마선에 진출하는 등 1910년을 전후한 시기에 일본의 해운업은 세계 5, 6위에 오르게 되면서 세계적인 수준에 도달한 최초의 산업이 되었다. 선박의 대형화가 추진되면서 1만톤급의 기선건조가 미츠비시(三菱) · 가와사키 조선소(川崎造船所) 등에 발주되어 건조되었다.

유럽, 미주 및 호주 등을 연결하는 원양정기항로가 개설 · 발전하고 조선 · 중국 · 대만 · 사할린 등지를 연결하는 근해항로도 크게 발전하였다. 이러한 발전을 기초로 일본 해운업은 제1차 세계대전 때 세계적인 수요격증으로 비약적인 발전기를 맞이하게 되었다.

이상에서 본 바와 같이, 1880년대 중엽부터 1910년 전후에 걸쳐 일본 공업은 근대적 발전과 그 기초를 다졌다. 이는 바로 일본의 산업혁명의 과정이었으며, 그 결과 공업화가 진전되어 국민경제에서 차지하는 공업의 비중은 커지게 되었다.

한편, 〈표 1-4〉는 1880~1910년간에 걸쳐 국민소득을 나타낸 표로서 제1차 산업이 차지하는 비중은 65%에서 42%로 크게 떨어진 반면 제2차 산업은 11%에서 22%로, 그리고 제3차 산업은 25%에서 36%로 각각 증가하였다. 제2차 산업의 비중이 상대적으로 낮은 것은 사실이지만 그동안의 공업화 과정을 통해 근대적 발전의 기반을 확립하는데 중요한 몫을 담당하였다.

〈표 1-4〉 산업별 명목생산 국민소득 (단위:백만 엔, 5개년 평균, ( )는 %를 나타낸다)

	제1차 산업	제2차 산업	제3차 산업
1878~82	426(65)	70(11)	163(25)
1883~87	327(55)	87(15)	183(31)
1888~92	432(54)	129(16)	235(30)
1893~97	612(51)	223(19)	357(30)
1898~02	932(49)	421(22)	569(30)
1903~07	1,141(46)	514(21)	827(33)
1908~12	1,403(42)	713(22)	1,193(36)

제2절 은행제도와 주식회사의 발달

1. 근대적 은행제도의 확립과 그 역할

산업혁명을 뒷받침하기 위해서는 대중자금을 동원하고 이를 공급할 수 있는 제도가 필요하였다. 이러한 필요에 의해 적극적으로 도입된 것이 은행제도와 주식회사제도이다. 은행제도는 국립은행[15]을 통해서 일찍부터 도입되었고, 뒤이어 산업혁명기에는 보통은행제도를 중심으로 발달하였다.

보통은행은 1893년 은행조례가 시행되면서 수적 증가와 합병 · 합동에 의한 재벌계 대은행으로 집중되는 경향을 보이면서 본격적으로 발전하였다. 은행과 유사한 회사는 은행조례에 의해 은행으로서의 설립허가를 받아야 했기 때문에, 그 대부분이 은행으로 개편 또는 흡수되는 한편 보통은행이 급증하면서 1896년에는 1천행을 넘어 1901년에는 1,867행에 달하였다. 이는 청일전쟁 이후 근대공업의 급속한 발전과 기업창업이 은행설립 붐의 기본조건이 된 것이다.

보통은행은 수적으로는 급증하였으나 대부분 소규모 약소은행이었으므로 면방적공업을 중심으로 자본의 축적 · 집중이 진전되는 과정에서 그에 대응한 대량자본의 공급을 위해서는 합병 · 합동을 통한 대형 은행을 필요로 하였다. 제도적으로도 1896년 은행합병법에 의해 은행의 합병이 유도되었고 경기호황의 반동과 이로 인한 공황으로 약소은행은 도태되고 반면에 대은행, 특히 미츠이(三井)[16], 미츠비시(三菱), 야스다(安田), 스미토모(住友), 다이이치(第一) 등 5대은행의 지위가 크게 향상되면서 산업지배력을 강화해 나갔다. 이후 1901년을 정점으로 은행수가 크게 감소하면서 은행자본의 질적 발전을 가져왔다. 예를 들어 1910년 제2차 공채정리에 즈음하여 16개 유력은행에 의해서 국채 인수 신디케이트가 성립된 것은 일본에 금융자본이 성립되는 계기가 되었다.

이러한 과정에서 보통은행의 자금력은 확충되고 경영도 근대적으로 발전하였다. 초기의

---

15) 1872년(明治5年) 제정한 국립은행조례에 근거하여 설립된 은행으로, 그 목적은 상업상 금융기관의 설립과 정부가 발행한 불환지폐의 소각처분에 있다.

16) 미츠이은행(三井銀行)은 1876년 7월에 설립된 최초의 사립은행으로 영업을 시작하였다.

은행경영은 민간으로부터의 예금을 받아 운용한 것이 아니라, 자기자본을 대부하거나 이율이 낮은 일본은행으로부터의 차입금을 대부하는 전근대적 · 고리대적인 성격의 형태를 보였다. 그러나 1897년 일본은행이 개인거래를 시작하면서 은행은 전근대적 경영으로부터 점차적으로 탈피하였다. 즉, 일본은행은 기업에 직접 대부함으로서 금리차에 의한 은행의 중간이득의 길을 막았기 때문에 은행은 자금의 주요 원천을 일반예금에 의존하지 않을 수 없게 되었다. 여기에 예금흡수를 위한 은행 상호간의 경쟁으로 예금이자가 상승하게 되었고 이에 따라 은행간에 예금이자협정이 이루어졌다.

이러한 가운데 보통은행의 예금은 1902~1912년에 2.5배의 증가를 보였고 보통은행의 자기자본비율(자기자본/말기 예금잔고)은 1888년 115%의 높은 수준에서 1911년 35%로 크게 떨어지면서 자금면에서의 자기자본의 비중이 저하하였다. 보통은행은 일반예금을 통해 자금력을 확충하면서 단기의 상업적 운영자금을 공급할 뿐만 아니라 장기의 산입자금까지도 공급하였다. 메이지정부(明治政府)는 본래 단기 상업금융은 보통은행이, 장기 산업금융은 특수은행이 지원하도록 은행기능의 분업주의를 지향하였으나, 아직 상업신용이 발달하지 못했던 시대였고 할인어음도 충분하지 않은 상황에서 보통은행이 산업금융까지 지원해야 하는 상황이었다. 즉 일본의 보통은행은 공 · 사채시장이 발달하지 못했던 당시에 단기적인 운영자금을 공급하는 상업은행의 기능과 장기적인 산업금융을 지원하는 투자은행의 기능도 같이 수행하는 겸업은행의 성격을 갖고 발달하게 된 것이다. 이렇듯 보통은행은 산업금융을 지원하는 가운데 산업기업과 밀접한 관계를 갖게 되었고, 합병을 통한 은행자본이 집중되면서 자금력을 확충한 상당수의 보통은행들은 재벌들의 기관은행으로서 재벌기업에 대해 자금을 공급하는 기능을 수행하였다.

이상, 보통은행은 단기자금의 공급과 함께 장기산업금융이라는 겸업주의의 기능을 확대하고 자본력을 강화하면서 발전하였지만, 그것만으로 급속한 공업화를 수행하는데 필요한 장기산업금융을 충족할 수는 없었다. 그러다 보니 일본에서도 독일과 프랑스에서 나타났던 것과 같은 투자은행의 설립이 일찍부터 요청되었고, 이러한 필요에 의해 특별법을 제정하여 장기산업금융의 전문기관으로서의 특수은행제도가 도입되었다.

예를 들어 1897년(明治 30年) 반관반민(半官半民)의 특수은행으로서 처음 설립된 일본권업은행(日本勸業銀行)은 부동산저당의 장기대부기관으로 권업채권을 발행해서 얻은 자금을 농업 및 공업으로 이전하는 기능을 수행하였으며, 이 중 상당부분은 정부에 의해 소화되었고 결국 국가자금이 권업은행을 통해서 공업화를 위한 장기자금으로 산업에 유입되었다. 동 은행의 대부는 당초에는 공업대부의 비중이 컸으나 그 후 지주 및 부농층에 대한 농업대부의 비중이 커지면서 농업개량에도 기여하였다. 즉 50년 이내의 장기상환법(長期償還法)에 의한 융자를 해 준 것이다. 일본권업은행은 이후 1950년 보통은행으로 재발족하였고 1971년에는 제일은행과 합병을 통해 제일권업은행(第一勸業銀行)으로 거듭났다.

이상 위에서 언급한 일본권업은행 외에 농업은행 및 홋카이도척식은행(北海道拓殖銀行)이 부동산을 담보로 장기대부를 하는 특수은행임에 비해, 동산(유가증권)을 담보로 장기대부를 하는 특수은행으로 1902년에 일본흥업은행(日本興業銀行)이 설립되었다. 채권발행은행인 동 은행은 청일전쟁 이후의 산업발전, 특히 러일전쟁 이후의 중공업이 발전하면서 대규모 장기산업자금의 공급기능을 적극적으로 수행하였다. 동 은행은 외자도입 활동을 통해 많은 실적을 올렸고 1905년부터는 신탁회사로 지정되어 담보물 사채신탁의 발달에 기여하였다. 오늘날에는 우리나라의 산업은행과 거의 비슷한 일을 하고 있는 국책은행으로서 존재하고 있다.

2. 주식회사의 발달

1) 근대적 기업의 시작과 성장

일본의 근대적 산업기업의 출발은 산업혁명이 시작된 1880년대 중엽 이후의 일이다. 물론 그 이전에 근대적 산업기업이 없었던 것은 아니지만, 정부는 일찍부터 광산, 제철, 조선, 기계 등 기초적 산업분야에서 국영기업을 설립 · 운영하여 왔으며, 민간부문에서도 철도, 은행, 방적 등 새로운 산업분야에서 근대적 기업을 설립 · 운영해 왔다. 이들 선구적 기업이 그 후의 일본 산업기업의 발전과정에서 보여준 전략적 역할은 높이 평가되고 있다.

그러나 정부가 운영해 온 국영기업은 경영면에서 적자상태였으며 군수공창은 기업적 채산을 무시한채 경영되었다. 1870년대의 국립은행도 정부의 적극적 유도에 의해서 설립된 초보적이고 취약한 형태였으며, 1880년대 일본은행의 설립과 함께 재편될 수밖에 없었다. 민간기업도 면방적, 제지, 제당 등이 설립되었으나 2천추 규모의 작은 면방적 공장이 대부분이었다. 따라서 이 시기를 일본의 근대 기업성장의 초기적 단계로 보고 있다.

근대적 기업은 1880년대 후반 국영기업이 본격적으로 불하되면서 성장하기 시작하였

〈표 1-5〉 정부로부터 불하된 기업과 인수기업

년도	기업	불하기업
1884	高島炭鑛	後藤
1884	深河セメント	淺野
1887	兵庫造船所 長崎造船所 新町紡績所	川崎 三菱 三井
1888	三池炭鑛	三井
1893	富岡製糸場	三井
1896	生野銀山 佐渡金山	三菱 三菱

다. 광산, 탄광, 방적, 조선, 시멘트 등 산업 부문에서 다수의 일급기업의 불하는 민간기업이 발전하는 계기가 되었다. 이를 계기로 미츠이(三井), 미츠비시(三菱) 등 종래 금융, 유통, 수송 등에서 축적했던 자본이 산업자본으로 전환되었고, 산업적 기반을 확보한 이들 자본은 다각화를 추진하면서 종합재벌로 발전하였다. 그 후 민간기업은 경공업 부문을 비롯하여 중공업 부문에서도 설립되어 새로운 발전을 하였다. 특히 러일전쟁 이후는 일본 최초의 산업발흥기(産業勃興期)로서, 두 번의 전쟁수행을 위한 군사비 팽창에 크게 자극된 호황을 배경으로 조선 및 중국에 대한 제국주의적 지배영역의 확대, 대만지배, 청국으로부터의 3억 6천만 엔에 이르는 전쟁배상금의 유입, 러일전쟁기의 외자발행 및 그 후 1913년까지 약 10억 엔에 이르는 거액의 외화유입, 1911년 관세 자주권의 회복 등 여러 조건 속에서 다수의 기업이 설립되는 중요한 시기였다.

2) 주식회사의 발달

기업발전을 주도한 것은 주식회사 형태의 기업이었다. 자본축적의 기반이 약한 상태에서 선진기술을 도입한 근대적 형태의 주식회사를 설립하기 위하여 대규모의 대중자본을 동원할 필요가 생겼다. 이에 정부는 주식회사제도에 관한 지식을 일반에게 알리려고 노력하였고 사족, 상인, 지주의 자금을 주식회사 조직의 기업을 통해 산업자본화하려고 노력하였다. 민간에서도 주식회사를 보급하기 위한 적극적인 노력이 있었고, 이와 같은 배경에서 철도회사와 은행은 처음부터 주식회사 조직으로 나타났다.

제조업의 경우 주식회사 형태의 효시는 시부자와 에이치(澁澤榮一, 1840~1931)가 설립한 오사카방적회사(大阪紡績會社:1882년)이다. 시부자와 에이치는 메이지시대 많은 기업을 거느린 대부호로서 일본의 근대산업을 일으켰다고 해도 과언이 아닐 만큼 대 활약을 펼친 인물이다. 이 회사는 당시 2천추 규모의 방적회사 시대에 자본금 25만 엔, 추수 1만추 규모, 주주는 870명으로, 출발부터 큰 실적을 올리고 수년 후 자본금은 약 5배(1887년)로 증가하였다. 1886년 이후 방적업에서는 이 회사의 성공에 자극을 받으면서 주식회사 조직의 대규모 기업이 20여개사나 설립되었다.

주식회사는 주로 근대적 산업부문에서 설립되었고 재래 산업부문에서는 합자회사가 다수 나타났지만 대부분이 영세한 개인기업이었다. 한때 주식회사의 비중이 약간 저조한 적이 있었는데 이는 취약한 형태의 주식회사 기업이 도태되면서 보다 손쉬운 합명 · 합자회사의 수가 늘어났기 때문이다. 그러나 그것이 주식회사의 지위 저하를 의미하는 것은 아니었으며 이후 주식회사 형태의 기업규모는 지속적으로 증가하였다. 특히 불입자본금 규모가 큰 회사의 비중이 늘어났고 그 가운데 주식회사와 합명 · 합자회사의 평균규모의 격차는 더욱 확대되었다.

기업규모의 확대는 러일전쟁 후 중화학공업의 발전과 함께 성장하였다. 기업규모는 산업규모에 따라 차이가 있었는데, 경공업보다도 중화학공업에서의 기업규모가 처음부터 대규모로 시작되었다. 대부분의 기업은 설비확충과 증자(增資)에 의한 방법으로 기업규모를 확대하였다. 그러나 일본의 경우 기업규모를 확대하는 방법으로 선택한 것이 기업의 합병 · 합동이었다. 특히 청일 · 러일전쟁 후의 불황기에 합병 · 합동에 의한 기업규모의 확대가 여러 산업부문에서 진행되었다.

금융부문에서는 1901~13년에 보통은행 374행이 소멸하고 대은행의 지배적 지위가 높아졌다. 한편 광업 및 중화학공업 부문에서는 처음부터 대기업이 우위에 있었지만 그 지위가 더욱 높아지면서 기업집중, 독점이 형성되었다. 독점은 불황기에 조직된 카르텔을 통해서 1890년대 초부터 나타났지만, 특히 러일전쟁 후의 불황기에 거의 전 산업에 걸쳐 형성되었다.

제3절 정부, 기업가 및 노동자

1. 정부의 역할

일본의 자본주의 발전과정에는 정부의 역할이 큰 비중을 차지했다. 정부는 직접 기업가적 역할을 수행하였을 뿐만 아니라 기업에 대해서 금융을 비롯한 각종 지원을 하고 법과 행정지도를 통해 국민 경제적 관점에서 기업 활동을 유도하였다. 정부는 민간기업의 활동을 지원함으로서 공업화라는 국가목표를 추구하고, 기업은 정부의 뒷받침을 바탕으로 성장하였다. 그런 가운데 정부와 기업은 인적관계를 통해서 밀접한 관계를 맺게 되었으며 양자의 상호의존 · 협조관계를 통해 궁극적으로 국민경제의 발전을 도모한 일본주식회사(Japan, Inc.)[17]가 메이지(明治) 초기부터 형성되었다고 해도 과언이 아니다. 그 후 이러한 관계는 시대적으로 양상을 달리하면서도 오늘날에 이르기까지 그 역할을 담당했다. 이하, 정부의 역할을 크게 네 가지 특성으로 나누어 설명하면 다음과 같다.

1) 정부의 기업가적 역할

민간에 의한 기업가활동이 수행되기 어려웠던 시기에 정부는 메이지(明治) 초기부터 기업가적 역할을 수행하였으며, 이때 식산흥업정책(殖産興業政策)을 추진하면서 직접 기업가로서의 역할을 수행하였다. 식산흥업정책이란 1873년 오오쿠보 도시미치(大久保利通, 1830~1878)가 내무성을 설치하면서 군사 · 광산 · 철도 · 통신 등의 기초적 분야에서의 관영화와 제사 · 방직 등의 관영모범공장 설립, 그리고 수입기계의 불하, 조성금 교부 등 사기업 육성책을 내용으로 본격적으로 펼친 정책을 말한다. 이 정책으로 일본은 전반적으로

17) Kaplan(1972)은 일본정부와 기업간의 상호작용을 다음과 같이 표현하였다. "다른 나라의 경우와는 달리 일본정부는 기업과의 관계에 있어 특수한 형식과 범위가 있다. 즉, 일본주식회사는 경제생활의 실체이다" 한편 Patrick & Rosovsky(1976)은 일본주식회사를 다음과 같이 정의하고 있다. "의도적이고 강력하고 효과적으로 국익을 추구할 동질적이고 통합되고 획일적인 힘을 만들어내기 위해 중앙정부가 대단히 협력적인 거대 기업부문에 대해 발휘하는 지도력이다"

기술수준이 향상되었으며 1880년 이후에는 군사 · 철도 · 통신을 제외하고는 관영산업을 민간에게 불하하여 산업자본을 육성함과 동시에 대자본 형성에 기여하였다. 이와 함께 정부는 권업자금(勸業資金)을 교부하면서 적극적으로 민간기업의 육성을 지원하였다.

일본정부는 군수공장과 제철, 철도, 통신 분야의 기업을 직접 경영하였는데, 특히 1901년 국영 야하타 제철소(八幡製鐵所)를 설립하여 철강부문에서 압도적 지위를 점하면서 일본산업을 주도해 나갔다. 또한 1908년에는 그때까지 민간자본의 주도하에 건설된 철도를 국유화(전국 철도의 90%)하면서 통신 부문과 함께 직접 관리하였다. 전략적으로 중요한 부문에서의 정부의 기업가적 역할은 이후로도 계속되었다.

2) 정부의 산업보호 · 육성자로서의 역할

정부는 메이지(明治) 초기부터 국가적 관점에서 각종 정책수단을 통해 공업, 무역, 해운업 등을 보호 · 육성하였다. 미국으로부터의 관세자주권이 회복되던 1911년 전에는 관세수단을 통한 산업보호가 불가능하였기 때문에 재정 · 금융정책을 통해서 산업을 적극적으로 보호 · 육성한 것이었다.

정부에 의한 초기의 산업보호 · 육성 정책의 두드러진 예는 해운업에 있어서의 미츠비시(三菱)에 대한 보호에서 그 예를 찾아볼 수 있다. 당시 일본의 외국무역 및 해운업은 외국상인에 의해 지배되고 있던 상황이었기 때문에 그에 대항하여 적극적으로 해운업을 보호 · 육성하게 된 것이다. 정부는 1870년에 반관반민적(半官半民的)인 해운회사를 설립하여 운영하였으나 민간해운회사인 미츠비시(三菱)와의 경쟁에서 참패하였고, 이에 소유선박을 미츠비시에 인도(引渡)한 후에는 군사적 수송의 독점권 부여, 정부소유 선박의 불하, 보조금 등을 지급하면서 미츠비시를 보호 · 육성하였다. 그 결과 1870년대 말 미츠비시회사는 일본해운업에서 독점적 지위를 차지하게 되었다. 그 후 미츠비시회사가 1882년에 설립한 공동운유회사와의 치열한 경쟁으로 곤경에 처하게 되자 정부는 양사의 합병을 유도하여 1885년에 일본우선회사(日本郵船會社)를 발족시키고 이를 보호하였다. 특히 1896년의 항해장려법과 조선장려법, 1910년의 원양항해보조법은 해운 · 조선부문의 새로운 발전을 마련하는 계기가 되었다.

한편, 정부는 상권회복을 위하여 민간무역업자를 적극 지원하여 직수출회사를 설립하도록 유도하였으며, 1873년에는 정부지원으로 직수출회사인 선수회사(先收會社)가 설립되었다. 동 회사는 후에 미츠이(三井)재벌의 중심적 기업인 미츠이물산(三井物産)으로 성장하였다. 또한 정부는 상권 및 관세자주권의 회복, 해외시장의 확대를 위해 외교 · 군사적 노력을 확대하였다. 공업부문에서는 1870년대 말 2천추 방적기계를 도입하여 민간에게 장기할부로 불하함으로서 방적기업을 육성하였다. 농업생산성의 향상을 위해서는 1893년 농업시험장을 설립하였고 1899년에는 농지정리법을 제정하였으며 토지개량사업의 추진 및 농업협동조합의 제도화 등을 추진하였다.

메이지(明治) 초기부터 시작된 정부의 기업에 대한 보호 · 육성정책은 기본적으로는 그 후에도 계속되었으며, 필요한 경우 기업에 대해서 보조금 · 장려금을 지급하면서 산업을 보호 · 육성하였다. 그러나 메이지 전기와 그 이후와의 사이에는 보호대상 기업의 선정기준에서 일정한 변화가 나타났나. 즉, 메이지 전기의 정부 보조금은 정부와의 결탁관계에 있는 특권적인 정상(政商)에게 특혜적으로 지급된 데 비해서, 메이지 중기 이후에는 보호대상 산업부문의 일정한 능력을 갖춘 기업에 대해서 무차별적으로 지급되었다. 전자의 경우 미츠비시(三菱)와 미츠이(三井), 후자의 경우는 1896년 이후의 해운 · 조선 부문의 기업에 대한 보조금 지급 등이 두드러진 예이다.

정부의 기업에 대한 보호 · 육성자로서의 기능은 규제 · 통제자로서의 기능을 수반하였다. 정부는 각종 법 · 제도 및 인허가를 포함한 행정지도를 통해서 기업행동을 규제함으로서 공익증대와 산업질서의 유지를 도모하였다. 정부에 의한 기업통제는 메이지시대의 철도, 전기 등 공익사업에서와 같이 일방적으로 감독권 · 인허가권을 행사하는 방식으로 이루어졌으나, 쇼와(昭和)시대에는 공익사업이든 아니든 산업계 대표를 포함한 심의회 · 위원회의 의결을 거쳐 이루어졌다. 산업규제는 후기에는 기업 활동의 자유를 존중하는 입장에서 이루어진 것이다.

3) 민간기업에 대한 기업가의 공급

정부의 고급관료가 기업으로 진출하여(天下り) 정부와 기업과의 관계를 더욱 긴밀하게 형성하면서 이권을 획득하는 데에 유리하도록 하였다. 이는 정부의 입장에서 보면 인사소통의 편리함으로 관료의 신진대사를 촉진하는 수단으로도 이용되었고, 이러한 필요에 의

해 고급관료의 퇴직후 기업으로의 이동은 계속되었다.

한편 기업의 사회적 지위가 높아짐에 따라 제국대학(帝國大學)[18] 출신의 학사들이 기업으로 진출하면서 동창관계에 있는 이들이 정부와 기업의 중추적인 지위를 통해 양자의 협력관계는 긴밀해져 갔다. 일본주식회사는 그들의 결속을 기반으로 성립하였다고 해도 과언이 아니다.

4) 국민교육과 기술교육

메이지정부는 초기부터 서구의 과학기술을 습득하기 위해 많은 사찰단과 유학생을 해외로 내보냈을 뿐 아니라 많은 외국인 기술자를 초빙하기도 하였다. 또한 정부는 1873년 국민교육제도를 도입하고 의학, 군사학, 항해, 농업, 상업, 수산 등 여러 분야의 전문학교를 설립하였으며, 1886년에는 동경대학을 설립하였다[19]. 1880년대에 들어 일본의 교육이념은 국가주의적 · 천황중심의 권위주의적 성격을 강하게 띠게 되고, 이는 1890년의 교육칙어(敎育勅語)에 의해 정립되어 그 후 태평양전쟁에서 패배할 때까지 국민정신교육의 기본이 되었다.

충절과 봉사의 윤리가 강조되면서 국민교육 및 기술교육은 확충되었다. 20세기 초에는 초등의무교육이 실질적으로 실현되었고, 240교 정도의 각종 공업학교가 설립되었으며, 그 외에 공업대학과 농 · 공 · 상 · 수산업에 필요한 간이기술을 교습하는 천여 개에 달하는 초등 보습학교가 있었다. 정부가 주도한 일반교육과 기술교육의 확충은 산업자본의 성장을 위한 기본적 조건의 하나였다.

---

18) 1886년(明治19) 제국대학령(帝國大學令)에 의해 동경대학이 제국대학으로 명칭을 바꾸었으며 1897년에는 교토제국대학이 설립되었다.

19) 1897년에 도쿄제국대학으로 교명을 변경한 후 1918년 단과대학을 폐지하고 학부제를 채택하면서 종합대학으로 개편하였으나, 도쿄대학으로 교명을 바꾼 것은 1946년에 이르러서이다.

2. 산업기업가

1) 근대적 기업가의 발생

일본에서의 근대적 기업가는 정부의 공업화정책이 촉구되면서 발생하였다. 물론 메이지유신 이전에도 상업자본의 축적과 이것이 산업자본으로서의 기능을 수행하였던 것은 사실이지만, 그와 같은 전환은 미츠이(三井)를 비롯한 당시의 대표적 상업자본에서 볼 수 있는 바와 같이, 스스로 능동적으로 이루어진 것이 아니라 정부의 공업화정책과 정부와의 결탁관계를 통해서 이루어진 것이었다.

당시는 메이지유신 이후에도 상공업활동에 종사한다는 것이 사회적으로 높이 평가되는 시대가 아니었기 때문에 사회 엘리트계층은 기업보다 정부를 선호하였다. 이에 정부는 근대적 기업가에 대한 평가를 구시대의 천민적 상인과는 달리 국가발전을 위해 중요한 역할을 수행하는 실업인(實業人)임을 강조하고 그들을 공업화의 실제적 담당자로 내세웠다.

이러한 배경에서 발생한 초기의 기업가는 그들의 발생배경 및 행동패턴으로 보아 일반적으로 지도자형, 정상형(政商型), 기술자형, 지방형 등의 네 가지 유형으로 구분된다(김종현, 1991).

(1) 지도자형 기업가

관료에서 기업가로 신분이 바뀌면서 주식회사 형태의 많은 기업을 통하여 근대기업의 발전에 주도적 역할을 한 시부자와 에이치(澁澤榮一, 1840~1931), 고다이 토모아츠(五代友厚, 1835~1885) 등이 대표적이다. 이 두 사람은 흔히 '동(東)의 시부자와 서(西)의 고다이'로 불리울 정도로 각각 관동 지방 및 관서 지방의 기업 발전에 큰 역할을 한 지도자였다(三戸公, 1991). 두 사람은 모두 무사출신으로 일찍이 메이지유신 이전에 유럽에 건너가 서구의 문물제도를 시찰 · 공부하고 돌아와 메이지 정부의 관료가 되었던 인물이란 공통점이 있었다. 이들은, 기업은 궁극적으로 국가의 이익을 위해 활동해야 함을 강조하면서 국익지향적 경영이념을 정립하고 이를 보급하는데 주력하였다.

시부자와 에이치는 호농(豪農) 출신으로 무사교육을 받았고 도쿠가와막부(德川幕府) 말기에는 바쿠신(幕臣:막부의 신하)으로 기용되어 유럽 외유를 경험했고 메이지 정부에서는 대장성(大藏省) 관료로 근무하다가 1873년에 퇴관하여 실업계에 투신한 인물이다. 그 후 제일은행(第一銀行)을 비롯하여 오우지제지(王子製紙), 도쿄해상화재(東京海上火災), 오사카방적(大阪紡績) 등 수많은 기업을 설립하였으며, 스스로 기업가적 기능을 수행함으로서 일본의 근대적 기업의 발전을 주도하였다. 어떤 형태로든 그가 관여한 사업체는 일본의 거의 전산업을 망라한 500여개에 이른다. 그는 근대적 주식회사 조직의 이점을 강조하여 이를 보급하는데 노력하고 국가주의적 경영이념을 고취시킴으로서 기업가의 사회적 지위를 높이는 데 공헌하였으며 그에게 있어서의 기업 활동은 다름 아닌 '국사(國事)' 그 자체였다. 이 때문에 그는 '일본 자본주의 최고의 지도자', '일본 자본주의의 총자본의 입장에 서서 사물을 생각하고 일을 해 온 인물'로 평가되고 있다(土屋喬雄, 1989).

고다이 토모아츠는 메이지유신에 참여하여 활약하였을 뿐만 아니라 메이지 정부에서 고관을 지낸 인물이다. 그는 메이지유신 직후인 1869년 실업(實業)에 전념하기 위해 고향인 오사카(大阪)에 돌아와 재계의 지도적 인물로 활동했으며, 스스로 광산업 등을 경영하기도 하였다. 또한 오사카주식거래소(大阪株式取引所), 오사카상법회의소(大阪商法會議所; 大阪商工會議所의 전신) 등의 설립에 주력하였다. 그는 메이지 실업가의 지도적 정신이라 할 '사혼상재(士魂商才)'의 전형적 인물로 간주된다.

(2) 정상형 기업가

정상형(政商型) 기업가는 정부와의 결탁관계를 통해서 각종 특권 · 보호를 받으면서 자본축적을 하여 근대적 산업기업가로 등장한 기업가이다. 이들 중 상당수는 막부 말기와 메이지 초기에 이미 유력한 상업자본으로서의 기반을 갖고 있었으며, 특히 국영기업의 불하를 통해 산업적 기반을 갖고 재벌기업으로 발전한 경우이다. 그들은 막부 말기와 메이지 초기에 이미 유리한 상업자본으로서의 기반을 다지고 있었다. 정상은 정도의 차이는 있으나 미츠이(三井), 미츠비시(三菱), 스미토모(住友), 야스다(安田), 오오쿠라(大倉), 후루카와(古河), 아사노(淺野), 가와사키(川崎) 등 후에 국영기업의 불하를 통해 산업적 기반을 가지면서 재벌기업으로 발전한 자본을 거의 망라하고 있다. 그 중에서도 대표적인 기업이 미츠이(三井)와 미츠비시(三菱) 등이다.

사실 지도자형 기업가와 정상형 기업가는 모두 정부와의 특별한 관계를 잘 활용하여 사업을 성장시켰다는 점에서는 공통점을 갖는다. 이러한 '정경유착' 관계는 정부와 대기업 양자 모두에게 바람직한 것으로 간주되었고, 당시 기업이 성공하기 위해서는 정부 · 관료로부터의 특혜가 필수적이었던 시대였다. 이는 일본의 패전 후 오늘에 이르기까지도 일본 자본주의의 주요 특징의 하나로 남아있다. 정부로서도 신뢰할 만한 우호적 자본가를 육성하고 이들을 통해 식산흥업(殖産興業)을 조기에 달성하고자 하였기 때문에, 당시 크게 성장한 기업들은 관료 출신을 관리자로 맞이한 경우가 많았고, 정부는 유능한 인재를 이들 기업에 파견했던 것이다.

(3) 기술자형 기업가

기술자형 기업가는 근대 과학기술에 정통하고 자신의 재능과 근면 · 노력에 의해서 기업 경영자가 된 사람들이다. 근대산업의 도입 · 발전에는 기술자가 절대적으로 필요하였고 이들은 일본의 근대산업 전분야에 걸쳐 나타나 다수의 기업가로 성장하였다. 비록 위의 두 가지 유형의 기업가에 비하면 성장속도는 느렸지만 나름대로 일본 근대산업의 기초를 닦는 중요한 역할을 수행하였다. 대표적으로는 방적업의 야마베(山辺丈夫)와 기쿠치(菊地恭三), 제지업의 오오카와(大川平三朗), 제당업의 스즈키(鈴木藤三朗), 제철업의 타나카(田中長兵衛), 기계의 타나카(田中久重), 전기업의 후지오카(藤岡市助) 등이 있으며 기술자이면서 경영자로서 기업발전에 재능을 발휘하였다.

(4) 지방형 기업가

지방형 기업가는 주로 지방의 부농 · 상인, 그리고 하급무사 출신으로 지방은행 및 지방에 기초를 둔 근대적 산업기업을 설립 · 경영함으로서 지방적 산업기업의 발전에 기여한 기업가들이다. 이들은 전국적으로 알려진 기업가는 아니었지만 수적으로는 여러 지방과 산업에서 다수 출현하였다.

이들 초기의 근대적 기업가를 출신에 따라 구분해 보면, 하급무사는 강력한 내셔널리즘으로 메이지유신이라는 정치개혁을 주도한 계급이었으며, 상인 및 농민은 하층계급이 아니라 상층계급으로서, 신분면에서 지배계급은 아니었지만, 하급무사에 준하는 사회경제적 지위에 있으면서 스스로도 무사적 가치를 수용하고 있던 계층이었다.

2) 경영이념

초기 일본 기업가들의 정신적 바탕에 흐르는 이념적 특징은 한마디로 국가주의(nationalism)라고 할 수 있다. 내셔널리즘은 메이지시대의 기업가 활동에서 강력하게 나타났으며, 이후로도 지배적인 회사형 경영자들은 합리주의적 경영이 전면에 나타나면서도 내셔널리즘의 저류는 지속되었다[20]. 그렇다고 내셔널리즘이 일본의 기업가 활동의 유일한 동기였다는 것은 아니다. 일반적으로 대부분의 기업가는 적극적인 이윤을 추구하여 활동한다. 일본의 기업가활동에 있어서도 과도한 사적 이윤의 추구로 말미암아 윤리적으로 비난을 받은 경우가 있지만, 일본의 기업가 활동에서 중요한 것은 역시 사적이익을 국가 및 사회의 공공 이익에 종속시킨다는 강력한 애국적, 공공지향적 동기가 있었다는 것이다. 이러한 국가주의는 때로는 사적인 이익 추구를 종속시킬 만큼 강렬한 것이어서 서구의 '자기중심적 기업가' 에 대해 일본은 '사회집단중심적 기업가' 의 이념을 갖고 있다고 할 수 있다.

경영이념으로서의 내셔널리즘은 역사적으로 일본의 자본주의가 후진적이라는 비난에도 기인한다. 구미 자본주의의 외압에 의해 개국한 일본이 이에 대항하여 정치적 독립과 경제적 자립, 그리고 이를 발전시키기 위해 강력한 부국강병정책을 추진하였기 때문이다. 그 핵심이 바로 공업화의 추진이었으며 공업화는 강력한 내셔널리즘이라는 이념을 기본으로 하였다. 민간의 축적기반이 취약한 후진적 상태에서 정부는 스스로 기업가적 역할을 수행하면서 적극적으로 공업화정책을 추진하였다. 그와 함께 정부는 궁극적으로 민간 기업가로 하여금 공업화의 추진자로서의 역할을 담당하도록 유도하고 그들의 활동을 적극적으로 지원하였다. 그런 가운데 기업가 활동의 이념은 처음부터 내셔널리즘적 성격을 띠게 된 것이다.

일본은 전통적으로 사적이익을 위해 상공업 등 경제활동에 종사하는 사람은 천시하는 가치관을 갖고 있지만 국가와 사회의 공적 이익을 위하여 활동하는 사람은 높은 평가를 받아 왔다. 이러한 가치의식이 메이지유신 이후에도 지속되면서 기업가 활동이 사회적 평가를 받지 못하였고 일본의 엘리트들은 기업 활동에 종사하기 보다는 정부관료 등을 선호하

20) 무사적 가치가 지배적이었던 메이지시기 전기의 일본에서 무사출신 기업가의 강한 내셔널리즘은 상인출신 기업가에게도 영향을 미쳤다. 예를 들어 정상(政商)의 대표적 인물인 미츠비시(三菱)의 이와사키 야타로(岩崎彌太郎)가 해운기업을 운영한 것은 단순한 이윤추구만이 아니라 외국기업에 대항하면서 일본의 해운업을 발전시킨다는 국가의식에 근거를 두었다. 기업가의 출신계급은 다양하지만 그들의 경영이념은 공통적으로 내셔널리즘이 농후하게 나타나고 있었다.

였다. 이에 정부는 근대적 산업기반을 일으키고 운영하는 사람을 천상(賤商)이 아니라 국가발전에 공헌하는 실업가(實業家)임을 강조하고, 긍지와 사명감을 갖고 실업계에 진출하도록 적극적으로 유도하였다.

그런 점에서 시부자와 에이치는 국가발전에 있어서 실업가의 역할을 적극적으로 평가하고 국가주의적 경영이념의 확립과 기업가의 사회적 위신의 향상에 공헌한 선구적 기업가라고 할 수 있다. 그는 2년여 동안 외유하면서 유럽의 근대산업 발전과 기업가의 높은 사회적 지위에 큰 감명을 받았으며, 특히 국가발전에 있어서 실업가의 역할이 중요하다는 것을 강조하였다. 그는 실업가를 '산업을 확립하기 위하여 성실성을 갖고 일하는 사람' 이라고 정의하면서 실업가가 사적 이익만을 추구하는 구시대의 상인과는 근본적으로 다른 범주의 인간임을 강조하였으며, 천상의식(賤商意識)을 타파하고 근대기업가의 활동이 합목적적으로 평가될 수 있는 윤리적 근거를 유교에서 찾기 위해 논어(論語)에서의 부귀(富貴)와 도의(道義)와의 관계에 관한 교의에 주목하였다. 그것은 도의로서 얻어진 부귀는 비천한 것이 아니라 오히려 가치있는 것이라는 뜻으로 해석되어야 한다고 주장하였다. 따라서 실업가는 도의에 합치되는 사리추구를 통하여 결국 공익에 봉사함으로써 관료에 못지않게 국가사회에 대한 공헌에 중요한 역할을 한다고 믿었다.

이렇듯 지배적 가치관으로서의 유교윤리에 비추어 기업가 활동에 적극적인 의미를 부여한 그의 사상은 새로운 시대의 전개에 대응한 윤리의 전환에 기여하였다고 볼 수 있다. 국익을 우선하고 도리에 합치되는 기업경영으로서의 정업(定業)을 강조한 시부자와의 경영이념은 당대의 기업가에게 큰 영향을 미쳤다.

시부자와 에이치에 대한 평가는 국가주의 경영이념을 확립하고 기업가의 사회적 위신향상에 기여한 선구적인 사업가로서 인정받고 있다. 뿐만 아니라 그는 국가주의를 강조하면서도 한편으로는 유교주의 정신을 기반으로 다질것을 강조하였으며, 기업가는 공익 봉사활동을 통해 국가와 사회에 공헌해야 한다고 강조하였다.

한편, 자신이 기업가는 아니지만 국가주의적 경영이념을 정립하고 실업가의 사회적 지위를 높이는 데 큰 공헌을 한 대표적인 인물이 후쿠자와 유키치(福澤諭吉:1835~1901)이다. 그는 하급 무사출신으로 외유를 통하여 서양문명에 접한 당대의 최고 지식인이면서, 지도자로서, 계몽가로서 문명개화기의 일본에 서양의 신사상(新思想)을 도입하는데 큰 공헌을 한 인물이다. 그의 저서인 "學問のすずめ(학문의 권장)"은 1872년 발간 이후 5년 동안 약 340만부가 팔렸다. 그는 학문의 실용주의와 사상의 자유주의를 신봉하였으며 "西洋

事情(서양사정)"이란 저서에서는 서양의 실업가의 높은 사회적 지위를 강조하면서 일본에서의 관존민비의 가치의식을 비판하였다. 그는 국가발전에 있어서의 실업의 중요성을 강조하고 실업계의 지도자를 양성하기 위한 최초의 근대적 고등교육기관으로 케이오기쥬쿠(慶應義塾)를 설립하였다. 그는 관료가 되기 위해 제국대학을 선호하던 시기에 사족 출신의 자제들을 권유하여 실업계의 지도자가 되기 위한 실업교육을 받도록 권하였다. 이후 케이오 출신의 새로운 엘리트들이 실업계에 진출하면서 미츠이(三井), 미츠비시(三菱)를 비롯한 여러 재벌기업집단에서 중추적 지위를 차지하고 근대기업의 발전과 기업가의 사회적 지위를 높이는 데 기여하였다.

후쿠자와는 서구적 자유주의자, 공리주의자라고 한다. 그것은 전통주의 · 권위주의 · 관존민비 사상에 대응하여 자유주의와 합리주의를 적극적으로 주장하고 실천한 그의 언동에서 나타나고 있다. 후쿠자와의 자유주의 · 공리주의도 그 기반에는 강력한 내셔널리즘이 있었다는 것을 간과해서는 안 된다. 후쿠자와와 시부자와는 일본의 절박한 상황에 대결하는 부국강병론자로서 공통적인 면이 있으나 유교윤리를 강조한 시부자와와는 사상적 기반은 다르다.

경영이념으로서의 내셔널리즘은 무사출신과 무사적 교양을 받은 계층 출신의 기업가에서도 강력하게 나타났다. 메이지유신 후의 새로운 체제에서도 지배적 지위를 계속 차지한 무사계급은 국가발전의 주역으로서의 사명의식을 갖고 있었으며 이는 기업경영에서도 강력하게 나타났다. 그들에게는 기업활동도 부국강병의 길이며 국가발전에 이바지 하는 것으로서 사적이익이라든가 영리성은 곧바로 국익과 합치됨으로서만이 정당화 되었다.

3. 노동자계급

일본의 개항(1854)과 더불어 진행된 외국자본의 침투는 일본의 봉건제도를 무너트렸을 뿐만 아니라 봉건영주의 고리대금으로 고통받던 농민과 수공업자들의 몰락을 재촉하였다. 당시 도시로 유입된 농민, 외국과의 상품경쟁에 견뎌낼 수 없었던 도시와 농촌의 수공업자들, 그리고 지위를 상실해 가던 하층 무사들이 산업노동자계급을 형성해 나갔다. 즉 일본의 산업혁명이 급속히 전개되면서 19세기 말에 이르러 노동자계급이 본격적으로 형성된 것이다.

산업혁명이 전개되는 가운데 공장수도 증가하였는데, 이들의 대부분은 경공업부문의 노동자였으며 방적 · 제사 및 직물 등 섬유공업만으로도 54%를 차지하였다. 이에 대해 중화학공업부문의 노동자의 비중은 17%에 불과하였다. 섬유산업의 경우 여공(女工)이 차지하는 비율이 압도적으로 높아, 1909년 섬유산업 노동자의 86%가 여공이었으며 대부분이 미혼의 젊은 여자노동자였다. 이러한 이유는 1880년대 후반부터 물방적기에서 조작이 간단한 링방적기로의 급속한 전환과 전국적 보급으로 남공(男工)의 비율이 낮아진 것과 관련이 있다.

지주-소작관계와 소농경영체제 가운데 농민의 경제적 곤궁은 농외소득(農外所得)을 필요로 하였고 농민의 자녀들은 일정기간 도시의 공장노동자로 고용되었으며 노동자의 이동은 빈번하였다. 그들은 가족단위로 고용되었지만 그렇다고 가족단위로 도시로 이동한 것은 아니며 단신으로 저임금의 공장노동자로 고용되었다. 저임금으로 자신의 노동력을 재생산하고 또한 농촌에 있는 가족의 가계를 보충하였나. 이렇듯 산입혁명기의 노동자의 주요한 공급원천은 가계보충적 저임금의 출가형(出稼型) 노동자가 대부분이었다.

그러나 공장제도의 초기에 필요한 노동력을 확보한다는 것은 쉬운 일이 아니었다. 이러한 문제를 해결하기 위한 방안으로 '모집인제도(募集人制度)'가 도입되었다. 기업은 모집인이 중간에서 사기적, 약탈적 방법으로 모집한 농촌의 젊은 노동력을 고용하였지만, 노동자들은 가혹한 노동조건 때문에 공장으로부터 도망하면서 노동력 이동이 빈번해졌다. 더구나 산업이 발전함에 따라 노동력에 대한 수요가 급증하면서 이를 확보하기 위한 고용주

〈표 1-6〉 1902년의 광공업부문별 공장노동자수 (단위:천 명)

	노동자수
섬유공업	269(54.0)
음식물공업	30(6.0)
잡공업	32(6.4)
화학공업	82(16.5)
기계 · 기구공업	34(6.8)
득별공업	51(10.2)
합계	498(100)
관영공장	48
광산업	155
총계	701

주: 특별공업은 금속정련 · 전기 · 가스업.
자료: 川合一郎外 編(1972) p. 125

들간의 경쟁이 심해지는 현상마저 나타났다.

그러다보니 고용주들은 빈번한 노동이동을 방지하기 위해 상호 협정하는 한편 기숙사제도를 도입하였다. 방적공장에서는 여공의 65.5%가 매우 열악한 기숙사에 감금적으로 수용되어 가혹한 규율 하에서 노예같은 생활을 강요당했고, 직물공업에서는 총 직공수의 61%가 기숙직공이었으며, 제사공업에서는 대부분의 여공이 기숙사 생활을 하였다.

한편, 부녀자 및 아동노동이 광범위하게 고용된 방적공장에서는 가혹한 징벌제에 의한 엄격한 통제하에 주야 2교대로 심야노동을 강요당했으며, 당시에는 이러한 장시간 노동이 일반적이었다. 제사공업에서는 하루 13~14시간 노동, 때로는 17~18시간 노동에 시달렸지만 그들이 받는 임금은 일당 8전에서 10전 정도에 불과하였고, 그나마 식대로 매일 8전을 공제하면 나머지는 2, 3전 정도였으며, 그 임금마저도 1년에 두 번 종합해서 지불되었다.

광업 및 중공업과 같은 남자 숙련노동자가 중심이 된 산업에서는 노동자는 '내부청부제'(內部請負制)에 의해 이중적 · 간접적으로 고용 · 관리되었다. 즉 고용주는 청부제를 통해서 숙련노동자인 오야가타(親方)와 관계를 갖지만 일반노동자의 고용, 작업, 임금에 관한 일은 오야가타가 관리한다는 이중적 · 간접적 관리방식이었다. 그러나 내부청부제의 존재형태는 획일적인 것이 아니라 민간기업과 국영기업과의 사이에 일정한 편차를 보이고 있었다. 즉 중공업부문의 민간기업에서는 오야가타가 작업을 청부하고 노동자를 고용 · 관리하는 권한인 '오야가타청부제'(親型請負制)가 광범위하게 나타나고 있었다.

노동자의 열악한 노동조건과 경제적 곤궁에 대한 사회적 관심이 나타나기 시작한 것은 1900년을 전후한 시기이다. 이 문제에 대해서 당시의 정치가, 지식인들은 인도주의적 입장에서 여론을 환기시켰고, 노동자의 비참한 상태를 고발하는 글들이 출판되었다. 특히 1903년 농무성(農務省)이 발간한 '직공사정'(職工事情)은 노동자의 비참한 실상을 고발한 내용으로 사회적으로 큰 충격을 주었다. 열악한 노동조건과 경제적 곤궁에서 오는 노동자의 신체적 · 정신적 손상은 국가적으로도 우려되는 일이있기 때문에 정부는 공장법의 제정을 추진하였다. 이에 따라 1911년 공장법을 제정하였지만 고용주들은 이것이 자신들의 권리와 자유를 침해하는 것이고, 이는 결국 일본의 국제경쟁력을 약화시켜 산업발전을 저해할 것이라며 반대하였다. 이 법은 결국 1916년에 이르러 시행됨으로서 부녀자 및 소년의 노동시간이 제한되고 노동조건이 법적으로 보호받게 되었다. 그러나 이 법은 종업원 15명 이하의 공장과 성인남자 노동자에 대해서는 제외되면서 법의 효력에 대한 결과를 의심받기도 하였다.

제4절 농업의 근대적 변화

농업의 근대적 변화는 토지제도와 농업기술의 변혁을 통해서 이루어졌다. 일본의 토지제도의 변혁은 지조개정(地租改正)에 의해서 이루어졌으며 이는 근대적 토지소유권의 확립을 가져왔다. 지조개정에 따른 고율지대는 지주에게는 유리하였으나 소농에게는 불리하였다. 공동지(共同地)의 소멸도 소농에게는 불리하였다. 더구나 쌀 가격(米價)이 50%나 하락하는 디플레이션이 지속되는 가운데 농민분해는 급속도로 진행되었으며, 농민의 지조체납이 많아지고 부채가 누적되면서 결국에는 그들의 토지가 강제 처분되거나 매각되었다. 1882년 이후 불과 2~3년 동안 전 농지의 6분의 1 정도가 농민의 손을 떠나 지주에게 넘어갔고 그 대부분이 상인 · 고리업자의 수중으로 집중되었다. 이후로도 산업혁명기를 통해 농민분해와 지주에게 토지가 집중되는 현상은 계속되었다.

그러나 토지를 갖고 있는 지주는 직접 경영을 하는 것이 아니라 소작인에게 소규모로 임대하고 스스로는 지대취득자가 되었다. 한편 토지를 상실한 농민은 농촌을 떠나 도시노동자가 되기 보다는 대부분 농촌에 잔류하여 소작농이 되었다.

소작관계를 살펴보면 1883년에 자작농은 총 농가호수의 39.8%, 자소작농(自小作農)은 38.6%, 소작농은 21.9%를 각각 차지하고 있으며, 1910년에는 그 비율이 각각 32.8%, 39.5%, 27.7% 등으로 소작농의 비율이 증가하였다(표 1-7 참조).

〈표 1-7〉 자소작(自小作) 농가호수 비율의 추이 (단위:%)

	자소작별 농가호수 비율		
	자작농	자소작농	소작농
1883	39.83	38.62	21.94
88	33.34	45.13	21.53
92	–	–	–
99	35.4	38.4	26.2
1908	33.27	39.15	27.58
10	32.80	39.49	27.71

자료: 堀江保藏 (1968) p. 166

농민분해가 진전되면서도 토지를 잃은 농민이 도시로 이동하여 도시노동자가 되지 않고 소작관계가 재편성된 것은 다음과 같은 이유에서였다. 첫째, 도시에서는 근대적 공업부문이 성장하고는 있었지만 절대적으로 그것이 토지를 상실한 농민을 모두 흡수할 만한 규모는 아니었다. 둘째, 경공업 등 노동집약적인 산업에서는 부녀자와 연소자가 노동자의 60~70%를 차지함으로서 가족단위의 이농이 곤란하였다. 셋째, 1900년대까지는 자가노동에 기초를 둔 비근대적 공업부문이 대부분이어서 농업부문으로부터의 노동력 이동을 크게 필요로 하지 않았다. 그 결과 소작관계는 일반화되고 토지를 상실한 농민은 한정된 토지를 상대로 경쟁적 상태에서 소작관계를 맺게 되어 소작료는 수확고의 절반이나 되는 상황에 이르렀다. 이러한 고율소작료 조건에서 토지 소유자는 경영규모를 확대하기보다는 토지를 소작하여 지대(地代)를 받는 것이 유리하기 때문에 자본가적 대경영으로 성장하기보다는 소규모 경영과 소작제가 확대되었다.

지조개정 이후 형성되기 시작한 지주제(地主制)는 산업혁명기에 확립되었지만 지주제의 전개와 농민분해는 지역에 따라 그 양태가 달랐다. 즉 지역적으로 크게 킨키형(近畿型)과 도후쿠형(東北型) 등 두 가지 유형으로 나눌 수 있다. 킨키형(近畿型)의 경우 1890년경에 지주적 집중이 기본적으로 완료되었다. 그러나 이곳에서는 50정보(町步) 이상의 대지주의 수가 상대적으로 적고 경작지 이용률과 단위면적당 쌀 생산성이 높아 경영규모로는 8단보 이하와 8단보(段步)~1.5정보(町步)의 비중이 높고 그 이상은 감소하였다. 이에 비해 도호쿠형(東北型) 지역에서는 1900년경까지 지주적 토지집중이 진행되었으며 특히 50정보 이상 대지주의 수가 많았다. 이곳에서는 경작지 이용률과 단위당 쌀 생산성이 낮고 겸업기회가 적었기 때문에 가부장적 대가족을 유지함으로써 1.5정보 이상 3정보 전후의 비교적 대규모 농업경영이 전개되었다.

이와 같은 지역적 특징은 존재했지만 전체적으로 볼 때 농민분해는 양극화가 아니라 중간형태로 집중되었으며 선진지역에서는 1정보 내외, 후진지역에서는 1.5~3정보의 소경영이 대부분이었고 이를 지주가 소작제를 통하여 지배하고 있었다. 전 경작지에서 소작지가 차지하는 비율은 지방에 따라 차이는 있으나, 전국 평균으로 보아 1873년의 27.4%, 1883~4년에는 35.9%, 1887년 39.5%, 1892년 40.2%, 그리고 1907년 44.9%로 증가하였다.

또한 소작농은 고율의 현물소작료를 강요받았을 뿐만 아니라 허가된 작물만 재배해야 하는 작부제한이 적용되었고 신분적 예속의식이 강요되었다. 게다가 경제적으로 매우 곤궁하여 그들은 부족한 가계를 농업소득 이외의 소득으로 보충할 수밖에 없었는데, 선진지역인 킨키형(近畿型) 지역에서는 농가의 겸업이 진전되었으나 도후쿠형(東北型) 지역에서는 그러한 겸업기회도 별로 존재하지 않았다. 소작농의 자녀들은 대도시나 타지역으로 진출하여 노동력 제공을 통한 수입으로 농촌의 가계를 보충하지 않으면 안 되었다.

이러한 상황하에서도 각종 품종개량이 진척을 보이면서 농업생산은 증대하였다. 정부는 일찍부터 농업개량을 위한 각종 농정(農政)을 실시하였고 메이지시대 초기에 농업 및 목축업의 진흥을 위하여 관영의 농사시험장과 종축장 등을 설립하였으며, 농업지도자 양성을 위하여 농학교를 설립하였다. 그리고 1890년대 중엽부터 1900년대에 걸쳐 잇달아 농업관계법을 제정하고 경지정리, 치수, 농업금융, 비료, 축산, 관개배수사업, 개간 등을 위한 농정을 농회조직(農會組織)을 이용하면서 실시하였다. 그런 가운데 토지개량의 진전 및 종자와 작물재배법이 개량되고 비료이용이 증대되었다. 또한 뽕나무 및 차 등의 새배가 확내되면서 당시 수출품의 대종으로서 외화획득의 중요한 역할을 담당했던 생사와 차의 원료를 공급하였다. 이러한 이유로 농업은 일본의 공업화에 중요한 역할을 하였다고 할 수 있다.

제5절 대외 경제관계

1. 무역전개

일본 자본주의 발전에 있어서 무역은 상당이 중요한 역할을 감당하였다. 일본 국내시장이 상대적으로 협소하고 자원이 부족한 상황에서 무역은 중요한 요소였다. 공업화에 필요한 원료와 기계 등 기본자재가 외국으로부터 도입되어야 했고 이를 위해서는 많은 외화가 필요하였다. 일본의 경제성장을 촉진하는 요인 중 하나가 외환보유고인데 외환보유의 상한을 높일 수 있는 방법은 수출증대와 외자도입이었다. 국제수지가 호전되어 외환보유의 상한이 높아지면 수입이 촉진되어 경제활동이 활발해지고, 그것이 낮아지면 그와 반대되는 현상이 나타났다.

일본의 무역은 개국과 더불어 성장하기 시작하였지만 1911년 관세자주권이 회복될 때까지 실질적으로 자유화 상태에 있었기 때문에 관세면에서 국내산업을 보호할 수가 없었고, 따라서 초기의 일본무역은 보호관세 이외의 방법으로 성장할 수 밖에 없었다. 그럼에도 불구하고 일본의 무역은 공업성장과 함께 급속히 성장하면서 1880~1913년에 걸쳐 수출입은 8배나 증가하였고 매년 7.5%의 성장률을 보였다. 이러한 성장률은 같은 기간 전 세계 수출입 성장률의 두 배에 해당한다.

기계류 및 철류 등은 중공업의 기반이 취약하였기 때문에 처음부터 수입에 의존하였는데 공업화가 진전되면서 이들 상품도 점차 국내산으로 대체되어 나갔다. 일본은 생사 및 면사 등 경공업제품을 수출하여 얻은 외화로 각종 원료와 기계류 · 철류를 수입하면서 공업화를 추진하였다. 특히 러일전쟁 이후 중공업이 두드러진 발전을 전개하면서 기계류 · 철류의 수입비중은 급증하였다.

일본무역에서 아시아시장이 차지하는 비중은 1885~1913년 수출은 26.5%에서 43.7%로, 수입은 34.7%에서 47.7%로 크게 상승하였다. 같은 기간에 미국과의 무역에서 수출은 43.6%에서 29.2%로 크게 감소한 데 비해 수입은 9.5%에서 16.8%로 상승하였으며, 유럽과의 무역에서는 수출은 27.9%에서 23.2%, 수입은 55.4%에서 30.2%로 하락하였다.

일본의 생사수출은 전적으로 구미지역에서 이루어졌다. 처음에는 유럽시장이 중요하였으나 점차 미국시장이 커지고 1913년에는 생사수출의 70%가 미국이었다. 청일전쟁 이후 대미수입의 증대는 원면수입의 증대에 의한 것이었다. 원면수입은 청일전쟁 이전에는 주로 중국으로부터 이루어졌으나 그 후에는 인도로 전환되었으며 미국의 지위도 점차 높아졌다.

한편, 아시아 지역과의 무역은 면사수출과 원면수입이 중심이었다. 특히 청일전쟁과 러일전쟁을 거치면서 조선과 중국에 대한 일본의 면제품 수출이 크게 증가하였다. 이러한 면방적업을 중심으로 한 대규모 공업의 확립은 해외시장에의 의존을 필연적으로 초래하였으며, 일본의 면제품 수출과 조선 · 중국으로부터의 쌀, 콩 등을 수입하는 무역형태가 산업혁명에 의해 창출되었다. 이에 일본은 조선과 중국시장에 더욱 관심을 갖게 되었고 이 때 산업혁명은 아시아 침략을 가속화시키는 발판을 마련해 주었다.

아시아지역으로부터의 수입품으로는 철광석과 석탄이 있었다. 1913년에 야하타 제철소(八幡製鐵所)에서 사용된 철광석의 55.4%, 코크스용 석탄의 90% 이상이 중국으로부터 수입되었다. 기계 · 기구류 등은 거의 대부분 영국, 미국 및 독일로부터 수입하였고 그 중 영국으로부터의 수입이 전 기간을 통하여 45% 이상을 차지하여 가장 중요한 무역 대상국가로 부상하였다.

주로 조선 및 중국, 그리고 인도를 중심으로 한 아시아지역, 미국을 중심으로 한 미주지역 등과의 무역거래에서 대미 무역수지는 흑자였으나 대 아시아 및 유럽무역수지는 적자였다. 즉 미국으로부터의 흑자를 아시아 및 유럽에 대한 적자에 채우는 구조였다. 그러나 공업화의 진전에 따라 원자재 · 자본재 수입이 증가하면서 일본의 무역수지는 만성적 적자를 기록하게 되었으나, 이를 보전한 것은 해운수입과 외자도입이었다.

2. 제국주의적 팽창

일본 자본주의는 산업자본수의 단계에서 이미 제국주의적 성향을 강하게 띠면서 전개되었다. 국내적으로는 자원부족과 시장협소, 그리고 국제적으로는 자본주의 열강의 제국주의적 각축이라는 조건에서 일본 자본주의는 초기단계부터 제국주의적 대외팽창을 지향하였다. 청일 · 러일 양 전쟁에 뒤이어 제1차 세계대전, 만주사변, 중일전쟁을 거치면서 태평양전쟁에 의해 스스로 파멸의 국면에 이르기까지 군사적 힘을 배경으로 제국주의적 팽창을 추구하면서 발전한 것이다.

이러한 일본 자본주의의 대외팽창적 성향은 청일전쟁 이전부터 이미 나타나고 있었다. 메이지 정부는 초기부터 조선침략을 대외 기본정책의 하나로 삼고 있었다. 정부 내의 국내정책우선론에 한국침략을 주장하는 정한론(征韓論)이 밀리고 그것이 내란(세이난 전쟁, 西南戰爭:1877)으로 이어졌지만, 일본은 결국 1876년에 불평등조약인 강화도조약을 강요하여 조선에의 침략을 발판삼았다.

그 후 일본은 임오군란(1882년)과 갑신정변(1884) 등을 계기로 한국 내에서의 지위확보를 노렸으며, 경제적으로는 제일은행의 부산지점 설치(1887년), 관세권 침탈, 고리대적 상업자본의 침입, 미곡수출 등을 적극적으로 추진하였다. 특히 조선으로부터의 미곡을 중심으로 대두를 포함한 농산물 수입과 조선에 대한 면사, 면포의 수출을 기본구조로 하는 일본의 대 조선무역은 증가하는 경향을 보였다. 일본 자본주의의 조선침략은 이렇게 일찍부터 시작되었던 것이다.

산업혁명으로 공업생산력의 급속한 발전과정에 있던 일본 자본주의는 조선과 중국에 대한 군사적 · 경제적 지배력의 강화를 추구하였다. 1890년대와 1900년대에 걸쳐서 구미 자본주의 열강은 중국을 중심으로 동양제국에 대한 제국주의적 침략을 경쟁적으로 자행하였는데, 일본 역시 해외시장 확대의 필요성이 커지면서 제국주의적 대외팽창정책을 추구한 것이다.

청일전쟁 후 체결된 시모노세키조약(下關條約:1895년)의 내용은 배상금 관계의 규정을 제외하면 모두가 당시의 조선과 중국에 대한 정치적 · 경제적 영향력을 강화하고 이 지역을 시장화하려 한 것이었다. 전쟁의 결과 일본은 조선에 대하여 압도적인 정치적 · 경제적 영향력을 발휘하고 중국에 대해서는 영토할양과 전쟁배상금의 요구, 시장지배의 확대 등 정치 · 경제적 침략을 추구하였다. 영토적 할양으로서의 요동반도 할양은 삼국간섭에 의해서 실현되지 못하였지만, 대만의 영유는 일본자본주의가 남방으로의 팽창거점을 확보한 것이었고 경제적으로는 이 지역의 사탕자원을 비롯한 원료 · 식량공급 및 시장지배를 의미하였다.

청일전쟁의 결과 일본은 시모노세키조약(下關條約)에서 규정된 배상금 3억 엔과 삼국간섭에 의한 요동반도 반환대상금 6천 5백만 엔을 합한 3억 6천 5백만 엔을 1895~1901년에 걸쳐 7년 동안 수령하게 되었다. 배상금은 당시 일본 국민소득의 25%에 해당하고, 1896~1903년의 수입초과액 3억 5천 5백만 엔을 넘는 막대한 금액이었는데 이는 일본의 경제발전에 필수적인 외화획득이라는 면에서 볼 때 중요한 역할을 감당한 것으로 평가하고 있다. 배상금 규모는 청일전쟁의 임시군사비 2억 엔의 1.8배가 넘었다. 일본은 배상금에서 임시군사비를 공제한 잔여외화를 준비로 1898년에 금본위제도를 확립하였고, 그 후의 군비확장, 야하타 제철소(八幡製鐵所)의 설립, 철도, 전신사업의 확대에 필요한 자금의 일부로 충용하였다. 중국은 배상금을 조달하기 위해 유럽 자본주의 제국으로부터 차관하는 대신 그들 제국에 각종 이권을 제공하였으며, 중국의 식민지화는 이후 더욱 빠르게 촉진되었다.

러일전쟁(1904~1905년)은 결정적으로 일본자본주의를 제국주의로 전환시켰다. 러일전쟁 후 일본은 을사보호조약(1905년), 통감부 설치(1906년), 구한국군대 해산(1907년), 동양척식회사 설립(1908년)[21] 등을 통한 정치 및 경제적 침략을 통해 결국에는 조선을 합병(1910년)하여 완전히 식민지화하였다. 한편 일본은 사할린 남부를 영유하고 남만주철도회사를 통해서 남만주에서의 군사적·경제적 이권을 독점적으로 확보하였으며, 중국에서는 철광자원의 이권확보와 일본 면업자본의 기반을 확립하였다. 일본무역의 지역별 구성에서 살펴 본 바와 같이 아시아지역의 비중이 가장 높았다는 사실이 이 지역에 대한 일본의 제국주의적 팽창의 경제적 배경이 되었다.

제국주의적 팽창의 수단인 전쟁에는 막대한 비용이 수반되었다. 청일·러일 양 전쟁의 임시군사비는 각각 2억 엔과 15억 엔에 달하였는데, 군사비 지출은 정부수요를 통해서 경제활동을 자극하여 투자와 생산력을 크게 확대한 면도 있다. 막대한 군사비는 전시중에 발행된 공채에 의해서 조달되었지만 자본축적의 기반이 아직도 취약한 단계에서 외자도입이 중요한 역할을 하였다. 외자는 청일전쟁의 경우에는 배상금이라는 형태로, 그리고 러일전쟁의 경우에는 외채발행에 의해서 도입되었다.

러일전쟁 중에 일본은 임시군사비 15억 엔의 절반에 가까운 약 8억 엔의 외화를 도입하였고 1913년까지의 10년 동안에 총액 18억 엔이 넘는 외자(外資)를 도입하였다. 이는 연평균 국민소득의 5.3%에 해당하는 금액이었다. 외자는 특히 일본의 군비확장과 중공업의 발전에 중요한 역할을 하였다.

일본경제 발전에서 외자는 주로 군사비, 식민지 투자, 사회자본의 정비, 내국채의 상환에 이용되고 생산력 확대를 위하여 직접 투입되지 않았기 때문에 그 중요성이 크게 평가되

21) 일본은 조선의 식민지 농업경영을 위해 1908년에 국책회사(國策會社)로 동양척식주식회사를 설립하였다. 이때 토지매수·지주적 농업경영을 실시했으며 이후 만주 등에도 진출했지만 1945년 패전과 더불어 해체하였다.

지 않는 경향이 있다. 그러나 이를 위하여 외자를 이용하지 않았다면 국내자본이 이용될 수밖에 없었을 것이고 그럴 경우 생산력확대를 위한 투자도 압박을 받았을 것이다. 뿐만 아니라 군사적 지출은 군사공업에 대한 수요확대를 야기함으로서 경제를 자극하였다. 청일전쟁 이후 배상금을 포함하여 도입된 거액의 외자는 전쟁과 관련지으면서 일본 경제발전의 중요한 계기가 되었다.

참 / 고 / 문 / 헌

김종현(1991), 『근대일본경제사』, 비봉출판사
마츠이 무츠미(2004), 『Japan industry & market report』, 일본 대표산업 보고서
미와료이치, 권혁기 옮김(2004), 『근대와 현대 일본경제사』, 보고사
정몽준((1995), 『일본의 정부와 기업관계』, 한국경제신문사
이용상 외(2005), 『일본 철도의 역사와 발전』, 한국철도기술연구원 엮음
한국철도기술연구원(2006), 『(숫자로 보는)일본철도』, 일본 국토교통성 철도국

三戸公(1991), 『家の論理 I』, 文眞堂
三戸公(1991), 『家の論理 II』, 文眞堂
金森久雄他監譯(1978), 『アジアの巨人日本』, 日本經濟新聞社
森口親司(1988), 『日本經濟論』, 倉文社
三和良一(2006), 『概說日本經濟史』, 東京大學出版會
三和良一(2002), 『日本近代の經濟政策史的研究』, 日本經濟評論社
小宮隆太郎(1988), 『現代日本經濟』, 東京大學出版會
土屋喬雄(1989), 『澁澤榮一』, 吉川弘文館
橋本壽朗(2000), 『現代日本經濟史』, 岩波書店
堀江保藏・角山榮編(1968), 『一般經濟史』, 青林書院
川合一郎外 編(1972), 『日本資本主義發達史論』, 日本評論社

Kaplan, Eugene J.(1972), Japan: The Government-Business Relationship, Washington, D.C., Department of Commerce.
Patrick, Hugh and Henry Rosovsky(1976), eds., Asia's New Giant-How The Japanese Economy Works, Brookings Institution.

쉬어가는 일본경제

닛산(NISSAN)과 카를로스 곤

닛산자동차

카를로스 곤과 닛산 자동차

토요타와 함께 일본의 자동차 산업을 이끌어 가고 있는 닛산의 뿌리는 1914년 하시모토(橋本増次館)가 만든 순수 국산차 1호인 닷토(DAT)에서 출발한다. 그는 닷토를 시작으로 일본의 소형 국민차를 제작하려는 꿈을 갖고 있었다. 그러나 제2차 세계대전의 발발과 일본의 패망으로 인해 닛산은 곤궁에 빠졌고, 문어발식 확장으로 세운 닛산 그룹을 미군은 악덕 재벌로 단정하고 해체해 버려 더욱 어려운 상황을 연출하였다. 하지만 시간이 지남에 따라 대대적으로 경영진을 교체하고 사원들의 힘을 모아 다시 조직을 재정비하여 1947년 생산을 재개해 한때 판매실적이 토요타보다 앞서기도 했다. 또한 1950년 발발한 한국전쟁 때 미군으로부터 군용트럭을 대량 주문받아 발전의 계기를 마련했고, 1959년 영국의 오스틴 차를 바탕으로 한 닛산의 새 모델 블루버드(Blue Bird)를 선보여 1년만에 20만대를 판매하는 폭발적인 인기를 얻었다.

닛산은 1966년 멕시코 공장 건설을 시작으로 전세계적으로 사업을 확장하며 해외활동을 활발히 펼쳤는데, 그에 반해 일본 시장에서 닛산의 점유율은 토요타에 점점 밀리는 형편이었다. 이러한 현상은 1990년대 장기 불황속에서도 지속되어 닛산은 최대의 적자를 내며 위기에 몰렸다. 그러던 중 1999년 르노(Renault)와 손잡고 최고의 경영자로 손꼽히던 카를로스 곤을 영입하면서 최대 전환점을 일으켰다. 그는 8,800명의 직원을 감원하는 등 일본의 종신고용 · 연공서열제 등 전통적인 일본식 고용풍토에서 충격적이라고 할 수 있는 구조조정을 벌여 기업회생에 성공했다는 평을 받고 있다.

■ 카를로스 곤

닛산이 회생할 수 있었던 데에는 카를로스 곤을 빼놓을 수 없다.

"나는 경영 교과서를 믿지 않는다" 파산 직전의 닛산 자동차를 구원한 사람은 남미의 열정을 간직한 브라질 태생의 경영자 카를로스 곤이다. 불과 2년 만에 6,600억 엔의 적자를 3,311억 엔의 흑자로 돌려놓은 그의 능력은 MBA과정에서 배운 첨단 경영기법에 의한 것이 아니라, 현장의 소리를 직시하며 개개인의 잠재능력을 존중하는 현장 중심, 인간 중심의 경영기법에 의한 것이다. CNN과 타임지 공동 선정 '2001 글로벌 비즈니스 파워' 에서 1위를 차지한 카를로스 곤은 누구인가?

"우리는 불타는 갑판으로부터 달아나야 합니다. 자신이 타고 있는 배가 화염에 휩싸일 때 편안히 있을 수는 없습니다. 위기감이 약한 사원은 자각하십시요. 26년 이상 시장점유율이 감소되어 온 결과 과거 8년 중 7년간 이익을 내지 못한 회사는 위기 이외에 그 무엇도 아니라는 점을 자각해야 합니다."

1999년 6월, 무너져가는 닛산에 COO(업무 담당 최고책임자)로 취임한 카를로스 곤의 취임연설 내용이다. 당시 닛산은 해마다 판매가 격감하여 1999년 총부채가 1조 4,000억 엔에 육박하는 등 파산 직전의 위기에 내몰렸다. 닛산은 활로를 찾기 위해 프랑스의 르노 자동차와 제휴를 했고 르노에서는 해결사로 르노의 부사장이었던 카를로스 곤을 파견했다. 카를로스 곤은 1999년 10월에 3개년 계획의 NRP(Nissan Revival Plan)를 내세우고 강도 높은 구조조정에 들어갔다. 그는 이익을 내지 못하는 공장은 과감하게 폐쇄했으며 대대적인 인원감축까지 단행하여 일본 사람들로부터 '파괴자', '르노의 진주군' 으로 불리었다. 그는 자신의 계획을 통해 흑자를 기록하지 못하면 자신을 비롯한 경영진 전원이 닛산을 떠나겠다고 단호하게 이야기했다. 불타는 갑판 최전방에 자신을 던진 셈이다.

그로부터 2년이 지난 2001년, 닛산은 전혀 다른 회사로 변했다. 3,311억 엔이라는 사상 최고의 흑자를 기록한 것이다. 전년도 같은 기간에 6,800억 엔의 엄청난 적자가 난 것에 비하면 그야말로 놀라운 성장을 이루어낸 것으로 평가받을 수 있으며, 경영이익은 2,823억 엔으로 주가(株價)는 르노와의 제휴 당시보다 두 배나 올랐다. 2000년도에는 260만 대의 자동차를 생산해 2년 만에 토요타 자동차 다음으로 일본 제 2위의 자동차 메이커로 부활하였으며, 이런 성과에 힘입어 카를로스 곤은 2001년도 CNN과 타임 지 공동 선정 '2001년 글로벌 비즈니스 파워' 에서 마이크로소프트 사의 빌 게이츠를 제치고 1위를 차지했다.

"경쟁은 스스로를 풍요롭게 만드는 길이다"

카를로스 곤은 1954년 3월 레바논 태생의 브라질 국적을 가진 아버지와 프랑스인 어머니 사이에서 브라질 내륙의 론도니아 주에서 태어났다. 16세 때 그는 학업을 위해 단신으로 프랑스로 건너가 당시 기술계 대학의 최고봉이라 할 수 있는 국립 이공과대학에 합격했다. 입학시험부터 수십 대 일의 경쟁을 치러야 했고 입학 후에도 경쟁은 치열했다. 그는 어릴 때부터 경쟁에 대해서 남다른 생각을 가지고 있었다.

"경쟁은 치열했지만 억압당하고 있다고 느낀 적은 없습니다. 경쟁은 피하는 것이 아니라 즐기는 것이라고 생각하는 것이 중요합니다. 그것이 스스로를 풍요롭게 만드는 길입니다."

졸업 후 곤은 거대 타이어 메이커인 미슐랭을 첫 직장으로 택했다. 공장 종업원으로서 밑바닥부터 일한 그는 신입사원 시절부터 주위 환경을 학습하는 남다른 능력이 있었다.

이 시절 그는 이미 인간 중심의 경영관을 확립하기 시작했다.

"좋은 것을 배웠습니다. 기업을 성립시키는 것은 제품과 종업원입니다. 제품의 어디에 강점이 있고 약점이 있는가, 무엇이 종업원을 불안하게 하는가, 그것을 알게 된 것은 후에 큰 도움이 되었습니다."

능력을 인정받은 그는 20대 후반에 공장장을 거쳐 30대 초반에 브라질 미슐랭의 사장으로 취임했다. 고전하고 있는 브라질 미슐랭을 4년 만에 안정궤도에 올려놓은 후 미국, 캐나다, 멕시코를 통합하는 북미 미슐랭의 사장으로 취임했다. 취임 직후 미 타이어 메이커인 유니로열 굿리치 사를 매수했으며 3년 만에 통합을 완료했다. 그는 부임지마다 현지어를 배워서 영어, 프랑스어, 이탈리아어, 포르투갈어, 스페인어 등 5개 국어를 자유롭게 구사할 수 있는데, 이로써 그의 현지화 노력을 엿볼 수 있다.

"문제가 있기 때문에 그곳에 간다"

미슐랭이 안정적인 성장궤도에 올랐을 무렵, 어려움을 겪고 있던 르노 자동차에서 곤을 전격 스카우트했다. 미슐랭에서 순탄하게 승승장구할 수 있는 위치에 선 곤이었지만, 어려움을 겪고 있는 르노로 과감히 자리를 옮겼다.

"당시 르노는 문제점을 안고 있었습니다. 그러나 회사가 곤란한 상태에 있기 때문에 공헌할 찬스도 있다고 생각했습니다."

르노에 들어온 지 5개월 만에 곤은 200억 달러의 비용삭감 계획을 세우고 히트차를 탄생시켜, 르노의 경영상황을 급격하게 회복시켰다. 그리고 곤에게는 '코스트 커터(cost cutter;비용절감기)' 라는 별명이 붙었다. 특히 히트차를 만들어 낼 수 있었던 것은 곤의 열린 마인드 때문이다.

"차의 스타일링이나 디자인에 자유를 부여하고 마케팅에도 자유를 주었던 것이 히트차의 개발로 이어졌습니다. 기술에 맞춰 디자인을 결정하는 것이 아니라, 먼저 디자인을 정하고 기술을 그것에 맞춥니다. 이런 방식을 통해 사람들이 무엇을 원하고 있는가, 미래의 차의 모양이나 색은 어떻게 되어갈까 등을 자유롭게 생각하는 환경을 만든 것입니다."

이즈음 어려움에 처한 닛산과 르노와의 제휴가 전격적으로 이루어졌고, 카를로스 곤에게는 새로운 과제가 주어졌다.

"인생에서 무슨 일이 일어날지 알 수 없으며, 계획대로 된다는 보장도 없습니다. 그러나 일본에서의 일은 새로운 도전이며 매우 매력적입니다. 새로운 언어를 배우고 문화를 흡수하고 다른 비즈니스 방법을 배운다는 것, 이런 일련의 도전은 젊어진 것 같은 기분에 빠지게 합니다. 저는 경영의 교과서 등은 믿지 않습니다. 중요한 것은 사람들의 의견에 귀를 기울이는 것입니다. 무엇이 그들을 움직이고, 무엇이 그들을 가로막고 있는가를 아는 일이 중요합니다."

곤은 35세에서 45세 사이의 중견간부 중 추천받은 인재 600여 명을 대상으로 일대일 면담에 들어갔다. 3개월이나 걸린 대장정이었다. 이를 통해 우수한 중견간부를 모아서 종적인 관계에 상관없이 사장 직속의 사내 횡단조직(CFT ; Cross Functional Team)으로 만들었다. 이들에게 개별 테마를 맡기고 자유롭게 논의시켜 그 성과를 전략에 이용하고자 한 것이다. 아이디어를 폭발시키는 유능한 인재들로 이루어진 CFT의 각 조직들은 혼자라면 도저히 불가능할 여러 가지 아이디어를 내놓았다.

1999년 8월 카를로스 곤은 구매 분야 총괄책임자에게 부품이나 자재 구매비용을 낮출 방안에 대해 연구할 것을 요구했다. 총괄책임자는 구매 개발 생산 부문의 아이디어를 합치면 10%의 비용삭감은 가능할 것이라고 이야기하였지만, 곤은 20%를 요구했다. 그렇게 해서 나온 것이 '3-3-3 추진활동' 이었다. 구매 부문, 개발 부문, 그리고 부품업체의 삼자가 하나가 되어 일본, 미국, 유럽 등 세 지역에 걸쳐 3년간 비용삭감 계획을 만들어 진행시킨다는 것이 그 골자다. 그리하여 1년간 5만 5천건의 비용절감 개선방안이 모아졌고 지금까지 완전히 따로 움직이던 구매 부문과 기술 부문 그리고 개발 부문이 함께 논의를 하면서 비용절감 계획을 현실화시켜 나갈 수 있게 되었다. 이와 같은 일련의 개혁들이 상품기획 개발부문이나 디자인부문에서도 이루어지면서 닛산은 급속도로 회복하기 시작했다.

곤이 이끄는 닛산의 개혁팀은 2년간 숨돌릴 틈도 없이 개혁을 단행해 나갔다. 전체 사원의 14퍼센트에 해당하는 2만 1천명의 인원을 감축, 인재 발탁을 통해 20개 판매회사의 사장 교체, 비생산적인 공장 폐쇄, 구매비용 삭감 등 대대적인 재건의 바람을 불러일으켰다. 뿐만 아니라 중간관리층의 혁신적인 교체, 엄격한 채용조건 제시, 영어 특별연수, 구입업자 지정제도 등 대폭적인 개혁을 실시했다. 그 결과 2년 만에 닛산은 파산 직전에서 성장 기업으로 거듭났다. 어느 일간지 기자가 닛산이 이룩한 성과를 '기적' 이라 표현하자 카를로스 곤은 이렇게 말했다.

"닛산이 단기간에 궤도에 오른 것은 전 사원이 의욕을 갖고 재건 계획에 참여해 공헌한 결과이지, 인간 능력을 초월한 기적은 아니다. 성공이 보장됐던 것은 아니나 예상됐던 결과이고, 나는 특별히 놀라지 않는다."

"일본에선 리더란 타고나는 것이라고 오해하고 있는 것 같다. 나는 리더가 만들어지는 것이라고 생각한다. 역경 속에서 다양한 과제에 부딪쳐 해결해가는 과정에서 리더로 성장해 가는 것이다"

그가 닛산에서 해낸 가장 큰 일은 많은 리더들을 길러냈다는 것이다. 그리고 곤이 다양한 나라에서 한결같이 경영 성과를 낼 수 있었던 것은 자신이 배운 지식을 고집하기보다는, 그때 그 장소가 가지고 있는 환경이 들려주는 정보를 통해 그 상황에 맞는 최적의 전략을 도출해낼 수 있었기 때문이다. 그는 닛산에서의 자신의 성공적인 스타일 역시 언제든지 변할 수 있다고 말한다. 카를로스 곤은 외국인 경영자로서 처음으로 일본 정부 훈장(남수포장)을 서훈받았다. 일본에서는 카를로스 곤의 경영철학에 관해서 총 14권의 책이 출판되었고 그중 한 권은 만화책일 정도로 그의 경영능력은 인정받았다고 해도 과언은 아니다.

■ 닛산의 미래

그러나 이러한 닛산에 장밋빛 미래만 있는 것은 아니다. 2007년 5월 20일 일본 닛산 자동차의 주주총회에서 카를로스 곤은 성난 주주들의 목소리와 마주칠 수밖에 없었다. 왜냐하면 닛산의 2006년 판매대수가 전년 대비 2.4% 감소했고, 영업이익은 10.9% 떨어졌을 뿐만 아니라 일본 자동차 업계 2위 자리마저 경쟁업체인 혼다에게 내주자, 일부 주주들은 곤 사장을 향해 목표미달의 책임을 지고 사퇴하라며 압박을 가하고 있다. 이러한 비판에 대해 카를로스 곤은 이것은 회복(revival)의 끝이 아니라 으레 있을 수 있는 일(accident)이라는 입장이다. 특히 2006년 40억 달러의 흑자가 목표치인 44억 달러에는 달하지는 못하였지만 여전히 업계에서 가장 좋은 성적에 속하는 것이며, 지난 7년간의 가파른 성장 이후 때로는 정리와 안정의 시간도 필요하다는 것이 그의 주장이다. 특히 신모델 출시와 함께 2007년 닛산의 수익이나 규모가 다시 성장하게 될 것이라며 그는 강한 자신감을 보였다.

■ 참고문헌

- 대한무역진흥공사(1994), 『달리는 일본 쫓기는 일본』, 고려원
- 대우경제연구소(1996), 『미 · 일 산업의 업종별 일등전략』, 이십일세기북스새날
- 이타가키 에켄(2002), 『기적을 만든 카를로스곤의 파워리더십』, 더난출판사
- 일본경제신문사(2001), 『카를로스 곤』, 영북스
- 하세가와 요조(2002), 『COO 카를로스 곤과 닛산 자동차』, 이지북
- 닛산 홈페이지 http://www.nissan.co.jp/EN/

CHAPTER 02

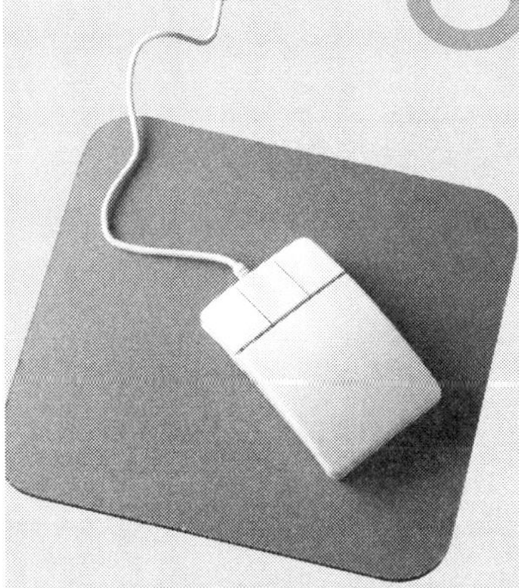

패전 후 일본경제

제1절 전전의 일본경제
제2절 전후부흥기(1945~50)
제3절 한국전쟁(1950~53)
제4절 고도성장기(1956~73)
제5절 오일쇼크(1973~74)
제6절 저성장기(1975~85)
◈ 쉬어가는 일본경제

02 CHAPTER

패전 후 일본경제

제1절 전전의 일본경제

1914년 대정(大正 3年) 7월, 사라예보사건을 도화선으로 오스트리아가 세르비아에 선전포고하면서 제1차 세계대전이 시작되었다. 세르비아를 후원하는 러시아에 대항하여 독일이 러시아, 프랑스, 영국과 차례로 전쟁을 치렀고 한달 후에 일본은 독일에 선전포고를 하면서 제1차 세계대전에 참전하게 되었다. 일본은 이듬해 1월 중국에 대해 대중 21개조를 요구하였는데 그 주된 내용은 산동성(山東省)의 독일 권익의 계승, 남만주 · 동내몽고에 관한 요구, 중국정부에 일본인 고문 기용요구 등이다. 이러한 일본의 노골적인 중국진출은 중국의 대일감정을 악화시켜 거센 반일운동을 일으켰으며 이에 일본은 중국의 북방군벌정부에 대해 1917년부터 18년에 걸쳐 1억 4,500만 엔의 경제차관을 공여하여 권익을 강화하였다. 1917년에는 러시아혁명이 발발하면서 세계 최초의 사회주의국가가 탄생하였으며, 1919년 6월에는 제1차 세계대전의 전후처리를 위해 연합국측과 독일간에 베르사이유에서 강화조약을 맺으면서 제1차 대전은 막을 내리게 되었다.

제1차 세계대전의 발발로 인해 일본 경제는 전혀 새로운 국면을 맞이하였다. 대전 초기에는 주요 물자의 수입단절 및 생사수출의 타격이 있었고 불황의 조짐도 보였다. 전쟁으로 인한 물가폭등과 1914년 이래의 흉작으로 인해 1917년부터는 쌀가격이 상승하기 시작하였다. 1917년 봄 1석 20엔 정도이던 쌀가격이 일본의 시베리아 출병이 선언된 8월이 되자 두 배 이상의 수준으로 폭등하였다. 이에 1918년 7월부터 약 70만명이 참가한 전국적인 민중폭동과 시위가 발생하면서 테라우치 내각(寺內正毅; 1916~18, 조선초대총감역임)이 사퇴하였다.

그러나 한편으로는 1915년부터 수출확대와 함께 전쟁 특수가 발생하기도 하였다. 수출은 연합국인 영국, 프랑스, 러시아에 대한 군수품과 식료품의 수요증가로 확대되었고, 아시아국가에서 덩달아 일본제품의 수요가 발생하였으며, 전쟁으로 인한 특수(特需) 경기에 수반한 미국의 생사에 대한 수요 확대로 전쟁특수를 누렸다.

제1차 세계대전은 일본뿐 아니라 세계 경제질서에도 많은 변화를 초래하였다. 20세기 자본주의로의 전환을 가져왔으며 그때까지 세계경제의 기축국이었던 영국이 미국에게 그 자리를 양보해야만 했다. 즉 제1차 세계대전 이전의 영국은 식료나 원재료를 수입하고 공업제품을 수출하고 경상수지 흑자분을 해외로 자본 수출하는 등 상품유통과 자금유통 등에서 세계경제의 기축역할을 해왔지만, 제1차 세계대전 이후 재건된 국제금본위제를 지탱한 것은 파운드가 아닌 달러였다. 미국은 제1차 세계대전 이후 자동차, 가전용 전기제품 등 새로운 국내소비재를 축으로 대량생산방식을 발달시켜 생산력이 가장 강한 국가로 성장하면서 세계경제를 리드하였다.

제1차 세계대전이 종결되면서 일본의 전쟁특수도 끝나는 것이 아닌가 하는 우려가 있었으나, 유럽 교전국들의 부흥이 쉽지 않은 반면 미국은 호경기가 지속되고 게다가 일본의 중국에 대한 수출호조 등이 맞물리면서 1919년 중반부터는 오히려 제1차 세계대전으로 인한 전쟁특수 이상으로 호경기를 맞이하였다. 이때 중심적인 역할을 한 산업은 중화학공업이 아니라 섬유업과 전력업이었다. 그러나 1920년 3월 15일 동경주식시장의 대폭락과 더불어 상품시장이 동반폭락하면서 공황이 발생하였고, 이에 수출과 생산활동의 수축과 투기열풍의 붕괴로 상사(商社) 및 상인들이 심각한 타격을 입었다.

한편 일본은 1923년 9월 1일 진도 7.9의 막강한 관동대지진(關東大地震)이 발생하면서 사망자 약 9만 9천명, 행방불명 4만 3천명, 부상자 10만명, 전소건물 46만 5천호 등 엄청난 피해가 발생하였다. 당시 대지진의 혼란속에 재일조선인들이 우물에 독약을 넣고 폭동을 일으킨다는 유언비어가 난무하면서 군대와 경찰에 의해 약 8천여 명의 재일조선인들이 학살을 당하는 사건이 발생하는 비극이 생겼다.

1930년대에 들어서면서 일본은 군국주의를 더욱 강화해 나갔다. 이 시기는 군부가 오히려 정부를 압도하면서 국가를 리드해 나갔다. 군부는 기존의 재벌에 대해 비판적이었기 때문에 자신들의 노선을 관철해 갈 동반자로 새로운 파트너를 찾아 육성했고, 이로 인해 이른바 '신재벌'이 출현하게 되었다. 즉 군부의 대륙침략 정책에 적극 부응하는 日産, 日窒, 日本曹達, 昭和電工 등이 급성장을 하게 된 것이다. 이후 기존 재벌도 군부 중심의 정책에 부응하지 않을 수 없게 되었는데, 이로써 국가의 정책 노선에 충실히 부응하고 정부의 특혜에 기업이 의존하는 경영체질이 메이지 시대 이래 더욱 고착되었다.

후진자본주의로 출발한 일본은 독일과 이탈리아와 더불어 연합국으로 구축된 미국 · 영국 · 프랑스 · 소련 등과 전세계를 상대로 전쟁을 일으키면서 제2차 세계대전이 시작되었다. 특별히 일본은 1940년 12월 미국에 선전포고를 하면서 태평양전쟁이 본격적으로 시작되었으며, 이때 아시아지배를 정당화 하기 위해 대동아공영권(大東亞共榮圈)이라는 슬로건을 내세웠다.

1941년 7월 일본은 자원 확보를 목적으로 동남아시아를 공격하기 시작하였고 이에 분노한 미국은 일본에 대하여 석유 및 자원수출을 금지하였다. 당시 일본의 석유비축은 1~2년 정도에 불과하였고 이에 일본은 미국과의 전쟁에 돌입하였다. 1941년 12월 8일 일본의 하와이 진주만 공격으로 전쟁이 시작되면서 초기에는 일본군이 우세하였으나, 1942년 후반부터 연합군이 반격하면서 미드웨이(Midway), 가달카날(Guadalcanal), 사이판(Saipan), 이오시마(硫黃島), 오키나와(沖繩) 등에서 일본군은 치명적인 타격을 입었고, 1944년 말부터는 일본 본토를 공습받았다.

1945년 8월 6일에는 히로시마(廣島)에 미군이 투하한 원자폭탄에 의해 20여만 명의 사망자가 발생하였으며, 8월 9일에는 나가사키(長崎)에 두 번째 원자폭탄이 떨어지면서 일본은 항복하지 않을 수 없는 기로에 서게 되었다.

제2차 세계대전에 의해 일본의 공업생산기반은 파멸적인 타격을 받았고 국민경제가 회복 불가능할 정도로 최악의 경제상황을 맞이했으나, 한편으로는 일본의 산업구조를 변화시키고 중화학 공업화를 본격 추진하는 계기가 되었다. 일본경제는 이미 산업혁명의 성공을 통해 제2차 세계대전 이전에 아시아에서 유일하게 공업화에 성공한 나라였으며 그 후 정부의 부흥정책을 시작으로 순조롭게 회복하였다.

제2절 전후부흥기(1945~50)

1. 전쟁의 피해정도

1945년 8월 14일, 일본은 포츠담선언의 수락을 통보함으로써 제2차 세계대전의 패전국이 되었다. 일본은 전쟁으로 인해 거의 모든 생산설비 및 생산수단이 파괴되었을 뿐 아니라 농업생산력 역시 현저하게 줄어들었으며 해외식민지와 해외시장이 상실되면서 최악의 경제상황을 맞이하였다. 태평양전쟁기에만 전사자가 240만 명, 민간인의 사망 및 행방불명자가 약 32만 명에 달하였는데, 이는 일본이 당시 인구가 약 7천만 명 정도임을 볼 때 인구 천명 당 38명이 목숨을 잃은 것과 같은 수치이다. 그 외 전국 119개 도시의 약 220만호가 파괴되었고 공장과 도로, 항만시설 등이 파괴되었다.

국가 전체의 피해추계를 보면 광공업의 생산능력은 전쟁전의 1937년을 기준으로 53%, 농업 생산능력은 60% 규모에 불과하였다. 즉 전쟁에 의해 광공업은 53%, 농업은 60%의 생산능력을 잃어버린 셈이다. 섬유산업의 생산능력은 더욱 피해가 커서 1937년에 비해 6%에 불과하였다. 물자부족 및 식량난 역시 심각하여 아사자가 발생하고 암시장이 등장하였다. 한편 전쟁터에서 돌아온 군인들과 구식민지로부터 귀국한 사람들로 인해 실업문제가 발생하였다.

이처럼 패전 이후의 피해가 큰 이유는 다음과 같다.

첫째, 일본 전국토가 전쟁터가 되면서 일본 전체 건물의 약 4분의 1이 파괴되었고, 전쟁 중에는 전쟁을 수행하기 위해 산업구조가 군수중심형으로 전환되었던 것이 큰 이유이다. 그때까지 전차나 대포를 생산해 왔던 공장이 전쟁이 끝났다고 해서 금방 섬유 등의 민생품이나 민생품 생산에 필요한 기계설비를 생산할 수 있는 상황이 아니었다. 1990년대 전반 구 소련의 분열과 사회주의 계획경제[1]에서 시장형 경제로의 이행과정에서도 러시아를 시작으로 각국에서 '군수산업의 민수전환'이 진행되지 못하였고, 오히려 성장의 발목을 잡

1) 사회주의 계획경제(socialist planned economy): 공유, 공영, 명령 등으로 구성되는 경제체제의 형태를 말하며, 자원배분, 생산, 가격 등은 시장기구에 의하지 않고 국가적 계획에 근거하여 정해진다. 구 소련이나 동구 유럽국가 등이 전형적인 형태이다.

아 경제가 후퇴하게 된 것과 흡사하다.

둘째, 전쟁으로 인해 일본 국내의 교통, 통신, 유통, 그리고 금융 등의 생산관련 인프라가 파괴적인 타격을 받으면서, 생산설비 및 생산능력이 타격을 받았다. 그러나 일본국민은 전쟁으로부터 해방되면서 소비재에 대한 급격한 수요와 이 때문에 공급이 수요에 못 미치는 대규모 인플레이션이 발생하여, 일본 역사상 최악의 인플레이션을 경험하였다. 전쟁이 종결된 후 1946년의 인플레이션율은 이미 50.6%를 기록하였지만, 이는 1947년의 109%, 1948년에는 189%, 49년의 237% 등 초 인플레이션이 지속된 것에 비하면 아무것도 아니다. 즉 1945년부터 1949년까지 소매물가지수는 79배, 도매물가지수는 60배로 급상승했으며, 이러한 인플레이션의 직접적인 원인은 ① 임시군사비의 대량방출, ② 일본은행(日銀) 차입을 주요재원으로 한 은행대출의 급증, ③ 예금인출에 의한 환물운동(換物運動)의 격화, ④점령군진주와 긴급조달을 위한 종전처리비 증대 등이 진행되었기 때문이다.

이상과 같은 혼란 속에서 ① 민수형 산업구조로의 전환, ② 생산능력 회복, ③ 인플레이션 종언(終焉) 등이 당시 일본경제의 과제로 남게 되었다.

〈표 2-1〉 전후 일본의 인플레이션 추이 (1934~36년 평균=1.00)

년도	도매물가(전년대비)	소비자물가	자유 및 암시장가격의 공정가격 배율(소비재)
1945	3.5(1.51배)		
46	16.3(4.65배)	50.6	8.4(배)
47	48.2(2.96배)	109.1	5.1(배)
48	127.9(2.66배)	189.0	2.9(배)
49	208.8(1.63배)	236.9	1.8(배)
50	246.8(1.18배)	219.9	1.3(배)
51	342.5(1.39배)	255.5	1.1(배)

자료 : 館龍一郎(1991)

2. 점령기의 3대 경제개혁

1945년 9월 2일, 일본은 항복문서에 조인한 이후부터 미국주도하에 진행된 연합군 총사령부(GHQ)[2)]에 의해 사실상 점령정책이 시작되었다. 점령방식은 독일에서와 같은 분할점령이나 군정에 의한 직접통치방식이 아닌, 미국이 실질적으로 점령의 주도권을 행사하면서 천황을 비롯한 중앙정부 기구의 해체없이 일본정부를 통한 간접통치방식(竹前榮治, 1983)으로 이루어졌으며, 미군정하에 입안된 점령정책은 일본정부에 하달된 후 일본정부에 의해 시행되도록 하였다[3)]. 이러한 방식은 일본정부의 강력한 반대와 일본국민들의 직접통치에 따른 저항감을 고려한 결과이며, 이는 결과적으로 전후 일본경제의 부흥을 촉진함과 동시에 정치 · 사회 · 문화 등 모든 영역에 걸쳐 큰 변화를 가져왔다는 의미에서 현재에 이르기까지 일본 사회에 커다란 영향을 끼쳐왔다고 할 수 있다.

전쟁직후의 점령정책의 핵심은 ① 헌법개정을 축으로 하는 주권재민의 민주제도의 도입[4)], ② 교육의 민주화[5)], ③ 경제개혁 등, 사회전반에 걸친 포괄적인 개혁이었지만 그 가운데 경제개혁의 핵심은 농업제도의 개혁, 노동제도의 개혁, 산업제도의 개혁(재벌해체) 등 세 가지로 집약되면서 그때까지의 경제체제를 근간부터 변화시킬 정도의 커다란 변화를 가져왔다.

---

2) GHQ: 1945년 9월 2일 일본이 항복 문서에 조인한 후 10월 2일 일본 점령의 집행을 위해 연합군 최고 사령관 총사령부(General Headquarters, Supreme Commander for the Allied Powers)를 설치하였으며, 실제로는 미 태평양군 총사령부로서의 기능을 갖는 2중구조로 되어 있었다. 미국태평양 육군 총사령관이었던 더글라스 맥아더(Douglas Mac-Arthur)가 쌍방의 총사령관을 겸임하였다. 외교, 경제, 법무, 운송, 통신 등 전반에 걸쳐 6년 8개월 간 일본을 점령 통치하였다.

3) 정책기관으로는 미국 외 영국, 소련, 중국 등을 비롯한 11개국에 의한 극동위원회(Far Eastern Commission), 미국, 영국, 소련, 중국 등 4국에 의한 대일이사회(Allied Council for Japan) 등이 설치되었지만, 1945년 9월에 작성된 '항복 후 초기 미국의 대일정책'에 기록된 "만일 주요 연합국 간에 의견이 일치하지 않을 경우 미국의 정책에 따르기로 한다"는 명시에 의해 미국이 실질적으로 주도권을 행사하였다(Burkman, 1982).

4) 1946년 11월에 공포한 일본국헌법은 전쟁포기 및 국민주권을 명기하였고 자유권, 참정권, 수익권 등 기본적 인권을 침해할 수 없는 영구적인 권리로서 보장하였으며 입법 · 행정 · 사법의 삼권분립을 정비하였다. 천황제는 상징천황제로 존속되면서 정치적 기능을 갖지 못한다는 내용으로 매년 5월 3일을 '헌법의 날'이라는 국민의 축제일로 지정하였다.

5) 교육제도는 1947년 교육기본법이 제정되어 교육이념이 명시되었고 학교체계는 복선형에서 6 · 3 · 3 · 4제의 단위형으로 바뀌었다.

(1) 농업제도의 개혁

농업제도의 개혁(농지개혁)은 연합국 점령군에 의해서가 아닌 일본이 주도적으로 실시하였다. 일본에서는 전통적으로 농가의 대부분이 소작농 또는 부분 소작농의 형태를 이루고 있었으며, 따라서 소작 농민은 지주적 토지소유의 개혁을 꾸준히 요구해 왔다. 미국 역시 지주제도의 해체에 의한 자작농 창설이 소작농민의 농업경영을 개선하고 군국주의의 온상을 제거하며 반공의 수단으로서도 농지개혁이 유용하다고 판단하였다. 이러한 농지개혁은 다음과 같은 특징을 갖고 있다.

첫째, 전후의 농지개혁을 통해 소규모 자작농을 농업의 중핵으로 바꾸었으며, 동시에 농촌사회의 민주화를 진행한다는 점에 초점을 맞추었다. 1946년에 실시한 농업민주화를 위한 개혁령으로 일본 농림성(農林省)은 제1차 농지개혁안을 제시하였다. 즉 지주제도의 개혁을 목표로 부재지주(不在地主)의 토지는 모든 소작지 매각, 재촌지주(在村地主)의 경우 농지소유제한을 전국 평균 5정보(1町步는 3,000평)로 책정하는 개혁안이었다.

그러나 제1차 농지개혁안이 여전히 지주제를 온존시키는 미온적인 조치에 지나지 않는다는 비판이 일어나면서 1946년 10월 제2차 농지개혁을 실시하였으며, 그 내용은 다음과 같다.

① 당사자간의 농지의 양도 및 취득을 인정하지 않으며 정부가 매수·매도를 행한다
② 부재지주의 모든 소작지와 재촌지주의 토지는 도부현(都府縣)에서는 평균 1정보, 홋카이도(北海道)에서는 4정보를 넘을 경우 국가가 지주로부터 강제 매수의 대상으로 한다
③ 지주로부터의 농지매수는 1945년 11월 23일 현재의 소유관계로 거슬러 올라간다

이러한 강력한 농지개혁의 실시로 일본의 지주계급은 사실상 해체된 후 소멸되었고 농지 총면적에 대한 90% 정도가 농민에 의한 자작지가 되었으며, 그 결과 농지 총면적에 대한 소작지의 비율은 46%에서 10% 가까이로 떨어졌다. 이로서 농민들의 소유가 된 농지로부터 발생한 농가소득의 향상은 농민의 노동·토지개발의욕을 높여 농업투자 확대로 이어졌고, 이는 다시 농업기술을 향상시키는 계기가 되었다.

둘째, 소위 식량관리제도(食糧管理制度)를 도입하여 농가가 생산하는 쌀 생산을 일정가격으로 정부가 사들여 그것을 정부가 시장에 유통시키는 시스템을 만들었다. 즉, 식량수급

의 안정을 위해 정부가 주요식량에 대해 직접, 간접적으로 수급을 조정하여 가격규제를 하는 등, 정부매입가격을 시장가격보다 높게 설정함으로써 그렇게 하지 않았을 때보다 농가가 공급하는 쌀 공급량이 늘게 된다는 점에 착안한 제도이다. 그러나 이 제도는 생산된 쌀의 질과 관계없이 어떠한 품질의 쌀이라도 정부가 일정가격으로 사들이기 때문에 품종개량 등의 생산성 향상 의욕을 농가로부터 빼앗는 결과가 되었다.

이처럼 전후의 농지개혁은 농업생산능력이 격감하고 극단적인 공급부족의 상태에 있던 당시의 식량사정을 완화시키며 동시에 지주 · 소작의 신분차별이나 소득격차의 해소에 중요한 역할을 하였다. 그러나 부재지주(不在地主)의 금지로 인해 실제로 농업을 경영하는 사람들에게만 농지를 소유할 수 있도록 한정하였기 때문에, 농지가 세분화되어 농업의 규모가 축소되어 버렸다. 그 후 농업발전의 기계화, 대규모화로 전환되면서 농지소유제도의 존재가 결과적으로는 일본의 농업을 생산효율이 높은 대규모 자본주의형 농업, 즉 자본가가 임금노동자를 고용하는 형식의 농업경영으로 전환되기 힘든 요인이 되었다.

(2) 노동제도의 개혁

일본은 패전 후 노동조합법(1945년 12월), 노동관계조정법(노동쟁의조정법; 1946년 9월), 노동기준법(근로기준법; 1947년 4월) 등 소위 노동3법을 각각 도입하였다. 노동3법의 제정은 노동자의 권리를 향상시키고 전전(戰前)의 저임금 구조를 변혁시키는 등 노동자의 노동조건, 임금개선 등에 중요한 역할을 하였을 뿐 아니라 임금개선으로 인한 농가소득의 상승과 일본 국내 소비시장을 확대하는 요인으로 작용하였다.

한편 근로자의 인간다운 생활을 보장하기 위해 노동3권인 노동자의 단결권(노동조합을 조직할 권리), 단체교섭권, 단체행동권(쟁의권)이 법적으로 확립되었다(일본국헌법 제 28조). 노동자 보호에 대한 규정이 정비되었던 것도 이 시기에 있었던 개혁의 쟁점이었다.

노동3법의 제정 이후 GHQ는 노동조합(trade union)운동을 장려하였다. 1945년 후반기에 접어들면서 노동조합이 결성되었고 조합원들이 지속적으로 증가하면서 509개의 조합에 조합원은 약 38만 명에 달하였다. 더구나 1946년 6월에는 12,000개의 조합에 조합원은 370만 명으로 급속히 늘어났다. 이외에 노동자화재보상보험법, 직업안정법, 실업보험법 등이 차례로 제정되었다.

1945년에 제정한 노동조합법은 1949년에 전면적인 개정을 실시하면서 노동조합 · 부당노동행위 · 노동협약 · 노동위원회 등에 대해 규정하였다.

(3) 산업제도의 개혁(재벌 해체)

재벌의 해체는 일본의 기업사(企業史)에서 가장 큰 변혁이라고 할 만한 사건이다. 재벌해체의 기본 내용은 기존의 재벌 지배의 중심이었던 재벌본사, 즉 지주회사를 해체하여 족벌의 기업지배를 배제하고 소유 주식을 공개 분산시키는 것이다. 전쟁전에는 미츠이(三井), 미츠비시(三菱), 스미토모(住友), 야스다(安田)를 대표로 하는 4대재벌이 존재하였고, 주요산업을 지배하는 대기업을 각 재벌이 소유하고 있는 구조였다. 이들 4대재벌의 활동은 1945년 11월 정지되었고 1946년에는 본사가 해체 · 청산되었으며 그 보유주식은 지주회사정리위원회에 이양된 후 일반에게 공개되었다.

1947년에 만들어진 '과도경제력집중배제법' 에 의해 거대기업이 분할되고 재벌해체에 따라 산업조직의 민주화가 꾀해졌다. 여기에서 '재벌해체와 독점금지정책'[6]에 의해 재벌을 해체하게 되었고 동 계열내의 재벌자회사간의 경쟁을 포함하여 기업상호경쟁을 촉진시키도록 하였다. 해체대상이 된 지주회사는 이후 증가하여 1947년 9월에는 83사에 이르렀다(산하기업의 수는 4,500사). 이후 비록 재벌해체의 계획이 완벽하게 시행되지는 못했지만 기업의 지배구조는 근본적으로 변했다.

우선 재벌 산하의 기업들이 분할 독립되고, 재벌간부 및 재벌가족의 소유는 배제되면서 추방조치가 취해졌다. 그 결과 전문경영자가 기업 운영에 실질적 책임을 지는 '소유와 경영' 의 분리가 거의 완벽하게 이루어졌다. 또한 전문경영자의 경우에도 과거에 관리권을 행사하던 사람들을 배제함으로써 경영자의 세대교체가 이루어졌다[7]. 그러나 재벌 해체로 산하 기업들이 완전히 독립적 경영체로 된 것은 아니었고 주식의 상호소유를 통해 거대한 '기업집단' 또는 '기업계열' 을 형성하였다[8]. 그리고 그 중심에는 은행이 있었다. 따라서 전후 일본의 자본주의는 주식을 주주 대중이 아니라 기관회사(법인)가 소유하는 '법인자본주의' 라는 특징을 갖게 되었다. 이러한 개혁은 전쟁으로 인해 경영자가 전체적으로 젊어졌고, 각

6) 독점금지정책: 1947년에 사적 독점, 불공정 거래 금지에 의한 자유로운 시장경쟁 확보를 목적으로 제정되었으며, 독점금지 정책의 지침이 되었다. 그러나 1953년에는 불황 카르텔이 인정되는 등 법 정신이 후퇴되기도 하였다.

7) 그러나 한국전쟁을 계기로 미군정 당국의 정책이 바뀌게 되면서 이들 중 일부는 경영 일선에 복귀하였다.

8) 현재를 기준으로 양자를 구분하면, '기업집단' 이란 그것을 구성하는 기업간에 경영력의 차가 작고, 수직적 지배관계라기보다는 수평적인 네트워크를 이루며 협력하는 관계에 있는 기업들을 가리킨다. '기업계열' 이란 특정의 유력한 기업(親會社)을 정점으로 복수의 기업들(子會社)이 그것에 종속하는 피라밋형의 결합관계를 보이는 기업들을 가리킨다(間宏, 1997).

기업의 경영자세가 긍정적으로 바뀐 점과 맞물려서 기업경쟁을 촉진하는 역할을 하였다.

그러나 재벌은 해체되었지만 주요기업은 이전 재벌끼리 그룹을 형성하고 게다가 하청기업까지 포함하여 계열기업을 만들어 같은 상대와 같은 종류의 경제거래를 계속하는 상관습을 만들어 나갔다. 그리고 기업내에서도 노동개혁을 반영하여 안정적이고 활기찬 사회건설에 이바지하였던 종신고용제도, 연공서열제, 기업내 조합 등 일본형 고용관행이 서서히 뿌리를 내리면서 기업 간 뿐만이 아니라 기업내에서도 극히 장기 안정적인 조직을 만들어 나가게 되었다.

극단적으로 일본과 미국의 경영관행을 비교할 때 다음과 같은 예를 들곤 한다. 미국형 경제거래는 기업내의 노사관계 및 기업간 거래에 있어서 물품의 가격경쟁력이 좋다면 상대에 대한 정확한 정보를 갖고 있지 않더라도 거래를 진행한다고 알려져 있지만, 일본형 경제거래는 같은 상대와 같은 거래를 반복하면서 관계를 중시하는 특징을 갖고 있기 때문에 배타적인 구조가 되기 쉽다고 한다. 이러한 거래관계는 이 후의 일본제조업의 생산성에 영향을 끼침과 동시에 1980년대 이후 무역마찰의 원인이 되기도 하였다.

3. 일본기업의 고용관행

(1) 종신고용제

19세기 말 이후 일본 자본주의는 급속한 발전을 가져왔지만 그 과정에서 기업가들은 숙련되고 기율(紀律)을 갖춘 노동자를 충분히 구하기 힘들었던 시대였다. 따라서 숙련노동자는 항상 부족한 상태였으며, 이 때문에 각 기업은 숙련노동자를 확보하여 장기적으로 묶어둘 장치가 필요하였다. 이런 필요성에서 나온 것이 연공서열형 임금제로서 회사에 오래 근무할수록 임금을 많이 받도록 하여 노동자로부터 충성심을 유발하자는 의도가 있었다. 연공서열제는 자연스럽게 장기 고용으로 이어졌고, 이는 결국 종신고용(lifetime employment)이라는 일본형 경영이념으로 정착하였다. 1970년과 1975년에 발표된 OECD 연구단체의 보고서에는 일본의 고용제도가 고도경제성장에 중요한 역할을 하였다고 평가하였다.

원래 종신고용이란 단어는 아베글랜(James C. Abegglen)의 조사보고서인 'Japanese factory(1958)' 를 통해 일본식 경영기법과 노사관계의 주요특질에 관한 다양한 연구를 통해 알려진 용어로서, 종신고용이라는 말이 경영자가 노동자를 절대로 해고할 수 없다거나 결코 노동자가 직장을 그만둘 수 없다는 의미는 아니다[9]. 이는 또한 제1차 세계대전 이후부터 중공업 부문의 직원들을 중심으로 정착하기 시작하여 전후 현장노동자들에게까지 파급되는 등 초기 공업화과정에서 대기업의 노사간에 생성, 발전되어 온 노동관행을 일컫는 용어로도 사용되어 왔다[10].

그렇다면 왜 일본에서는 이러한 종신고용제가 정착해 있는 것일까? 이에 대해 일본인들은 회사를 일종의 이상적인 가정처럼 느끼면서 심리적 · 조직적 · 경제적으로 결속되어 서로 강하게 연대하는 공동체라고 믿기 때문이다. 또한 일생을 자신이 속한 회사를 위해 헌신하리라고 생각하고 있으며 회사는 자기들을 끝까지 돌봐줄 것이라고 믿는다. 이런 전제는 직원들이 해고되거나 직장을 그만두지 않게 되는 일종의 심리적 계약이 된다. 노동자들의 실질 종신고용률은 20~35% 정도로 추산되지만 심리적 계약이라는 면에서는 모든 일본 노동자들이 실제적으로 종신고용되어 있다고 보아야 하며, 임시직이나 여성들도 사실상 그리 쉽게 해고할 수는 없다. 이는 신규채용 된 후 기업내 훈련을 통해 기술을 획득한 숙련공이 외부로 유출되는 것 보다는 복리후생시설이나 연공임금을 제공하는 것이 기업입장에서 볼 때 유리하기 때문에 종신고용제가 유지되는 측면도 있다. 이러한 종신고용제도는 어떤 형태의 계약권을 갖고 있는 것이 아니며 설사 계약이라는 행위가 있어도 별 의미는 없다[11].

생애고용(生涯雇用)이라고도 불리우는 이러한 종신고용제도 하에서 일본의 근로자들은 통상 정년이 될 때까지 동일회사에 충실히 근무하지만, 가족과 사생활보다 회사를 더 우선시 여겨왔다 해도 과언이 아니다. 따라서 다른 지방으로 파견근무를 가는 것은 매우 일반적이며, 가족들이 같이 가기를 원하지 않거나 자식의 교육을 중단하고 싶지 않을 경우에는

---

9) J. C. アベグレン(1958)『日本の經營』ダイヤモンド社

10) 藻利重隆(1980)에 의하면, “종신고용제도란 일본의 기업이 정규종업원으로 고용한 자에 대해 정년까지의 장기고용을 보장하는 노동관행을 말한다. 이는 근로조건으로서 단체협약이나 취업규칙 속에 명문화되어 있는 경우는 드물고, 어떤 법적인 근거를 갖고 있는 것도 아니며, 오직 도의적 관념에 의해 노사간에 유지되어 온 관행이다. 그럼에도 불구하고 이러한 제도가 일본의 특징적인 고용관행으로 존재하고 있는 것은 매우 흥미로운 현상이다”라고 주장하였다. 한편, 古川榮一교수의 경우, “종신고용제도란 어떤 기업에 한번 고용이 되면 정년까지 그 기업에 근속하는 생애고용제도이다. 이는 일본의 대기업에서 볼 수 있는 고용형태로 정사원이나 본공, 또는 상용공으로 장기고용을 보장하며, 경우에 따라서는 정년후의 생활도 어느 정도 보장하는 제도이다”라고 정의하고 있다.

11) 이상은 스티븐 리드(1997)의 p131~136을 정리한 것이다.

단신으로 떠나기도 한다. 이렇듯 기업에 대한 노동자들의 귀속의식을 고양시켜 회사인간(會社人間)을 만들어 내다 보니 노동자들의 기본인권을 무시하는 기업에 대해서도 사실은 노동자들이 감수해야 하는 부분도 발생하게 된다.

일본에서 소규모 기업들이 쉽게 도산하는 이유 중 하나가 직원을 해고하는 데 어려움이 있기 때문이다. 직원을 해고하느니 차라리 파산선고를 하거나 규모를 줄여 회사를 재정비한다. 직원을 해고시켜야만 하는 상황이나 경제적인 압박속에서도 경영자는 회사가 직원을 돌봐주어야 한다는 전통적 보호이념을 버리지 못하고 있으며, 그렇기 때문에 종신고용제는 일본에서 하나의 규범으로 작용한다고 보고 있다. 이러한 암묵적인 규범을 준수해야 좋은 회사로 인정되고 그래야 질 높은 직원을 채용할 수 있을 뿐만 아니라 기업의 신용도 얻게 된다. 기업경영이 악화되더라도 노동자를 해고하는 대신 노동시간의 단축, 작업배치 전환, 파견 등으로 고용을 유지하는 방법을 택하고 있다는 것은 일본식 경영을 유지하려는 하나의 노력이기도 하다.

이러한 종신고용제 역시 세월이 흐르고 변모하다 보니 오늘날에는 조금씩 그 모습이 사라지고 이제는 서구형 성과주의제도를 도입하는 기업이 많아졌다. 즉 1970년대 후반부터 80년대에 이르기까지 일본의 산업구조가 구조불황이라는 전환기를 맞이하면서 제소업뿐만 아니라 관리직에 대해서도 고용유지가 불가능하게 되었다. 안정된 고용관계를 형성해온 종신고용제 및 연공서열제를 통한 임금체제는 버블붕괴로 말미암아 저성장을 지속하는 기업입장에서는 유지하기가 곤란해진 것이다.

그러나 최근 일본기업들 사이에서 서구형 성과주의제도에 대한 무용론(無用論)이 확산되고 있다. 사원들의 근로의욕을 고취하기 위해 1990년대 초부터 기업들이 본격적으로 도입한 성과주의가 오히려 사원들의 사기를 꺾고 조직을 와해시키는 등 부작용이 많다는 판단에서이다. 실제로 성과주의를 도입한 회사는 전체기업의 85%에 달하지만 완벽한 서구식 성과주의를 생산현장에서 실시중인 기업은 1%에 불과한 것으로 나타났다.

특히 종신고용제와 같은 일본식경영을 고집해온 토요타(TOYOTA), 캐논(Canon) 등이 사상 최고 이익을 경신하면서 일본경제의 부활을 이끌게 되고, 호야(HOYA), 신니테츠(新日鐵), 혼다(Honda) 등 우수한 일본 대기업들도 일본식경영에 대한 복고적 관심이 다시 높아지고 있는 상태이다. 캐논의 경우는 2001년 연공서열제가 아닌 목표관리제도를 도입하였는데, 이는 직급을 폐지하는 대신 일의 성과에 따라 연봉을 결정하는 방식이다. 여기서 중요한 것은 실적에 따라 평가하되 철저하게 종신고용을 지키겠다고 약속하여 사원들로 하여금 불안감을 불식시켰다는 것이다[12]. 한편 토요타자동차의 경우도 오쿠다 히로시(奧田 碩)회장이 "사원을 자르려면 차라리 내 목을 치는 게 낫다"고 말할 정도로 종신고용제를 옹호하고 있다.

(2) 연공서열제

한편 일본 노동자들이 그들이 원하는 대로 직장을 옮기지 못하는 데는 또 다른 이유가 있다. 즉 월급과 승진 및 퇴직금 등이 직원의 연령과 근속년수에 의해 정해지는 연공서열을 통한 임금체제가 존재하고 있기 때문이다. 기업에 입사한 초기 임금은 상대적으로 낮지만 연령에 따라 임금이 상승하게 되는 이런 제도 하에서는 대학교든 고등학교든 최종 학교를 졸업한 후 회사에 들어가서 정년퇴직할 때까지 그 회사를 다니게 되고, 그 후 서열에 따라 봉급이 올라가는 것이 당연하게 받아들여진다(尾高;1993, 中村1993). 그러다 보니 노동자들의 실적이나 능력과 임금사이에는 상당한 격차가 존재하는 경우도 있지만 입사 초년생들은 현재 월급이 적어도 시간이 흐르면 자신들의 승진과 더불어 월급이 상승될 것을 알고 있다. 그러나 직장을 옮긴다면 처음부터 다시 시작해야 하기 때문에 이러한 연공서열은 적용받지 못한다. 사실상 중간에 경력을 바꿔 회사에 들어온 사람들은 거의 학교를 갓 졸업하고 들어온 신참자와 동일한 대우를 받게 되기 때문에 적은 월급을 받고 일해야 하는 기간이 길어지는 반면, 인상된 월급을 누릴 시간은 단축된다. 물론 이렇게 중간에 입사한 사람들도 능력만 된다면 서열상승이 가능하겠지만, 일반적으로 한 직장을 그만두면 승진 기회와 경제적인 면에서 손해를 보기 때문에 일본 노동자들은 종신고용제 및 연공서열제를 받아들이고 있다.

그러나 연공서열제를 통한 임금체제가 일본기업 전체에 뿌리를 내렸다고는 볼 수 없다. 종신고용과 마찬가지로 임시공, 파트타임 등 정규직이 아닌 경우는 연공서열제도가 적용되지 않고 있으며 더군다나 중소기업에도 마찬가지이다. 대기업 역시 저학력자나 여공, 인

12) 캐논 사장인 미타라이 후지오(御手洗富士夫)는 일본식 종신고용에 대해 다음과 같이 언급하였다 "회사경영에는 두 가지 측면이 있다. 제품개발이나 재무전략은 보편적이지만 고용관행은 나라마다 차이가 있다. 이것은 문화가 다르기 때문이다. 진출한 국가에서 직원을 고용할 때에는 그 나라의 문화를 존중해야 한다. 일본에서 존중해야 할 분야는 종신고용제이다. 종신고용제의 장점은 한 사람, 한 사람이 생애를 걸고 경영방침이나 기업풍토를 이해해 주는 것이다. 스스로 '브랜드를 지키자' '단결해서 위기에 맞서자' 고 하는 애사정신도 생긴다. 이 고용관행은 일본의 풍토에 맞을뿐더러 글로벌 시장에서 살아남는 데 귀중한 경쟁우위요소라고 생각한다" (제임스 아베글렌, 2007)

사고과가 낮은 노동자들에게는 적용되지 않는 경우가 대부분이다. 이렇게 볼 때 연공서열제란 정규노동자들에게 해당되고 기업은 이들을 기업내에 가두어 버리는 제도로 연공임금제를 활용하고 있다고 볼 수 있다.

(3) 노동조합

제2차 세계대전 이후 일본의 노동조합은 미군정하에서 급속도로 조직되었다. 패전 후 미군정은 재벌 또는 자본가 집단을 일본의 민주화에 가장 큰 걸림돌로 생각했고, 따라서 이들의 힘을 약화시키기 위해서는 상대적으로 노동운동을 활성화시키는 것이 무엇보다 좋은 방법이라고 생각했다. 즉 활발한 노조운동이 일본의 경제력 집중을 막는데 필수적이라고 판단하고 노사간의 동등한 관계를 통하여 기업가와 노동자와의 불균형을 해소하고자 하였다. 이에 따라 민주화정책의 일환으로 치안유지법과 탄압법령이 철폐되었으며 노동3법이 부활하게 되는 계기를 맞았다. 게다가 노동조합결성권, 단체교섭권, 파업권을 보장하여 노동자의 지위를 향상시키고자 하였으며, 일본내에서도 전쟁 중 잠잠하던 노동자 지지

〈표 2-2〉 일본의 노동조합 수, 조합원 수, 조직률 (단위; 천 명, %)

년도	조합수	조합원수	추정조직률
1921	300	103	–
1925	457	254	5.6
1930	712	354	7.5
1935	991	409	6.9
1940	49	9	0.1
1945	509	381	–
1950	29,144	5,774	45.8
1955	32,012	6,166	34.7
1960	41,561	7,516	31.7
1965	52,879	10,070	35.0
1970	60,954	11,481	34.7
1975	69,333	12,473	34.4
1979	71,780	12,174	31.6

자료 : Shirai and Shimada "Japan in Dunlop, J. T. and Galeuson, W. eds. Labor in the Twentieth Century, N. Y. : Academic Press", 1980

세력이 다시금 부상하면서 맥아더의 경제민주화정책에 힘을 보태었다. 그리하여 노동조합은 빠른 속도로 결성되어 1950년에는 조합원수가 577만 명이나 되었고 추정조직률은 45.8%나 되었다〈표 2-2 참조〉.

일본의 노동조합은 영미식의 직업별 조합이나 산업별 조합과는 달리 기업별로 조직되어 있다. 기업별 조합이란 각각의 기업에 속한 종업원이 직종에 상관없이 기업단위마다 하나의 노동조합을 결성하는 경우를 말한다. 이들 조합이 더 나아가 직종별, 산업별로 연합체를 결성하더라도 노조의 단위는 기업별 노조라는 특징을 갖고 있다. 산업별 조합체제 하에서는 실업자문제를 노동조합의 중요한 과제로 삼지만 기업별 조합은 고용된 조합원의 복지가 보다 중요한 과제이다.

기업별 노조가 생성된 원인을 살펴보면 다음과 같다. 전후 활발해진 노동운동은 자신들의 안정적 고용상태와 생활을 확보하기 위한 투쟁을 전개했고 그것이 보다 많은 기업들을 통해 결실을 맺는 과정에서 노동조합은 무엇보다 기업별 노조의 특징을 강하게 드러냄으로써 기업측의 양보를 전제로 한 노사협조체제가 구축이 된 것이다.

또한 패전 이후 패허로 인한 궁핍한 생활이 이어지는 최악의 상태였기 때문에, 기업경영자도 노동자도 인간으로서 살아가기 위한 기초를 다지는 것이 가장 급선무였다. 무엇보다 기업의 이익을 최우선으로 해야 했고 기업은 종업원 모두에게 생활공동체로서 그리고 운명공동체로서 기업을 경영해야 했다. 이러한 상황속에서 노직일체(勞職一體)로 종업원조직, 즉 기업별 조합이 탄생한 것이다[13]. 따라서 노조는 종업원의 경제적 지위를 향상시키기 위해 단체교섭을 조직하며 때로는 스트라이크를 일으키기도 하지만, 오일쇼크 등 기업의 업적이 악화할 경우 실업자가 발생하지 않도록 하기 위하여 임금상승을 자제하는 대신 고용확보를 우선시 하였으며 자신들이 속한 기업의 존속과 발전을 저해하는 활동은 자제하는 특징을 갖고 있다. 저성장에 의한 고용불안으로 임금인상보다는 고용안정이 노사 쌍방의 주요관심사가 되었으며 구미의 경우와는 대조적으로 노동조합이 산업합리화와 감량경영에 대해 협조하게 된 것이다.

전전의 노동조합은 사회적으로 큰 영향력을 갖지 못하다가 전후 개혁에 의해 노동기본법이 공인되면서 노동운동이 고양되었는데, 당시 전시중에 기업별로 조직된 국가주의적 통일노동단체였던 산업보국회(産業報國會)가 그대로 노조로 전환되었다. 그러면서 지부

13) 小野豊明(1980), 『證言 : 日本の經營』, マネジメント社

조직을 사실상 계승한 사업소별·기업별 형태를 취하게 되면서 기업별 조합이 전국적으로 조직되었다.

한편 패전으로 인한 격심한 인플레이션으로 인해 노동자들의 생활은 심한 궁핍에 빠지게 되었고 이는 노동조합 운동의 진전에 박차를 가하였다. 이러한 상황 속에서 전개되는 노동조합 운동은 자연 급진적 성격을 지니면서 공산당이 노동조합 운동의 지도력을 가지게 되었다. 당초 노동운동은 일본공산당의 지도를 받은 '산별회의(産別會議)'가 주도권을 갖고 있었으나 이들은 반공이데올로기의 격렬한 공세에 직면하여 해산위기에 내몰렸다.

1950년 7월 사회당계의 '총평(總評: 일본노동조합총평의회)'이 점령군의 지원으로 결성되면서 반공민주노조로서 노동운동의 중심이 되었다. 총평은 산별회의의 정치주도에 반대했던 사람들이 만든 것이지만 그 자신들도 정치활동을 강화시켜 나갔다. 이후 총평은 임금과 실업문제도 해결할 수 있다는 정치투쟁위주의 노선을 채택하면서 정치적 변화를 꾀했지만 고도성장에 의한 노동력 수급의 부족과 재벌해체 후 일반화된 전문경영인의 합리적 노무정책, 그리고 민간노조 지도자의 노사협조는 일본적 노사관계가 힘을 발휘하게 되면서 그 세력이 약해져 1989년 해산하였다(小野豊明, 1979).

한편 좌경화된 총평 주류에 대해 우파가 반발하면서 1954년 민간산업별 단일조합을 중심으로 3개 우파조합이 합동하여 만든 전일본노동조합회의(全勞會議 : 1964년 전일본노동총동맹으로 발전, 약칭 同盟)가 결성되었다. 그동안 총평은 1955년 이후 노동조합이 임금인상 요구 등을 중심으로 매년 봄 춘기투쟁(春闘)[14]으로 일본형 임금투쟁을 확립하는 한편, 당시 중공업 및 사양산업인 석탄산업에서 빈발했던 해고에 대한 격렬한 반대투쟁을 전개했다.

이케다내각(池田內閣)의 '국민소득배증계획'이 시작된 1960년 이후 높은 경제성장과 노동력 수요급증을 배경으로 춘투는 연 10%를 넘는 임금인상의 성과를 올렸고, 이 시기에 연공서열형의 임금체계, 종신고용제, 기업별 노동자조합을 통한 노사협조 등 일본형 노사관계가 완성기를 맞이했다. 이 같은 일본형 노사관계가 정착하게 된 것은 노조활동의 비정치화와 고도경제성장을 배경으로 근로자들의 임금인상 요구가 이미 상당한 부분까지 달성되었기 때문이다. 그러다 보니 노동조합을 통해 더 이상 투쟁할 필요가 없게 되고 노동조

14) 일본의 임금교섭이 봄철에 집중되는 이유는 무엇보다 정부의 회계연도가 4월 1일 시작되며 대부분의 기업도 이에 맞춰 3월말을 결산기로 잡고 있기 때문이다. 예산 및 회계상의 새해에 해당하는 4월부터 새로운 임금을 적용하려면 3월말까지는 임금교섭이 끝나야 하는 것도 그 이유에 해당한다.

합에도 가입할 필요가 없게 되었다.

이상의 일본식 노동관행은 일본기업의 지속적 성장은 물론 기업 내 노사간의 일체감 증대와 노사관계 안정에 크게 기여해온 것으로 높이 평가되어 왔다.

4. 경제위기

제2차 세계대전 이후 자본주의 세계의 최대 강국으로 부상한 미국은 일본을 간접통치하면서 봉건적이고 권위주의적인 통치형태를 청산하고 다시는 연합국의 위협국가가 되지 않도록 하기 위해 공업, 농업, 노동 등 전 분야에 걸쳐 개혁을 실시하였지만 이러한 초기의 점령정책은 미국의 의도에 의해 수정되었다. 즉 1947년부터 49년까지 비군사화, 민주화정책을 수정하여 일본의 경제자립을 촉진하고 일본을 새로운 전체주의 세력의 위협에 대한 장벽으로 만드는, 이른바 역코스(Reverse Course)[15]를 선택하여 일본을 연합국의 일원으로서 경제부흥시키고자 한 것이다. 이에 GHQ는 보수층과의 협력을 통한 보수세력의 성장, 독점자본의 부활, 재군비 등을 추진하면서 일본의 경제적 부흥을 적극 꾀하게 된다.

그러나 이러한 점령정책의 전환은 갑자기 이루어진 것이 아니다. 전후 일본경제의 혼란은 극심한 인플레이션과 식량위기를 가속시켜 일본국민은 미국의 원조식량으로 겨우 생명을 유지하였다. 전쟁중의 통화증발로 인한 악성인플레이션이 고조되는 가운데 실업자가 발생하고 사회운동이 전개되었다. 재고로 남았던 원료와 자재를 이용한 소비재의 부분적인 생산은 이루어졌으나 이마저 자재의 고갈로 감축생산을 하지 않으면 안되는 상황으로 바뀌었다. 한편 초인플레이션을 봉쇄하는 것은 당시의 중요한 과제중의 하나였다. 공급능력 부족과 수요팽창이 인플레이션의 주요 원인이었지만, 그중에서 어느 쪽을 인플레이션의 주요원인이라고 생각하는가에 따라서 당시 인플레이션정책을 둘러싼 두 가지 입장이 존재하였다.

15) 1940년대 후반에 들어서면서 서서히 자본주의와 사회주의 진영이 대립되던 중 공산권세력이 강화되자 이에 위협을 느낀 미국은 대일정책을 전환하였다. 특히 중국의 공산화는 아시아 자본주의 진영으로서 일본의 가치를 상승시켰으며 국제 공산주의에 대항하기 위해서는 하루빨리 일본경제를 부흥시키는 것이 긴급과제라는 인식을 갖게 하였다. 이러한 가운데 미국은 초기의 비무장화와 민주화라는 대일정책의 목표를 수정하면서, 일본의 재무장화와 경제부흥에 중점을 두었다. 역코스란 단어는 요미우리신문(讀賣新聞)이 1951년 11월 2일부터 연재했던 특집기사에서 유래하였다.

(1) 공급측면

공급능력의 부족이 당시의 초인플레이션의 주요한 원인이라고 생각하는 입장에서는 일본경제의 공급정책을 우선시켜야 한다는 주장을 하였다. 당시 민생품 산업과 관련된 생산설비가 극단적으로 부족하였기 때문에 제조업은 생산만 하면 그대로 팔렸지만, 생산설비는 턱없이 부족하고 민생품을 충분히 생산할 여력도 없었으며, 이로 인해 노동자를 고용할 수가 없게 되자 대량실업(유휴노동력)이 발생하였다. 이에 공급을 증가시켜 인플레이션과 실업을 해결하고 동시에 생산능력을 향상시켜 극단적인 생필품 부족을 해소시키기 위해 일본정부는 1947~48년 경사생산방식(傾斜生産方式 : the priority production) 전략을 세웠다[16].

당시 일본경제는 미국 전략폭격기에 의한 융단폭격으로 막대한 피해를 입었으나, 더욱 치명적인 것은 원재료의 수입차단이었다. 만일 패전 이후 원재료수입이 재개되었다면 일본경제는 회복의 발판을 마련했을 텐데, 일본의 대외교역은 점령군의 관리하에 있었고 미국은 전후 세계적 물자부족으로 일본의 원재료 수입을 제한하고 있었다. 이러한 난국을 타개하기 위해 등장한 것이 경사생산방식이다. 이는 석탄과 철강생산의 증산에 중점을 두고 양산업의 성장에 따라 경제전체에 파급효과를 가져오게 하는 방법이다. 석탄증산에는 철강부족이 문제가 되고, 또 철강생산에는 석탄부족이 문제점으로 지적되었기 때문에, 철과 석탄이라고 하는 기간산업의 생산을 증강시키면 그것이 다른 민생품산업의 생산에 영향을 미치게 하는 부흥방식을 구상한 것이다. 즉 증산된 석탄을 철강생산에 집중적으로 투입한 후, 증산된 철강을 우선적으로 노후화된 탄광에 투입함으로써 석탄을 증산하여 석탄과 철강부문 사이에 순환적 · 상호보완적으로 생산을 확대시키는 정책이다.

1946년 말에 도입되었던 경사생산방식은 다음해인 1947년에 바로 효과가 나타났다. 석탄생산은 전년대비 28% 증가하였고 그 성과는 기초산업인 요업, 섬유, 조선, 화학 등에서 40~60% 증가하였으며 1948년부터는 더욱 본격화하였다. 철강, 시멘트, 화학 등 소재계 업종에 비해 뒤떨어지기 쉬운 기계공업의 생산도 회복하기 시작하였고, 군수기술인 항공기 부품, 군수용 광학, 통신기기 등도 평화산업으로 전환하여 재봉틀, 카메라, 자전거, 시

16) 도쿄대학의 아리자와 히로미(有澤廣巳)교수는 당시 수상이었던 요시다 시게루(吉田 茂)의 개인적 브레인의 회원으로서 종전 직후 악성인플레의 가장 큰 원인을 생산의 절대적 부족으로 보고, 이러한 현실을 인식하여 일본경제 재생을 위한 비장의 수단으로 '경사생산방식'을 제안하였다.

〈표 2-3〉 부흥금융금고의 융자규모(1949. 3) (단위 : 100만 엔)

	모든 금융기관		부흥금융금고			
	총차입(A)	설비자금(B)	총차입(C)	설비자금(D)	C/A	D/B
석탄광업	67,250	33,877	47,519(36.0%)	32,819(34.8%)	0.707	0.969
철강업	21,931	2,821	3,526(2.7%)	1,943(2.1%)	0.161	0.689
비료공업	16,143	7,113	6,119(4.6%)	4,555(4.8%)	0.379	0.640
전기업	25,422	20,580	22,399(17.0%)	19,129(20.3%)	0.881	0.929
해운업	20,578	15,569	13,448(10.2%)	13,317(14.1%)	0.655	0.856
섬유공업	69,866	11,088	4,995(38.0%)	4,975(5.3%)	0.071	0.449
합계	566,118	127,380	131,965(100%)	94,342(100%)	0.233	0.746

자료 : 日本開發銀行10年史(1962)

계, 직기 등이 활발한 생산을 보였다.

이들 중점산업의 생산증가를 자금면에서 지원하기 위해 정부는 1946년 10월에 경제부흥금융금고(經濟復興金融金庫: 復金)[17]를 설립하여 석탄, 전력, 비료, 철강 등 중점산업에 정책융자를 지급하였다. 즉 설비자금에 충당된 융자는 전 금융기관 융자의 3/4을 점하였고 그 중 1/3 이상이 석탄산업에 집중되었다. 이처럼 많은 산업 가운데 특정산업을 정부가 인위적으로 선택하여 그 산업에 자원과 자금 양면에서 전면적으로 우대하는 정부주도의 부흥정책을 취한 것이다.

결과적으로 경사생산방식은 정부가 의도한대로 어느 정도의 경제부흥은 진행시켰지만 실제로 생산능력이 확대되기까지에는 긴 세월이 필요하였다. 그 때문에 단기적인 인플레이션 억제책으로 극적인 효과를 기대할 수가 없었고, 실제로 경사생산방식이 적극적으로 실시된 1947~48년에 인플레이션이 안정되었던 것은 아니었다. 그러나 경사생산방식을 장기적 관점에서 보면 결국 일본국민이 외국의 소비재수입을 자재함으로써 일본시장을 사수했다고 볼 수 있으며, 또한 전략적 우선분야에 대한 자금 · 원료 등의 집중투자라는 구상은 고도경제성장기 이후 일본산업구조의 고도화를 주도하는 기초전략으로써 계승되었다.

---

17) 경제부흥금융금고(復金) : 1946년 10월 정부출자 10억엔의 자본금으로 발족한 특수금융기관이다. 1949년 3월말 현재 1,320억 엔의 융자 잔고를 기록하였으며, 융자의 주요 자금원은 일본은행이 그 대부분을 사들인 부금채(復金債)의 발행이었다.

(2) 수요측면

1949년 이후 제2의 대책으로 총수요억제정책(總需要抑制政策)이 인플레이션정책의 중심이 되었다. 당시의 수요긴축형 정책은 일본의 재정금융정책의 재건을 위해 GHQ의 특별경제고문으로서 미국의 디트로이트은행장이며 특히 독일의 점령행정에 대단한 수완을 발휘했던 조셉 닷지(Joseph Morrell Dodge)가 진행한 닷지라인(ドッジ・ライン: Dodge's Line)이 중심이 되었다. 그는 정부통제나 정치적 개입에 대해서는 강한 반대의견을 갖고 있는 자유경제론자로서, 트루먼대통령을 방문하여 일본경제의 운영에 대해 어떠한 경우에도 대통령의 지지를 받을 것을 확정한 전권(全權)을 받고 1949년 2월 일본을 방문하였다.

이러한 닷지라인의 최대목적은 균형예산의 실현이었는데, 보조금 삭감을 단행하여 부흥신용금고의 신규대출도 전면 금지시켰고 그 결과 인플레이션을 억제하는 데 성공하였다. 그가 실시한 경제안정정책의 내용을 보면 ① 국내 총수요를 억제하고 과잉구매력을 떨어뜨려 수출을 확대시킨다, ② 단일환율 설정, 보조금 폐지로 시장메커니즘을 회복시키고 합리화를 추진한다, ③ 정부 저축과 대일 원조자금으로 민간투자자금을 공급하고 생산을 확대시킨다는 기본방침을 정하고 일본경제의 부흥 및 안정화와 자립화를 달성하고자 하였다.

닷지는 일본의 인플레이션을 막는 것이 경제부흥을 위한 선결과제라고 생각하였으나, GHQ는 오히려 경제통제에 의해 인플레이션의 억제와 생산확대를 동시에 진행시키려고 하였기 때문에 그의 발상과는 대립되는 양상을 보였다. 이 정책은 1948년 2월 미국정부가 GHQ를 통해 일본정부에 직접 지령한 '경제안정 9원칙'(經濟安定9原則)의 실현을 목표로 하였으며 그 내용은 다음과 같다[18].

① 경비절감을 위한 조속한 균형예산의 집행

② 세수(稅收)의 강화

③ 은행융자의 규제(경제부흥에 기여하는 기업에의 융자 한정)

④ 임금안정 계획 확립

⑤ 가격통제 계획의 강화

⑥ 무역, 외국환 관리의 강화

18) 『戰後改革 7』東京大學出版會(1981) p17~25. 경제안정 9원칙은 대일점령 자체를 당분간 지속시키더라도 일본정부의 지위를 높이고 연합군 총사령부의 권한은 일본정부에게 이양하며 일본의 주체적인 경제부흥과 안정을 촉진한다는 취지로 결정한 것이었다.

⑦ 수출확대를 위한 할당배급제도의 효과적 개선
⑧ 주요원자재 및 공산품의 생산증대
⑨ 식량공출제의 효율성화

이 정책의 목적은 크게 두 가지로 나눌 수 있는데 이를 설명하면 다음과 같다.

첫째 목적은 경제부흥금융금고를 통한 융자제도를 폐지하고, 그때까지의 부금채(復金債)를 일반회계로부터 상환하는, 재정과 금융의 건전화를 실현하여 단숨에 인플레이션을 수습하기 위한 것이었다. 초균형 예산에 의해 직접적으로는 정부의 지출팽창을, 간접적으로는 화폐공급량의 급속한 증가를 멈추게 하려고 하였다. 특히 재정규모의 확대가 화폐공급증가에 직결되는 당시의 상황에서는 재정적자를 없애는 것이 인플레이션 억제책으로서는 극히 유효한 수단이었다. 게다가 전비조달을 목적으로 전시중에 대량발행한 전시공채가 미처리인 상태로 남아 있었고, 초인플레이션 시대로 공채의 실질가치가 하락할 것이라고 생각하였기 때문에 당시는 정부가 국채를 발행하여도 국민이 그것을 구입할 것이라고는 기대할 수가 없었다. 그 때문에 일본은행이 재정적자에 상당하는 금액의 신규화폐를 발행하고 경사생산의 대상산업의 융자로서 국채를 발행하였지만, 그 대부분을 일본은행이 인수하였기 때문에 화폐공급의 증가요인이 된 것이다.

이와 같은 상황에 대해서 닷지의 의견을 받아들인 GHQ는 초균형예산을 강력하게 주장하였다. 그 결과 정부예산에 제동이 걸리면서 화폐공급량과 물가상승률도 함께 안정되었다. 이러한 닷지라인의 실시로 국민의 소비는 억제되고 산업계로의 자금공급도 줄어들었다. 그러나 이러한 디플레이션 효과가 '안정공황'[19]의 형태로 산업계에 적지 않은 손해를 입힌 것 또한 사실이다. 특히 중소기업을 중심으로 디플레이션 효과가 현저하게 나타나면서 실업자가 증가하였고 중소기업의 휴업 또는 도산이 늘어났다.

두 번째 목적은 그때까지의 점령체제하에 있었던 봉쇄경제 체제로부터 개방경제 체제로 전환하기 위하여 1달러 360엔 단일환율제도를 설정한 것이다. 1971년의 스미소니언 합의에 의해 1달러 308엔으로 절상될 때까지 환율은 고정되어 있었는데, 이러한 고정환율은 수입재의 일본 국내에서의 엔 가격을 안정시킴으로 인플레이션을 억제하는 역할도 하였던 것이다.

19) 안정공황: 닷지라인은 악성인플레이션의 일본경제를 위기로부터 탈출시키고 경제부흥의 발판을 만들었다는 점에서는 높이 평가할 만 하지만, 한편으로는 그 결과로 지나친 디플레 정책효과가 강했기 때문에 일본경제를 공황에 빠뜨렸다는 지적도 있다.

제3절 한국전쟁(1950~53)

초균형 예산에 의한 경제안정계획인 닷지라인은 물가안정 등 뚜렷한 효과를 가져왔지만, 한편으로는 기업의 자금경색, 유효수요 부족, 실업자 증가, 기업도산 속출 등 심각한 경기 후퇴로 수요에 찬물을 끼얹어 그것이 일본 국내에서 불황을 일으키는 요인으로 이어지면서 이른바 '안정공황'의 양상이 강해졌다.

이러한 시대적 배경에 1950년 한국전쟁이 발발하였다. 1950년 6월 25일 북한의 남침으로 시작된 한국전쟁은 그 해 7월 국제연합군의 참전과 11월 중공군의 참전으로까지 확대되었다. 소련에 이은 중국의 공산당혁명의 성공은 한국전쟁을 통해 자칫 제3차 세계대전으로 이어질지 모른다는 긴박감에 일본에 주둔하고 있던 미국군대가 출동하면서 일본은 한반도 전쟁의 전략물자의 보급기지가 되었고 이를 위한 비용은 미국 군사예산에서 달러로 지불되었다. 일본기업은 대량수출을 통해 1,000~1,500억 엔 정도의 재고를 일소하게 되었고 일본의 경제상황을 일거에 바꾸게 되는 기회를 잡게 되면서 일본은 국제수지의 흑자확대 및 외화의 급증 등 소위 조선특수(朝鮮特需)라는 특수호황으로 이어졌다[20].

'특수'의 내용을 보면, 미국을 주력으로 한 국제연합군이 일본을 통해 전선(戰線)에서 필요한 군수물자와 서비스를 사들이는 것 외에 종전 교섭단계에 들어서면서부터는 한국 부흥용, 주일(駐日) 연합군용 자재와 서비스까지 포함되었다. 여기에다 미국의 병력확장 전략과 아시아에 대한 군사원조에 관련된 물자와 서비스 등, 이른바 '신특수'로 범위가 확대되면서 당초 일회성으로 생각하였던 특수가 그 내용과 의미가 광범위해 지고 예상외의 수요 효과를 낳았다. 이때의 이윤은 신기술과 기계도입의 주된 자금원이 되었다. 미국의 대일원조는 1951년 6월을 기준으로 중단되었으나, 조선특수 발생 이후의 일본의 경제사정은 원재료 및 식량에 대해 미국으로부터의 원조수입을 필요로 하지 않아도 되었다.

1950년 8월 일본은 경찰력 부족을 보충하고자 하는 명목으로 GHQ의 지령에 의해 경찰예비대를 창설하고 1952년 이는 다시 보안대로 개편 된 후 1954년에 방위청이 설치되면서

20) 1949년 말 2억 달러 정도였던 외화는 1950년 말 9.4억 달러로 4.5배 급증하였다. 특수수입은 1950년 1.5억 달러, 1951년 5.9억 달러, 1952년 8.2억 달러에 달하였다.

자위대(自衛隊)로 성장하게 되었다. 방위비 지출은 일본헌법 9조의 규정에 의하여 GNP의 1% 전후로 적은 규모의 방위비 지출을 부담하게 되었다. 즉 GNP에서 차지하는 방위비 지출이 낮을수록 GNP는 증가하게 되므로 전후 일본의 높은 경제성장률을 가능케 한 좋은 조건이었다고 할 수 있다.

한국전쟁이라는 전혀 의도하지 못했던 특수(特需)로 인해 닷지불황에 쌓였던 일본의 국내 과잉재고는 순식간에 해결되었을 뿐만 아니라 추가수요의 발생으로 일본경제를 위기에서 구해냈고 경제환경이 활기를 띠는 계기가 되었다. 닷지라인이 갖는 디플레 효과가 일본경제를 위기상황으로 몰아갈 그 순간에 한국전쟁이 일어났기 때문에 경제효과는 더 크게 느껴진 것이다. 이상과 같은 경위를 거쳐 인플레이션은 억제되었고 경기는 상승하였으며 동시에 장기생산증강의 기초를 다지게 되었다. 일본은 한반도의 비극을 통해 이익을 얻어 전전의 경제수준으로 부활할 수 있었고 1955년부터의 고도경제성장의 기초와 조건을 제공하였다고 할 수 있다.

제4절 고도성장기(1956~73)

1. 일본의 경제성장기

일본은 1950년대 중반부터 제1차 오일쇼크(1973~74년)까지의 기간 동안 세계역사에서 그 유례를 찾기 힘들 정도로 장기에 걸쳐 고도성장을 기록하였다. 70년대 두 차례에 걸친 오일쇼크에도 불구하고 70년대 중반 이후 저성장기 역시 구미 선진공업국과 비교해 볼 때 여전히 생산성이 높은 경제구조를 이루어 나갔다. 이러한 경제성장의 원동력은 경제적 요인뿐만이 아니라 비경쟁적인 요인, 즉 일본의 국민성 및 전통, 그리고 일본식 경영방법 등이 가미되고, 당시의 시대상황과 국제정세 등이 일본의 경제성장에 행운을 갖다 준 것에도 기인한다.

일본의 고도성장기는 1956~59년의 고도성장 전반기와 본격적인 고도성장이 지속된 1960~73년의 고도성장 후반기로 구분할 수 있다.

고도성장 전반기(1956~59)의 일본경제는 1955년에 이미 철공업생산에서 최고수준을 돌파한 후 1956년에는 7.5%의 경제성장률을 달성했으며, 1959년에는 9.3%로 상승하였다. 이 기간의 평균 경제성장률은 7.65%에 이르렀다. 내용을 살펴보면 민간 최종 소비지출 5.13%, 민간기업 소비지출 5.13%, 민간기업 설비투자 1.2%, 정부 최종 소비지출과 공적수요가 0.88%, 민간주택투자 0.38% 등이다. 평균 GDP 증가율 7.65%에 차지하는 민간 최종 소비지출의 기여도의 비율은 67%에 달하여, 고도성장 전반기는 왕성한 민간 최종 소비지출이 고도경제성장을 이끌어 왔다고 할 수 있다.

고도성장 후반기(1960~73)의 평균 경제성장율은 9.7%로, 1960~70년 동안 11년간의 평균 경제성장율을 보면, 11.1%에 달하여 10%를 넘는 고도경제성장을 실현하였다. 평균 GDP 증가율 9.7%의 내용을 기여율로 보면, 민간 최종 소비지출 5.53%, 민간기업 설비투자 1.7%, 공적수요 1.7%, 민간주택투자 0.91% 등이며, 재화 · 서비스의 순수출은 마이너스 기여율(-0.29%)이다.

고도성장 전반기와 비교하여 민간 최종 소비지출, 민간기업 설비투자, 민간주택투자, 공적수요 등 내수항목의 모든 기여율이 높아지고 있지만 이 시기의 평균경제성장율(9.7%)에 점하는 민간 최종 소비지출의 기여도(5.53%)의 비율은 57%로 저하하여, 민간 최종 소비지출이 고도경제성장을 이끌어 온 힘이 약해지고 있는 것을 알 수 있다.

〈표 2-4〉 평균 GDP 증가율과 수요항목별 기여도 (단위:%)

	민간 최종소비지출	민간 주택투자	민간기업 설비투자	민간 재고품증가	공적수요	재화 · 서비스 순수출	GDP
1956~59	5.13	0.38	1.20	0.28	0.88	−0.18	7.65
1960~73	5.53	0.91	1.70	0.16	1.70	−0.29	9.70
1974~85	1.97	−0.08	0.46	−0.06	0.47	0.64	3.40
1986~91	2.42	0.35	1.58	0.08	0.48	−0.38	4.50
1992~98	0.84	−0.13	−0.17	−0.11	0.51	0.16	1.09

주 : 1956년부터 1998년까지 매년 실질 GDP 증가율 및 수요항목별 기여도를 구하고 각 시기를 구분한 구간의 평균치를 기록한 것이다.
자료 : 『國民經濟計算年報』(2001) 및 菊本義治(2007)

한편 〈표 2-4〉를 통해서 알 수 있듯이 일본의 고도경제 성장기간인 50~70년대는 세계역사에서 그 예를 찾기 힘들 정도로 높은 성장률을 보이면서 '일본경제의 기적' 을 이루어 나갔다. 그 때문에 각국에서는 당시 일본이 취한 정책이나 기업운영에 대한 관심이 높아졌다. 1955~70년대까지의 약 15년간의 평균 경제성장률은 9.6%로 거의 두 자리 숫자에 가깝고, 민간기업의 설비투자 신장률은 13.4% 등 경이적인 성장을 보였다. 그 당시에도 호경기가 지난 후 불황이 찾아왔지만 이는 단기간에 그쳤을 뿐 일본경제는 다시 강력한 고도성장의 길을 걸었다. 바로 이 기간 동안을 일본경제에 있어서 '고도성장기' 라고 부르는데, 여기서 말하는 고도성장이란 부가가치의 총액인 GDP의 매년 증가율이 상승하는 것을 의미한다.

패전 후 일본은 무역통제와 외환관리를 통해 국내산업을 보호하는 한편 미국을 비롯한 선진국으로부터 최신기술을 도입하면서 기술혁신을 기초로 한 고도성장을 실현하였다. 만약 전후 일본이 외국과 개방적인 경쟁을 하였다면 고도성장의 기적이란 없었을 것이다.

고도성장이 진행되면서 일본경제는 세계경제에서의 지위를 높여갔다. 1960년 일본의 1인당 명목GDP는 미국, 소련, 영국, 프랑스에 이어 5위까지 뛰어 올랐다. 1960년 일본의 GDP는 프랑스 대비 73%, 1964년에는 89%에 이르는 등 4위인 프랑스와의 격차도 줄어

〈표 2-5〉 경제성장률의 국제비교(실질GNP) (단위:%)

	1870~1913	1913~38	1950~60	1960~70	1970~80	1980~90
미국	4.3	2.0	3.2	3.9	3.2	2.9
영국	1.9	1.1	3.0	2.8	2.2	1.9
서독	2.8	1.6	8.0	4.7	2.9	1.1
일본	3.6	4.6	8.0	11.1	4.4	3.9

출처 : 館龍一郎(1991)

들었다.

1964년의 조선, 트랜지스트 라디오, 모터사이클, 카메라 등의 생산은 이미 세계 1위에 올랐다. 1964년 경제백서(經濟白書)는 미국, 유럽과 비교한 일본기업의 기술수준을 묻는 앙케이트를 실었는데, 여기에서도 모든 산업이 미국과 유럽을 따라잡거나 따라잡을 수 있다는 자신을 보였다. 이러한 경제성장은 패전으로 인해 국제기구에서 배제되었던 일본이 국제무대로 다시 복귀하는 조건이 되었다. 오히려 일본이 원하든 원하지 않든 미국을 비롯한 유럽 여러 나라의 압력에 의해 그때까지의 무역 환 관리 체계에 의한 국내 산업보호의 틀을 벗어나 국제무대로 나아가지 않을 수 없게 만든 것이다.

〈표 2-6〉 고도성장기간의 일본 경제 성장률 (단위:100억 엔, %)

년도	국민총생산		개인소비		설비투자	
	실질	전년비	실질	전년비	실질	전년비
1954	7,365	3.2	4,682	3.4	1,494	3.6
1955	8,189	11.2	5,001	6.8	1,482	−0.8
1956	8,787	7.3	5,395	7.9	1,897	28.0
1957	9,615	9.4	5,668	5.4	2,397	26.3
1958	9,608	−0.1	6,010	5.7	2,616	9.1
1959	11,371	18.3	6,435	7.1	3,171	21.2
1960	12,924	13.7	7,016	9.0	4,181	31.8
1961	14,971	15.8	7,611	8.5	5,466	30.7
1962	16,006	6.9	8,262	8.6	6,051	10.7
1963	17,328	8.3	8,918	7.9	6,529	7.9
평균		9.4		7.0		16.9

출처: 일본은행『일본경제를 중심으로 하는 국제비교통계』 1965.3

2. 고도성장 요인

(1) 노동과 투자

일본은 설비투자에 대한 의욕이 미국이나 유럽에 비해 높다. 1960년대 후반의 GDP에 대한 투자비율은 미국이 14.1%인데 비해 일본이 32.6%로 상당히 높다. 게다가 새롭게 투자된 기계설비는 새로운 기술이 체화된 것이다. 따라서 투자가 불충분한 경우에는 기술수준이 낮은 구식 생산설비를 사용하게 되어 그만큼 경제 전체에 미치는 영향력도 낮아지게 되지만, 일본은 왕성한 투자활동을 보이며 지속적으로 생산설비를 갱신함으로서 이를 이용하는 기술수준도 향상해 나갔다고 볼 수 있다. 이렇듯 1950~60년대의 활발한 투자활동이 가능했던 원인은 다음과 같이 두 가지로 나누어 살펴볼 수 있다.

첫째, 전쟁으로 인해 단절되었던 해외로부터의 기술도입이 부활하였으며, 국내에서는 고도의 기술에 대응할 수 있는 질 높은 노동력이 존재하고 있었기 때문에 신규투자자금에 대한 수익률이 높았다. 전후 노동력 인구의 지속적인 증가 및 고등교육 진학률이 비약적으로 높아지는 등, 이 기간에 교육수준이 향상된 것 역시 간과할 수 없는 일이다.

둘째, 당시 해외로부터의 기술도입이 농업에는 도움이 되지는 못했다. 같은 자금을 투하

〈표 2-7〉 일본 경제성장의 요인분석(1960~79년)

성장요인	1960~65	1965~70	1970~75	1975~79
성장률	9.7	11.1	4.7	5.3
노동	0.6	1.0	0.2	1.3
취업자수	(1.7)	(1.8)	(0.4)	(1.2)
노동시간	(1.0)	(0.5)	(1.7)	(0.7)
노동의 질	(0.4)	(0.6)	(0.9)	(0.2)
자본	7.8	8.2	4.8	2.3
자본스톡	11.2	12.7	11.1	6.4
자본의 질	6.5	5.4	1.2	0.0
기술진보율	1.3	1.9	0.1	1.7
분배율	56.2	54.7	60.3	64.0

출처 : 館龍一郎(1991)

하여도 제조업 부문에서의 수익률이 농업 부문의 그것보다 압도적으로 높았기 때문에 제조업에 투자가 집중되는 현상을 보였다. 게다가 제조업은 농업에 비해 규모의 경제성이 높기 때문에 투자가 진행될수록 생산성이 올라가고 이와 더불어 임금상승을 통해 당시 과반수의 인구를 끌어안고 있던 농업 부문과의 임금격차가 커지게 되면서 농촌의 노동인구가 도시의 제조업 부문으로 이동하게 되고, 이것이 제조업 부문에서 높은 투자를 유지할 수 있었던 원인이 된 것이다.

일반적으로 생산규모를 확대할 경우 노동력 확보가 어려워져 장기간에 걸쳐 지속적인 설비투자를 하기 힘들어지는데, 당시 일본에서는 농한기의 돈벌이(계절노동자)나 젊은층 노동자의 집단취직 등을 포함하여 농업분야에서 제조업으로 노동인구가 대량 이동하면서 노동력 부족이 원인이 되어 제조업의 투자수익률이 저하하는 현상은 일어나지 않았다.

(2) 인위적인 저금리정책

설비투자에 대한 수요가 왕성하더라도 필요한 자금을 조달하지 못하면 투자는 실현되기 어렵다. 이러한 측면에서 볼 때 일본은 정부가 중심이 되어 자금구조를 제도화 하였다. 당시는 증권시장이 충분히 발달되어 있지 않았기 때문에 기업이 자금을 조달하기 위해서는 주로 은행 등의 금융기관에 의존할 수밖에 없었다. 또한 기업이 활발한 투자를 지속하기 위해서는 금리부담을 가볍게 할 필요가 있는데, 이와 같은 조건을 충족시키기 위해서 정부는 다음과 같은 정책을 펼쳤다.

첫째, 공정금리[21)]→예금금리→은행대출금리→실세금리 등의 금리체계를 유지하였다. 즉 대장성(大藏省)과 일본은행이 우선 공정금리를 정하고 이에 일정 이율을 덧붙여서 예금금리를 정한다. 한편 은행은 예금금리에 다시 일정 이율을 덧붙여서 대기업에 대한 대출금리를 결정하는 구조이다. 이렇게 하면 민간은행은 일본은행으로부터의 대출과 일반예금을 통해 저금리로 자금을 모으고 자금을 필요로 하는 기업에게 대출을 통해 충분한 이익을 확보할 수 있다. 게다가 예금금리가 낮게 유지되었음에도 불구하고 고도성장기를 통해 가계소득은 지속적으로 증가하였기 때문에 가계부문의 저축에 대한 의욕은 떨어질 줄 몰랐다.

---

21) 공정금리(公定歩合)란 일본의 통화 및 금융시스템을 관리하는 일본의 중앙은행인 일본은행(日銀)이 보통은행에 자금을 대출할 때의 금리를 말한다.

둘째, 이러한 국내저축을 기업의 투자자금으로 사용하기 위하여 정부는 국내금융시장을 해외시장과 분단시켰다. 만일 금융시장을 개방하여 외국과의 자본거래를 인정하였다면, 설령 금리규제를 풀고 국내금리를 시장에 맡겨두었다 하더라도 국내저축의 상당부분이 외국으로 유출되었을 것이다. 당시 일본기업의 낮은 생산성과 약한 경영기반때문에 일본기업에 대한 금융투자는 고위험 고소득(High Risk High Return)의 형태를 보였기 때문이다. 그러므로 그런 경우에는 자금의 해외유출에 의해 국내시장에서의 자금공급이 감소하고 국내 실세금리가 상승하게 되어, 그 결과 일본기업의 자금조달 코스트가 상승하게 되었을 것이다.

한편 국내의 금리규제를 유지한 채 해외의 금융시장을 자유화했다면 기업의 자금조달은 어떻게 되었을까? 인위적 금리정책으로 인해 국내외 금리격차가 벌어지게 되면 대량자금이 해외로 유출되고, 일본기업이 설비투자에 필요한 자금을 국내에서 조달하기 어렵게 된다. 만일 양적인 부족분을 보충하기 위해 해외시장에서 자금을 조달하려고 한다면 이번에는 금리가 높아지는 상황이 생겨나게 된다. 이와 같은 이유에서 저금리체계와 해외와의 자본거래를 제한하는 구조가 국내가계저축을 국내기업의 투자자금에 활용할 수 있는 환경적 역할을 하였던 것이다.

(3) 전요소생산성

노동, 자본 이외의 요인은 다음과 같이 설명할 수 있다.

첫째 8.77%의 평균성장에 대해 기여율은 1.97%의 지식향상 및 그 외로 구성되었다.

둘째, 기여율에는 0.95%의 자원배분의 효율화와 1.94%의 규모의 경제효과가 끼친 역할도 크다. 규모의 경제란 생산규모가 확대됨에 따라 생산요소의 생산성이 상승하고 단위당 생산코스트가 하락하는 현상을 말하는데, 일본의 고용관행과 안정된 노사관계는 이러한 효과를 유지해 나가는 역할을 감당하였다. 예를 들어 해외로부터 신기술을 도입하게 되면 그에 따라 산업구조가 변하고 기업 역시 생산방법이 바뀌게 된다. 이렇게 되면 불필요한 인원이 생기게 되는데 그런 경우에도 일본에서는 기업 내 배치전환에 의해 안정적으로 고용을 유지하는 구조를 갖추고 있었기 때문에 생산이 끊이지 않았으며 기술진보 역시 생산성 향상에 도움이 되었다. 특히 자원배분의 효율화로 인한 지속적인 성장을 보였는데, 이와 관련하여 다음과 같은 요인이 중요한 역할을 감당하였다.

① 생산성이 낮은 농업부문에서 생산성이 높은 제조업 부문으로 노동 및 자본 등의 생산자원이 이동한 점
② 유통, 금융 등의 생산활동의 주변시스템이 정비되어 있던 점
③ 도로, 항만시설 등의 생산인프라가 서서히 확충되어 가고 있던 점[22)]

셋째, 기업이 소득탄력성이 높은 재화에 대한 투자와 기술개발노력을 집중시킨 것도 놓칠 수 없다. 생산규모의 확대로 가계의 소득이 오른다 할지라도 소득탄력성이 낮은 재화를 생산한다면 수요가 생산만큼 확대하지 않게 되는데, 그런 의미로 볼 때 1950년대 초기의 전구, 라디오, 청소기, 흑백 텔레비젼, 냉장고 등의 가전산업, 그리고 1970년대의 에어콘, 칼라 텔레비전 등 소득탄력성이 높은 제품에 투자를 집중했다. 이렇듯 일본의 제조업의 투자행동은 공급뿐만 아니라 수요측면에서도 고도성장을 신행시켰다.

넷째, 정부의 각종 성장정책이 끼친 역할도 상당하다. 인위적인 저금리정책과 함께 특히 제조업의 규모를 확대시키는 무역정책을 펼쳐 나갔다. 구체적으로 정부는 관세 및 해외 직접투자제한 등의 보호무역수단과 외환관리를 축으로 제조업 보호정책을 실시하였다. 국내산업 보호는 여러 가지 방법으로 이루어졌다. 예를 들면 품목마다 외화가 할당되어 그 범위 내에서만 수입이 허락되는 외화예산제도가 있어서 자유롭게 수입할 수 있는 품목이 거의 없었다. 이는 사실상 해외로부터의 수입품을 차단하면서 국제경쟁력을 확보하는 등 지속적인 성장이 가능하도록 국내기업에 특혜를 주는 방법이었다. 생산성이 낮은 기업에게 있어 수출의 기회는 한정되어 있고 그 때문에 보유하고 있는 외화는 가공무역에 필요한 원재료의 수입이나 새로운 기술도입 자금에 우선적으로 이용하기 위해 엔(円)을 외화로 교환하는 거래를 엄하게 제한한 것이다(1980년부터 외환거래 자유화가 실시되었다).

이처럼 제조업의 대부분은 저금리정책, 외환관리정책, 보호무역정책의 지원을 받아서 우선 국내시장에서 일정 이상의 규모를 확보하고, 그 결과 규모의 경제를 통해 생산코스트가 국제수준으로 내려간 다음 해외시장으로의 수출을 하는 과정을 밟았다.

22) 생산인프라의 정비에 대해서는 그 자금조달 방법으로서 재정투융자제도가 중핵적인 역할을 담당하였다. 재정투융자란 자금운용부(구 대장성 예금부에서 독립한 정부 직할 금융기관)가 간여하는 우편저금, 국민연금, 후생연금 등의 자금(자금운영부 자금이라고 부른다)이나 간이생명보험, 산업투자특별회계 출자금 등을 주된 원금으로 해서 공사, 공단, 지방자치단체, 특수회사, 특별회계 등에 출자, 대부, 채권인수 같은 공적인 투융자를 하는 구조이다.

다섯째, 이 시기의 국제경제환경도 일본의 수출산업의 성장을 촉진시키는 요인을 제공하였다. 예를 들어 미국이 자유무역을 표방하여 외국기업의 참가를 허용한 것은 일본에게 행운이었다. 고도성장 기간이라고는 하지만 당시의 일본 시장규모를 벗어나 그 이상으로 생산규모를 확대하고 생산성을 높이기 위해서는 외국시장을 개척해야 할 필요성이 간절했던 시기였다.

(4) 그밖의 요소

한 나라의 경제성장은 역사적 조건, 국제경제상황까지 포함해서 극히 많은 요인이 복잡한 상호 영향을 통해 일어난다. 고도성장기의 일본경제의 발전은 이와 같은 요인이 상호 연결되면서 실현되었다고 볼 수 있다. 위와 같은 요인 외에도 일본의 고도성장을 지탱하였던 일본만의 독특한 내적요인과 외적요인을 살펴보면 다음과 같다.

① 일본인의 근면성과 높은 저축률

근면성만으로 경제가 발전하지는 않겠지만 이러한 정신력이 없었다면 일본의 경제성장은 실현되지 않았을 것이다. 회사인간(會社人間)으로 비유되는 일본인들의 자세는 일과 일체화되면서 회사조직을 만들고 경제성장으로 연결된 것이다.

높은 저축률도 마찬가지이다. 저축률은 은행자금을 풍부하게 만들어 주기 때문에 이로 인하여 기업은 설비투자를 위한 자금조달이 쉬워지고 이는 결국 경제성장에 크게 공헌하는 요인이 되었다. 높은 저축률은 소비에 사용할 자금을 감소시키는 요인도 되지만, 당시의 일본경제의 성장은 그러한 패러독스에 의한 마이너스 요소를 이미 커버하고도 남을 정도의 높은 경제성장률을 유지하고 있었던 것이다.

② 고정환율제도 및 저렴한 원유가격

그렇다면 위와 같은 내적요인만이 아니라 외적요인을 통해서도 일본의 고도성장이 가능했던 점도 검토해 보자. 고정환율제도와 저렴한 원유가격은 1960년대의 고도성장기 뿐만이 아니라 전후 일본경제가 지속적으로 발전할 수 있었던 대외조건이기도 하다. 우선 1달러 360엔이라고 하는 고정환율제도는 전후 폐허상태의 모든 악조건 상황에서 불리하기만 했던 일본경제를 새롭게 일으켜 준 고마운 존재였다. 1971년까지 1달러 360엔으로 고정되어 있는 고정환율제도로 인해 일본이 제조업에서 경쟁력을 갖추고 수출에 박차를 가하는 중요한 요인이 된 것이다. 1951~71년의 20년 간 도매물가 상승률이 연평균 0.7%에 머물렀던 것 등이 바로 이러한 이유 때문이다.

제조업 제품의 원재료가 되는 저렴한 원유가격 역시 일본경제를 발전시킨 요소이다. 일본의 공업지대의 대부분이 연해부에 입지하고 있기 때문에 원유의 산적 및 정제비용의 절감, 그리고 국내운반비용도 저렴하였다. 이러한 이유로 일본경제는 낮은 비용으로 원유를 수입할 수 있었고 제품가공에도 상대적으로 저가격으로 고품질을 생산할 수 있었던 것이다. 가공무역을 특징으로 했던 당시의 일본경제에 있어서는 저렴한 원유가격이 상당히 유리한 요인이었던 것은 당연한 것이었다.

제5절 오일쇼크(1973~74)

제2차 세계대전 이후 오일쇼크가 발생하기 전까지 원유가격은 낮은 수준에서 안정적으로 움직였다. 석유수입국이었던 일본이 고도성장을 유지할 수 있었던 것도 이러한 국제적 환경이 뒷받침되었기 때문이다.

그러나 1973년 10월 6일부터 시작된 제4차 중동전쟁은 10월 17일부터 석유전쟁으로 비화하여 제2차 세계대전 이후 대부분의 선진국이 스테그플레이션의 굴레에서 벗어나지 못하고 심각한 불황에 직면하게 되었다. 1971년부터 OPEC[23] 는 석유이권수입의 인상을 추진해 오던 중, 1973년 10월 16일 OPEC회의에서 원유 고시가격을 17% 인상하여 종전의 원유 1베럴 당 3달러 1센트에서 3달러 65센트로 인상한다고 발표한데 이어, 17일에는 이스라엘이 아랍점령지역에서 철수하고 팔레스타인의 권리가 회복될 때까지 매월 원유생산을 전월에 비해 5%씩 감산하기로 결정하였다고 발표함으로서, 중동전쟁에서 석유를 정치적인 무기로 사용할 것을 선언한 것이다.

1974년 1월 1일에는 11.65달러로 상승하면서 한번에 3배로 인상하고 극단적으로 공급을 제한하는 수단을 취하면서 장기간에 걸친 일본의 고도성장도 급속하게 저하하였다. 이렇듯 석유를 외교의 비장의 카드로 사용한 정치적 결정으로, 세계 각 국은 제2차 세계대전 이후 가장 심각한 인플레와 불황이 겹치는 스태그플레이션에 빠지게 되었다. 그 가운데서도 에너지의 대부분을 수입원유에 의존하고 석유의존도가 극히 높은 산업구조를 갖고 있던 일본경제가 입은 피해는 특히 컸다. 1974년의 경제성장율은 전후 처음으로 마이너스 0.8을 기록하였다.

오일쇼크를 계기로 1974년 '광란물가'(狂亂物價)로 불리우는 대형 인플레이션이 발생하였다. 소매물가뿐만 아니라 도매물가 역시 가격변화가 급상승하였고 일반 소비자는 공황(panic)에 빠지면서 화장지, 세제, 경유 등 일용품을 중심으로 급구매로 이어졌다. 그로

23) OPEC: Organization of Petroleum Exporting Countries, 석유수출국 기구. 1960년 9월 원유가격의 하락을 방지하기 위해 이라크 바그다드에서 석유생산수출국 대표가 모여 결성한 협의체이다. 1950~60년 중동 및 아프리카에서 대유전이 발견되어 원유의 공급과잉사태가 일어나 국제석유자본이 원유공시가격을 인하하자 이에 대항하기 위해 산유국들이 이 기구를 결성하고 공시가격의 회복 및 인상을 주도하였다.

인한 상품부족은 소비제품 뿐만 아니라 공업용 원재료에까지 넓혀져 갔다. 매점·매석도 흥행하면서 가격상승을 부추겼다.

1973년 타나카 가쿠에이(田中角榮)수상이 발표했던 일본열도개조론(日本列島改造論)도 그 원인중의 하나였다. 이 계획은 전국 각지에서 산업개발을 행하고, 고도성장을 통한 혜택을 전국으로 확산시킬 목적으로 일본열도 각지에서 대규모 공공사업을 전개하는 것이었다. 그리고 이와 같은 공공사업을 지지하기 위하여 극단적인 금융완화를 실시하였다. 게다가 마땅한 투자처를 찾지 못하던 유동자금이 일거에 토지투기로 몰렸고, 이로 인해 계획을 발표한지 1년도 안 돼 전국 땅값이 30.9%나 폭등하였다. 땅값만 오른 것이 아니다. 노동자 임금률은 전년대비 27%나 상승하였다. 맹렬한 인플레가 전국을 휩쓸면서 당시의 다나카 정부 표현대로 '광란물가'를 일으켰다.

한편 단기적인 혼란이 계속되면서 생산현장에서는 석유를 사용할 수 없는 사태가 발생하고, 한편에서는 1차 상품가격이 1, 2개월 사이에 몇 배나 급등하는 상황이 벌어졌다. 이로서 일본의 고도성장시대는 막을 내리고 저속성장시대로 접어들었다. 국제적인 환경 역시 무역확대 및 변동환율제로 인해 상호의존성이 높아졌고 국제정치상황의 불안과 무역마찰문제가 불거졌다.

〈표 2-8〉은 제1차 오일쇼크를 전후로 인플레율의 변화를 나타낸 것으로, 이 표에서 극히 안정적이었던 수입물가지수는 수입원유가격의 급등을 반영하여 1974년에 66.3%로 급상승하였다. 또한 CPI(consumer price index:소비자물가지수)로 측정한 인플레율도 1974년에 24.5% 등의 급상승을 기록하고 있다. 단, 이 시기의 초인플레와 성장률의 급락은 1973년 11월의 오일쇼크만이 그 원인은 아니다. 일본에서는 오일쇼크로 인해 이미 화폐

〈표 2-8〉 제1차 오일쇼크를 전후한 인플레율 (단위 : %)

	WPI	수입물가	CPI
평균(1961~70)	1.3	0.6	5.9
1971	−0.8	0.0	6.1
72	0.8	−4.3	4.5
73	15.9	21.0	11.7
74	31.3	66.3	24.5
75	3.0	7.6	11.8

출처 : 經濟企畫廳 『國民經濟計算表』各 號

공급증가율이 극단적으로 높아졌기 때문에, 1973년에는 WPI(wholesale price index:도매물가지수)가 15.9%, CPI가 11.7% 등, 이전과 비교하여 상당히 높은 인플레율을 기록하였던 것이다.

석유가격의 상승은 수입원재료 값의 급증으로 이어졌고 국내적으로는 노동자 임금까지 상승하면서 기업은 생산을 축소할 수밖에 없었다. 동시에 생산요소가격의 급등을 소비자에게 일부 전가시키게 되었고 이는 다시 소비자물가 상승으로 이어져 이번에는 노동자들이 자신들의 생활을 유지하기 위해 임금상승을 요구하였다. 그러나 이는 다시 생산요소가격의 상승으로 기업은 다시 생산을 축소하게 되는 스파이럴현상을 초래하였다. 즉 임금과 물가가 순차적으로 나선계단을 오르듯이 급등하는 현상과 기업이 생산을 축소하는 스테그플레이션 상태에 빠지게 된 것이다.

제1차 오일쇼크 이후 1978년 이란혁명에 의한 원유가격의 급등으로 제2차 오일쇼크가 있었지만 일본경제에는 큰 타격을 주지 않았다. 인플레이션 상승은 높았고 비록 속도는 느렸지만 지속적인 성장세를 보였다.

제6절 저성장기(1975~85)

일본은 1970년경까지 수입원유에 의존하는 경제구조를 갖고 있었기 때문에 오일쇼크로 인한 석유가격의 급등과 이후 원유수입량을 안정적으로 확보할 수 없게 될 것이라는 불안이 퍼지자 일본경제의 장래를 비관적으로 보는 시각이 대두되기 시작하였다. 그때문에 기업은 설비투자나 신규고용을 억제하고 가계는 미래를 준비하기 위해 소비를 줄이는 대신 저축을 늘렸다. 한편, 정부는 재정, 금융 양면에서 긴축정책을 실시하였으며 공급면에서는 원유가격과 임금상승이 생산을 억제하고, 수요면에서는 소비, 투자, 정부지출이 감소되면서 불황에 대한 염려가 커졌다. 그럼에도 불구하고 일본경제는 급속한 속도로 불황을 탈출하였는데 이는 구미선진국, 특히 미국과는 달리 일본이 적극적인 정책을 취함으로써 일본의 제조업 시장이 확보될 수 있었고 수출 역시 급속히 회복되었다.

〈표 2-9〉는 1973년부터 1985년까지의 경제성장률과 경제성장에 대한 순수출의 기여율을 나타낸 표이다. 1973~74년과 1978~79년, 즉 두 번의 오일쇼크에는 원유수입이 돌출

〈표 2-9〉 경제성장과 외수의존율 (1973~85) (단위 : %)

	GDP성장률	순수출기여율	순수출요인의 GDP성장율에 점하는 비율
1973	7.90	−3.00	−37.97
74	−1.40	1.20	−85.71
75	2.70	1.90	70.37
76	4.80	1.00	20.83
77	5.30	0.90	16.98
78	5.20	−0.90	−17.31
79	5.30	−1.40	−26.42
80	4.30	3.40	79.07
81	3.70	1.50	40.54
82	3.10	0.30	9.68
83	3.20	1.50	46.88
84	5.10	1.30	25.49
85	4.70	1.00	21.28
평 균			38.35

자료: 經濟企劃廳, 『國民經濟計算表』, 各年度

하였는데, 그 이외의 시기에는 GDP 성장률의 거의 50% 전후는 순수출의 지지로 인한 것이었다는 것을 알 수 있다. 이러한 상황 가운데 특히 1970년대 후반에 접어들어 일본에서는 기업들이 코스트를 삭감하기 위한 노력과 석유의존율을 저하시키는 생산방법이나 에너지절약형 기술개발에 노력하였다. 또한 해외시장에서의 마케팅을 시작으로 수출시장을 확대하면서 자동차, 가전, 전자기기 등의 산업을 중심으로 제조 및 판매 효율을 높여 생산성을 올리는 노력이 진행되었다. 1983년부터는 대폭적인 수출증가로 무역흑자가 확대되면서 오히려 해외로부터 견제를 받기 시작했다. 구미선진국은 제2차 오일쇼크 후 스테그플레이션에 시달리고 있는데 비해, 일본만 비교적 수출증가와 더불어 양호한 경제성장을 유지했기 때문이다.

그러한 과정을 통해서 “간판방식(看板方式)”이나 “카이젠(改善)” 등 일본적 경영 및 생산방식이 개발되었다.

간판방식이란 토요타의 생산방식인 JIT(Just in Time; 필요한 것을 필요할 때 필요한 만큼 생산한다)방식[24]을 실현하기 위한 관리도구로서 뒷 공정이 앞 공정에 필요한 부품의 종류와 양, 그리고 필요 시간을 전달하는 방법으로 간판에 무엇을 얼마만큼 인수하고 어떻게 만드는가 등이 표시되어 있다. 즉 생산부문의 각 공정별로 작업량을 조정함으로서 중간재고를 최소한으로 줄일 수 있는 관리체계로 품번, 품명, 소요량 등이 적힌 간판의 이동에 따라 작업이 진행된다고 해서 붙여진 이름이다. 실제로 간판방식이 진행되는 과정을 살펴보면 우선 필요한 부품을 필요한 때에 필요한 양만큼 후공정 부문이 전공정 부문에게서 인수하며 전공정 부문은 후공정 부문이 인수해간 부품만큼만 생산해서 보충해 둔다. 이러한 방식을 통해 생산현장의 불필요, 불균형, 불합리한 요소들을 없앨 수 있고 결과적으로 생산효율을 향상시킬 수 있는 것이다. 이러한 간판(카드)은 모든 부품용기에 부착이 되는데, 이 카드에는 그 부품에 대한 정보(바코드)를 담고 있다. 작업자가 그 부품을 다 쓰면 카드를 용기에서 떼어 수거함에 놓고 바코드를 처리한다. 그러면 정보는 바로 협력업체로 보내져서 필요한 부품이 토요타로 입고가 되고, 입고된 용기에는 다시 카드를 부착하고 같은 일이 반복된다. 이런 방식으로 재고량을 항상 ‘제로’에 가까운 상태로 유지한다.

---

24) JIT란 부품이나 재료 등 필요한 물품을 필요할 시점에 필요로 한 양만큼 조달받음으로써 생산현장의 비효율을 줄이는 조달방식이다. 이는 적시조달이란 단어로도 표현하며, 토요타자동차공업의 창업자인 토요타 기이치로(豊田喜一郎)에 의해 창안되어, 그 후 후계자들에 의해 계승 발전되어 현대 생산시스템의 주요 요소로서 토요타뿐만 아니라 전세계 제조업체에 도입되고 있다(이재호:2004).

'카이젠' 역시 토요타의 생산시스템(Toyota Production System; TPS)으로서 자원의 낭비를 없애자는 것이 핵심이다. 즉 이익을 내기 위해서는 차량가격을 높이는 방법이 있으나 이보다는 낭비의 요소를 줄여서 비용을 낮추는 방법을 택한 것이다.

또한 1979년의 제2차 오일쇼크 때 일본에서는 노사가 극히 협조적인 임금교섭을 진행하고 임금상승률을 인플레이션율 이하로 억제하는데 성공하였다. 그 때문에 생산코스트와 물가상승 등의 스파이럴(spiral)현상이 발생하지 않았으며, 오일쇼크의 데미지를 극히 작은 범위로 한정할 수 있었다.

그러나 1973년의 제1차 오일쇼크를 계기로 경제성장률이 10% 전후에서 3~5%로 하락한 것은 무시할 수 없는 현상이다. 게다가 오일쇼크가 성장률 저하의 원인이었다면, 오일쇼크가 지난 후에는 일본경제성장률이 1960년대의 수준으로 돌아갔을텐데 실제로는 경기가 회복되었음에도 불구하고 성장률이 10%까지 복원되지는 않았다. 이하에서는 다시 성장회계분석을 이용해서 왜 1973년 이후의 성장률이 저하했는가에 대해서 검토하자.

〈표 2-10〉은 1970~89년의 일본 경제성장률을 자본, 노동, 전요소생산성의 세 종류의 요인으로 분석한 성장기여율이다. 최하단에 나타난 1955~68년의 평균과 비교하여 보면, 제1차 오일쇼크를 경계로 하여 일본의 성장률이 현저하게 정체한 것을 알 수 있다. 이러한 성장회계분석을 이용하여 앞서 설명한 고도성장기의 경제구조가 얼마나 변화해 왔는가에 대해서 각 요인을 보면 다음과 같다.

〈표 2-10〉 경제성장의 요인분석 (1970~89) (단위 : %)

	실질성장율	자본 기여율	노동 기여율	전요소생산성
1970	10.8	6.7	0.2	3.9
71	4.4	6.4	−0.3	−1.7
72	8.5	6.0	−0.1	2.7
73	7.9	5.6	0.7	1.6
74	−1.4	3.3	−2.6	2.2
75	2.7	1.8	−1.5	2.4
76	4.8	2.9	1.6	0.3
77	5.3	2.2	1.0	2.1
78	5.2	2.5	1.1	1.6
79	5.3	2.8	1.1	1.5
80	4.3	2.3	0.5	1.5
81	3.7	1.7	0.3	1.7
82	3.1	1.7	0.5	0.9
83	3.2	1.7	1.1	0.5
84	5.1	1.9	1.0	2.3
85	4.9	1.6	0	3.3
86	2.5	1.2	0.3	1.0
87	4.6	1.7	0.9	2.1
88	5.8	2.5	1.2	2.1
89	4.9	2.5	0.5	1.9
1955~68	10.0	3.0	2.0	5.6

자료: 館龍一郎, 『日本の經濟』, 東京大學出版會, (1991)

(1) 자본요인

일본의 민간설비투자의 실질증가율은 1956~73년간 평균 16.0%였지만, 1974~85년에는 3.9%로 급락하였다. 이와 같은 투자정체로 인하여 자본의 성장기여율도 1970~73년의 5.6~6.7%로부터 그 이후 일부기간을 제외하고 1%대까지 떨어졌다.

투자를 정체시켰던 원인을 살펴보면 다음과 같다.

첫째, 에너지 비용의 상승에 있다. [그림 2-1]은 수입에너지 가격지수(1980=100)를 나타낸 것으로, 일본의 수입에너지 가격이 두 번의 오일쇼크로 인해 큰 폭으로 상승하였고 그 때문에 기업이윤과 투자 수익률은 저하되었다.

둘째, 1970년대까지 일본의 캣칭업(catching up, 선진국 따라잡기) 시기가 끝나고 구미의 기술을 도입하였음에도 불구하고 생산성이 상승하지 못한 것이 원인이 되었다. 게다

[그림 2-1] 수입에너지 가격 (1980=100)

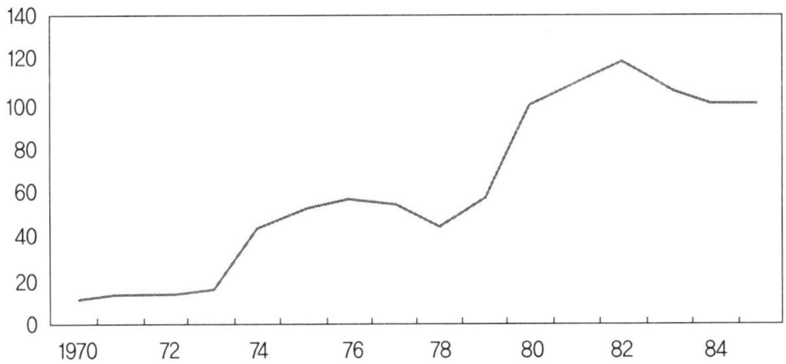

출처: 日本銀行『經濟統計年報』(1985)

가 모방기술이 아닌 신기술을 독자적으로 개발하는 경우에는 개발비용도 발생하고, 만일 개발이 실패하게 되면 기술개발투자의 리스크도 높아진다. 일본은 1970~80년대를 통해 자동차, 가전, 공작기계를 시작으로 많은 분야에서 세계를 리드하는 기술개발을 통해 생산성을 끌어올리고 있지만, 그와 같은 기술개발에는 고도성장기와는 비교할 수 없을 정도의 비용이 발생한다.

셋째, 정부의 공공투자가 생산성 우선형으로부터 생활관련 투자의 비중을 높인 것도 민간투자의 수익률을 저하시킨 원인의 하나이다. 고도성장의 결과 풍족한 사회를 지향하는 여유가 생겼기 때문에 그때까지 철도, 도로, 항만, 전력개발 등의 생산인프라의 양적확대를 주목적으로 해왔던 재정투융자도 공영주택, 상하수도, 병원, 공원 등의 생활 인프라를 정비하기 위해 투자하였다. 한 예를 들면 재정투융자총액 중 주택건설투자가 차지하는 비율은 1965년에는 11%였지만, 80년에는 25%까지 상승하였다.

더욱이 정부가 공해관련사업을 강화시켰던 1970년 전반 이후, 민간부문에서도 공해관련지출을 늘리는 기업이 늘어났다. 예를 들어 철광업에서는 총매상에 점하는 공해관련지출 비율이 1970년의 0.9%에서 74년에는 1.8%로, 화학산업에서는 0.4%에서 1.3%로 상승하였다. 민간기업에서 생산성을 희생하여서라도 사회적 책임을 다하는 자세를 도입한 것도 이 시기이다. 이상과 같이 정부나 민간기업의 투자총액이 감소한 것 이외, 생산관련투자비율이 저하한 것도 자본요인의 성장기여율을 저하시킨 원인이었다.

(2) 노동요인

노동의 성장기여율은 1955~68년의 연평균 2.0%에서 70년경에는 0% 전후까지 저하하였다. 일부 예외를 제외하면 노동요인은 오일쇼크와 관계없이 이미 1970년경에 성장요인이 되지 못하였는데, 그 이유는 다음과 같다.

첫째, 노동인구증가율이 저하되었다. 15세 이상 인구의 증가율을 보면, 1956~73년의 평균 1.8%의 증가율을 보인 반면 1974~85년에는 1.2%로 떨어졌다. 게다가 15세 이상의 노동인구 중 노동시장에 참가한 자의 비율, 즉 노동력화율(勞動力化率)도 1955년의 70.8%

〈표 2-11〉 일본과 한국의 인구구조 추이 (단위 : %)

구분	일본			한국		
	0~14세	15~64세	65세 이상	0~14세	15~64세	65세 이상
1960	30.0	64.2	5.7	42.3	54.8	2.9
1965	25.61	68.1	6.3	43.8	53.1	3.1
1970	23.9	69.0	7.1	42.5	54.4	3.1
1975	24.3	67.8	7.9	38.6	58.0	3.5
1980	23.5	67.4	9.1	34.0	62.2	3.8
1985	21.5	68.2	10.3	30.2	65.6	4.3
1990	18.2	69.7	12.1	25.6	69.3	5.1
1995	16.0	69.5	14.6	23.4	70.7	5.9
2000	14.58	68.1	17.4	21.1	71.7	7.2
2005	13.8	66.1	20.2	19.2	71.7	9.1
2010	13.0	63.9	23.1	16.2	72.9	11.0
2015	11.8	61.2	26.9	13.7	73.4	12.9
2020	10.8	60.0	29.2	12.4	72.0	15.6
2025	10.2	59.5	30.5	11.8	68.3	19.9
2030	9.7	58.5	31.8	11.4	64.4	24.3
2035	9.5	56.8	33.7	11.0	60.7	28.4
2040	9.3	54.2	36.5	10.3	57.2	32.5
2045	9.0	52.8	38.2	9.5	55.0	35.5
2050	8.6	51.8	39.6	8.9	53.0	38.2

자료 : 國立社會保障人口問題硏究所(2007); 한국 통계청 국가통계포탈
(www.kosis.kr/theme do01_index.jsp)(2007년 12월 12일 검색).

에서 73년에는 64.6%, 1985년에는 63%로 저하하였다.

둘째, 노동시간의 단축이 성장을 억제하는 요인이 되었다. 예를 들어 전산업평균의 월간 노동시간은 1960년에 203시간이었지만 73년에는 182시간, 80년 175.5시간, 85년 175.8 시간으로 감소하였다.

셋째, 교육수준의 향상 속도가 정지한 것도 성장률 상승을 억제하는 요인의 하나이다. 예를 들어 고졸자의 비율은 1960년에 22.3%, 70년에는 30.1%로 착실히 상승하면서 노동력의 평균생산성을 높이게 되었지만, 80년대에는 고졸자비율이 50% 이상이 일반적인 현상이 되면서 성장력은 오히려 저하되었다.

〈표 2-12〉 일본의 평균수명 (단위 : 세)

연도	평균수명		연도	평균수명	
	남자	여자		남자	여자
1921~25	42.05	43.20	1980	73.35	78.76
1935	46.92	49.63	1985	74.78	80.48
1947	50.06	53.96	1990	75.92	81.90
1950~52	59.57	62.97	1995	76.38	82.85
1960	66.32	70.19	2000	77.64	84.62
1965	67.74	72.93	2002	77.76	84.73
1970	69.31	74.66	2004	77.99	85.05
1975	71.73	76.89	2005	78.11	85.20

자료 : 후생노동성 및 재정포럼(2007.1) 재인용.

(3) 전요소생산

자본, 노동요인에 비해 전요소생산성의 하락폭이 큰 원인은 다음과 같다.

첫째, 규모의 경제에 의한 성장순환이 멈추었다. 투자요인, 노동요인에 의해 성장률이 정체하였고 그것이 규모의 경제성을 떨어뜨렸기 때문이다.

둘째, 고도성장기에는 생산성이 낮은 농업부문에서 생산성이 높은 제조업으로 대량 노동이동이 일어나 그것이 경제전체의 전요소 생산성을 끌어올리는 역할을 하였으나, 1970 대 후반부터는 지역간 인구분포도 거의 안정되었다.

〈표 2-13〉은 산업별 취업인구비율의 추이를 나타낸 것으로, 고도성장기로 접어들면서 제1차 산업종사자가 급속히 줄어들고 대신 제2차 산업종사자가 늘어난 것을 알 수 있다. 그러나 1970년경부터 이러한 이동 대신 이번에는 제2차 산업종사자가 감소하였고, 제조업보다도 노동생산성이 낮은 제3차 산업으로 노동자가 이행하기 시작한 것도 성장률 정체의 원인중의 하나이다.

〈표 2-13〉 산업별 종사자 비율 (단위 : %)

년도	제1차산업 (농업, 임업, 어업)	제2차산업 (건설업, 광업, 제조업)	제3차산업 (서비스업, 정부)
1950	51.6	21.7	28.6
55	37.6	24.4	38.1
60	30.2	28.0	41.8
65	23.5	31.9	44.6
70	17.4	35.2	47.3
75	12.7	35.2	49.8
80	10.4	34.8	54.5
85	8.8	34.3	56.5

출처:總務廳統計局, 『勞動力調査年報』(각년도)

셋째, 두 번의 오일쇼크의 영향을 받아 세계경제의 성장률이 둔화하는 경향을 보였고, 그 때문에 일본을 포함한 선진공업국이 한정된 세계시장을 둘러싸고 심한 경쟁을 전개하게 된 것도 이 시기의 특징이다. 이와 같은 상황에서도 물론 과거에 비하면 성장률이 큰 폭으로 저하하였다고는 하지만, 제조업은 여전히 지속적인 성장을 보였기 때문에 일본을 둘러싸고 지속적인 무역마찰이 발생하게 되었다.

이상과 같이, 제1차 오일쇼크를 계기로 일본에서는 성장률이 큰 폭으로 정체하였지만, 그렇더라도 1970년대 중반부터 80년대를 통해 일본의 경제활력은 구미에 비해 왕성하였다고 할 수 있으며 기업 역시 기술혁신만이 아니라 생산방법의 효율화 및 생산성향상을 위한 노력이 계속되었다.

참 / 고 / 문 / 헌

미와료이치(2004), 『일본경제사』, 보고사(권혁기 옮김)
이재호(2004), 『위기시에 강한 도요타식 기업협력』, 전예원
제임스 아베글렌(2007), 『10년 장기불황을 이겨낸 일본경영의 힘』, 청림출판(이지평 옮김)
스티븐리드(1997), 『일본특이론의 신화 깨기』, 도서출판 오름(최은봉 옮김)

淺井良夫(2001), 『戰後改革と民主主義』. 吉川弘文館
尾高煌之助(1993), 『現代日本經濟システムの源流』, 日本經濟新聞社
小野豊明(1979), 『日本企業の組織戰略』, マネジメント社
菊本義治他(2007), 『日本經濟がわかる經濟學』, 櫻井書店
木村隆俊(1995), 『1920年代日本の産業分析』, 日本經濟評論社
藻利重隆(1980), 『經營學辭典』, 東洋經濟新報社
館龍一郎(1991), 『日本の經濟』, 東京大學出版會
中村 英(1993), 『日本經濟・その成長と構造』, 東京大學出版會
原朗編(2002), 『復興期の日本經濟』, 東京大學出版會
古川榮一編(1985), 『經營用語辭典』, 東洋經濟新報社
間 宏(1996), 『經濟大國を作り上げた思想--高度經濟成長期の勞働エートス』, 文眞堂.

Abegglen, James C.(1958), The Japanese Factory : Aspects of its Social Organization. New York : The Free Press.
Shirai and Shimada(1980), "Japan" in Dunlop, J. T. and Galeuson, W. eds. Labor in the Twentieth Century, N. Y. : Academic Press

쉬어가는 일본경제

친절함으로 성공한 MK 택시

■ 유봉식 회장

MK택시는 1995년 타임지가 선정한 최우수 서비스 기업으로 인물이 아닌 최초의 표지모델이 되면서 세계적인 관심을 받기 시작하였다. 창업자이자 오너인 유봉식(青木定雄, 일본명:아오키 사다오) 씨는 일본에서는 보기 드문 기독교인 실업가로서 MK택시의 탄생지 교토(京都)에 대해 깊은 애정과 애착을 갖고 그 문화에 대한 높은 긍지를 가슴에 간직하고 있다.

유봉식사장
(동아일보 2005. 11. 25일 발췌)

석유회사를 경영하고 있던 유봉식 사장이 택시회사 운영에 적극적으로 나서게 된 것은 1960년의 일이다. 일본에서 가장 성공한 교포 기업인으로 꼽히는 인물인 그는, 경남 남해 출생으로 1943년 16세 때 빈손으로 일본에 건너간 뒤 1960년 교토(京都)에서 택시 10대로 출발해 MK를 일본 굴지의 택시회사로 키웠다. 현재 MK택시는 교토(京都) 1200대, 도쿄(東京) 250대, 오사카(大阪) 110대, 고베(神戸) 70대, 나고야(名古屋) 60대 등 주요 대도시에서 운행하고 있으며, MK석유, MK산업 등 10여 개의 자회사를 거느린 MK그룹으로 성장하였다.

MK택시의 VIP고객 리스트에는 오스트리아 여왕, 카터 전(前) 미 대통령, 고르바쵸프 전(前) 소련 대통령, 메르세데스 벤츠사장, 더스틴 호프만, 브룩쉴즈 등 외국의 저명인사가 줄을 잇는다.

그는 수십 년 간 매일 아침 6시 30분에 출근하여 야근한 드라이버의 대기실에 얼굴을 보이며 "여러분, 안녕하십니까! 수고 많으십니다."하고 말을 건네고, 7시 30분이 되면 근무중인 드라이버에게 무선실에서 "여러분, 안녕하십니까! 오늘 하루도 손님을 안전하게 모셔주십시오."라고 인사한다.

창업 당시 택시 보유대수는 10대, 드라이버는 24명이 교대근무를 하면서 효율적인 회전이 가능했으나 드라이버들의 지각, 무단결근이 되풀이되면서 10대의 택시를 풀가동시킬 수 없는 날이 계속되었다. 이유를 알아내기 위해 그는 드라이버 24명의 가정을 방문하기 시작했다. 그들은 방 한 칸에 식구 4~5명이 살고 있어 야근을 하고 돌아와도 편안히 쉴 수 없는 상황이었으며, 이를 보고 고안해낸 대책이 사택 건설이었다. 창업 다음해인 1961년, 제1차 사택으로 '미나미 홈 센터'를 개설하였다.

유봉식 사장은 드라이버의 열악한 주거환경을 개선하지 않으면 좋은 영업으로 이어질 수 없다는 판단 하에 주거환경 개선책으로 사택 지원과 급여를 올려주기 위한 대안을 마련한다. 그 후 10년간 MK택시의 주택정책과 임금은 조금씩 전진을 보였고 1970년 MK단지를 조성하면서 분양가격은 파격적으로 낮추었다. 또 MK단지 앞 여유공간을 회사차고로 이용하여 드라이버가 집에서 직접 영업을 나갈 수 있도록 했다. 집에서 바로 영업을 나가게 되면 통근시간에 소요되는 시간만큼 영업을 할 수 있어 매상이 증가하고 그렇게 되면 드라이버의 급여가 올라 대출금도 빨리 갚아 나갈 수 있을 뿐 아니라 고객은 승차기회가 늘어나게 될 것이라는 구상이었다. 그러나 그것은 행정규제에 걸리는 일이었다.

당시 운수성은 택시회사의 차고는 자가용차의 차고와 다르기 때문에 운행관리사, 정비관리사, 점검, 업무일보, 점호, 납금(納金) 등의 문제를 해결하지 않으면 인정할 수 없다고 했다. 이에 유봉식 사장은 MK단지 입주사원 전원에게 운행관리자의 강습을 듣게 하여 자격을 취득하게 했으며, 정비관리자를 본사에서 출장시켜 관리하면서 조건을 충족시켰다. 또 납금문제는 MK단지 입주사원 전원에게 당좌예금구좌를 만들게 하여, 입금은 본인들의 계좌로 매일 입금토록 하고 주 1회 회사에 나와 수표로 일주일 분을 납입하도록 했다. 지금과 같이 납금이 자동화되지 않았던 시절이었기 때문에 수표책을 활용한 납금은 사무의 합리화와 작업시간 단축에 크게 기여했다.

유봉식 회장은 2004년 한국 정부로부터 국민훈장 무궁화장을 받았다. "평생의 영예"라고 고마워하면서도 수상소감을 묻자 조국 걱정이 끊이지 않았다. 다음은 그의 어록이다.

> "물고기가 죽을 때 머리부터 썩듯이 기업이나 사회도 지도자의 역할이 중요합니다. 사장이 일하기 싫어하고 폼 나는 일에만 신경 쓰면 그 회사는 망합니다. 근로자를 탓하기에 앞서 경영진이 먼저 모범을 보여야 합니다. 사회도, 국가도 마찬가지지요."
>
> "일제 통치를 겪어서인지 자위대가 해외로 진출하는 모습을 볼 때마다 잠이 안 올 정도로 걱정되는데 한국에선 너무 둔감한 것 같다"
>
> "젊은이, 무슨 일을 하든 용기를 갖고 신바람나게 하시게. 한국 청년의 가장 큰 재산은 기마민족의 펄펄 끓는 기상이야, 기상"
>
> "우리가 역사가 짧냐, 신체가 일본인보다 못하냐, 그렇다고 머리가 나쁘냐. 왜 그들의 놀음에 장단을 맞추고 있느냐, 일본인에게 하나도 꿀릴 게 없다"
>
> "일본이 우리보다 나은 게 있다면 근면과 겸소함이다"

■ MK의 경영기법

한편 1976년부터 시작된 'MK 4가지 인사운동'은 택시업계와 세간에 커다란 파문을 일으켰다.

① 'MK입니다. 감사합니다' 하고 인사한다
② '행선지는 OO까지 이시군요' 하고 확인 복창한다
③ '오늘은 OO가 모시겠습니다' 하고 사원이름을 밝힌다
④ '감사합니다. 잊으신 물건은 없으십니까?' 하고 감사인사를 한다

이 4가지를 실행하지 않을 때는 요금을 내지 않으셔도 됩니다.

인사를 하지 않으면 요금을 받지 않겠다고 공언하면서 인사에 의해 인간관계가 발전할 수 있다는 사실을 MK택시는 전략으로 삼았다. MK택시의 인사운동은 커뮤니케이션의 가장 기본인 인사를 실천하여 성공적인 비즈니스의 길로 접어들게 했다. 머리 숙여 인사하는 것에 대해서도 '서비스업이기 때문에 머리 숙이는 일은 창피한 일이 아닙니다' 라고 반복하여 강조한다. 지도자는 연수생들에게 인사를 철저하게 교육시키는 동시에 서비스업에 종사하는 사람으로서 자부심과 프로의식의 육성을 실시한다.

(1) MK택시를 이용한 수학여행

MK택시의 장애인에 대한 배려가 전국적으로 알려지면서 관광으로 교토에 온 사람들 사이에서는 '교토에 가면 MK택시를 타고 싶다'는 이야기가 오가게 되었고, 최근엔 소그룹 단위로 택시를 이용하는 수학 여행이 유행이다. 또한 몸이 부자유스러운 승객으로부터 MK택시의 진심을 담은 감사편지가 쇄도했다. 특히 양호학교(지체부자유한 사람들이 다니는 학교) 학생들에게 있어 MK택시를 이용한 수학여행은 평생 잊을 수 없는 추억이 되고 있다.

(2) 응급상황에도 MK택시

1972년 MK택시는 '시민에게 보답하는 택시' 운동의 일환으로 교토(京都) 히가시야마(東山)에 있는 자사의 주유소에 심야 정류소를 개설하여 응급, 출산, 급한 용무 등에 대응하도록 했다. 당시 교토 택시는 대부분 무선설비 없이 심야에 긴급 배차하는 것은 불가능에 가까웠고 지금처럼 자가용을 소유하고 있는 가정이 많지 않았기 때문에 심야에서 새벽까지 긴급사태가 발생하였을 경우 어찌할 방법이 없었다. MK택시의 심야 정류소에는 담당직원이 상주하며 드라이버가 대기하여 전화로 의뢰를 받는 체제를 구축해 나갔다. 1978년에는 구급택시를 발족시켜 모든 승무원에게 일본적십자 구호원 자격을 취득하게 했다.

(3) May I Help You?

관광도시인 교토를 방문하는 외국인 중에서도 영어를 필요로 하는 외국인 여행자는 상

당한 비율을 차지한다. 그 수요를 MK택시는 놓치지 않고 영어회화가 가능한 택시 서비스를 개시하였다. 수요는 계속 증가하였으며 이후 영어회화가 가능한 드라이버를 육성하기 시작하였고, 1990년에는 영어회화 택시를 염두에 두어 제1회 영국 유학생 파견을 실시했다. 이후 매년 엄격한 선발을 거쳐 몇 명의 드라이버를 어학연수 보냈으며 그들은 영어 실력 향상에 힘쓰고 있다.

(4) 달리는 정보 백화점

택시에서는 곧잘 경제나 직업에 대한 이야기가 대화의 주제가 되는 점을 착안해 '차안에서 상품이나 서비스 중개를 할 수 있지 않을까' 라고 유봉식 사장은 생각했다. 매매가 성립된 경우 파는 사람에게 정보료를 받고 담당 드라이버에게 분배하는 시스템을 도입, 이것을 '움직이는 정보백화점' 이라고 이름 붙였다. 제1차 움직이는 정보백화점이 실시된 것은 1973년의 일이었다. 그 후 점차 매매계약의 성립건수가 많아져 1985년에는 MK택시에 상사부(商事部)가 창설되어 제4차 움직이는 정보백화점이 시행되었다. MK택시 내부에는 큼지막하게 '움직이는 백화점, 팔거나 사고 싶으신 물건이 있으신 분은 연락주세요' 라고 표시되어 있다. 손님이 예를 들어 '자동차를 사고 싶습니다만…' 하고 드라이버에게 얘기하면 그것을 상사부가 접수하여 그 고객의 정보를 닛산, 토요타, 마츠다 등의 딜러에게 넘긴다. 그러면 각 딜러가 그 고객에게 세일즈를 하여 상담이 성립되면 딜러에게 정보료가 들어오고, 그 60%를 승무원에게 지급하는 시스템이다.

MK택시에서는 가전제품, 가구, 일용품에서부터 부동산 안내에 이르기까지 고객들의 생활에 필요한 모든 제품을 구비하고 있다. 그리고 판매한 상품의 품질보증, 하자보증은 MK에서 책임진다. 교토에서는 MK가 신용의 대명사로 통하고 있기 때문에 소비자들은 안심하고 시중가보다도 더 저렴한 가격으로 물건을 구매할 수 있다.

(5) 기모노착용자 택시요금 할인

유봉식 사장은 자사 발행 'MK신문' 에 다음과 같은 글을 실었다.

"교토는 국제관광도시로서 일본 문화가 자랑하는 '기모노 문화' 를 중심으로 세계에 어필하고 있습니다. 기모노 문화 발전과 교토경제의 활성화를 이루고자 합니다.

직접적으로는 기모노를 입은 사람이 편하게 대중교통을 이용하는 것을 목표로 하지만, 많은 사람들이 기모노에 관심을 갖게 하여 일상생활에서도 즐겨 입을 수 있도록 하며, 교토관광에 대한 관심이 높아지는 것을 MK는 원합니다. 또한 교토의 지방산업과 관광산업의 활성화는 당사를 포함하여 교토경제 전체에게 플러스 될 것입니다."

■ MK택시 에피소드

(1) 회장님, 다음 MK택시를 이용하시죠

어느 날 유봉식 회장이 시내에서 업무를 보고 회사로 돌아올 때의 일이다. 자신의 회사

택시인 MK택시를 타기 위해 기다리던 유 회장은 멀리서 빈 차가 오는 것을 확인하고 손을 흔들었고 이를 본 택시는 천천히 그에게로 다가왔다.

그런데 웬일인지 오던 택시가 도중에 멈추어 서는 것이 아닌가.

'저 친구 왜 저래?'

유 회장이 자세히 살펴보니 가로수에 가려 잘 보이지는 않았지만 좀 떨어진 곳에 택시를 기다리는 목발 짚은 청년이 보였다. 운전기사는 목발 짚은 장애인을 먼저 태우고 유 회장 앞을 지나면서 이렇게 말했다.

"회장님, 다음 MK택시를 이용하시죠."

서비스 제일의 MK택시는 1976년, 일본에서 처음으로 장애인 우선승차제도를 시행, 장애인들도 정당하게 대우를 받을 권리가 있음을 고객만족경영 실천으로 보여 주고 있었던 것이다. 신체장애인을 먼저 승차시키는 것은 MK택시가 전국에서 처음이었다.

(2) 우산대여까지……고객밀착서비스

겨울을 재촉하는 비가 추적추적 내리는 어느 저녁. 보기에도 행색이 초라한 할머니 한 분이 우산도 쓰지 않은 채 보따리를 이고 택시를 기다리고 있었다. 몇 대의 택시가 할머니의 행색을 보고 그냥 지나쳤다.

20~30분쯤 지났을까? 택시 한대가 할머니 앞에 멈추더니 택시에서 내린 기사가 할머니를 조심스레 택시에 태우는 것이 아닌가? 잠시 후 할머니의 젖은 몸에서 흘러내린 빗물이 시트를 적셔왔다. 할머니는 기사의 눈치가 보여 영 편치가 않았다. 앞서 할머니를 그냥 지나쳐 갔던 택시기사가 왜 그랬는지, 더구나 다음 손님들이 젖은 시트에 앉아 타고 가야 할 생각을 하니 할머니는 좌불안석, 하지만 기사는 이에 아랑곳하지 않고 히터를 올려 택시 안을 훈훈하게 데워놓았다.

변두리 달동네, 택시가 도착했을 때까지 빗줄기는 여전했다. 택시기사는 준비해 두었던 우산을 펴 할머니께 쥐어드리며 말했다.

"할머니, 이 우산 쓰고 가세요. 그리고 다음에 저희 회사 택시 보시면 그때 돌려주세요. 조심해서 가세요."

인사를 마친 운전기사는 할머니가 골목 모퉁이를 돌아 사라질 때까지 전조등으로 그 골목 안을 오랫동안 비추고 있었다. 할머니가 쓰고 가시는 우산에는 'MK택시' 라는 글자가 선명했다.

■ 참고문헌

- 계도원(2006), 『CEO와 고객이 함께 읽는 고객만족 마케팅』, 좋은책만들기
- 김연성(2005), 『서비스 경영 – 전략, 시스템, 사례』, 법문사
- 나카무라 겐이치 외(2004), 『안녕하세요! MK택시 유봉식입니다』, 월북
- 유봉식(1995), 『나는 기적을 믿지 않는다』, 언어문화사

• 정혜전(2005), 『(회사의 운명을 결정하는)서비스 마케팅』, 미래지식
• 최계환 외(2003), 『봉사개혁에 코드를 맞춰라』, 도서출판 영컴북스
• 최계환(2005), 『사람을 움직여라』, 도서출판 영컴북스
• MK그룹 홈페이지 : www.mk-group.co.jp

CHAPTER 03

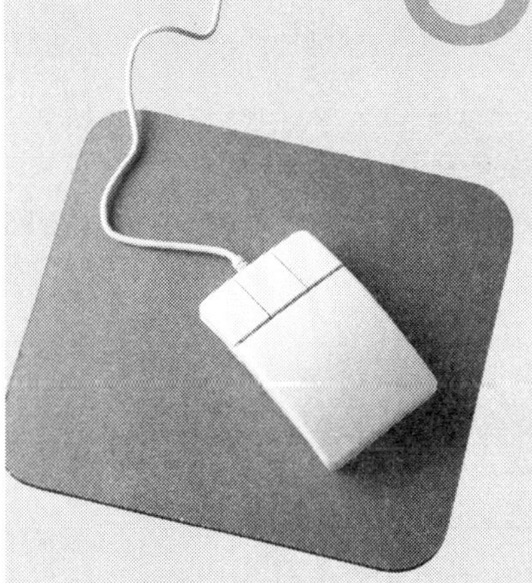

고도경제시대의 호경기

제1절 진무경기(神武景氣)

제2절 이와토경기(岩戸景氣)

제3절 올림픽경기(オリンピック景氣)

제4절 이자나기경기(いざなぎ景氣)

제5절 일본열도개조론

◈ 쉬어가는 일본경제

03 CHAPTER

고도경제시대의 호경기

제1절 진무경기(神武景氣: 1954.11~1958.6)

진무경기(神武景氣)[1]에 앞선 전후 약 10년간은 일본에 있어서 GHQ(연합군총사령부)에 의한 지휘하에 새로운 민주국가의 틀을 준비하는 부흥기간이었다. 즉 재벌해체, 농지개혁, 노동3법의 제정, 독점금지법의 시행, 닷지라인에 의한 긴축재정, 1달러 360엔 설정, 샤우프권고(Shoup re-commendation)[2] 등 미국주도의 일본개혁이 진행되었던 시기였다.

전후 민주화의 흐름과 동시에 그때까지의 부과과세제도를 대신하여 1947년에는 개인의 소득자산을 스스로 계산하여 신고하는 신고납세제도가 창설되었다. 그러던 중 1949년 미국의 샤우프세제 시찰단이 일본의 세제를 조사하여 근대적인 세제로 개편하기 위해 샤우프권고를 제안하였는데, 이는 그때까지 간접세 중심의 세제를 직접세 중심의 조세체계로 개편함과 동시에 신고납세제도를 강화하는 내용이었다. 국세는 직접세를 기본으로 하고 지방세는 독립세로 하는 등 제2차 세계대전 후의 일본세제의 기본틀이 되었다. 일본은 이 제언을 받아들였고 현재의 세제도 샤우프권고를 기본으로 소득세, 법인세 등 직접세와 이를 보완하는 간접세를 중심으로 세제개편을 통해 현재의 세제체계를 유지하고 있다.

1955년은 전후 일본경제에 있어서 획기적인 해였다. 1955년 12월 하토야마 내각(鳩山內閣)[3] 당시 발족한 경제기획청(經濟企畫廳)에 의해 '경제자립 5개년 계획'을 입안하였는

1) 원래 진무경기의 이름의 유래는 전후 일본이 처음으로 경험한 유사 이래의 호황을 맞이하였기 때문에 일본의 초대천황의 이름을 붙여 만든 이름이다.

2) 샤우프권고 : 연합국 최고사령관인 맥아더의 요청에 의해 1949년과 1950년에 제출된 일본의 조세제도에 관한 보고를 말한다. 조사단장 칼 샤우프(C. S. Shoup, 1902~2000)의 이름에서 딴 것이다.

3) 하토야마 이치로(鳩山一朗, 1883~1959) : 제2차 세계대전 후 자유당을 결성하여 총제가 되었으나 후에 공직에서 추방되었다. 전후 민주화정책의 일환으로 1946년 1월 의원공무원, 재계, 언론계의 지도적 위치에 있던 군국

데 이는 각의를 통해 결정된 최초의 장기경제계획이었다. 동시에 1955년은 1970년대 초반까지의 고도경제성장의 기점이 되기도 한 해이다.

1956년 경제기획청이 발간한 '경제백서(經濟白書)'에 등장한 유명한 케치프레이즈인 「이제는 더 이상 전후가 아니다: もはや戰後ではない」라는 문구는 패전후 일본경제를 말할 때 반드시 인용되는 문구이다. 이는 1955년이 바로 일본의 고도성장의 출발점으로서의 상징성을 갖고 있다는데 의미가 있으며, 균형 있는 경상수지와 안정된 물가가 동시에 달성된 해이다. 또한 전후 일본경제에 있어서 경상수지 적자와 인플레이션이 해결되었던 해이기도 하다.

[그림 3-1] 진무경기와 이와토경기

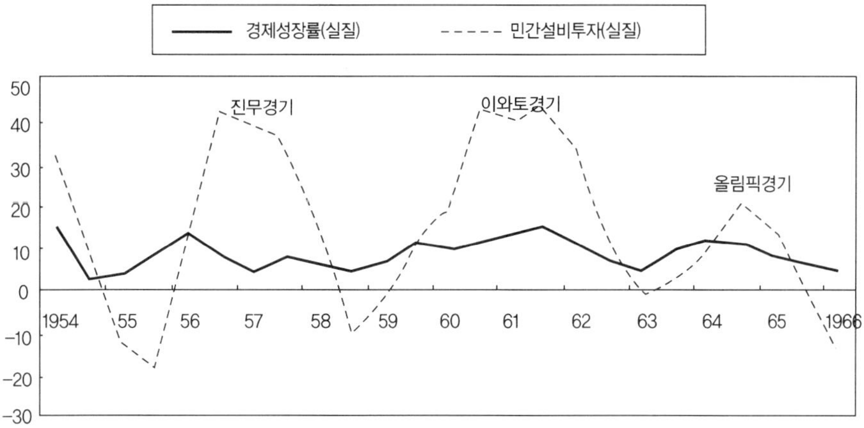

자료 : 金森久雄他(1981),, 『日本經濟辭典』, 日本經濟新聞社

진무경기(神武景氣)는 1954년 11월부터 1957년 6월까지 약 31개월에 걸친 경기확대기로서, 경기순환으로는 전후 세 번째에 해당한다. 이 시기 경기회복의 견인차는 수출에서 설비투자 중심으로 바뀌어 갔다. 1956년도의 민간설비투자 증가율은 명목 60%, 실질 40% 등 급격한 설비투자가 이루이졌다. 설비투자는 대량생산과 자동화가 중심을 이루었으며 나일론, 비닐론 등의 신소재에 대한 투자도 이에 가세하였고 제조업 측면에서는 흑백 TV, 전기세탁기, 냉장고가 등장하였다. 그러나 경기확대의 속도가 너무도 빨랐기 때문에

주의자, 국가주의자 등으로 분류된 약 20만 명이 추방대상이었으나, 1952년 4월 폐지되었다. 추방해제 후에는 일본민주당과 자유민주당의 총재가 되어 1954~56년간 수상을 역임하였으며 일 · 소 국교회복을 추진하였다.

생산능력이 따라가지 못했다. 특히 철강, 전력, 수송 등에서 현저한 수급 불균형이 나타났고 그 결과 다시 외환위기에 몰려 금융긴축정책을 취하지 않을 수 없게 되자, 1957년 6월을 정점으로 경기가 하강국면에 접어들었다.

일본은 진무경기에 의해 고도성장기의 막을 열었으며, 전후 일본인에게 밝은 미래를 느끼게 한 특별한 의미를 갖는 호황의 시대이기도 하였다.

1. 설비투자 그리고 대형경기

진무경기는 한국전쟁 특수 후의 설비투자를 중심으로 한 본격적인 대형경기(大型景氣)이다. 1955년 당초는 수출은 증가하고 물가는 하락하였기 때문에 '수량경기(數量景氣)' 라고도 불리웠다. 즉 물가가 상승하지 않아도 거래량이 증가함으로서 기업의 이익이 증가하고 호경기가 지속된 시기였다.

1956년부터 본격적인 설비투자가 시작되면서 같은 해의 실질설비투자는 전년대비 40% 가까이 증가하였다. 그때까지의 설비투자는 전후 부흥을 위한 인프라정비가 중심이었는데 비해 진무경기에서는 철강의 대형용광로와 조선소의 대형화, 콘비너트의 발전 등, 기술혁신에 뿌리내린 투자가 번성하였다. 이러한 기술혁신을 배경으로 소비도 대중 소비사회로 돌입하였다. 1950년대 후반까지의 라디오, 미싱, 자전거 등을 대신하여 흑백TV, 냉장고, 세탁기 등 이른바 "삼종의 신기(三種の神器)"가 등장하였고 비닐, 나이론 등 합성섬유가 급속히 보급되었다.

당시의 가계수준은 저축률이 10% 정도, 엥겔지수(지출에 점하는 소비의 비율)는 도시부에서 45%나 되었다. 당시의 평균급여가 매월 2만 엔도 되지 않던 시대였다. 그러나 이시바시 내각(石橋內閣, 1956. 12~1957.2)이 주장한 "1천억 엔 감세, 1천억 엔 정책"을 통해 감세의 대부분이 소득감세로 이어지자 소비가 크게 자극된 면도 있다. 당시 일반회계의 예산규모가 1조 엔이었음을 감안해 보면 이러한 정책은 대담한 정책이었다. 또한 일반가정의 설이나 송년회 등도 활발하여 셔츠, 양말, 넥타이 등 500엔부터 1천 엔 상당의 선물을 서로 교환하는 풍습이 유행하였다.

이러한 경제활동의 결과 진무경기 기간인 1955~57년 동안의 명목성장률 14.0%, 실질성장률 8.7% 등 맹렬한 기세로 성장하였고, 명목 GNP에 대한 설비투자의 비율도 55년도의 9.9%에서 1956년 13.7%, 57년 15.4%까지 급상승하였다.

전후 일본을 고민에 빠트린 인플레이션은 이제는 진정되었고 한국전쟁 특수와 같은 뜻밖의 행운에 의존하지 않아도 자율적인 성장을 실현할 수 있는 단계에 이르렀다. 1955년도의 경제는 광공업생산, 국민소득, 기업설비스톡 등이 전전(戰前)을 웃도는 수준에 달하자 앞서 말한 "이제는 더 이상 전후가 아니다"라고 하는 문구가 생기게 된 것이다.

또 한 가지 중요한 점은 진무경기(神武景氣)가 이후의 경기순환사이클을 만들었다고 하는 점이다. 이러한 진무경기의 호황기간은 31개월, 그 후의 불황은 12개월, 즉 호황기는 길고 불황기는 짧은 일본경제 특유의 경기순환이 진무경기에서 처음으로 패턴화 되어 73년의 제1차 석유쇼크까지 지속되었다.

유사이래의 호경기인 기간을 통해 수입이 증가하면서 1955년 경상수지가 적자로 반전되

〈표 3-1〉 고도성장을 지탱한 '삼종의 신기' 판매 변화 (단위: 1천대)

	TV	세탁기	냉장고	승용차
1960	3,578	1,529	904	165
1961	4,609	2,161	1,565	250
1962	4,858	2,445	2,671	269
1963	4,916	2,664	3,421	407
1964	5,273	2,681	3,205	580
1965	4,190	2,295	2,313	696
1966	5,652	2,612	2,565	878
1967	7,038	3,309	3,181	1,376
1968	9,140	3,940	3,471	2,056
1969	12,685	4,182	3,139	2,611
1970	13,782	4,349	2,631	3,179
1971	13,231	4,149	3,003	3,718
1972	14,303	4,201	3,455	4,022
1973	14,414	4,298	3,929	4,471
1974	13,406	4,105	4,313	3,932
1975	12,453	3,173	3,474	4,568
1980	16,327	4,879	4,282	7,038
1985	18,744	5,092	5,354	7,647

자료 : 『日本統計年鑑』(2000) 및 菊本義治他(2007)

었고 57년에는 경상수지 적자폭이 6억 달러에 달하였다. 국제수지의 악화를 막기 위해 일본은행은 1955년 공정금리를 인상하고, 강력한 금융긴축정책을 취하였다. 여기에서 단기간의 진무경기도 끝나게 된다. 당시의 외환보유는 심각할 정도로 부족한데다 설비투자에 필요한 기계는 외국제가 대부분이었기 때문에, 이를 수입하기 위해서는 외화가 절대적으로 필요했던 시기였다. 그러므로 국제수지에 대한 부담이 경제성장을 방해하면서 경기과열은 국제수지의 악화로 이어지고 이어서 금융긴축정책을 실시할 수 밖에 없는 상황을 연출하였다.

2. 당시의 사회변화

한편, 이 시기는 사회적으로도 여러 가지 변혁을 가져왔다. 우선 1953년부터 NHK방송(Nippon Hoso Kyoukai, 일본방송협회)이 시작되었다. NHK는 1950년 한국전쟁이 발발했던 때에 방송법에 의한 특수법인으로 라디오(중파 2파, FM 1파), TV(4파) 외에 단파에 의한 국제방송도 실시하였다. 1955년에는 대풍작으로 인한 식량수입이 크게 줄어들어 쌀자급이 가능하게 된 것도 또 하나의 행운이었다. 같은해 국산차의 상징이라고 할 수 있는 토요타자동차 크라운(crown)이 생산개시, 자동차 사회의 막을 열기 시작하였고 소니(sony)가 트랜지스터를 완성하는 등, 민생용의 기술혁신은 크게 발전하였다. 1955년 일본은 GATT[4]에 가맹하였으며, 1956년 국제연합의 가맹국이 되었고 1960년 '무역자유화 계획 대강'[5]을 만들어 무역자유화를 결정하면서 그 결과 관리무역체제를 폐지하기에 이르렀다.

당시의 정치변화를 살펴보면, 1955년 11월 22일 제23회 국회 임시회 개회를 앞두고 그동안 좌파와 우파로 나뉘어 대립하던 일본 사회당이 하나로 통일되고, 사회당에 대항하고 있던 자유당과 일본민주당의 보수 2정당이 합당하여 자유민주당(自民黨)이 탄생하게 된다. 이후 일본의 정당정치는 보수 자민당과 혁신 사회당의 2대 정당 대립시대가 38년간이나 지속되었으나 1993년 8월 비자민연립정권(호소카와 내각)에 의해 자민당 55년 체제는

4) GATT: 관세 및 무역에 관한 일반협정으로 1947년에 조인되었다. 국제연합의 하부기관으로 IMF와 세계은행을 보완하는 국제무역기구이다. 자유 · 무차별을 원칙으로 하고 국경 조치로는 관세와 과징금만 인정, 수입수량 제한 등 기타의 제한은 금지하였다. 1995년부터 더 강력하고 발전된 세계무역기구(WTO)가 발족되어 GATT체제는 막을 내리게 되었다.

5) 1959년 도쿄에서 개최된 GATT총회에서 일본은 무역자유화가 이루어지지 않았다고 크게 비난받았다. 이에 자극을 받은 기시내각(岸 內閣)은 1960년에 무역과 외환 제한을 철폐하기로 결정하였다. 이 결과 1961년 10월에는 수입자율화율이 97%에 이르렀다.

붕괴되었다.

55년 체제의 특징은 다음과 같다. 첫째, 자민당과 사회당의 2대정당이라기 보다는 압도적인 자민당 1당 우위체제였다. 둘째, 자민당의 절대다수 하에서 정책형성과정은 점차 자민당, 재계, 고급관료 등 3자가 장악하게 되었다(이른바 정치 · 경제 · 관료의 유착). 셋째, 자민당 중심의 지배체제가 강화되는 가운데 사회당이나 공산당 등의 야당세력이 정책형성의 중심에서 배제되었다.

〈표 3-2〉 전후 일본의 역대 수상

수 상	기 간	수 상	기 간
스즈키 간타로 (鈴木貫太郎)	1945. 4. 7~ 1945. 8.17	스즈키 젠코 (鈴木善幸)	1980. 7.17~ 1982.11.27
히가시쿠니 나루히코 (東久稔彦)	1945. 8.17~ 1945.10. 9	나카소네 야스히로 (中曾根康弘)	1982.11.27~ 1987.11. 6
시데하라 기주로 (幣原喜重郎)	1945.10. 9~ 1946. 5.22	타케시타 노보루 (竹下 登)	1987.11. 6~ 1989. 6. 2
요시다 시게루 (古田 茂)	1946. 5.22~ 1947. 5.24	우노 소스케 (宇野宗佑)	1989. 6. 2~ 1989. 8. 9
가타야마 데츠 (片山 哲)	1947. 5.24~ 1948. 3.10	카이후 도시키 (海部俊樹)	1989. 8. 9~ 1991.11. 5
아시다 히토시 (芦田 均)	1948. 3.10~ 1948.10.19	미야자와 기이치 (宮澤喜一)	1991.11. 5~ 1993. 8. 6
요시다 시게루 (吉田 茂)	1948.10.19~ 1954.12.10	호소카와 모리히로 (細川護熙)	1993. 8. 6~ 1994. 4.25
하토야마 이치로 (鳩山一郎)	1954.12.10~ 1956.12.23	하타 츠토무 (羽田 孜)	1994. 4.25~ 1994. 6.29
이시바시 탄잔 (石橋湛山)	1956.12.23~ 1957. 2.25	무라야마 토미이치 (村山富一)	1994. 6.29~ 1996. 1.11
키시 노부스케 (岸 信介)	1957. 2.25~ 1960. 7.19	하시모토 류타로 (橋本龍太郎)	1996. 1.11~ 1998. 7.30
이케타 하야토 (池田勇人)	1960. 7.19~ 1964.11 .6	오부치 케이조 (小淵惠三)	1998. 7.30~ 2000. 4. 5
사토 에이사쿠 (佐藤榮作)	1964.11. 6~ 1972. 7 .7	모리 요시로 (森 喜朗)	2000. 4. 5~ 2001. 4.26
타나카 가쿠에이 (田中角榮)	1972. 7. 7~ 1974.12. 9	코이즈미 준이치로 (小泉純一郎)	2001. 4.26~ 2006. 9
미키 타케오 (三木武夫)	1974.12. 9~ 1976.12.24	아베 신조 (安倍晋三)	2006. 9.~ 2007. 9
후쿠다 다케오 (福田赳夫)	1976.12.24~ 1978.12. 7	후쿠다 야스오 (福田康夫)	2007. 9~

제2절 이와토경기(岩戸景氣:1958.6~1961.12)

진무경기가 막을 내리면서 이어진 약 일 년 정도의 불경기를 경험한 후 다시 찾아온 대형 호경기가 이와토경기(岩戸景氣)이다[6]. 이와토경기는 1958년 6월부터 1961년 12월까지 약 42개월간 지속된, 즉 3년 반 정도에 이르는 호경기에 해당하는 기간으로서 이때는 진무경기 말기에 이어진 경기확대 시기였기 때문에 비슷한 점도 많고 양자를 원세트로 보는 견해도 있다.

1958년 국제수지가 흑자임에도 불구하고 불황으로 인한 수입감소로 심각한 수준에 달한 경기침체를 극복하기 위해 일본은행은 1958년 3월, 9월, 1959년 2월 등, 약 3회에 걸친 공정금리 인하와 1958년 9월의 공공사업 시행을 결정하였다. 이로 인해 민간설비투자도 1958년 중반 이후 상승하게 되었고 경제성장률도 상승하였다.

이와토경기의 가장 큰 특징은 제1차 이케다내각(池田內閣; 1960.7~1964.11)이 1960년 12월에 밝힌 소득배증계획(所得倍增計畫)이라고 할 수 있다. 이 계획은 1961년부터 약 10년간에 걸쳐 국민소득(GNP)을 두 배로 증가시키겠다는 야심찬 계획으로 실제로 그렇게 실현되었다. 민간기업의 투자의욕은 활기를 띠었고 고도성장을 기대하여 생산규모를 늘리는 투자가 증가하였는데, 이에 따라 투자가 투자를 부르는 설비투자 붐이 일어났다. 이 계획으로 사회자본 확충, 산업구조의 고도화, 무역과 국제협력의 적극 추진, 과학기술 진흥, 농업근대화 등을 통해 일본경제는 연평균 10% 이상의 고도성장이 지속되는 결정적 계기를 만들었다. 이 덕분에 이케다정권(池田政權)과 사토정권(佐藤政權)이 장기집권을 계속할 수 있었고 자민당의 소위 '55년 체제' 는 그야말로 안정기에 접어들게 되었다.

---

6) 진무경기가 일본 유사이래 최대 호경기란 것을 의미하고 있다면, 이와토경기는 일본 건국이래 최대 호경기란 의미를 갖는다. 이와토는 일본 선사시대 신화에 등장하는 인물로서, 우리나라에서 흔히 말하는 '단군이래 최대호경기' 라는 말과 동일한 표현이라고 할 수 있다.

1. 투자에 의한 성장

이와토경기 기간 중 실질성장률을 살펴보면 1958년 6.7%, 59년 12.0%, 60년 12.0%, 61년 11.5%등 3년 연속으로 경이적인 성장을 달성하였다. 이러한 성장의 최대요인은 진무경기 때와 마찬가지로 기업의 설비투자가 그 중심에 있다. 이 때문에 GNP에서 차지하는 설비투자의 비율도 급속히 상승하면서 이와토경기 말기인 1961년도는 20%를 넘어섰는데, 이는 성장력이 강한 일본경제에서도 흔한 일이 아니었으며 이후의 이자나기경기에서 잠깐 보였을 정도였다. 이때의 경험으로 20%는 경기변동의 분기점이라고 불리우는 경기순환이론이 등장하게 되었다. 즉 설비투자가 GNP의 20%를 넘는 수준은 과잉설비를 초래하여 결국 경기후퇴를 초래한다는 논리이다.

설비투자의 구체적인 예로서는 철강이 전형적이다. 철강업계는 전후 경사생산방식에 의해 서서히 발전해왔지만 생산력을 증강하기 위해 설비투자도 활발하였다. 1950년부터 시작된 제1차 합리화에서는 1천억 엔을 넘는 투자를 통해 압연부문(壓延部門)에 스트립 밀(strip mill)을 도입하는 등 생산효율을 향상시켰다. 또한 연안부에 공장을 설립하여 해외로부터의 철광석수입에 대응하는 체제를 정비하였다. 진무경기와 보조를 맞춘 제2차 합리화에서는 임해제철소의 건설이 중심이 되었다. 이들 설비투자는 1959~60년에 1천억 엔을 넘는 정점을 기록, 62년까지 5천억 엔을 투자한다고 하는 제1차 합리화와는 비교할 수 없는 규모에 달하였다.

2. 대량생산 시대로의 전환

이 시기는 에너지정책의 전환기이기도 하다. 당시 석탄중심에서 전력 및 석유로의 에너지 전환이 현저하게 나타나면서 미츠이광산(三井鑛山), 미이케탄광(三池炭鑛)은 폐쇄되었고 이로 인해 양 탄광에서는 인원정리 반대 투쟁이 격렬하게 일어났다(三池鬪爭). 중유를 사용한 화력발전이 수력발전을 대신하였고 1961년에는 수력과 화력의 발전량이 역전되었다. 석유화학공업은 원료를 나프타(naphtha)로 구했다. 또한 철강의 비약적인 발전은 자동차, 전기 등의 가공조립산업의 발전을 이끌어 주었고 내구소비재의 대량생산, 대량보급을 가능하게 하였다.

이러한 산업발전은 국민생활도 풍부하게 하여 일인당 GNP가 진무경기 당시인 1955년도의 97,000엔에 비해, 이와토경기인 1961년에는 214,000엔까지 늘어나 6년간 약 2.2배나 증가하였다. 춘투(春鬪)가 정착한 것도 이 시기이며 셀러리맨의 급여는 매년 10% 전후로 증가하면서 대중소비의 기반을 마련하였다. 이러한 생산확대로 노동력이 부족한 상황이 발생하였고 임금 상승과 소비자물가 역시 현저히 상승하였다.

신차 판매대수의 경우 1958년 53,000대, 1959년 77,000대, 1960년 17만대, 1961년 23만대 등 급속한 증가를 보였다. 또한 1만 엔대의 스테레오 전축이 생산되면서 인기를 얻었는데, 당시 소학교(小學校: 한국의 초등학교)의 교육비가 한 가정당 년간 평균 1만 엔 정도였던 시대였다.

3. 이케다내각(池田內閣)

1960년 7월 일본열도를 뒤흔들었던 격동의 안보투쟁[7]의 열기가 가라앉으며 이케다 하야토(池田勇人, 1899~1965) 내각이 새롭게 등장하였다. 이케다 하야토는 히로시마현(廣島縣)에서 양조업자의 아들로 태어나 교토국제대학(京都國際大學) 법학부를 졸업하고 대장성(大藏省)에 진입한 관료출신이다. 그는 '세일즈맨 이케다' 라고 불리울 정도로 경제문제에 주력하였다. 한 예로 1964년 프랑스를 방문했을 때 샤를 드골 프랑스 대통령은 그를 '트랜지스터 라디오 판매원' 이라고 비꼴 정도로 자국의 경제적 이익을 추구한 외교자세를 보였다[8]. 그는 '경제에 관해서라면 저에게 맡겨 주십시요, 여러분의 월급을 두 배로 만들어 드리겠습니다', '국민총생산을 10년간 두 배로 늘리도록 하겠습니다. 이것이 나의 꿈입니다' 등, '소득배증계획' 을 케치프레이즈로 내걸었다.

일본의 경제전문가들은 20세기 후반 일본경제사에 가장 큰 전환점이 된 사건을 이케다 내각이 추진한 소득배증계획으로 꼽을 만큼 그는 오늘날 일본을 경제대국으로 끌어 올린 정치가로 높게 평가되는 인물이다.

---

7) 일 · 미안전보장조약 개정반대 투쟁을 말한다. 1959~60년 전국적인 규모로 전개된 근대 일본사상 최대 대중운동이기도 하다. 특히 1960년 5~6월은 연일 수만 명이 데모행진을 하면서 국회를 포위하였으나 결국 조약은 개정되었다. 그 후 1970년에도 조약의 연장을 둘러싸고 반대운동이 있었다.

8) "The Undiplomat", Time, 4 April 1969.

소득배증계획은 이케다정권이 고도경제 성장정책의 입장에서 일본경제의 실질규모를 1961~70년 까지 약 10년간 두 배로 증대시켜 국민생활 향상과 완전고용 달성 및 무역자유화와 선진국 진입을 목표로 기획한 것으로, 고도성장을 축으로 다음과 같은 다섯 가지를 중심적인 정책과제로 내세웠다.

① 사회자본 충실
② 산업구조의 고도화
③ 국제무역과 경제협력 촉진
④ 인적능력의 향상과 과학기술의 진흥
⑤ 이중구조의 완화와 사회안정 확보

이케다내각의 소득배증계획은 이러한 상황 가운데 공표되어 커다란 반향을 일으켰다. 당시 이케다수상의 소득배증계획을 통해 중소기업육성이 강조되었으며, 이것이 중소기업의 기반을 강화하는 계기가 되었다. 대기업들이 중소업체가 자생력을 가질 수 있도록 경쟁과 협력을 병행해 왔다는 점도 특기할 만하다[9].

그렇다면 소득배증계획을 통한 결과는 어떠한가 이에 대하여 살펴보자.

1961년도와 70년을 비교해 보면 명목GNP는 20조 1천억 엔에서 75조 1천억 엔으로 3.5배로 증가하였고 이 기간의 실질성장률도 평균 10%를 상회하였다. 또한 이케다내각 탄생 직후인 1960년 8월에는 저금리정책으로 인해 이에 증권시장은 상승세로 이어져 도쿄증권거래소(東證)의 평균주가는 일방적으로 상승하면서 1961년에는 1,800억 엔대에 달하였다.

대중자금을 대상으로 한 주식투자신탁, 공사채투자신탁도 폭발적으로 성장하여 증권회사의 점두에 주부나 학생 등이 찾아와 상담창구가 붐빌 정도였으며 공사채투신의 발매에 있어서는 '은행은 떠나가고 증권은 내 곁에'(銀行よさよなら, 證券よこんにちは)란 유명한 캐치프레이즈가 등장할 정도였다.

이러한 대형호황은 그때까지의 과잉노동력을 단숨에 노동인력 부족으로 바꾸어 놓았다.

---

9) 대표적인 예로서, 토요타의 주력 부품업체인 닛폰덴소우(日本電裝)가 토요타의 제품기획단계부터 참여해 각종 제안 및 상호 교류활동을 하는 것은 일본 대기업과 중소기업의 협력관계를 나타낸다.

기업은 신규 노동력을 구하기 위해 뛰어다녀야 했고 중학교 졸업자의 신규채용자는 '금 계란'(金の卵)이라고 비유할 정도로 귀했으며 중학교 졸업자를 앞세운 집단취직의 상경열차가 우에노역(上野驛)에 도착하는 광경이 매년 전개되었다.

4. 당시의 사회변화

1958년 도쿄타워가 완성되었고 1959년 4월에는 일본 황태자의 결혼식이 있었다. 민간인이었던 미치코(美智子妃殿下) 붐이 일어나면서 결혼식을 시청하기 위한 국민적 열망이 텔레비전을 급속도로 보급시켰다. 도시부에서 텔레비전을 구입한 세대가 1958년의 5%에서 1960년에 20%로 증가한 것이 바로 이를 상징하는 것이다. 그러나 이러한 밝은 뉴스 외에 미나마타병(水保病)[10]에 의한 공해문제의 심각화, 일·미 안전보장조약의 개정을 둘러싼 국론분열과 데모대의 여학생 사망, 큐슈(九州)의 미이케탄광(三池炭鑛)에서 일어난 대규모 노사분쟁, 아사누마(淺沼) 사회당 위원장의 우익소년에 의한 암살 등, 어두운 뉴스도 적지는 않았다.

복지정책으로 1961년에는 모든 시·정·촌(市町村)에 국민건강보험의 제정이 의무화되어 전국민 대상의 보험체제가 정비되었다.

1960년은 무역자유화 원년에 해당한다. 그때까지 일본은 외화부족과 국내산업을 보호하기 위하여 수입을 제한하였다. 자유화율이 40% 정도에 불과하자 해외로부터 비판이 강해졌고 따라서 1960년 6월 무역외환 자유화 계획 대망을 결정하였다. 나아가 1961년 9월 무역외환 자유화 촉진 계획을 결정하고 수입의 90%를 자유화하는 대담한 개방정책을 내놓았다. 이에 기업의 설비투자가 더욱 활발하게 되었다. 일본경제의 특징인 가공무역의 구조는 이때 완성했다 해도 과언은 아니다.

---

10) 1953년 이래 구마모토현(熊本縣) 미나마타만(水保灣) 연안의 어패류를 먹은 어민들에게서 원인불명의 괴상한 병이 많이 발생하였다. 이 병의 증상은 유기수은중독에 의해 중추신경이 침범되어 손발이 저리는 정도에서, 언어장애와 시야협착(視野狹窄)이 나타나다가 정신이상 증세를 일으키고 사망에 이르는 사람도 적지 않았다. 죽음을 면한다 하더라도 중증자는 일생을 폐인과 같은 생활을 보내게 된다.

제3절 올림픽경기(1962. 10~1964. 10)

1. 올림픽 경기 전후

올림픽 기간 동안 일본은 경제협력개발기구(OECD) 가맹[11], IMF 8조국에의 이행[12]을 시작으로 일본은 명실 공히 선진국 대열에 진입하였고 고도성장을 거치며 개방경제체제로 이행하면서 전 세계에 일본이란 나라의 인지도가 높아가던 시대였다. 더욱이 1964년 10월의 도쿄 올림픽은 아시아에서는 처음으로 열리는 올림픽으로 기록되어 아시아 각국으로부터 선망의 대상으로 여겼으며, 이는 일본이 국제사회의 지위를 확고히 하는 계기가 되었다. 국가의 위신이 걸려 있는 올림픽 경기였기에 그에 걸맞는 준비를 하기 위해 수도고속도로의 건설, 도카이도신칸센(東海道新幹線)의 개통 등, 수도권을 중심으로 한 공공투자가 지나칠 정도로 풍부해 지면서 노동력이 심각하게 부족하였다. 이러한 결과 자금코스트의 상승, 건설상각코스트의 증대, 1963년 말부터 본격화된 금융긴축에 의한 금리코스트 상승 등의 요인이 겹치면서, 화려했던 올림픽경기가 끝나자 불황이 시작되었으나 올림픽 열기로 인해 국민들이 이를 인식할 수 있는 상황이 아니었다.

증권시장은 1955년부터 왕성하게 펼쳐지더니 1960년경부터 하강국면으로 접어들었다. 증권업계도 은행으로부터의 차입금과 신용창조를 통해 업무형태를 확대해 나갔다. 이와토경기 시대에는 활발한 설비투자를 위해 증자(增資)를 통해 부족한 차입자금을 충당하였고 증권회사도 이를 권하였다. 그렇지만 국제수지의 악화를 막기 위한 정부의 금융긴축정책으로의 전환으로 주가는 하락하였으며, 도쿄증권거래소(東證)의 평균주가는 1961년 7월 1,829엔을 정점으로 4년간에 걸친 장기 하락국면으로 돌입하였다. 증권회사는 보유유가증권의 가치변화와 금융수지의 악화 등으로 업적이 급속히 악화하였다. 1964년 1월, 은행

11) 1961년 미국, 캐나다 및 유럽 18개국으로 발족한 경제협력개발기구이다. 가맹국의 협력으로 경제의 안정 성장과 무역확대에 힘쓰고 개발도상국의 원조촉진과 조정을 꾀하고자 설립하였다. 선진국 대부분이 가입하고 있어서 선진국 클럽이라고도 부른다.

12) IMF의 규정에 따라 국제수지가 악화되어도 원칙적으로 무역상의 지불제한을 하지 않는 나라로서 이들 나라에는 국제거래상의 자유화가 의무적이다.

단을 중심으로 한 '일본공동증권'(日本共同證券)이 발족하면서 시장에 과잉 유출되어 있던 주식을 흡수하려고 노력하였지만 이 역시 쉽지는 않았다.

1965년 1월에는 공동증권에 대신하여 '일본증권보유조합'(日本證券保有組合)도 발족하였고, 일본은행도 공정금리를 인하하면서 금융완화를 실시하였지만 이미 때는 늦어 위기를 벗어나기 힘들게 되었다. 같은 해 5월에는 대형증권회사인 야마이치증권(山一證券), 오오이증권(大井證券)이 사실상 도산하였으며, 신용불안의 확대를 두려워 한 일본은행이 '무담보, 무제한'이라는 특별융자를 실시함으로 일단은 위기에서 벗어났다. 이것이 바로 그 유명한 일은특융(日銀特融)으로 전후 경제사에 남을만한 사건의 전말이다.

한편 이 시기는 증권업계만의 불황이 아니었다. 1964년이 되자 기업 도산건수가 급증하여 같은 해 도산건수는 4,200건, 부채총액은 4,600억 엔 등 과거 최고를 기록하였다. 일본특수강(日本特殊鋼), 산웨이브공업(サンウェーブ工業), 산요특수강(山陽特殊鋼), 도쿄발동기(東京發動機) 등 대기업의 연속적인 도산으로 기업간 신용은 갑자기 하락하기 시작하였고 산업계 전체에 불황색이 퍼지게 되었다.

일본은행은 1965년 초부터 금융완화를 실시하였지만, 효과는 그다지 없었다. 당시 주식붐은 전국적으로 확산되었는데, 지금처럼 증권이 다양화돼 있지 않은 시기였기 때문에, 주식붐의 중심에 있던 투자신탁회사들은 주가가 계속해서 상승하지 않으면 안 되는 상황이었다. 그러던 중 1965년 불황이 닥치고 주식시장은 침체에 빠졌으며, 그 결과 대형증권회사였던 야마이치의 경영위기가 표면화 된 것이다. 이는 야마이치증권만의 일이 아니라, 예금주들이 돈을 빼내기 위해 은행으로 몰려드는 등 신용제도 전반을 뒤흔드는 금융불안으로 이어질 가능성이 높았다. 야마이치사건은 결과적으로 전후 최초의 적자국채를 발행하는 계기가 되었고, 이는 정부의 어깨에 무거운 짐을 올려놓은 결과를 가져온 것이다[13].

주가가 본격적으로 반등한 것은 1965년 8월의 국채발행이 정해진 때부터이다. 주가는 급반발하면서 그 해 10월에는 이자나기경기가 시작되었다. 이 사이, 대장성에는 증권국(證券局)이 생겼고, 증권업계는 신고제에서 면허제로 변경되었으며, 야마이치사건(山一事件)은 40년 불황[14]을 상징하는 사건이 되었다.

---

13) 일본의 국채는 두 종류가 있다. 建設國債와 赤子國債가 그것이다. 우선 건설국채는 도로, 항만, 교량 등 공공사업을 위한 나라의 빚인데 반해, 적자국채는 공무원의 봉급 등 인건비나 사무경비를 마련하기 위해 발행하는 국채이다.

14) 40년이란 쇼와(昭和) 40년(1965)을 말하며 1965년 올림픽 이후의 불황을 일컫는다.

[그림 3-2] 야마이치증권(山一證券)의 연혁

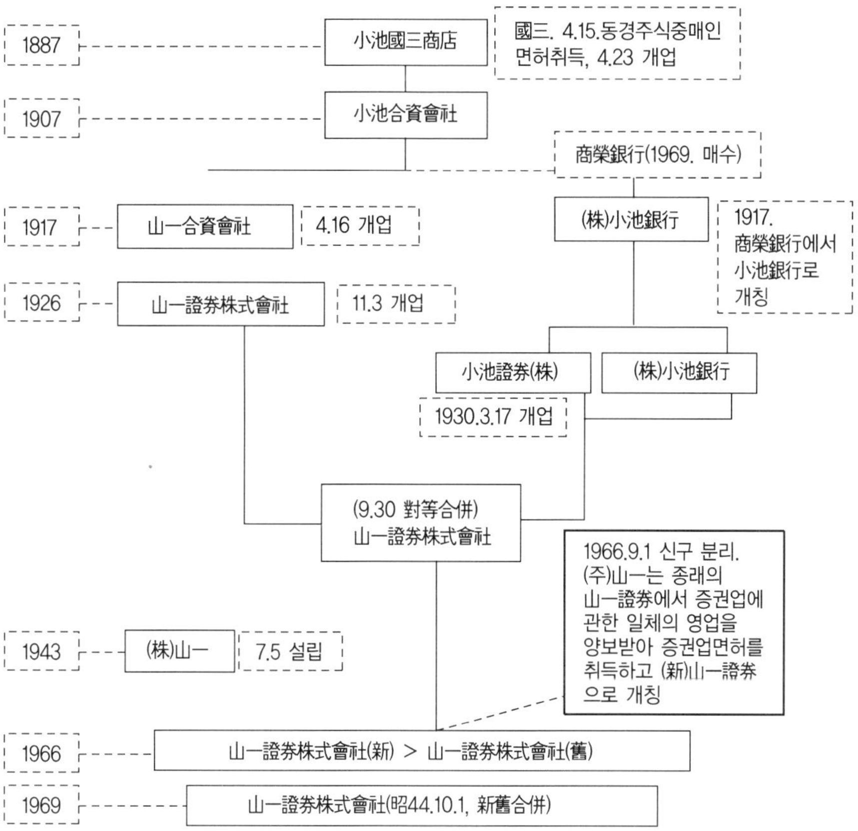

자료: 山一證券の100年(1998)

2. 올림픽경기 후의 불황

'40년 불황' 은 1965년 일본경제의 본격적인 불황을 알리는 신호탄으로 올림픽경기가 끝난 1964년 10월부터 1965년 10월까지의 1년간을 말하며, 고도성장중에 일어난 전후 최초의 대형불황이었다. 일본경제는 이와토경기 후에 1년 조금 못되는 경기후퇴기를 맞이하였고, 이어서 1962년 10월부터 64년 10월까지의 약 2년간은 도쿄올림픽 준비 등 올림픽경기로 어수선했다.

불황이 시작된 1964년 10월, 도쿄 올림픽 직후에 고도성장의 주역을 맡은 이케다수상(池田首相)이 병 휴양을 위해 사임하고 난 후 장기정권을 시작한 사토내각(佐藤內閣)이 발족한 것은 상징적이었다.

이때 당시의 실질성장률은 1963년 10.0%, 64년 9.8%였지만, 1965년은 6.3%로 떨어졌다. 6.3% 성장률은 현재의 시각으로 본다면 높은 수치일지 모르지만, 10%대의 성장이 당연하던 당시의 고도성장기에서는 성장률이 반감하는 대형불황이라고 할 수 있다. 1965년도의 기업설비투자는 마이너스 8.4%였으며, 개인소비 역시 6.5%로서 10% 전후의 높은 수준을 보였던 당시로서는 커다란 충격이었다.

생산면의 지표에서는 한층 더 확실한 경향을 보였다. 1965년도의 광공업생산지수, 출하지수와 함께 전년비는 3.2%, 3.8%에 불과하여, 전후의 호황시의 올림픽경기, 이자나기경기의 10%대와 비교해 보면 극단적인 하락추세이다. 기업의 경상이익도 전년대비 마이너스 3.9%로서 이자나기경기의 20~50% 였던 당시와 비교해 보면 불경기 기미가 역력히 보인다. 당시 불황의 이유는 도쿄올림픽 개최를 향한 과잉투자에 대한 반동이 가장 큰 원인이라고 할 수 있다.

〈표 3-3〉 전후 일본의 경기순환

	주기		
	확장기	후퇴기	순환
제1순환	한국전쟁 특수경기(13개월)	4개월	17개월
제2순환	소비/투자경기(27개월)	1954년 불황 (10개월)	37개월
제3순환	진무경기(31개월)	최저불황 (12개월)	43개월
제4순환	이와토경기(42개월)	1962년 불황 (10개월)	52개월
제5순환	올림픽경기(24개월)	1965년 불황(12개월)	36개월
제6순환	이자나기경기(57개월)	1971년 불황(17개월)	74개월
제7순환	열도개조 붐(23개월)	제1차석유위기불황(16개월)	39개월

자료 : 金森久雄他(1981) 『日本經濟辭典』日本經濟新聞社

제4절 이자나기경기(いざなぎ景氣:1965. 11~1970. 7)

1. 일본경제의 황금시대

이자나기경기(いざなぎ景氣)는 사토정권(佐藤榮作)하의 1965년 10월부터 1970년 7월까지 약 57개월간 계속된 전후 최장의 경기확대기간을 말한다. 이자나기경기 기간중의 실질성장률은 평균 10.2%였다. 특히 1965년 시작부터 1970년도 4년간은 연속 10%대의 성장을 실현하였다. 4년 연속의 10% 성장은 이후에도 선례가 없을 정도로 고도경제성장을 이룬 기간이었다.

무엇보다 기업의 설비투자는 1966년부터 1970년까지 5년간 실질적으로 10%이상씩 증가하였고, 특히 1965년도는 30%를 넘는 증가율을 보였다. 대 GNP 비율도 20%를 넘었다. 1970년도에도 2년 연속 20%를 넘은 기록은 지금도 남아있다.

1966년부터 4년 동안 연속 평균 실질성장률은 12%정도였으며, 1968년 일본의 GNP는 서독을 능가하여 세계 제2위의 자리를 확보하여 경제대국으로서 급부상하였고, 3C(car, Cooler, Color TV) 수요가 폭발적이었으며, 석유화학 등 대형 설비투자가 잇달았다. 자동차산업은 경쟁력을 확보하면서 미국에 본격적인 승용차수출을 개시하였다.

일본경제는 한국전쟁 특수를 통해 고도성장의 발판으로 삼았다고 앞에서 언급하였는데, 일본경제의 행운은 거기서 그치지 않았다. 1965년부터 시작된 베트남전쟁으로 일본은 또 한 번 도약할 수 있는 좋은 기회를 잡았고, 매년 천억 달러 이상을 초과하는 경상수지 흑자의 기초를 마련한 것이다. 이와 동시에 일본의 미국에 대한 무역전쟁도 본궤도에 올랐다.

처음에는 자동차산업에서 일본의 미국공략이 시작되었고, 다음에는 전자공업이, 그리고 토요타, 닛산, 마츠다 등이 미국의 포드, GM, 크라이슬러 등을 무찌르는가 싶더니 소니, 마츠시타, 토시바 등이 GE, 웨스팅하우스, 제니스 등을 앞서나갔다. 첨단반도체 집에서도 일본제품은 모토롤라제품과 가격경쟁에서 승리하였고, 후지츠는 컴퓨터분야에서 난공불락의 철옹성같은 IBM에 도전장을 던졌다. 그 후 로봇산업에 이어, 심지어는 우주항공분야까지도 기술력을 보이면서 미국의 첨단기술을 추격하기 시작하였다. 이 결과 자동차, 철강, 섬유 등 대미수출을 중심으로 수출이 증가하면서 일본의 무역흑자는 1965년도의 20억

〈표 3-4〉 미국시장에서의 승용차 판매상황 (단위 1,000대, %)

년차 / 국별	판매대수			비율		
	1973	1979	증감	1973	1979	증감포인트
미국	9,670	8,328	-1,342	84.7	78.2	-6.5
GM	5,073	4,918	-155	44.4	46.2	1.8
포드	2,672	2,140	-532	23.4	20.1	-3.3
크라이슬러	1,592	942	-587	13.4	8.8	-4.6
일본차	738	1,770	1,032	6.5	16.6	10.1
豊田	289	508	219	2.5	4.8	2.3
日産	231	472	241	2.0	4.4	2.4
本田	39	353	314	0.3	3.3	3.0
三菱	36	138	102	0.3	1.3	1.0
東洋	105	128	23	0.9	1.2	0.3
富士重工	38	157	119	0.3	1.5	1.2
서독	788	342	-446	6.9	3.2	-3.7
VW	480	127	-353	4.2	0.1	-4.1
총계	11,418	10,649	-769	100.0	100.0	-
수입차	1,748	2,321	573	15.3	21.8	6.5

출처 : 金森久雄他(1981), 『日本經濟辭典』, 日本經濟新聞社

〈표 3-5〉 6대국가 자동차생산대수 비교

연차 / 국별	생산대수			성장성(년율)			생산규모(일본=100)		
	1960	1973	1979	60~79	60~73	73~79	1960	1973	1979
일본	482	5,289	9,636	19.99	27.1	6.9	100	100	100
미국	7,905	8,284	11,481	1.45	0.5	3.7	1,639	157	119
서독	2,055	3,842	4,250	2.07	6.5	1.1	428	72	44
프랑스	1,369	2,750	3,613	2.64	7.2	3.1	284	52	37
영국	1,811	2,099	1,479	0.82	1.5	-3.8	376	40	15
이탈리아	645	1,854	1,632	2.53	11.1	-1.4	133	35	17

출처 : 金森久雄他(1981), 『日本經濟辭典』, 日本經濟新聞社

달러에서 매년 증가하여, 1968년도에는 30억 달러, 1971년도에는 84억 달러에 달하였다.

이처럼 이자나기의 원동력도 기업의 설비투자였는데 그 주류는 중후장대(重厚長大)산업을 중심으로 한 스케일 메리트(scale merit)의 추구이다. 철강의 고로(高爐), 에틸렌 플랜트 등이 점점 대형화하여 대폭 증가한 생산능력이 수출로 눈을 돌렸다. 신기술의 도입은 이와토경기일 때가 화려했지만, 그 기술을 대량생산으로 돌리고 코스트다운을 실현한 것은 이자나기 시대였다. 동시에 전후 일본경제의 성장패턴인 설비투자 주도에 의한 고도성장은 이자나기가 최후였다.

사실 이자나기 이전까지는 경기확대 수입증가 → 국제수지의 악화 → 금융긴축 → 불황이라고 하는 패턴이 반복되었다. 그렇지만 이자나기로부터 이러한 패턴이 변질되어 경기확대와 국제수지의 흑자가 병행하여 진행된, 새로운 패턴이 나타난 것이다.

1960년에는 일본의 자동차 생산대수가 불과 48만대였으나 1970년대에는 529만대, 1979년에는 964만대로 약 20배의 규모로 확대되는 등 급성장을 보였다. 이를 선진국과 비교하면 〈표 3-6〉에 나타난 바와 같다. 즉 1960년부터 1979년에 걸쳐 약 19년간에 이 정도의 성장을 보인 것은 일본뿐이며 프랑스가 2.6배, 이탈리아 2.5배, 서독 2.1배, 미국 1.5배, 영국은 마이너스 0.8배로 감소한 것과 대조적이다. 생산규모는 1960년 당시 미국의 1/16에 지나지 않았으나 1979년에는 미국이 일본보다 19% 정도 상회하고 있을 뿐 일본의 4배의 규모를 갖고 있던 서독마저 일본의 반 이하인 44%에 불과하였다.

이와 같은 성장은 자동차수출대수의 증대에도 영향을 미쳤다. 즉 1960년 당시의 일본의 자동차 수출대수는 불과 3만9천대에 지나지 않았지만 1970년에는 117배인 456만대에 달하여 서독의 1/25, 영국의 1/18, 미국의 1/8 등, 오늘날 세계 1위의 자동차수출국이 되었으며 그 규모 역시 서독의 2배 이상이다.

〈표 3-6〉 6대국가 자동차수출대수

연차 국별	생산대수			성장성(년율)			생산규모(일본=100)			수출비율 (1979)
	1960	1973	1979	60~79	60~73	73~79	1960	1973	1979	
일본	39	2,068	4,563	117.0	35.7	14.1	100	100	100	49.9
미국	323	661	1,037	3.21	5.9	7.8	828	32	23	9.0
서독	983	2,348	2,176	2.21	6.9	−1.3	2,520	114	48	51.2
프랑스	556	1,931	1,860	3.35	10.1	−0.6	1,426	93	41	51.5
영국	716	762	551	0.77	0.5	−5.3	1,836	37	12	37.3
이탈리아	204	705	725	3.55	10.0	0.5	523	34	16	44.4

金森久雄他(1981), 『日本經濟辭典』, 日本經濟新聞社

2. 내수확대

호조인 것은 수출만이 아니었다. 내수확대도 왕성하여 '3C' 라고 불리웠던 Car, Cooler(Air Conditioner), Color TV 등 새로운 삼종 신기(三種の神器)가 등장하면서 국민의 소비의욕을 부추겼다. 1967년 당시 셀러리맨의 연평균 수입은 55만 엔 정도였는데, 긴자(銀座)에서는 연간 4백만 엔을 벌어들이는 인기호스티스도 등장하여 화제를 불러일으켰다.

당시 승용차 생산은 1965년의 70만대에서 1970년에는 380만대로 약 5배, 칼라TV도 마찬가지로 98,000대에서 440만대로 경이적인 신장률을 보였다. 1969년 미국의 아폴로 11호가 인류 최초로 달 표면에 착륙한 모습을 많은 일본 국민들이 칼라 TV로 볼 수가 있었다. '3C' 이외에 전자레인지, 스테레오, 카메라, 전자계산기 등 여러 가지 내구재가 계속하여 등장하였고, 고도의 왕성한 기술혁신이 빠른 속도로 진행되었다. 일본의 기술이 이렇듯 급속도로 진행된 이유는 미국 등과 달리 기술혁신이 군사용이 아닌 민생용 주도였으며, 이것이 내구재의 보급에 상당한 공헌을 한 결과라고 할 수 있다.

한편 1960년대 전반에 계속하여 등장한 슈퍼(スーパ)의 약진은 상당한 진전을 가져와 1969년경에는 백화점의 매상고와 비슷한 수준이 되었다. 당초는 운영이 힘들었던 슈퍼도 많아서 사양산업으로 전락될 가능성도 있었지만, 이자나기경기로 인하여 안정되어 나갔다.

가격파괴를 주무기로 기존의 소매업에 도전장을 던진 다이에(ダイエ)를 시작으로 한 슈퍼의 움직임은 대량매입, 대량판매에 의한 철저한 염가노선으로 소비자의 마음을 사로잡았다. 그러나 필사적으로 가격을 유지하는 메이커와의 전면전쟁에는 나서지 않고 공존공영(共存共榮)의 길을 걸으면서 규모확대를 꾀하였다.

3. 대형합병 시대

한편 이 시기는 자본자유화가 본격화한 시기이기도 하다. 1964년 일본은 경제협력개발기구(OECD)에 가맹한 후, OECD의 자본자유화강령에 의해 자유화의 길을 걸어야 했다. 이 때문에 1967년부터 수차례에 걸친 자유화를 순차 실시하고 자동차, 부동산, 소매업, 전산기, 증권 등의 분야가 계속하여 자유화 되었다. 그러나 당시는 IBM, GM 등 미국을 시작으로 거대한 다국적기업이 전성기를 이루고 있었기 때문에, 자칫 자본자유화로 인해 규모가 작은 일본기업 등은 다국적기업에 잠식당할 것이라는 염려가 따랐다. 이 때문에 건실한 기업으로 성장해야만 한다는 인식이 널리 퍼지면서 대형 기업합병이 계속하여 일어났다.

1964년 신비츠비시중공업(新三菱重工業), 미츠비시일본중공업(三菱日本重工業), 미츠비시조선(三菱造船) 등 3사가 합병하여 현재의 미츠비시중공업(三菱重工業)이 탄생하였고, 1969년에는 야하타(八幡), 후지(富士)의 합병으로 신일본제철(新日本製鐵)이 탄생하였다. 이 외 닛산자동차(日産自動車)와 프린스자동차공업(プリンス自動車工業), 닛뽄레이욘(日本レーヨン)과 니치보(ニチボー) 등도 합병하였다.

제조업뿐만이 아니다. 상사중에서 닛쇼(日商)와 이와이산업(岩井産業), 카네마츠(兼松)와 에쇼우(江商) 등이 연이어 합병하였다. 금융업계는 조금 늦게 합병하기 시작하였는데, 1971년 일본에서 가장 오래된 은행인 제일은행(第一銀行)과 관영(官營)이었던 일본권업은행(日本勸業銀行)이 은행으로서 최초로 합병하여 제일권업은행(第一勸業銀行)이 되었다. 일본권업은행이 융자거래 관계에 있는 대기업 46개사를 결집하여 그룹화를 꾀한 것이 1976년이며, 6대기업집단 중에서는 역사가 가장 짧다. 현재는 산킨카이(三金會)를 중심으로 4개의 상사(伊藤忠, 日商岩井, 兼松, 川鐵), 두 개의 중기계회사(川崎重工業, 石川島播磨重工業)가 참가하고 있어 구 재벌계 체제와는 다른 형태로 존재하고 있다.

4. 당시의 사회변화

이자나기경기 동안에는 사회적으로도 상당한 변화를 가져왔다. 우선 미국의 베트남 개입이 본격화되어 1967년에는 전쟁까지 발발하였고, 이를 반영하여 일본에서도 오키나와 반환(沖繩返還)문제, 도쿄대학의 야스다강당사건(安田講堂事件)으로 대표되는 학원분쟁이 일어났다. 특별히 오키나와는 하나의 독립된 류큐왕국(琉球王國: 1429~1609)으로 존재했던 나라로서, 1609년 사츠마(薩摩, 現 鹿兒島)에서 쳐들어온 군대에 의해 멸망된 후 일본영토로 편입되었으며 메이지유신을 거치면서 오키나와현이란 지명을 쓰게 된 것이다. 1950년 5월 한국전쟁을 계기로 미군기지의 건설이 시작된 이래, 미국의 대 아시아 공산세력 원천봉쇄실시에 있어서 중추적인 역할을 수행하였으며, 특히 한반도와 관련해서 오키나와기지는 북한에 대한 억지기능은 물론 전쟁시에는 병참기지로서의 역할도 부여되었다. 따라서 미국은 미일관계, 미중관계, 한반도정세 등을 주시하면서 '닉슨독트린'에 근거하여 오키나와의 역할을 재정의하려고 하였던 것이다.

이후, 경제대국으로 성장한 일본이 국제사회에서의 체면을 회복하기 위하여 오키나와의 반환문제를 제기하였다. 이렇게 해서 1969년 11월 일 · 미 공동성명서에는 미국이 대일평화조약 제3조에 의해 획득하였던 권리를 포기하고 1972년에 오키나와를 반환하겠다는 방침이 밝혀졌다. 이로서 일본은 천황제 유지를 위한 제물로 미국에 바쳤던 오키나와(沖縄)를 반환(1972)받음으로써 태평양전쟁에서의 패전의 흔적을 지우고 싶었던 것이다.

또한 1964년 니가타현(新潟縣)에서 제 2의 미나마타병(水保病)이 발생하였으며, 미에현(三重縣) 요카이치시(四日市)의 대기오염으로 인한 천식이 발생하는 등 공해문제가 심각한 사회문제로 등장하였고, 이에 정부는 공해대책기본법을 제정하였다. 기업의 사회적 존재에 중대한 문제가 제기되어 "くたばれGNP"(죽어버려라 GNP)의 슬로건이 유행한 것도 이 시기이다.

제5절 일본열도개조론

일본열도개조붐은 1971년 12월부터 1973년 11월까지 23개월에 걸친 경기확대기간을 말하며, 약 2년 정도의 짧은 기간 호황을 맞이했다. 열도개조붐은 이름 그대로 1972년 7월에 성립한 타나카내각(田中內閣)이 내 건 "일본열도개조론"(1972. 6. 20)이 발단이 되어, 토지와 주식의 가격상승을 불러일으킨 인플레 경기였다[15].

일본열도개조론은 인구의 대도시집중이나 태평양공업지대로 공장이 집중하는 것을 완화하기 위하여 전국의 각 지역에 균등배분하여, 공해문제를 해결함과 동시에 공공투자를 통해 고속도로, 신칸센망을 전국으로 확장하여 교통망을 정비하고, 고도성장을 재현하고자 하는 것이다. 이러한 방침에 따라서 1973년도 정부예산은 대규모 경기자극형이 되었다. 그렇지만 이것이 대대적인 인플레를 일으킨 직접적인 원인이 되었다. 즉 국내경기는 이미 엔(円)절상에서 빠른 속도로 회복단계를 이루었고, 무역흑자와 금융완화로 자금이 과잉상대가 된 것이다.

그러나 이를 계기로 전국을 토지 투기로 부추기는 계기가 되면서 지가 및 물가가 오르게 되고, 경제의 실체는 가격의 오름세를 따라가지 못하였다. 토지가격은 연평균 30% 이상 상승하였고 1972년 11월 14일 동경증권시장의 거래총액은 100억주를 넘어서는 등 국민자산이 1972년 230조 엔(32.8%), 73년 240조 엔(26.4%) 등 증가하였다. 이 때문에 일본열도개조계획이 실패하게 되는 등, 공공사업정책이 실패한 커다란 교훈을 남겼다.

당시 미국의 적자확대의 원인중 하나가 일본의 대외흑자의 팽창이다. 무역흑자는 1971년도에 14억 달러, 72년도 83억 달러로 급증하였다. 불균형의 시정에는 내수확대가 중요하다. 수출과 설비투자에 집중하고 있는 일본의 자금을 공공사업을 중심으로 한 복지사회의 실현으로 시정한다고 하는 개념이 나오기 시작한 것은 어떤 의미에서 필연적인 것이다.

1973년이 되자 이번에는 물가상승과 재화부족이 문제가 되었다. 물가상승률은 갑자기 전환하여 1973년도 도매물가는 23.6%, 소비자물가도 15.6% 상승하였다. 스톡(stock)과

15) 다나카 가쿠에이(田中角榮) : 일본의 고도성장기에 있어서 최후의 내각총리대신(재임기간 1972~74년)이었으며, 2002년 고이즈미(小泉)내각 당시 다나카 미키코(田中眞紀子) 외무대신의 친 아버지이기도 하다.

플로우(flow) 양면에서 인플레가 발생한 것이다. 1973년 10월의 제1차 석유쇼크로 인한 물가의 급상승으로 광란물가(狂亂物價)가 진행되는 가운데 열도개조붐은 종말을 맞았고 특히 1974년에는 마이너스 성장을 기록하면서 고도성장시대의 종지부를 찍게 된다.

참 / 고 / 문 / 헌

박민생(2003), 『기업문화 개발의 모형화 연구』, 인적자원관리연구 제6집

장상수(2000), 『일본기업의 최근 기업문화 동향』, 賃金研究. 겨울호

石井茂(1988), 『決斷なき經營』, 日本經濟新聞社

加護野忠男・伊舟敬之(2003), 『ゼミナール經營學入門』, (第3版) 日本經濟新聞社

小林 薫(1991), 『海外企業の社是・社訓』, 日本生産性本部

廣瀨仁紀(1987), 『"野村證券創業の精神』, 三笠書房

佐々木晃彦編(1994), 『企業文化とは何か』, 北樹出版

宮本搾夫(1989), 『野村證券5人の社長』, 日本實業出版社

宮本光晴(1997), 『日本型システムの深層』, 東洋經濟報社

Anderson, J. W.(1989), Corporate Social Responsibility, Greenwood Publishing Group

Barley, S.R., Meyer, G. W., & Gash, D. C.,(1988), "Cultures of culture; academics, practitioners and te pragmatics control," Administrative Science Quarterly, Vol. 33

Deal, T.E., & Kennedy, A.,(1982), *Corporate Culture: The Rites and Rituals of Corporate Life*, Addison-Wesley Publishing Co.

D.R.Denison.(1984), Bringing Corporate Culture to the Bottom Line, Organizational Dynamics.

Pascale, R. T., & Athos, A. G.,(1981), *The Art of Japanese Management*, New York; Penguin Books.

Peters T. J., & Waterma R. H.,(1982), *In Search of Excellence: Lessons from America's Best-Run Companies*, New York: Harper & Row, Publishers.

쉬어가는 일본경제

토요타(TOYOTA)

일본 자동차 산업은 일본 GDP의 약 10%를 차지하고 일본 자동차 수출 총 판매액은 일본전체 수출액의 15%를 점유할 정도로 일본경제의 막강한 산업이다. 2006년 일본의 자동차 생산대수는 총 1,148만대로 1,126만대를 생산한 미국을 누르고 세계 최대 자동차 생산국이 되었다(국제자동차제조업체기구(IOMVM)가 2007년 5월 8일에 발표한 통계자료. 1위 일본, 2위 미국, 3위 중국, 4위 독일, 5위 한국).

일본 자동차는 미국의 소비자 전문지 컨슈머 리포트가 선정한 '2007년 10개 부문별 최고의 자동차' 전 부문을 휩쓸었다. 토요타와 혼다, 닛산 등 일본차가 10개 부문별 최고 자동차 1위를 독식하며 미국인들에게 가장 인기 높은 차임을 보여줬다. 특히 토요타는 10개 중 4개 부문에서 수위를 차지했다('미국인은 일본차 좋아해' 중앙일보, 2007. 3. 1). 명차 본고장인 독일에서도 일본차의 인기는 다르지 않다. 독일자동차협회가 발표한 2006년 고객만족도 조사 결과 일본 자동차들이 독일 소비자들이 만족하는 자동차 1~5위를 모두 싹쓸이한 것으로 나타났다(부스앤뉴스 2006년 11월 20일, 1위 스바루, 2위 토요타, 3위 혼다, 4위 마쯔다, 5위 다이하쯔).

우리에게는 고급차 브랜드 렉서스로 잘 알려진 토요타는 이제 GM을 넘어 세계 1위의 자동차회사가 된 것이다. 한때 자신보다 60배나 컸던 회사를 경쟁자로 정한지 40여년 만에 그 경쟁자를 따라잡게 된 토요타자동차의 경쟁력의 원천은 토요타 특유의 생산시스템(TPS;Toyota Production System)과 뛰어난 경영전략, 사원들의 단합된 힘, 그리고 위기 때마다 이를 새로운 발전의 계기로 삼은 리더십 등에 의한다.

1990년대 들어 일본이 거품경제로 인해 잠시 어려움을 겪기도 하였지만, 토요타 계열 관계를 강화하는 등 새로운 도약의 발판을 마련하였고, 어려움 속에서도 끈질기게 버텨내어 세계 최강의 자동차회사로 거듭난 토요타에 대해 간략하게 알아보도록 하자.

■ 토요타의 역사

토요타자동차는 1937년 (주)토요타 자동직기제작소(自動織機製作所:1933년 설립)로부터 분리 독립, 토요타자동차공업(주)로 발족하였다. 일본의 고로모시(擧母市)에서 공장을 일으켰으며, 설립자인 토요타 기이치로(豊田喜一郎)의 "단순한 자동차를 만드는 것이 아니다. 일본인의 머리와 가슴으로 자동차 공업을 만들어내지 않으면 안된다" 라고 하는 정열아래 토요타의 역사가 시작된다.

토요타는 한국전쟁을 계기로 트럭을 조달해서 전쟁에 참여했기 때문에 위기를 맞은 회사가 기사 회생한 케이스라 할 수 있다(거의 모든 일본 자동차 메이커가 그렇다). 그 이후 생산기술을 꾸준히 개발하여 일본뿐 아니라 세계시장에 도전하기 시작하였는데, 그 첫 모델이 크라운이라는 차이다. 그러나 크라운은 미국시장에서 참패를 당하고 다시 카롤라라는 소형차로 미국시장의 문을 두드리게 된다. 1970년대 초반 석유파동으로 인해 해외시장에서 소형차가 인기를 끌게 되자 66년부터 생산된 카롤라는 각종 소비자만족도 조사에서 가장 좋은 소형차로 평가되면서 미국 자동차시장을 장악하게 되었으며, 히노와 다이하츠를 계열사로 두는 등 오늘날과 같은 초우량 기업으로의 기초를 다졌다.

■ 토요타 기업 문화

(1) 토요티즘

토요타와 혼다 창업 일가를 비교해 보면 두 회사의 경영에 있어 차이점을 금방 알 수 있다. 양사 모두 창업자의 이름을 따서 회사 이름을 정할 정도로 회사에 강한 애정을 지닌 집안이지만, 경영에 대한 생각은 정반대다. 토요타는 토요타 일가가 경영 멤버로 참가하고 있지만, 혼다 일가는 경영 전반에 전혀 관여하지 않고 있다. 혼다 일가를 회사 경영에 참가시키지 않는 것이 창업자 혼다 소이치로의 신념이기 때문이다. 소이치로는 이 점 때문에 소유와 경영의 분리를 처음 도입한 일본 경영자의 시조로 꼽힌다. 이러한 양사의 창업 일가에 대한 태도는 지극히 대조를 이뤄 흥미롭다.

토요타 일가는 토요타의 주식을 3%정도 소유하고 있다고 알려져 있다. 토요타 가문은 대주주보다는 사내의 파벌 항쟁을 막고 사원의 구심력을 높이는 천황같은 존재로서 토요타 가문의 존재만으로도 쓸데없는 파벌 싸움을 미연에 방지하는 효과가 있다고 한다.

토요타 일가는 토요타 경영의 핵심이다. 그들의 영향력은 막강할 뿐 아니라, 그들에 대한 종업원들의 충성심 또한 어떤 회사보다 높다. 그렇다고 모든 토요타 일가의 자손들이 경영에 참가하는 것은 아니다. 능력이 떨어지는 친족은 경영에서 철저히 배제한다. 이런 원칙이 토요타 일가 내부에서 창업 이래 어김없이 지켜지고 있다. 특이한 점은 토요타 일가의 경우 경영권을 놓고 싸우거나 내 몫을 떼어 달라며 그룹으로 분가하지 않는다는 점이다. 친족들이 모두 결집해 그룹의 구심점이 되고 있는 것은 눈여겨볼 부분이다. 바로 이런 점이 한국 재벌 그룹의 상속 풍토와 크게 다른 것 같다. 한국의 경우라면 토요타는 족벌 경영이라는 지탄을 피하기 어려울 것 같다.

한편 토요타가 세계적인 기업으로 성장한 대표적인 원동력은 뛰어난 품질이었다. 토요타는 미국 진출을 신중하게 접근했다. 토요타는 타하라 공장설립 경험을 바탕으로 본격적인 미국 진출을 꾀했지만 혼다나 닛산과 달리 미국의 자동차 공업 심장부에 대규모 공장을 짓지 않고 자동차 공장이 하나도 없는 캘리포니아 주에, 그것도 단독 투자가 아닌 GM과의 합작을 선택했다. 이 공장이 바로 누미(NUMMI)이다. 토요타가 접수한 누미 공장의 가장 큰 변화는 노동자 관리방식이었다. 의사결정 시스템, 인사평가, 소집단 활동, 권한 위임 등 수백 가지를 일본식으로 바꾸었다. 이러한 경영철학은 현장의 노동자들을 기계설비 같은 생산도구로 본 미국식 경영과는 근본적으로 달랐으며 결과적으로 큰 성공을 거뒀다. 전문가에 따르면 누미 설립 2년 만에 노동생산성이 50% 정도 향상된 것으로 나타났다.

누미 성공에 대해 잭 스미스 GM 회장은 "최근 10년간 내가 토요타로부터 배운 것은 좋은 품질의 자동차를 만드는데 현장 노동자의 참가 의식을 높이는 것이 얼마나 중요한가를 아는 것이었다"고 강조할 정도였다. 그는 이후 GM공장에 토요타에서 배운 것을 적극 도입할 정도로 토요티즘은 토요타적 가족경영 뿐만 아니라 일본식 경영방법을 지켜나가고 있다.

(2) 토요타 웨이 2001

일본에는 '일의 노하우는 선배가 하는 것을 보고 훔쳐라' 라는 말이 있다. 다시 말해 암묵 속에서도 '척하면 탁' 하고 알아들어야 한다는 '암묵의 지(知)' 가 일의 문화속에 베어 있다. 그러나 때로는 모든 과정을 일일이 설명해 줘야 할 때가 있고, 그렇게 해서 키운 유능한 사원이 회사를 그만두기라도 하면 그간 쌓아온 노하우라든지 요령같은 귀중한 지적 자산은 잃어버리고 만다. 그러다 보니 최근에는 사원이 가진 '암묵의 지(知)' 를 문장이나 도면 등으로 나타내어 다른 사람에게도 잘 전달될 수 있도록 바꾸는 '형식의 지(知)' 를 지향하는 기업이 늘고 있다.

순수한 일본적 기업으로 보이는 토요타는 의외로 '암묵의 지(知)' 를 '형식의 지(知)' 로 잘 바꿔가고 있다. 창설자 토요타 기이치로는 업무에 관한 규칙이나 노하우를 계속 문서화했다. 이것이 '지혜와 개선', '인간성 존중' 을 두 개의 축으로 삼은 '토요타 웨이 2001' 이다. 해외 현지에 있는 경영진을 교육하기 위해 만든 전략으로 토요타의 가치관을 엿볼 수 있다.

(3) 실패를 전승하는 기업문화

루즈 베네딕트는 고전적 일본 문화론이 담겨 있는 '국화와 칼' 에서 말하기를 기독교가 '죄의 문화' 라면 일본은 '하지(恥じ, 부끄러움)의 문화' 라고 했다. 일본에서는 실패 그 자체보다 그것이 사람들에게 알려져 창피를 당하는 것이 더 큰 문제였다. 그 결과 일본인에게는 실패를 가능한 한 숨기려고 하는 성향이 굳어지게 되었다. 그러나 실패하는 것보다 실패를 감추는 것이 훨씬 더 큰 문제를 일으킨다. 최근 들어 사고나 부정, 실수 따위를 감추려 했던 사실이 밝혀지면서 다양한 기업, 공공단체 등이 추락하였다.

부하에게 눈이 가려져 자신의 회사에 관해 파악하지 못한 경영자라면 기업을 이끈다 해도 잘못된 길로 들어서게 마련이다. 이런 점에서 토요타는 '실패를 다음의 담당자에게 전해 거기서 또 배우는 기업' 이라고 할 수 있다. 토요타 창업자 토요타 기이치로의 아버지인 사키치는 자동직기 공장에 자주 나타나 조립공들에게 질문을 던진 후 혹 상대가 잘못 알고 있어도 절대로 화를 내지 않고, 잘못된 보고를 들으면 반드시 "실수는 찾아냈나?

열심히 했네"라고 칭찬을 했다고 한다.

(4) 'Never Give Up'

토요타에서는 일하는 방법이 막판에 와서 바뀌는 경우가 흔하다. 그것은 마지막 순간까지 '좀 더 나은 것'을 추구하기 때문이다. 토요타의 사원은 좀처럼 '불가능하다'라고 말하지 않는다. '불가능하다'라는 결론은 그렇게 쉽사리 나올 수 있는 것이 아니라고 생각하기 때문이다. 토요타의 창시자 토요타 사키치는 "불가능하다고 말하기 전에 우선 해봐라"라고 말했다. 최후의 최후까지 포기하지 않는 'Never Give Up' 정신은 토요타에 계승되고 있는 전통이다.

현재 토요타는 전 세계에서 연간 약 6백만 대의 자동차를 판매한다. 세계 27개국에 걸쳐 54개 생산법인을 갖고 있으며 고용인원만 26만 명에 이른다. 2조 엔의 현금보유를 자랑하는 토요타는 회사 그 자체가 은행으로 불릴 정도의 막강한 자금력을 확보하고 있다. 요즘에는 디자인과 하이브리드카에도 주력하여 세계 고급차시장을 휩쓸고 있다. 지난해 시설확대와 연구개발(R&D)에 15조 원이 넘는 돈을 투자하는 등 거침없는 확대경영에 나서면서 가장 대표적인 '메이드 인 재팬'의 상징으로 자리 잡고 있다. 이러한 전통의 좋은 예가 세계 최초의 하이브리드 카 '프리우스'다. 친환경적이면서 질주감도 살린 '프리우스'는 가능할지, 불가능할지로 생각하지 않고 필요한지 아닌지로 생각해서 그것이 필요하다면 어떻게 해서든 실현시키려고 하는 토요타의 전통을 잘 나타내 주고 있다.

오쿠다 히로시 토요타 사장

렉서스 뉴 ES330 모델

■ 토요타의 CEO

오쿠다 히로시(奧田 碩). 일본에서 이 사람은 '일본식 경영의 이단자'로 통한다. 원래부터 개성이 강하고 신념을 관철시키는 타입인 오쿠다 씨는 입사 후에 배속된 경리부의 상사와 일을 둘러싸고 충돌이 잦았고, 급기야는 필리핀 마닐라의 현지법인에 7년 가까이 좌천되었던 경험이 있다. 그러나 오쿠다 씨는 낙담하지 않았다. 당시 토요타의 부사장이었던 토요타가의 3대손 토요타 쇼이치로(현 명예회장)가 마닐라에 살고 있는 딸 내외를 만나러 이따금 찾아오곤 했을때 오쿠다는 쇼이치로 씨를 옆에서 보필하며 뛰어난 교섭 능력을 발휘했다. 특히 필리핀 정상(政商)과 대등하게 논쟁하는 오쿠다 씨의 모습은 쇼이치로 씨에게 깊이 각인되었다. '어딘가 남다른 데가 있는 사람이야. 이런 사람이 묻혀 있었단 말인가!'

쇼이치로 씨의 이러한 결정적인 한 마디로 일본으로 돌아오게 된 오쿠다 씨는 토요타의 사장 · 회장을 역임하였고 일본 재계의 총본산인 구 경단련(經團連)의 회장으로 취임한 쇼이치로 씨의 보좌역을 맡았다.

오쿠다 사장은 전형적인 일본스타일을 파괴하는데 앞장 선 선구적인 경영자다. 솔직하고 직선적인 발언 등으로 '가장 일본인답지 않은 일본인' 으로도 불린다. 그는 취임 때부터 '뉴스메이커' 역할을 톡톡히 했다. 토요타의 소유주인 토요타 가문이 아닌 외부인으로서 토요타 최고경영자(CEO)를 맡은 최초의 전문 경영인이었기 때문이다. 그가 세계 유수 언론의 경제면을 장식하며 토요타의 선장에 취임한 것은 1995년 8월, 토요타 철옹성에 구멍이 생겨나던 시점이었다. 무려 43%를 자랑하던 토요타의 일본시장 점유율은 37%까지 떨어졌고, 91년 2백40만대에 육박하던 내수시장 자동차 판매대수는 2백만대를 간신히 넘는 수준까지 곤두박질 친 상태였다. 그래서 오쿠다 사장이 내놓은 해결책이 일본식 경영 깨뜨리기다.

그는 취임 직후부터 연공 서열제 폐지, 성과급제도 실시, 사내 벤처 육성, 해외 지식인들을 집합시킨 자문위원회 창립 등 경영의 글로벌 스탠더드화를 숨가쁘게 추진했다. 그 중 하나가 나이든 중견간부의 영향력을 최대한 줄이고 창의력이 넘쳐나는 젊은 조직으로 만들기 위해서였다. 55세 이상된 간부사원과 50세 이상된 중견간부의 업무권한을 크게 줄이고, 대신 젊고 유능한 사원을 능력에 따라 파격적으로 승진시켰다. 그 결과 이사회의 평균 나이는 59세에서 57세로 낮아졌다.

■ 토요타의 고급차 진출 결정 및 과정

1980년대에는 분리 경영해 오던 판매회사를 합병해 현재의 토요타자동차 주식회사로 이름을 바꾸고, 1983년 발표한 캄리가 1988년부터는 미국 현지공장에서 생산되면서 93년 미국 최고의 차로 선정되는 등 큰 성공을 거두어 세계적인 회사로 거듭났다. 그러나 카롤라는 소형차였기에 고급차로서 이미지를 갖지 못했다. 이에 기이치로 회장은 한 가지 아이디어를 생각해낸다. 그동안 저가대량생산에 전념하던 경영전략에서 일부분은 고급시장으로 진출하기로 전략을 바꾸었다. 만약 성공만 한다면 토요타는 다른 고급차회사와 같은 대열에 설 수 있을 것이고, 고급차는 이윤이 높아 수익에도 기여할 것이라 여겼던 것이다.

새로운 도전의 시점에 선 토요타 회장은 최고 간부들과 철저한 보안 속에 열린 최고위 간부들의 모임에서 "세계 최고에 대적하는 고급차를 만들 능력이 우리에게 있는가?" 라는 질문을 한 후 6년이라는 시간과 10억 달러에 이르는 천문학적인 금액을 투입해 한 번도 생산해 본 적이 없는 고급차 시장에 뛰어들기로 결정한다.

> "우리에게 있어 렉서스의 탄생은 거대한 도전과제이자 꼭 이루어야 할 꿈이었을 뿐만 아니라 필연적으로 내릴 수밖에 없는 결정이었습니다(렉서스, 37page)"

"Flagship"과 최고급 승용차 시장을 선점하게 될 "No.1"이라는 뜻의 코드명 "F1"으로 명명된 이 프로젝트는 많은 투자와 노력이 요구되어, 회사의 재정상태에도 막대한 영향을 끼치는 일이었다. 여담으로 토요타 회장은 렉서스 연구에 들어가기에 앞서 젊은 엔지니어 10명에게 특명을 내렸다고 한다.

"앞으로 1년간 미국에 가서 마음껏 놀아라."

회사에서 준비한 호텔은 보통의 일본인들은 꿈도 꾸지 못할 최고급이었고 음식이나 자동차도 최고급이었다. 그들이 1년을 호화판으로 생활하며 놀고 오자 회장이 말했다.

"이제 백만장자가 어떻게 사는지 알았는가? 그 백만장자들이 타고 싶어할 차를 만들어라."

1984년 정식으로 출범한 F1의 개발목표는 유럽의 최고급 승용차를 능가하는 고급차를 만들기 위해 F1 전담 디자인 전문가 60여 명이 배치되었으며, 연구원 1,400여 명, 기술자 2,300여 명 및 220여 명의 지원인력이 본 프로젝트를 위해 신설된 24개의 전담 설계팀에서 근무하게 되었으며 해당 분야의 최고 제품들을 철저히 분해 및 연구하여 보다 진보된 개념구현을 지상과제로 삼았다. 1985년 7월 제품테스트를 위해 만들어진 450대의 테스트용 자동차 중 첫 번째인 신제품 제 1호차가 완성되었고, 1989년 9월, 마침내 LS400과 ES250의 판매가 개시되었다.

이렇게 해서 등장한 차가 바로 미국의 고급차 시장뿐 아니라 요즘 우리나라 수입차 부분에서도 인기를 얻고 있는 렉서스이다. 렉서스는 미국내에서 일본차의 거부감을 줄이기 위해서 만든 미국 수출용 자체 브랜드로서, 프리미엄 럭셔리 세단 LS400을 선두로, 경제적인 럭셔리 세단 ES250, 뒤이어 고성능 스포츠 세단 SC300이 제품라인에 추가되며 더욱 확고한 입지를 굳혔다. 이는 일본의 다른 메이커에도 영향을 주어 각각 미국 수출용 디비전을 하나씩 만드는 발판을 마련해 주었다. 이러한 렉서스의 성공으로 토요타는 명실상부한 세계적인 자동차회사로 발돋움하게 되었다.

그러나 토요타의 이러한 성공은 자동차의 성능이 좋아서만은 아니다. 토요타는 고객제일주의를 우선으로 어떻게 고객으로부터 사랑받을 수 있는가에 대해서 고민하고 어떻게 해야 현재의 문제점을 해결 할 수 있는가에 대한 끊임없는 연구를 한다고 한다. 특히 1951년 '창의공법'이라고 하는 직원제안제도를 실시하여 2003년 한해에만 53만건의 제안이 있었고 이는 1인당 평균 11건 정도에 해당한다. 제안을 한 직원들에 대해서는 채택되었을 경우 최소 500엔에서 최고20만 엔까지 포상금을 지급한다.

한국토요타의 경우는 2000년 초 한국시장에 상륙한 후, 2001년 5월에 개최된 'SK텔레콤오픈대회'와 '라이온스클럽 친선 골프대회'에서 4천만~5천만 원에 이르는 자사인기모델 렉서스ES300과 IS200을 파3 모든홀에 파격적으로 내걸었다. 해당홀에서 홀인원을 기록하면 렉서스를 상품으로 주겠다는 것이었다. 2000년 5월엔 부산 통도 컨트리클럽에서 열린 'PBS아마추어 골프대회'에서 한 여성골퍼가 홀인원을 기록해 IS200을 수상하기도 했다.

■ 참고문헌

- 김태진 외(2004), 『일본의 10년 불황을 이겨낸 힘 토요타』, 위즈덤하우스
- 모리타 게이코(2005), 『3시간이면 알 수 있는 토요타 100』, Nemo Books
- 유춘(2007), 『하이브리드 카 : 신세대엔진/연료전지차』, 골든벨
- 정일구(2004), 『토요타처럼 생산하고 관리하고 경영하라』, 시대의 창
- 제프리 라이커(2004), 『the toyota way 토요타 방식』, 산출판사
- 체스터 도슨(2004), 『렉서스(세계를 삼킨 거대한 신화)』, 거름
- 하세가와 요조(2002), 『COO 카를로스 곤과 닛산자동차』, 이지북

CHAPTER 04

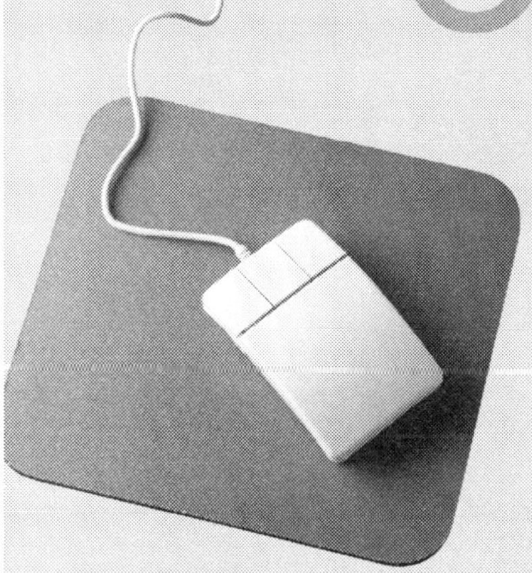

재벌구조와 메인뱅크

제1절 재벌의 흥망성쇠
제2절 기업집단
제3절 메인뱅크 시스템
◈ 쉬어가는 일본경제

04 CHAPTER

재벌구조와 메인뱅크

제1절 재벌의 흥망성쇠

1. 재벌 형성과 성장

일반적으로 재벌(財閥, ザイバツ, zaibatsu)은 경제력 집중의 문제와 함께 일족(一族)에 의해 부(富)가 편중되고 족벌, 군벌, 또는 파벌 등과 같은 폐쇄적이고 반사회적이라는 부정적인 이미지가 강하다. 그러나 국민경제에 있어서 일정한 효율성과 합리성이 인정되고, 특히 개발도상국이 압축적 경제성장을 도모하고자 할 경우 긍정적인 평가를 받기도 한다.

일본에서의 재벌이란 대체로 에도시대(江戸時代)에 생성되어 메이지시대(明治時代)의 근대화와 함께 급성장한 정상(政商)이 국가권력과 밀접한 관계를 유지하며 성장한 지배동족의 기업형태로 인식되고 있다. 이처럼 재벌은 메이지시대 이후부터 급속한 근대화와 경제 발전을 달성하는데 있어서 주도적인 역할을 하였는데, 이러한 재벌의 생성 · 발전과정에는 정부의 각종 보호와 장려책에 힘입은 바가 컸다. 게다가 재벌은 가족 중심으로 구성된 가족소유체제를 이루면서 본사기구를 정점에 두고 절대적인 위치에 있는 주요 산하 기업을 직계 또는 방계의 형태로 수직 · 집단적으로 통합 · 관리하며 경제력을 집중 · 강화하여 근대화 이후 전전(戰前)의 일본 경제에 있어서 높은 경제력 집중을 통하여 국민 경제에 강력한 지배력을 행사하였다.

이러한 일본의 재벌은 실질적으로 제1차 세계대전 직전인 1909~1920년 사이에 형성되면서 전쟁을 통해 급속히 성장하였다. 최초의 통합된 형식의 재벌은 1893년에 설립된 미츠비시(三菱)[1]이다. 이후 미츠이(三井)[2], 스미토모(住友)[3] 등이 각각 1909년, 1921년에 설립되었다. 미츠비시는 해운업과 관련 산업의 다각화를 통해 보다 유리한 분야에 진출하면서 부를 축적하였으며 미츠이는 직물과 금융산업으로, 그리고 스미토모는 동제련과 광업으로 부를 축적하였다. 이렇듯 일본의 재벌은 전전기(戰前期)에 있어서 일본 자본주의의 생성 및 발전과 함께 20세기 초반에 일본이 군국주의 · 제국주의화 되는 과정을 설명하는 사례로 거론되고 있다.

제2차 세계대전 이전의 이러한 재벌형성이 일본 경제의 중요한 역할을 이루어 왔으나, 군국주의와 결탁한 재벌은 이후 일본의 제국주의적 침략 전쟁에 적극 협조한 결과 제2차 세계대전 이후 점령군에 의해 해체되고 기업집단으로 불리우는 새로운 기업조직에 의해 경제부흥을 이룩했으며, 선진 경제권에서도 보기 드물게 소유와 경영의 분리가 가장 높은 나라로 알려져 왔다.

일반적으로 재벌은 다음과 같은 요소에 의해 그 개념을 규정하고 있다.

① 오너 또는 동족이 배타적으로 지배하는 지주회사(holding company, 持株會社)가 존재한다.

② 다각화된 주요 산업 부문에서 중요한 위치에 있는 산하 기업을 수직 · 피라미드형으로 지배한다.

③ 다각경영에 의한 원세트(one-set)주의를 추구하며, 경제력 집중에 의해 국가경제에 대해 강력한 영향력을 끼친다[4].

재벌은 몇 가지 중요한 특징을 갖고 있다. 첫째, 구 재벌은 몇몇 가족의 독점적 지배를 통한 봉건적 사상 속에서 운영되었다. Hattori(1989)에 의하면 일본 재벌의 경우 모든 경

---

1) 三菱財閥 : 이와사키야타로(岩崎彌太郎)에 의해 시작된 재벌로서 메이지유신(明治維新) 이후 정부로부터 불하받은 해운업을 통해 거대한 이익을 벌어들이면서 재벌로 성장하였다. 이후 일본우선(日本郵船)의 해상운송에서 독점적 지위를 기초로 발전하였으며 미츠비시합자회사(三菱合資會社)를 본거지로 해운 · 광산 · 조선 · 철도 · 은행 · 상업 · 무역 등 거의 전 산업에 걸친 다각적인 경영을 이루었다.

2) 三井財閥 : 미츠이가(三井家)에 의해 형성된 재벌로서 에도시대부터 전형적인 고리대금업자로 출발하였다. 메이지유신 때는 성상(政商)으로 발전하였고, 이후 미츠이합명회사(三井合名會社)를 본거지로 은행 · 신탁 · 보험 · 광산 · 중경공업 · 전기 · 가스 · 상업 · 무역 등 전 분야에 걸쳐 종합적인 콘체른을 형성하였다.

3) 住友財閥 : 일본의 3대 재벌의 하나로 1691년 동상(銅商)을 경영하였으며 메이지유신 이후에는 관련산업에 진출하여 스미토모은행(住友銀行)을 중심으로 콘체른을 형성하였다.

4) 宮崎義一(1966)『戰後日本の經濟構造』新評論社. 예를 들어, 토요타는 수많은 부품회사와 더불어 거대한 수직계열을 형성하고 있으며 동시에 수평계열의 하나인 미츠이그룹에 소속되어 있다. 그리고 계열은 거의 전 업종에 하나 이상의 소속 기업체를 갖고 있다. 이러한 기업집단의 구조를 일본에서는 '일업종 일사 체제' 혹은 '원세트주의' 라고 부른다.

영상의 의사결정은 실제적으로 가문의 주식보유자가 아닌 전문경영인에 의해 행해졌다고 주장한다. 둘째, 구 재벌 내부의 지배구조는 피라미드 형태로서 최상층에는 지주회사, 그 다음 자회사, 계열회사, 방계회사를 포함하는 여러 계층의 회사들을 계층적으로 지배하는 형태이다. 셋째, 구 재벌은 거의 모든 산업에 문어발식으로 참여했고 그들이 지배한 산업 내에서 다른 기업들은 재벌의 지배에 종속되거나 단지 제한적으로 그들의 지배에서 벗어나 있었다. 넷째, 구 재벌은 제조업 부문뿐만 아니라 금융 부문도 지배했다. 즉 은행뿐만이 아니라 신탁회사, 보험회사 그리고 다른 금융기관도 소유했는데, 이것들은 그들 자본의 주요 원천과 다른 회사를 지배하는 주요한 수단으로 사용됐다.

2. 재벌 해체

GHQ가 시행한 핵심적인 경제 민주화 개혁의 하나가 재벌 해체였다. 재벌 해체의 목적은 두 가지 측면으로 생각할 수 있다. 첫째, 재벌을 전쟁수행의 주체로 보고 전쟁수행능력을 일소하기 위한, 즉 비군사화를 시행하기 위한 재벌 해체이다. 과거 재벌 해체의 원인으로 가장 주목된 점이 바로 이 점이다. 둘째, 전시 계획경제하에서 비합리적으로 비대화된 경제세력을 시정하기 위함이다.

당시 GHQ는 재벌을 정치적으로는 민주주의를 억압하고 경제적으로는 노동자를 착취해서 국내시장을 독점하는 제국주의적 충동을 부추긴 원흉으로 보는 한편, 국제적 시각에서는 이를 아시아 침략이라는 사실과 관련지어 일본을 무장 해제하는 근본적 수단으로서 재벌 해체를 추진하였다. 실제로 당시의 일본 경제에서 차지하는 재벌의 집중도는 대단히 높아 재벌을 해체하지 않고서는 경제민주화를 추진할 수 없었다.

1) 비군사화를 시행하기 위한 재벌 해체

1946년 1월 미국정부 재벌조사단 단장이었던 에드워즈(Corwin D. Edwards)는 '재벌조직이 군사적 침략에 편리한 기구를 제공했다' 며 전쟁 책임을 재벌조직과 결부시켜 추궁하고 재벌의 정의를 보다 포괄적인 산업자본의 집중 혹은 독점 일반으로 확대 해석하면서 전면적인 해체를 권고하였다. 당시 일본의 공업지배력은 소수의 재벌에 집중되었고 재벌지배 체제 하에서의 저임금과 높은 저축률이 일본 국내시장을 좁게 만들면서 일본을 제국주의 전쟁으로 끌어들였다는 인식이 강하였기 때문에 점령군 당국은 경제의 비군사화와 민주화를 목적으로 재벌 해체를 추진하였던 것이다[5].

재벌 해체의 기본내용은 재벌지배의 중심이 되어 왔던 재벌 본사인 지주회사를 해체하여 족벌에 의한 기업 지배를 배제하고 소유 주식을 공개 분산시킨다는 것이었다[6]. 재벌 해체를 위한 최초의 조치로 연합군 최고사령관 총사령부(GHQ)는 미츠이(三井), 미츠비시(三菱), 스미토모(住友), 야스다(安田)[7] 등 4대 재벌에게 자발적인 해체 계획을 제출하도록 직접 지시하였다. 이에 1945년 11월 4대 재벌의 지주회사인 본사의 활동은 정지되었고 1946년에는 지주회사가 해산 및 청산되기에 이르렀다. 또한 유가증권은 지주회사정리위원회(持株會社整理委員會, 이하 HCLC)에 이양된 후 일반에게 매각되었다. 즉, HCLC를 설립해서 지주회사의 소유주식을 이에 양도하면 동 위원회는 양도받은 주식을 일반에 공매(公賣)하고 족벌을 포함하여 재벌의 지배자를 관계기업에서 추방한다는 것이었다. 이러한 움직임에 야스다(安田)가 최초로 대응하면서 GHQ는 야스다(安田)를 재벌해체의 모델로 삼아 여타 재벌도 이에 따르도록 한 '야스다플랜'을 만들었다[8]. 이후 HCLC에 의해 해체대상으로 지정된 지주회사는 꾸준히 증가하여 1947년 9월까지 783개사에 이르고 그 산하회사는 4,500개사에 이르렀다. 이런 가운데 재벌본사기능을 갖고 있는 지주회사는 해체, 정리되었고 지주회사 성격의 사업회사도 산하기업의 주식을 HCLC에 양도함으로써 주식을 통한 기업지배는 사라지게 되었다.

---

5) Corvin D. Edwards. (1946), "The Dissolution of the Japanese combines", Pacific Affairs, September.

6) 경제력 집중방지 차원에서 독점금지법에 의거하여 지주회사 설립을 금지하여 오다가 금융환경 변화에 대응한 금융기관 경쟁력 강화 차원에서 1997년 관계법령의 정비를 통하여 금융지주회사의 설립을 허용하였다(지주회사 설립 등의 금지해제에 따른 금융관계 법률의 정비 등에 관한 법률 및 은행지주회사의 창설을 위한 은행 등에 관계된 합병수속의 특례 등에 관한 법률). 지주회사는 자회사를 통해 은행, 증권, 보험 등 모든 금융업 영위 가능 주력 금융기관의 업종에 따라 은행지주회사, 증권지주회사, 보험지주회사로 구분되었다.

7) 安田財閥 : 야스다 젠지로(安田善次郎)의 야스다보선사(安田保善社)를 중심으로 은행 · 보험재벌로서 발전하였다. 특별히 야스다 젠지로는 히비야공회당(日比谷公會堂), 동경대학의 야스다강당(安田講堂)을 기부한 것으로 유명하다.

8) 야스다플랜은 재벌동족의 모든 직위에서의 사퇴, 본사의 지배 통괄 기능의 폐지, 지주(持株)의 매각 등을 골자로 하였으며 신규사업계획, 자금계획 및 지주회사를 해체하고 재벌동족의 지배력을 배제하는 기능을 발휘하였다.

한편, 1947년 2월에는 4대 재벌을 필두로 10대 재벌의 가족 56명이 지정되어 그들의 회사경영을 제한하고 회사임원의 지위에서 물러나도록 요구하면서 그들에 의한 기업지배를 배제하였다. 게다가 공직 추방에 경영자도 대상자가 되면서 재벌 산하 직계기업의 경영자(회장, 부회장, 사장, 부사장, 전무, 산임이사, 상임감사) 약 1,500여 명이 임원의 지위를 박탈당했으며 이들은 이후 10년간 취임을 금지시켰다. 1948년 1월에는 '재벌동족지배력배제법'(財閥同族支配力排除法)을 제정하여 1947년에 실시한 추방조치에서 누락된 자들을 추가하고 훗날 재벌 관계자들이 다시는 복귀할 수 없도록 복귀 기회를 완전히 봉쇄하여 재벌의 인적지배를 철저히 해체하였다[9].

2) 경제민주화 달성을 위한 재벌 해체

독점자본 일반에 대해서는 카르텔협정 등의 방법에 의한 거래의 독점적 지배를 금지하기 위해서 미국의 반트러스트법을 참고하여 1947년 4월 사적독점의 금지 및 공정거래의 확보에 관한 법률로서 독점금지법이 공포 · 실시되었다. 이를 운영하는 기관으로 공정거래위원회를 조직하고 이에 권한과 수속 등의 절차를 정하였다. 뒤이어 이를 원활하게 시행하고 대기업의 독점적 지배를 배제하기 위해서 1947년 12월 과도경제력집중배제법(過度經濟力集中排除法; 集排法)이하 집배법[10]을 공포하였으며, 이를 근거로 독점적 지배력이 있는 재벌계의 대기업들은 분할되었다[11]. 그러나 이 과정에서 금융기관은 집배법에서 제외되었다. 당초 계획에는 금융기관도 대상이 되어 데이코쿠(帝國), 미츠비시(三菱), 야스다(安田), 스미토모(住友) 등의 4개 은행을 분할할 것으로 예상하였으나 은행업이 집배법에서 면제 대상이 되면서 은행의 분할은 중지되었다.

---

9) 이에 포함되는 대상자는 10대 재벌가족 56명과 동일 호적에 딸린 255명의 재벌동족자 및 임원직에 있었던 42명, 그리고 재벌관계 임원 약 3천 명도 심사를 거쳐 추방대상이 되었다. 그러나 실제 심사지정자는 약 700명이었으며 추방된 자는 50명에 머물렀다. 이는 피지정자의 대부분이 공직추방으로 이미 배제되어 있던 데다 미국의 대일점령정책의 전환도 작용했기 때문이다.

10) 제2차 세계대전 후 재벌해체의 일환으로 경제력이 집중되는 것을 배제하기 위해 1947년에 제정된 법률로서 일본제철(日本製鐵)을 야하타(八幡) · 후지(富士)로 분할하는 등 28개사가 지정 받았다. 이 법은 1955년에 폐지되었다.

11) 집배법의 기초인 FEC230문서인 '일본의 과도경제력 집중에 관한 정책(Policy on Excessive Concentration of Economic Power in Japan)'은 경쟁을 제한하는 시장행동을 중시하는 내용이 아닌 독점적 시장구조 그 자체를 문제시하는 새로운 시각에 뿌리를 둔 것이다.

그러나 이와 같은 조기의 재벌 해체 계획은 냉전(冷戰)이 진전되면서 점령정책의 전환으로 본래의 목적을 그대로 실현하지는 못하였다. 즉 집배법이 완화되면서 해체된 지주회사는 처음에 지정된 783개사 중 42사에 머물렀고, 집배법에 의해 분할대상으로 지정된 회사는 325개사 중 18사에 불과하였다[12]. 예를 들어 미츠이(三井), 미츠비시(三菱)의 경우는 각각 200개사와 139개사로 분할되었지만, 근본적으로 해체된 것은 재벌 본사와 그와 직접 관계가 있는 회사에 한정되었을 뿐이다. 지주회사의 해체로 방출된 재벌계 기업은 자금력이 크게 약화되었지만 은행은 집배법의 적용 대상에서 제외되었기 때문에 재벌계 은행은 강력한 자금력을 유지할 수 있었다. 이들 기업은 고도성장기에 중화학 공업을 중심으로 적극적인 설비투자를 위해 많은 자본이 필요하였는데, 이때 은행이 적극적으로 계열기업에 융자를 하면서 기업집단의 형성에서 중심적인 역할을 하게 된 것이다.

한편, 두 차례에 걸친 독점금지법의 개정으로 경쟁회사에 대한 주식보유 금지규정이 완화되었다. 특히 금융기관에 의한 타회사 주식 보유한도가 5%에서 10%로 확대되고 경쟁회사간의 임원 겸임의 금지가 완화되면서 은행을 중심으로 계열융자 · 주식의 상호소유 · 인적 결합이 이루어졌으며, 합법적인 자본그룹이 형성되면서 기업집단이 등장한 것이다.

이렇듯 재벌 해체는 당초의 의도와는 달리 철저하게 시행되지는 못하였지만, 일본의 독점자본의 존재형태와 나아가 자본주의의 성격을 변화시키는 중요한 계기가 되었다. 무엇보다도 재벌 해체는 재벌 일족이 전적으로 지배하던 지주회사를 해체시키고 그 주식을 일반에게 공개함으로서 대중자본을 용이하게 동원하여 대기업이 성장할 수 있는 조건을 만들었다는 점에 의의가 있다. 전전(戰前)에도 중화학공업에 기반을 둔 재벌이 일시적으로 주식공개를 통해 대중자본을 동원한 적이 있었지만 재벌은 소수의 족벌에 의해 주식이 지배되었던 때이다.

한편 일 · 미 강화조약의 체결로 GHQ의 점령은 종결되고 일본이 독립하면서 1951년 7월 HCLC가 해산한 후 재벌 해체는 막을 내리게 되었다.

12) 분할대상지정기업(日本製鐵, 三菱重工業, 王子製紙, 大日本麥酒, 北海道酪農協同, 帝國纖維, 東洋製缶, 三菱鑛業, 三井鑛山, 三華鑛業, 大建産業, 日立製作所, 東京芝浦電機, 日本通運, 東玉, 松竹, 日本火藥, 帝國石油)

3. 재벌에 대한 평가

재벌을 통해 기업의 자금 공급원이 개방적으로 변하였다는 점은 긍정적으로 평가할 만하다. 특히 공직 추방 후에 선임된 임원들은 대부분이 대폭적으로 젊어진 중간 관리자층에서 발탁되면서 경영진의 세대교체와 함께 일본 기업이 소유와 경영이 완전히 분리되는 특징을 보였고 이러한 환경에서 젊은 경영자들은 자유롭고 신축적으로 기업가정신을 발휘할 수 있게 되었다. 이는 일본적 시장 경제시스템의 특징인 '법인 자본주의', '경영자 자본주의'가 탄생하게 된 배경이 된 것이다.

이에 비해 재벌이 갖고 있는 일반적이고 공통적인 속성, 즉 가족에 의한 소유 및 실질적 지배, 국민 경제에서의 독과점적 위치, 생산요소의 독점과 자원배분, 내부거래와 공정경쟁, 그리고 분배의 정의 등의 차원에서 볼 때에는 다음과 같은 문제점도 지적이 된다.

(1) 전전기(戰前期)의 재벌조직은 오늘날의 기업집단과는 달리 기본적으로 가업(家業)을 보전하기 위해 소유자경영 또는 가족경영을 지향하였다. 그러다 보니 조직의 폐쇄성으로 인해 조직 내부의 경쟁구도와 신뢰관계 등에 심각한 왜곡현상이 발생된다.

(2) 재벌에 의한 경제력의 집중현상은 생산요소의 독점화를 불러와 공정경쟁을 제한할 가능성을 높인다. 즉, 재벌의 생성과 발전과정을 보면, 대체로 정상(政商) 행위와 국가로부터의 각종 특혜와 장려정책 등에 의해 특정산업 또는 시장부문에서 높은 경제력 집중도를 확대 · 유지해 왔다. 재벌이 가진 정경유착의 기본속성은 정부가 정책수단을 선택하고 사업자를 선정하는 과정 등에 있어서 사실상 재벌에게 유리한 방향으로 시행될 가능성을 높인다. 따라서 재벌에 대한 정책상의 특혜와 로비에 의한 정책결정은 경쟁 제한적인 행위로 나타나 시장기구를 왜곡시켜, 결국은 국민경제 전반에 걸쳐 자원의 효율적 배분을 저해하고 사회적 후생손실을 가져오는 요인으로 작용한다.

(3) 재벌의 사업다각화에 의한 원세트주의는 중소기업의 고유영역을 침해하며, 이중구조의 심화로 사회적 갈등을 유발할 수 있다. 즉 재벌의 원세트주의 지향은 비관련 사업부문에 대한 다각적 진출로 이어지며, 이와 같은 행위는 전 문화의 이점을 상실시켜 핵심역량을 약화시킨다. 뿐만 아니라 그 과정에 있어서 상대적으로 높은 경쟁우위에 있는 재벌이 중소기업에 적합한 사업분야에 진출하는 것을 용이하게 하며, 중

소기업의 고유 사업영역을 침해할 가능성이 높아 산업의 균형적인 발전과 경제상의 민주화를 저해할 소지가 있다.

(4) 재벌의 내부거래를 비롯한 불공정 행위 등에 의한 사적이윤의 추구행위는 국민의 공공적 이익에 부합하지 못하며, 재벌과 비재벌간의 이중구조는 정책의 객관성과 형평성, 그리고 공정성의 확보 등에 혼란을 초래하여 심각한 사회적 갈등을 유발할 수도 있다.

제2절 기업집단

1. 기업집단

기업집단(企業集團, business group, corporate group)은 구 재벌의 중추적 위치에 있던 은행과 상사(商社)를 중심으로 동일 자본계 기업으로 구성되면서, 정도의 차이는 있지만 사장회(社長會)를 중심으로 의사결정이 이루어진다는 의미로 볼 때 그 형성을 재벌의 부활이라고 볼 수 있다.

1951년에 발효된 일 · 미평화조약과 함께 일본 기업들은 기업통합을 시작했으며 미츠비시(三菱), 미츠이(三井), 스미토모(住友)처럼 과거에 익히 알려진 상호들이 재등장하기 시작했다. 전쟁 전 구 재벌들은 주요 기업집단으로 그들의 위치를 재형성하려는 움직임을 보이기 시작했지만, 구 재벌을 지배했던 가문들과 지주회사들은 과거와 같은 소유권과 권력을 완벽하게 회복하지는 못했다. 기업집단의 주식은 특정 족벌에 의해 소유된 것이 아니라 공개되어 분산 소유되었지만, 주식소유가 광범위하게 분산화 · 대중화되었다기 보다는 계열기업에 의해 상호 소유되었으며, 최고 전문경영자로 구성되는 사장회를 매개로 한 상호지배 · 협력을 기본특징으로 하는 점이 다르다. 그러한 의미에서 일본의 자본주의는 주식을 대중이 소유하는 대중자본주의가 아니라 법인이 소유하는 법인 자본주의라고 할 수 있다[13].

구 재벌 해체로 독립하게 된 대기업들은 다른 주요 시중은행을 중심으로 재형성하면서 다음과 같은 두 가지 방법으로 기업을 통합하기 시작하였다. 첫째, 계열화를 통해 소규모 기업들과 수직적 관계를 형성했다. 둘째, 다른 대기업들과의 상호주식보유를 통해서 수평결합을 형성했다. 이런 수평결합은 기업집단의 핵심 대기업 사장들이 구성원인 사장단회의를 발전시키는 역할을 했다. 이리하여 전후에 주요 시중은행을 중심으로 성장한 기업집단은 미츠비시(三菱), 미츠이(三井), 스미토모(住友) 외에 후요(芙蓉)(야스다 그룹을 중심으

13) 자본시장의 주체는 주주이고 주주가 가격을 통해 기업을 평가한 뒤 자금배분을 결정하지만, 일본의 경우 주주에 의한 지배구조가 기능하지 않는다. 이것이 바로 일본식 자본주의가 주식상호보유에 의해 주식의 발행주체인 주식회사 스스로가 주주가 되는 이른바 법인자본주의 형태를 띠고 있기 때문이다(奧村, 1991)

로 생성), 제일권업은행(第一勸業銀行, 후지그룹과 가와사키 그룹 산하를 중심으로 성장), 산와(三和) 등이다.

이상의 6대 기업집단 외에 후발주자로서 독립적인 기업집단이 형성되었는데, 제조업 분야에서 신닛데츠(新日鐵), 토요타(豊田), 닛산(日産), 히타치(日立) 등과 유통 및 서비스 분야에서 도큐(東急), 세이브(西武) 등이 있다. 이같은 독립적인 그룹들은 계열회사로 조직되고 각각은 대개 대규모의 모회사와 수직적으로 제휴된 계열회사들로 구성되었으며 1950~60년대 일본의 고도성장기와 더불어 함께 성장하였다.

〈표 4-1〉은 주식보유 분포의 변동을 나타낸 것으로, 1945~49년에 정부, 공공단체 및 법인의 주식보유 비중이 크게 저하한 한편, 개인보유 비중이 크게 상승하였다는 것을 알 수 있는데, 이것이 바로 재벌 해체의 효과를 나타낸 것임을 알 수 있다. 한편, 1950년 이후에는 정부, 공공단체의 비중은 크게 떨어지고 있는 데 비해서 금융기관 및 법인의 비중이 크게 상승하는 한편, 개인의 비중은 떨어지고 있다.

〈표 4-1〉 주식보유 분포표 (1945~1955)

보유자	정부 · 공공단체	금융기관 (A)	그 중에서 투자신탁	증권업자 (B)	법인 (A · B제외)	개인 등	총주식수
연도	%	%	%	%	%	%	만주(万株)
1945	8.29	11.17	(-)	2.82	24.65	53.07	44,364
49	2.80	9.91	(-)	12.56	5.59	69.14	199,975
50	3.14	12.63	(-)	11.90	11.03	61.30	258,050
55	0.39	23.61	(4.13)	7.94	14.64	53.42	1,110,876

(1) 기업집단의 특징

2차 세계대전 이후에 새롭게 형성된 기업집단의 주요 특징은 다음과 같다.

① 기업집단 내의 거대기업은 각기 서로 다른 기업의 지분을 소유함으로써 조직적으로 연계되며, 또한 연계된 기업집단은 기업 내부간 상호주식보유를 통해 상호 결속을 다짐하며 순환형태를 취한다. 대규모 시중은행들은 기업집단의 최대 주주이기 때문에 기업간 상호주식보유 관계의 핵심을 형성하며, 기업집단 내에서 다른 계열사들의 자본수요를 조달하는 금융 매개체로서의 역할을 감당한다.

② 각 기업집단은 계열회사의 사장들로 구성된 사장단회의를 갖는다. 각 사장들은 자기

기업이 보유하고 있는 동료 계열사들의 지분을 대표하므로 사장단회의는 실질적으로 대주주들의 이사회로서의 역할을 감당한다.

③ 기업집단은 시중은행, 종합무역상사들과 더불어 상당히 많은 산업에서 계열회사들을 가지고 있기 때문에 종합적인 산업복합체를 형성한다[14].

(2) 구 재벌과 기업집단의 차이점

현재 활동중인 일본의 기업집단은 계열사 금융기관과 종합무역상사들의 상호를 그대로 사용해 오고 있기 때문에 전쟁 전의 일본 구 재벌과 비슷하게 보인다. 그러나 기업집단과 전쟁 전의 구 재벌과는 여러 측면에서 차이점이 발견된다.

① 기업집단은 과거와는 달리 지주회사나 지배가문이 없으며 계열사들의 주식을 상호 보유하고 있다. 따라서 계열사들 사이의 관계는 수평적인 구조를 갖고 있다. 즉 구 재벌이 상층 지주회사들로부터 일방적인 수직보유구조를 가지고 있는 반면, 기업집단은 기업간 상호주식보유를 통해 그들 계열회사에 의해 상호 소유되고 있다.

② 기업집단의 계열사 은행은 과거 구 재벌에서의 역할보다 훨씬 더 중요하다. 구 재벌의 경우에는 그룹 내부의 계열사들이 지주회사에 의해 자금을 분배받았기 때문에 비록 구 재벌 소유의 은행이 계열회사들 중의 하나였을지라도 자금에 대해서 구 재벌 소유의 시중은행에 의존하지 않았지만, 기업집단들 내부의 계열사 은행은 계열사들의 주거래은행이다.

③ 원세트주의는 기업집단의 한 형태로 출현했다. 구 재벌 가문들은 사업 포트폴리오를 확대하고 위험성이 높은 신규사업에 대해서는 투자를 하지 않는 등 보수적인 경향을 띠고 있으나, 기업집단의 경영자들은 위험성이 있는 분야에는 자신들의 자산을 직접 투자하지 않기 때문에 위험 선호적 양상을 띠게 된다. 따라서 새로운 사업을 착수하거나 생산능력을 증가시키려는 기업집단의 계열회사 경영자들은 새로운 사업이 성공

14) 기업집단체제 하에서는 기업간의 활발한 경쟁과 전문경영자에 의한 적극적인 기업활동이 전개되었다. 집배법(集排法)에 의한 대규모 기업의 분할로 인해 생산집중도는 전전(戰前)에 비해 저하되면서 시장지배력을 가질 수 없는 기업들이 시장점유율 확대를 위해 치열한 경쟁관계에 들어갔다. 더구나 각 기업집단이 여러 산업분야에서 계열회사를 하나씩 소유하는 원세트주의 정책을 추구하는 가운데 기업간 경쟁은 더욱 촉진되었다. 이러한 기업간 경쟁체제가 중화학공업을 중심으로 기술혁신을 위한 설비투자 경쟁을 낳고 그것이 '투자가 투자를 부르는' 상호 연관효과를 낳으면서 고도성장을 뒷받침하였다. 재벌해체의 결과로서 일본의 자본주의는 전전기의 경직적 · 과점적 체제에서 경쟁적 시장경제체제로 변하였다.

할 경우 얻어지는 편익이 실패했을 때 잃게되는 비용보다 크기 때문에 자신감 있는 사업을 펼치는 유인(誘因)이 발생한다.

2. 주식상호보유

일본은 1949년 70%에 달했던 개인지분이 1993년에 이르러서는 23%에 불과할 정도로 고도성장기에 주식소유의 법인화 현상이 극단적으로 진행되었다. 이와 같은 주식소유의 법인화 현상은 주식상호보유[15]에 의해 이루어진 것이다. 주식상호보유를 통해서 거대한 기업집단을 형성하고 이러한 기업집단의 형성에 중심적 역할을 한 것은 은행이었다. 각 기업집단은 그룹 내 기업들이 주식을 상호 보유하면서 기업집단으로서의 결합을 형성하고 있으며 그룹 내 각 기업의 보유주식을 합할 경우 20~30% 정도이지만, 이는 그 기업을 지배하는 데 충분한 정도의 비율이다.

기업집단 내 기업은 주식을 상호 보유하면서 동시에 상호 보유되고 있기 때문에 기업 간의 결합을 견고하게 지탱해 주고 있다. 즉 주식을 상호 보유함으로써 쌍방의 경영자는 상대측 경영자의 의지에 반하는 지배력을 행사하려고 하지 않고, 상대측 경영자 역시 그 지배력을 자기 의사에 상반되는 방향으로 행사하지 않을 것이라는 기대를 갖게 된다. 양자의 의사에 큰 차이가 발생하거나 대립이 표면화하지 않는 한 상대측 의사결정을 그 경영자에게 전면적으로 위임하게 되어 쌍방 기업간에 신뢰관계가 형성되어 간다고 볼 수 있다.

이러한 주식의 상호보유는 정식계약을 통해서 이루어지는 것은 아니다. 또한 투자자의 입장에서 볼 때 주식을 매각하지 않는 원칙하에서 매입하기 때문에 자산차익소득(capital gain)을 포기하는 것이 된다. 주주의 절대 다수가 배당이나 주가상승 등 주주로서 직접적인 이익을 챙기는 개인이 아니라 주주이기 이전에 기업 간 거래관계를 갖고 있는 이해관계자로서의 법인(기업)이다. 이렇듯 기업 간 주식의 상호보유는 법인자본주의로 일컬어지는 일본 특유의 자본주의 논리를 형성해 간다. 이들은 눈앞의 이익보다 장기적인 이해관계를

15) 주식상호보유란 A기업의 주식을 B기업이 소유하고, 반대로 B기업의 주식을 A기업이 소유하는 식의 주식 소유형태를 말한다. 즉 기업과 기업, 혹은 기업과 금융기관 간에 장기적이고 종합적인 거래관계를 구축하여 그 일환으로 주식의 일부분을 상호 안정적으로 보유한다. 일본의 대기업의 이러한 주식상호보유는 일반적인 현상으로 6대기업집단을 중심으로 각각 계열사기업이 복잡한 주식상호보유 관계를 맺고 있다. 해석에 있어서는 주식상호출자, 혹은 상호주식보유 등 여러 표현이 있으나 의미는 동일하다.

중시한다는 의미에서 안정주주[16]이며, 기업 경영자들이 매수 · 합병의 공포로부터 해방될 수 있다는 장점이 있다. 멤버기업의 경영실패나 업적 악화 등에 대해 상호 체크기능과 감시를 통해 기업집단 외 세력에 의한 경영 참여를 저지하고 경영의 자주성을 상호 보증해 주기 때문이다. 또한 상호 보유된 주식은 시장에 유통되지 않고 주주권도 행사되지 않는다는 점에서 자사주식을 보유하는 것과 같은 효과를 갖는다.

3. 사장회

사장회(社長會, Presidents' Council Meeting, Shacho-kai)는 기업집단의 사장단들의 정기적인 모임으로, 이 회의를 총괄하는 개인이 존재하는 것은 아니다. 또한 사장회가 언제 공식적으로 조직되었는지 역시 정확하지는 않다. 사장회는 기업집단 차원의 의사를 결정하는 모임은 아니며 전전(戰前)의 재벌 본사와는 다르게 업무상의 연락을 취한다든지, 정보의 수집 및 공유를 통해 이를 경영 실무에서 활용하는 등이 그 목적 중의 하나라고 할 수 있다. 이를 통해 처리코스트가 삭감되고 정보가치를 생산 · 공유하는 기능을 갖고 있다.

〈표 4-2〉는 일본의 6대 기업집단의 사장회 및 그룹개요를 나타낸 것으로 각 기업집단의 사장회 가맹회사는 다수의 자회사를 두고 있다[17].

오쿠무라(奥村, 1976)는 "사장회는 공적인 것이 아닌 일종의 비밀회의를 주재(主宰)하는 사적 모임으로서 외부자의 방청은 금지되어 있을 뿐 아니라 회의 내용을 정확히 알 수 있는 방법이 없다"고 규정하였다[18]. 이렇듯 사장회 자체는 의사결정에는 전혀 관여하지 않으며 경영참가기능 역시 없지만 다음과 같은 권한은 보유하고 있다.

16) 안정주주란 순수투자목적을 위한 주주가 아니라 거래관계를 전제로 주식을 보유하고 특별한 경우 이외에는 주식을 팔지 않는 주주를 말한다.

17) 6대 기업 중 미츠이, 미쓰비시, 스미토모는 패전 이전의 재벌이 모체가 되어 만들어졌기 때문에 이들을 구재벌계 기업집단이라고 부르고 후요, 산와, 다이이치칸교는 각자 대규모 은행을 중심으로 모여진 기업집단이기 때문에 이들을 은행계 기업집단이라고 부른다.

18) 奥村廣(1976), 『日本の六大企業集團』, ダイヤモンド社.

〈표 4-2〉 6대 기업집단 사장회 및 그룹 개요

	三井(미츠이)	三菱(미츠비시)	住友(스미토모)	芙蓉(후요)	三和(산와)	第一勸業(이치칸)
명칭	二木會	金曜會	白水會	芙蓉會	三水會	三金會
설립년도	1961년 10월	1954년(추정)	1951년 4월	1961년 1월	1967년 2월	1978년 1월
기업수	24개사	29개사	20개사	20개사	44개사	47개사
목적	사업상의 연락 및 친목	정보교환 및 친목	회원사간의 간담회	정보교환 및 친목	간담회 및 상호계발	상호간의 친목과 발전
회의날짜	매월 제1목요일	매월 제2금요일	매월 제4수요일	매월 제4월요일	매월 제3수요일	3개월마다제 3금요일(1,4,7,10월)
회의장소	霞が關ビル	三菱ビル	住友會館(東京) 住友ビル(大阪)	富士銀行(本店)	三和東京ビル (東京) 三和銀行本店 (大阪)	第一勸業銀行本店
회의의제	정보교환, 상호간의 친목	기부안건논의, 외부강사강연	정보교환, 의견	정보교환, 의견	정보교환, 외부강사강연	외부강사강연

자료: 東京經濟新報社(2000), 『企業系列總覽』, 필자에 의해 재정리

(1) 기업간의 조정에 대해 상당한 역할을 발휘한다. 또한 공동투자회사의 설립도 우선 사장회에서 결정된다.

(2) 대외적인 기능을 발휘한다. 구체적으로는 다른 그룹이나 그 외 대기업과의 관계를 조정하거나 때로는 그룹 이외의 기업을 매수 합병하거나 계열화할 때는 사장회를 통해서 검토된다. 또한 재계·정치와의 관계에 대한 토의, 그룹 단위로 행하는 사회사업에 관해서도 사장회에서 결정한다.

(3) 그룹기업의 수뇌 인사에 관한 권한이 있다. 멤버 기업의 인사에 개입하여 사장이나 이사가 사장회에서 결정되는 경우도 있다.

〈표 4-3〉은 1966년에 발족한 후요카이(芙蓉會)의 중핵을 담당하는 29개사의 기업을 나타낸 표이다. 후지은행이 간사은행으로 주도권을 잡고 있고 기업집단의 중핵이 되는 기업이 사장회에 이름을 올려 놓고 있다.

18) 奥村廣(1976), 『日本の六大企業集團』, ダイヤモンド社.

〈표 4-3〉 후요카이(芙蓉會) 발족 당시의 멤버(1966)

富士銀行	日清製粉	國策パルプ	日本セメント	沖電氣	東京建物
安田信託	札幌ビール	昭和電工	日本鋼管	橫河電氣	東武鐵道
安田火災	日本冷藏	號羽化學	久保田鐵工	日産自動車	京浜急行
安田生命	日清紡績	日本油脂	日本精工	キャノン	昭和海運
大成建設	東邦レーヨン	東亞燃料	日立製作	丸紅飯田	計29社

출처: 鈴木健(1998),『メインバンクと企業集團』, ミネルブァ書房

제3절 메인뱅크 시스템

1. 메인뱅크의 정의

메인뱅크(main bank)라는 단어는 일본의 패전 이후 등장한 단어이지만 1930년대 이후 전시 경제체제를 거치면서 메인뱅크제도가 생성되었다. 즉 당시 군부가 강제적으로 직접 금융체제를 간접금융 위주로 개편하는 과정에서 메인뱅크제도가 형성되었다고 할 수 있다. 이는 군수산업과 더불어 유망한 산업(Sunrise Industry)에 계획적으로 자금을 공급하기 위해 정부통제가 용이한 은행융자를 중심으로 하는 간접금융방식을 장려한 것에 기인한다[19]. 이러한 일본의 독특한 경제시스템중의 하나인 메인뱅크제도는 제2차 세계대전 후 일본의 기적적인 경제발전과 성장, 그리고 금융시장의 성숙과 금융중개기능의 진전 등을 배경으로 약 40년 이상 일본경제와 더불어 발전해 왔으며 기업의 대출행동에 상당한 영향을 끼쳤다는 것이 일반적이다. 즉 패전 후 중화학공업 발전에 따른 막대한 자금수요에 대해 메인뱅크는 기업에 장기적이고 안정적인 자금을 제공하였으며 은행은 당시 기업에 대한 부족한 정보를 공유하면서 그 정보를 바탕으로 은행이 모니터링을 실시하고 메인뱅크로서 기업에 대한 통제력(corporate governance)을 장악하였다. 이를 통해 일본경제가 고도성장을 하는데 있어 가장 큰 역할을 하였다고 볼 수 있다.

堀内 · 福田(1987)에 의하면, 메인뱅크란 "은행이 특정 대출기업에 공급하는 융자액의 다소(多少)를 생각할 때, 어떤 기업에 대해서 특정은행이 최근 3년간 혹은 그 이상 연속하여 최대 융자액을 공급하고 있을 경우, 그 기업은 당해 은행의 융자계열에 속해 있다고 보고 그 은행을 메인뱅크라고 부른다"라고 정의하고 있다[20].

시중은행(都市銀行)의 하나인 장기신용은행(長期信用銀行)[21]과 같은 메인뱅크는 전후

---

19) 1937년 7월 중일전쟁 개시와 함께 군사 경제화에 대응하여 금융시스템에 대한 정부의 개입이 강화되는 과정에서 메인뱅크제도가 형성되었다.

20) 堀内 · 福田(1987)는 장기적 시점에 입각한 메인뱅크와 기업과의 위험분산(risk sharing) 가설의 검증을 목적으로 정량적 분석을 한 결과, 메인뱅크를 변경한 기업의 비율은 1962~67년간에 17%, 67~72년도 사이에는 15%, 73~78년도에 15%, 78~83년도에 11%에 달하여 일반적인 메인뱅크 관계가 유동적이라는 사실을 지적하였다.

21) 장기신용은행에는 일본장기신용은행(日本長期信用銀行), 일본흥업은행(日本興業銀行), 일본채권신용은행(日本債券信用銀行)등 3개 은행이 있으며 1952년 제정된 장기신용은행법의 적용을 받는다.

일본경제의 발전에 대단히 큰 공헌을 하였다. 채권시장과 주식시장이 아직 발달하지 못한 상황에서 투자의욕이 왕성했던 일본의 대기업에 자금을 제공한 것은 이와 같은 대형은행들이었다[22]. 한편, 메인뱅크와 기업과의 관계는 대기업에 대한 대출에 한정되었던 것이 아니라 중소기업, 영세기업도 각각 메인뱅크를 갖고 있다. 이럴 경우의 메인뱅크는 지방은행, 상호은행, 신용금고, 신용조합 등 비교적 소규모적인 금융기관이다.

한편 메인뱅크는 계약에 의한 것이 아니기 때문에 일반적인 정의는 명확하게 내려져 있지 않지만, 여러 학자들에 의한 결론 가운데 일치하는 것들이 있는데, 이를 요약하면 다음과 같다.

〈표 4-4〉 메인뱅크의 일반적 정의

기 능	개념 정의
안정적 상호주식보유	경영권 안정을 위한 암묵적 협약관계를 맺고 있으며 따라서 기업이 안정적으로 경영권의 독립성을 유지할 수 있다.
거래처은행 중 최대주주	법률에 의해 각 기업의 발행주식 중 각 은행이 소유하고 있는 비율은 5%를 초과할 수 없다고 정해져 있지만, 메인뱅크의 대부분은 5%까지 보유하고 있다.[23]
종합적인 거래관계	당좌예금거래, 외환거래, 정보서비스 등을 제공한다.
임원파견	중소기업이나 새로운 기업 등에서는 인재가 풍부하지 않기 때문에 이러한 기업에 대해 부족한 인재를 일시적으로 파견하거나, 또는 조기퇴직에 의해 인재를 공급한다.

자료 : シェーンホルツ・武田(1985), 大庭・堀内(1990), 姜喆九(2003) 등을 참조하여 필자에 의해 정리

22) 고도 성장기에 주식발행에 의한 자금조달이 활발하지 못했던 것은 당시의 주식발행이 대개 액면가 발행이어서 자금조달수단으로는 매력적이지 않았기 때문이다. 게다가 주식의 시가발행은 자본시장의 미성숙으로 시도하기가 곤란하였다. 주식시장이 발달하지 못한 경우, 대량의 시가발행은 주식의 공급과잉을 가져와 주가의 하락을 초래할 위험성이 컸다. 또한, 안전한 주식 거래를 위한 제도적 장치도 충분하지 못했다. 1960년대 후반 이후 주식의 시가발행에 의한 자금조달이 점차 증가하기는 했으나 이는 어디까지나 한정된 우량기업에서나 가능한 것이었다.

23) 은행에 의한 주식보유가 5%로 제한되어 있더라도 메인뱅크는 필요할 경우 계열인 신탁은행, 보험회사, 상사, 그 외 관련회사의 보유주식을 동원하여 협조하는 형태로 의결권 행사가 가능하다(青木昌彦・ヒューパトリック編; 1996). 1987년부터 금융기관의 주식보유는 다시 5%로 제한되었다.

(1) 안정적 상호주식보유

일본기업의 중요한 특징 중의 하나는 주식을 상호 보유하고 있다는 점이다. 1992년 현재 개인의 주식보유비율은 23%에 지나지 않는데 비해 비금융법인은 24.5%, 보험회사를 포함한 금융기관이 44.7%를 차지하여 70% 정도의 주식이 금융기관을 포함하는 다른 기업에 의해 보유되고 있으며 주식보유에서 금융기관이 비금융기업에 비해 더 중요한 비중을 차지하고 있음을 알 수 있다[24]. 기업간 또는 기업과 은행간 상호주식보유는 경영권 안정을 위한 암묵적 협약으로 부득이 보유주식을 팔 경우에는 미리 해당기업에 알려 주거래 증권회사에서 적절한 기업을 찾아 안정주 협약을 주선하도록 한다.

안정적 상호주식보유의 가장 큰 효과는 자본시장에서의 적대적 매수 등이 불가능하게 되어 외부경영권시장(external control market)이 존재하지 않는다는 점이다. 따라서 경영권의 독립성이 크게 강화되는 경영권 제휴와 같은 효과를 갖는다. 그러나 경영에 문제가 있을 경우에는 대주주이면서 채권자인 메인뱅크가 경영권에 참여하는 내부경영권시장(internal control market)을 형성한다.

[그림 4-1] 일본 대기업에 대한 메인뱅크의 주식보유비율의 변화(500사 평균) (단위:%)

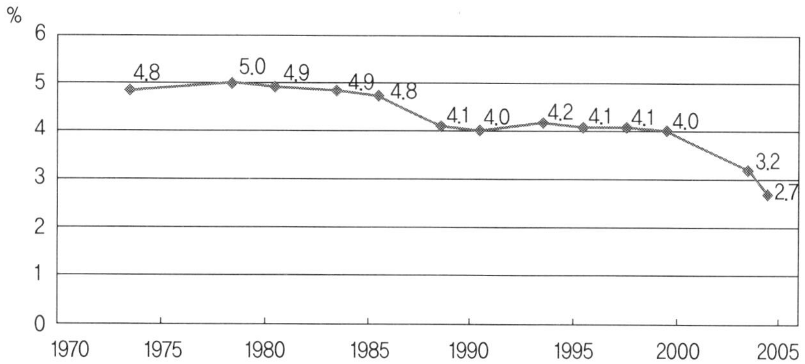

자료 : 廣田眞一(2005)

---

24) 원래 1947년 4월에 제정되었던 독점금지법에는 사업회사가 타기업의 주식을 소유하는 것을 엄격히 금지시켰고 동시에 금융기관에 대해서는 주식총수의 5%로 제한하는 특별제한 규정을 두었다. 그러다 1953년 9월 독점금지법의 개정으로 경쟁을 실질적으로 제한하는 경우를 제외하고 타기업 주식보유가 허용되었고 또한 금융기관의 주식보유제한도 5%에서 10%로 완화되어 대기업군이 계열화 및 그룹화를 형성하는 과정에서 급속하게 기업들의 주식상호보유관계가 증가하였다. 또한 60년대 후반 자본자유화 과정에서 외국인 투자자의 경영권 인수 가능성에 대한 대응책으로 안정주정책을 취한 것이 기업의 주식보유가 급격히 증가한 또 다른 요인이었다.

(2) 거래처은행 중 최대주주

일본의 메인뱅크제도는 기업과 은행이 오랜 거래과정을 통해 자연스럽게 형성되는 암묵적인 계약관계로 매우 안정적이기 때문에 메인뱅크가 변경되는 경우는 흔치 않다[25]. 은행대출은 자본시장이 충분히 발달하지 못했던 고도성장기에 가장 중요한 기업자금조달 수단으로 기업의 차입금 중 메인뱅크가 가장 큰 비중을 차지하는 것이 일반적이다. Aoki et al(1994)에 의하면 6대 그룹 기업의 경우에 은행대출에 대한 기업자금 의존도가 높았던 60년대에는 메인뱅크 차입비율이 30~40%의 높은 수준이었지만, 그 후 점차 하락하여 80년대 후반에는 25~28% 수준으로 낮아졌고, 제조업 상장사의 경우 메인뱅크에 대한 대출의존은 90년대 초에 15% 수준에 이르는 것으로 나타나고 있다(Aoki, Patrick, Sheard, 1994).

기업대출에서 메인뱅크가 차지하는 비중이 6대 그룹기업의 경우 25~28%, 제조업 상장사의 경우 15% 수준이라는 것은 기업들이 메인뱅크 이외의 금융기관에서도 많은 자금을 차입한다는 것을 의미하며 이 경우 다른 은행들의 대출은 주로 메인뱅크가 주간사 역할을 하는 대출 신디케이트를 통해 이루어진다[26)27)]. 한 개의 대출콘소시엄에는 적게는 6~7개, 많게는 20~30개의 금융기관이 참여하며 한 콘소시엄의 주간사 은행은 다른 콘소시엄의 멤버로 참여한다. 주간사 은행은 대출조건, 대출액 등을 기업 및 콘소시엄 참여은행들과 협의하고 또한 기업을 감시하는 역할을 하게 되는데 이러한 역할은 메인뱅크에 완전히 위임되어 다른 금융기관들은 관여하지 않는다. 즉 대출 위험은 여러 은행이 분담하되 감시기능은 은행에 집중되는 상호위임감시체계(reciprocal delegated monitoring)이다(sheard, 1991b).

---

25) 堀内・福田(1987)에 의하면 메인뱅크와 기업간의 관계가 반드시 고정적이지 않고 어느 정도의 유동성이 있음을 보여주고 있다. 이는 기업이 성장함에 따라 단순히 은행차입으로부터 채권 및 주식발행, 해외사업의 확대 등으로 금융서비스 수요가 다양화되는 것을 충족하기 위해 좀 더 규모가 큰 은행으로 메인뱅크를 변경할 필요가 있기 때문인 것으로 판단된다.

26) syndicated loan이란 두 개 이상의 은행이 차관단 또는 은행단을 구성하여 공통의 조건으로 일정금액을 융자해 주는 중장기 대출로 '신디케이션 론(syndication loan)' 이라고도 한다.

27) 대출 신디케이트 내에서 메인뱅크를 제외한 다른 금융기관간의 대출비율은 대체로 기업에 대한 감시능력과 금융기관 간 서열에 의해 결정되며 시간이 지나더라도 큰 변화없이 안정적으로 유지된다. 금융기관 간 서열은 대체로 메인뱅크, 계열 신탁은행 및 보험회사, 장기신용은행, 비계열 대규모은행, 비계열 보험회사 및 지방은행, 소규모 금융기관 및 외국계은행 등의 순으로 가정할 수 있다(Aoki, Patrick, Sheard, 1994).

(3) 종합적인 거래관계

메인뱅크는 당좌예금거래, 외환거래, 채권발행 및 정보서비스 등을 제공한다. 기업들은 수취와 지불의 현금흐름을 관리하기 위해 은행에 당좌계정을 설정하여 수표를 발행하는데 이러한 지불수단의 결제계정을 주로 메인뱅크에 집중하는 경향을 갖는다. 기업의 결제계정이 집중됨에 따라 메인뱅크는 기업의 현금흐름 및 재정상태를 관찰할 수 있고 따라서 타 금융기관에 비해 해당기업에 대한 정보를 훨씬 많이 얻을 수 있는 유리한 위치에 있다.

메인뱅크는 기업이 제공하는 여러 가지 서비스에 대한 수수료 등을 통해 보수를 얻게 된다. 증권화가 진행되고 융자의 비중이 저하된 현 시점에서도 메인뱅크를 무시할 수 없는 것은, 기업이 채권을 발행할 때 대부분 메인뱅크가 수탁관리자의 역할을 맡고 이를 통해 보수를 얻기 때문이기도 하다. 수탁자는 담보물을 평가하고 관리하며 필요에 따라 채권자 회의를 주선하고 합의내용을 시행한다. 수탁관리자인 메인뱅크는 높은 수수료 수입을 얻을 뿐 아니라 기업이 재정적으로 어려울 경우 기업경영에 관여할 수 있는 권한을 갖는다. 또한 메인뱅크는 기업이 회사채에 대한 보증업무도 한다.

이러한 업무 외에도 메인뱅크는 고객기업에 대한 정보서비스 및 투자은행과 같은 서비스를 제공한다. 예를 들면 자산이나 부동산의 매매, M&A, 사업파트너 물색, 국내 또는 해외시장조사, 신기술, 전산화 등 기업이 필요로 하는 전문적인 정보를 적시에 제공해 주는 역할이 메인뱅크의 능력을 평가하는 중요한 기준이 된다.

(4) 임원 파견[28)]

일본의 은행들은 임원들을 거래회사의 이사나 감사 또는 경영책임자로 파견하거나 또는 전직시킨다. 은행 직원들은 대체로 50세 이전에 자체내에서 임원으로 승진이 어렵다고 판단이 설 경우 은행을 퇴직하고 거래기업의 임원으로 이전하는 경우가 많은데 이러한 과정은 은행과 기업 사이에 협의를 통해 결정된다. 70년대 중반 이전에는 이러한 기업으로의 이전이 일반적이었으나 그 후 점차 기업의 은행의존도가 낮아지고 은행의 기업에 대한 상대적 협상력이 낮아지면서 점차 대기업에 대한 전출비중이 감소하고 대신 재정상태가 취

28) 宮島 · 近藤 · 山本(1999)에 의하면 적어도 고도성장기부터 1980년대까지만 해도 메인뱅크의 기업에 대한 임원파견은 기업의 업적개선에 기여했다는 결과를 보고하였다. 그러나 실제로 경영위기에 빠진 기업에 대해서 메인뱅크가 임원을 파견하거나 금융상의 지원을 하여도 기업이 도산하는 경우가 드물지 않게 있다.

약한 기업이나 중소기업으로의 전출이 증가하는 경향을 보이고 있다. 이러한 인적자원의 파견은 장기적인 대출관계, 그리고 기업주식의 보유정도와 깊은 관계를 갖는다.

은행이 기업에 임원을 파견하는 기본적인 이유는 직원의 자리를 확보한다는 의미도 있지만 더 중요한 목적은 기업의 의사결정과정에 대한 참여를 통해 공개된 재무제표만으로는 입수할 수 없는 경영정보를 입수하는 데 있다. 기업 역시 메인뱅크와의 관계를 밀접하게 유지하는 것이 기업에서 자체적으로 육성하기 어려운 전문가, 예를 든다면 국제금융분야나 재무전문가 등을 확보한다는 측면에서 유리할 수 있다.

일반적으로 일본의 유력기업은 다수의 은행 · 금융기관에서 자금을 조달하고 있으며, 메인뱅크도 그 중 하나이다. 〈표 4-5〉의 (1), (2)는 대표적으로 두 개 기업의 1961년 3월말 시점의 장기 및 단기 차입금의 잔고와 그 차입처 구성비를 나타내고 있는 표로서, 각각의 기업에 대해 가장 위에 있는 은행이 메인뱅크이며 그 외 다수의 은행 및 금융기관으로부터 차입을 하고 있는 것을 나타내고 있다. 예를 들어 신미츠비시중공업(新三菱重工業)의 경우 장기자금은 17개 기관, 단기자금에서는 44개의 금융기관에 의존하고 있다. 또한 차입액에 관해서도 메인뱅크로부터의 차입에 전면적으로 의존하고 있는 것이 아니라 평균적으로 1/3 정도의 차입을 메인뱅크에 의존하고 있는 정도이다.

[그림 4-2] 일본 대기업에 대한 메인뱅크의 임원파견인수의 변화(500사 평균) (단위 : 명)

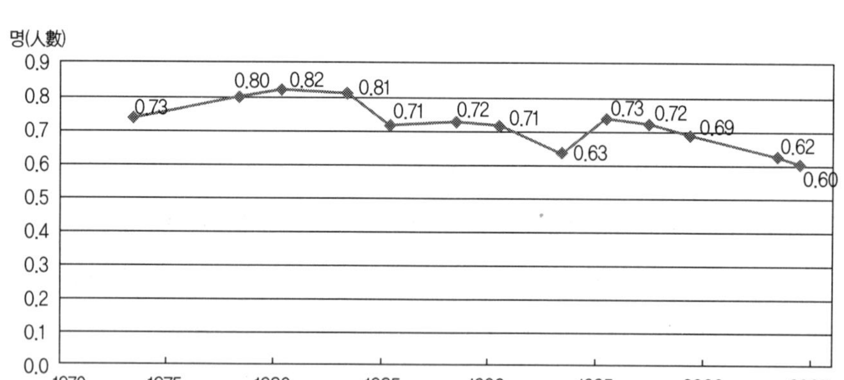

자료 : 廣田眞一(2006)

〈표 4-5〉 주요기업의 차입처(100만 엔, %)

(1) 新三菱重工業(1961. 3) (단위 : 억 엔)

은행	장기차입금	은행	단기차입금
三菱銀行	390.0(2.1)	三菱銀行	7,130.8(27.5)
他の都市銀行(3)	538.6(2.9)	他の都市銀行(11)	11,569.5(44.6)
長期信用銀行(2)	3,641.4(19.3)	長期信用銀行(1)	546.5(2.1)
信託銀行(6)	6,557.7(34.8)	信託銀行(6)	1,670.5(6.4)
保險會社(2)	1,250.0(6.6)	地方銀行(27)	4,210.0(16.2)
政府金融機關(2)	6,182.1(32.8)	保險會社(1)	100.0(0.4)
地方自治休(2)	283.9(1.5)	その他(1)	700.0(2.7)
合計	18,844.7(100.0)		25,927.0(100.0)

(2) 日本鋼管 · 製鐵部門(1961. 3) (단위 : 억 엔)

은행	장기차입금	은행	단기차입금
富士銀行	160.0(0.6)	富士銀行	3,840.0(31.0)
他の都市銀行(3)	280.0(1.1)	他の都市銀行(11)	5,590.0(45.1)
長期信用銀行(2)	11,302.0(42.4)	長期信用銀行(1)	225.0(1.8)
信託銀行(2)	6,635.5(24.9)	信託銀行(4)	210.0(1.7)
保險會社(2)	7,995.0(30.0)	地方銀行(13)	2,475.0(20.0)
		その他(2)	60.0(0.5)
合計	26,672.5(100.0)		12,400.0(100.0)

주:괄호안의 수치는 각 업태의 당해기업에의 대출기관 수
자료: 日本經濟調査協議會(客年)

한편 〈표 4-6〉은 조금 더 일반적인 기업과 메인뱅크의 관계를 나타내고 있다. 도시은행 및 장기신용은행을 메인뱅크로 하고 있는 기업이 총차입잔고 중 어느 정도의 비율을 메인뱅크에 의존하고 있는가를 나타내고 있다. 각 은행명에 대응하는 수치는 그 은행을 메인뱅크로 하는 기업의 총 차입비율(%)이다. 이 표에 의하면 메인뱅크로부터의 차입비율은 평균적으로 20% 정도이며, 시기가 지나갈수록 저하하는 경향을 나타내고 있는 것을 알 수 있다.

〈표 4-6〉 주요기업의 메인뱅크 차입 의존도 (단위 : %)

은행	1962	1967	1972	1977	1982	1986
第一勸業	–	–	12.4	12.3	12.9	14.4
三井	16.0	13.6	10.9	9.4	8.3	8.4
三菱	21.2	14.7	12.9	12.4	11.9	12.1
三和	23.4	15.8	13.6	13.7	12.8	13.5
住友	21.6	17.2	13.7	11.9	11.6	12.7
富士	21.7	17.9	15.1	12.7	11.6	13.0
東海	31.5	19.1	16.9	16.3	13.6	13.6
大和	38.1	40.3	20.6	18.3	16.7	16.8
協和	26.0	31.9	55.8	31.6	25.6	27.6
東京	47.5	35.3	27.4	20.6	18.2	19.5
日本興業	16.1	17.1	14.0	16.0	15.0	14.8
日本長期信用	21.5	24.8	24.3	36.6	39.1	39.1

자료: 日本經濟調査協議會(客年)

이렇듯 일본형 기업시스템의 특징 중 하나인 메인뱅크 및 그 외 다양한 금융기관을 통해 기업이 간접금융[29]에 과도할 정도로 의존하게 된 원인중 하나는 정부가 은행을 보호하기 위해 기업의 사채발행요건을 엄격히 규제한 것에 있다. 그 결과 일본에서는 사채를 거래하는 채권시장(직접금융시장)이 발달하지 못하였고 간접금융의 중심에 메인뱅크제도가 자리 잡게 된 것이다.

가령 회사채발행과 같은 대체적인 자금조달시장은 대장성의 규제(호송선단방식)[30]의 테두리 안에서 엄격히 규제되고 주식시장을 통한 증자에 대해서는 시가발행(時價發行)이 인정되지 않았기 때문에 이러한 방법에 의한 자금조달수단은 상당히 제한적일 수밖에 없었고, 따라서 기업은 메인뱅크로부터 자금공급의 대부분을 의존하게 된 것이다. 또 하나

29) 간접금융이란 자금의 수요자가 금융기관을 통해 자금을 조달하는 행위로서 예를 들어 예금자가 은행에 저축한 자금을 은행이 기업에 대출하는 경우가 대표적이다. 이에 대해 직접금융이란 금융기관을 통하지 않고 자금의 수요자가 자금공급자로부터 직접 조달하는 것으로 기업이 자사소유의 주식이나 사채를 투자가에게 매각하여 자금을 조달하는 행위가 대표적이다.

30) 호송선단방식 : 전후 일본의 금융행정은 대장성과 일본은행에 의해 실시되는 기존의 모든 금융기관의 계속적인 존속을 보장하는 보호주의적인 금융행정을 일컫는다.

당시 일본에서는 만성적인 초과수요 상태를 보이고 있었기 때문에 수익을 극대화하고 은행의 규모를 늘리기 위해서는 신규점포의 인허가권을 갖고 있는 대장성의 정책을 따르는 것이 은행의 이익을 극대화시키는 방법이었다. 또한 보다 많은 자금을 싼 이자로 끌어오기 위해서 일본의 시중은행은 일본은행의 저금리 정책자금 할당에 의존하지 않을 수 없었다. 통산성 및 대장성에서 산업정책을 결정한 후 자금의 흐름을 결정된 산업으로 유도하기 위해 일본은행은 시중은행에 현저히 낮은 금리로 정책적 자금을 지원하였을 것이다.

결과적으로 장래의 유망산업(Sunrise Industry)으로 결정된 산업은 메인뱅크를 중심으로 한 시중은행을 통해 단기간에 자금이 지원됨으로써 일본의 고도경제성장에 이바지하였다. 그러나 금리규제의 철폐, 해외로부터의 사채 및 시가주식발행의 자유화 등 금융자유화의 물결이 밀려오자, 메인뱅크가 아니더라도 자금조달의 길이 열리게 되고 기업은 예전만큼 메인뱅크에 의존하지 않게 되었다. 즉 자유로운 시장 참여와 퇴출이 인정되는 자유경쟁체제의 시장구조가 형성되면서 기업의 자금조달은 간접금융에서 직접금융시장으로 자연스럽게 이동하였다.

〈표 4-7〉 대표적인 표본기업과 메인뱅크관계

기업명	1972~1988년간의 메인뱅크
히타치제작소(日立製作所)	興銀
미츠비시전기(三菱電機)	三菱
오므론(オムロン)	三菱
샤프(シャープ)	富士
마츠시다전공(松下電工)	興銀 → 長銀 → 住友
산요전기(三洋電機)	住友信 → 長銀 → 住友信 → 住友
일본빅터(日本ビクター)	住友信 → 長銀 → 住友 → 長銀 → 住友
소니(ソニー)	三井

자료: 東洋經濟新報社, 1990『企業系列總監』

2. 메인뱅크의 기능

(1) 대리인비용

대리인비용(Agency cost)[31] 문제는 경제시스템의 효율성과 밀접한 관계를 지닌 경제학 용어로서 일반적으로 이러한 대리인비용 문제는 의뢰인(principal)이 소기의 목적을 달성하기 위해 대리인(agent)에게 일처리를 의뢰하는 것에서 발생하는 관계를 말한다. 즉 대리인비용이란 의뢰인과 대리인의 상호 목적이 다르고 정보도 같지 않기 때문에 대리인이 의뢰인의 희망대로 일을 수행하지 않을 경우에 발생하는 비용, 혹은 대리인이 의뢰인의 희망대로 행동하도록 유도하기 위해 발생하는 비용이라고 할 수 있다.

가령 의사와 환자의 관계를 상정해 보면 환자가 의뢰인, 의사가 대리인으로서, 환자와 의사 간에는 명백한 정보의 비대칭성이 존재한다. 즉 환자의 입장에서는 의사가 최선의 치료를 해주기를 바라지만 의사가 최선의 치료를 하는지를 알 수 없기 때문에 이를 위해 여러 가지 궁리를 하게 된다. 아는 사람을 통해서 신뢰할 수 있는 의사를 소개받는다든지, 복수의 의사에게 보여 바른 처방을 했는지를 파악하는 등의 행위가 그런 것이다. 이러한 의뢰인과 대리인의 관계는 다른 예에서도 쉽게 찾아볼 수 있다. 가령 재판에서 피고인과 변호사와의 관계, 중고차 딜러와 고객의 관계, 지주와 소작인의 관계 등이 좋은 예이다.

기업의 경우에는 더욱 복잡하다. 즉 주주(株主)가 의뢰인이고 경영자가 대리인이다. 특히 주주가 분산되어 있는 경우에는 주주와 경영자 사이의 정보 격차는 커지게 되어 이른바 '소유와 지배의 분리'가 일반화된다. 소유와 지배의 분리가 일반화되면 대리인 비용이 높아진다.

미국의 경우 기관투자가가 경영자의 투자계획에 상당한 관심을 기울이고 있는 것과 비교해 볼때, 일본기업의 일반주주(一般株主)의 기업에 대한 감시는 극히 약하다. 일본기업들은 법인에 의한 주식상호보유가 지배적이기 때문에 일본의 일반주주들의 영향력은 거의 무시된다.

일반적으로 일반주주는 경영에는 그다지 관심이 없고 주가의 동향에만 관심을 가지고

---

31) Agency cost의 개념을 본격적으로 도입한 논문으로는 Jensen & Meckling(1976)을 들 수 있다. 그들의 주된 관심사는 기업의 자본구성에 일정한 이론적 설명(theory of corporate ownership structure)을 하고자 하였으나 이러한 분석을 하기 위해 이해관계자 간에 발생하는 agency cost 문제를 분석하게 된 것이다.

있기 때문에, 그들은 해당기업의 경영계획이 의미하는 점을 명확히 이해할 수 없다. 그 결과 장기적으로는 기업에 있어서 바람직하지 않은 투자가 있더라도, 단기적으로 주가가 상승한다면 그것을 지지할 것이다. 이것이 전형적인 미국기업의 결점(경영자의 단기지향)으로 누차 지적되어온 점이다. 또한 다수의 주주들에게 주식이 분산되어 있을 경우, 주주는 정보가 없기 때문에 경영자가 말하는 것을 따를 수밖에 없었다. 따라서 주주에 의한 경영자 감시에는 대리인 비용이 오히려 높아진다.

그러나 일본 특유의 메인뱅크제도는 장기적이고 지속적인 거래관계에 의해 의뢰인과 대리인 사이에 존재하는 정보의 비대칭성, 그리고 필연적으로 발생하는 대리인 비용을 절약할 수 있다고 본다.

Hoshi et al(1991)은 Q이론에 근거하여 일본기업의 설비투자함수를 분석하였는데, 일본기업을 계열그룹에 속한 기업과 독립기업으로 나누어, 전자가 투자결정에 있어서 내부자금의 제약, 즉 유동성제약이 약하다는 것을 통해, 메인뱅크관계가 대리인비용 삭감에 기여하고 있다는 것을 확인하였다.

한편, 메인뱅크에 의한 모니터링은 은행과 사업회사간의 대리인 비용을 절약할 수 있다. 예를 들어 메인뱅크(A은행이라고 할 때)가 산하 사업회사의 융자안건을 심사한 결과 승낙 사인을 보내면 그것을 본 다른 B은행은 A은행의 승낙 사인만으로 스스로는 심사에 참가하지 않고 그것을 신호로 그 기업에 대한 융자에 나설 수 있다는 것이다. 결국 자신들의 계열이 아닌 사업회사의 모니터링을 다른 메인뱅크에 위탁하고 있는 것이다. 이와 마찬가지로 A은행은 B은행에 대해서 동일한 방법으로 계열이 아닌 기업의 융자안건을 심사하는 역할을 위탁하고 있다. 이와 같은 관계를 통해 경영정보를 충분히 갖고 있지 않은 기업에 대해서도 융자가 가능하기 때문에 이에 대한 심사비용(대리인 비용)을 절약할 수 있는 것이다.

(2) 기업통치기능

기업경영이 순조롭고 주주와 은행 등 외부투자가에게 적절한 이익이 보증된다면 외부투자가는 기업경영에 참견하지 않는다. 대신 메인뱅크가 기업의 결제계좌의 움직임이나 파견중역 등을 통해 기업경영을 모니터하게 된다. 그러나 기업이 재무위기에 빠질 경우 메인뱅크는 기업경영에 관여하여 그 기업은 은행관리기업이 되고 메인뱅크는 그 기업을 재건하는데 노력한다. 이를 상태의존형 거버넌스(contingent governance)라고 한다(廣田,

2005). 메인뱅크와 기업과의 관계가 중심이 되는 일본의 기업통치기능(corporate governance)은 거래관계에 있는 기업끼리의 주식상호보유나 금융기관과 은행과의 주식상호보유 등 다른 제도적 요인에 의해서도 보완된다. 그 결과 외부의 투자가가 기업사냥(takeover) 등에 의해 기업경영에 간섭하는 것은 어렵다.

메인뱅크주도형의 이와 같은 기업통치구조에서는 기업경영자에 대한 모니터링 수단으로서 메인뱅크에 의한 기업의 결제 계좌의 움직임에 관한 파악이나 파견중역 등을 통한 모니터는 중요하다.

메인뱅크의 기업통치기능은 기업의 자금제약완화를 통해 설비투자의 확대를 가져오며, 1960년대 이후의 일본의 고도성장을 지탱해 온 커다란 요인이 되었다. 일반적으로 주주와 경영자 사이에 존재하는 정보의 비대칭성에 의해 기업사냥이나 주주총회에 의한 경영자의 컨트롤에는 한계가 있다. 일본의 경우에는 메인뱅크가 정보생산자로서 기업사냥에 대신하여 경영자를 컨트롤하는 중요한 역할을 해왔기 때문에, 기업사냥이 통상 일어나지 않는다고 알려져 왔다. 특히 메인뱅크는 지금까지 축적해 왔던 정보를 통해 임원을 기업에 파견하여 내부정보를 활용함으로써 상시 기업감시를 할 수 있고, 당해기업이 경영곤란에 빠질 경우 지금까지 유보해 왔던 경영개입권을 행사하여 경영진의 쇄신을 요구하기도 하고, 기업을 재건하기 위한 중심적 역할을 할 수 있었다. 이는 실질적으로 기업을 지배하는 구조라고 할 수 있다. 즉 일본의 경우에는 시장에 대신하여 메인뱅크가 기업경영의 효율화를 촉진함과 동시에 중요한 역할을 끼쳐왔다고 볼 수 있다.

한편, 〈표 4-8〉은 일본의 주요기업의 자금조달구조의 추이를 나타내고 있으며, 1950년 후반부터 70년대 중반까지의 기간에 내부자금은 20%에서 40%의 비중을 차지하였고, 내부자금의 과반이 차입(주로 은행으로부터의 차입)에 의한 것임을 알 수 있다[32].

은행이 자금조달기업의 행동을 모니터하는 정보생산자로서의 역할을 담당하고 있는 점에 착안해 보면, 은행으로부터의 차입금이 기업금융에 있어서 중요한 위치를 차지하고 있다는 것은 결코 우연이 아니다[33].

---

32) Mayer(1990)는 자금순환의 국제비교에 근거하여 일본을 포함한 주요 선진국의 기업금융에서 내부자금은 중요하며, 외부자금에 있어서는 차입금의 비중이 높다는 것을 주장하고 있다.

33) 이점에 대해서의 이론적 분석은 Harris and Raviv(1990), 일본의 금융시스템에 대해서는 Horiuchi(1999) 등을 참조하기 바란다.

〈표 4-8〉 주요기업의 자금조달구조(전산업) (단위:%)

년	1957~59	1960~64	1965~69	1970~74	1975~79	1980~84	1985~89	1990~94
주식	12.0	10.9	3.6	3.2	8.3	10.4	12.3	4.6
사채	6.5	7.0	5.4	5.1	10.7	8.7	16.4	11.1
차입금	39.9	33.5	35.8	41.4	23.3	15.6	3.2	5.2
단기차입	21.0	20.1	17.6	18.3	15.5	9.7	2.7	-
장기차입	18.9	13.4	18.2	23.1	7.7	5.9	0.5	-
매입채무	6.4	16.1	20.0	21.8	12.9	9.6	-7.5	-
내부자금	25.6	22.7	37.7	35.7	49.2	56.4	59.5	87.3
감가상각	21.5	18.8	27.8	22.1	37.2	41.8	43.2	-
내부유보	4.1	3.9	9.9	13.6	12.0	14.6	16.3	-

자료: 日本銀行(1998), 『主要企業經營分析』

(3) 정보생산기능

일반적으로 은행이 기업에 투자자금을 대출할 때 투자수익에 관해 완전한 정보를 갖고 있지는 않다. 투자수익은 경영자의 노력이나 의지에 관계없이 발생하기도 하고 경영자의 능력이나 시대의 흐름에 따르는 운에 의존하는 부분도 존재하는 등 기업의 고유한 성질에 의해 결정된다. 은행은 물론 경영자가 효율적으로 자원을 사용하여 기업의 목적을 최대화할 것이라는 전제하에 자금을 대출해 주지만, 실제로는 경영자가 그렇게 행동하지 않을 우려는 충분히 존재한다.

메인뱅크의 정보생산기능이란 메인뱅크가 대출기업에 대한 정보를 심사·조사하는 과정에서 생성되는 정보를 말하며, 이렇게 수집된 기업에 대한 정보는 즉시 시장에 전달된다. 다른 은행은 메인뱅크가 그 기업에 융자한 사실을 신호(signal)로 받아들여 그 기업과의 융자관계를 맺어도 좋다고 생각한다. 역으로 기업측은 메인뱅크로부터의 융자를 자기업의 품질보증으로서 다른 은행과의 유리한 융자관계를 맺으려고 하는 인센티브가 있다. 동시에 업무성적이 어느 정도 이상 수준을 유지하고 있는 한 메인뱅크가 경영에 개입하지 않기 때문에 기업경영자는 어떻게든 업무성적을 올리려고 하는 강한 인센티브를 가진다. 구체적인 정보생산 활동으로서는 대출기업의 사전심사, 대출후의 사업의 감시 및 다른 금융기관에 대한 대출기업의 정보의 전달 등을 들 수 있다. 메인뱅크는 다른 자금공급자를 대신하여 대출기업의 신용도, 경영방침 및 업적, 그 외의 정보를 수집한다. 정보생산자로서의 메인뱅크의 행동은 다른 금융기관 등이 시그널(signal)로서 이용 가능하며, 정보의 비대칭성에 의한 대리인비용을 줄일 수 있다. 이는 대출기업에 있어서 자금코스트를 절약하는 방법이기도 하다.

또한 사후의 구제처리까지 메인뱅크가 떠 안는다는 것을 알고 있으므로 메인뱅크에 대해서 경영정보를 은닉하는 인센티브를 지니지 않게 된다. 왜냐하면 최악의 사태가 되었을 때에 중요한 정보가 경영자에 의해 은닉되어져 있다고 하면 그때에는 메인뱅크에 의한 구제를 기대할 수 없게 되기 때문이다. 그와 반대로 만일 기업경영자가 보통 때부터 메인뱅크와 긴밀한 관계를 유지, 상세한 경영정보를 제공한다고 하면 메인뱅크는 그 회사의 경영에 대해서는 일종의 공동 책임을 부담하게 된다. 이 경우에는 재무상의 위기에 있어서는 구제 수단이 취해질 가능성이 높다. 결국 구제일까 청산일까 라고 하는 판단을 메인뱅크에 맡기는 것이 기업경영자의 정보 개방을 촉진하는 동기가 되는 것이다.

그러한 의미에서 메인뱅크는 다른 은행에 대해 정보제공자이며, 메인뱅크의 존재와 설비투자와의 사이에 유의한 관계가 있다고 볼 수 있다[34]. 또한 이전부터의 장기적, 계속적 거래를 통해 다른 금융기관이 용이하게 입수할 수 없는 귀중한 정보를 축적하고 있으므로, 다른 금융기관은 대출기업에 대한 정보수집활동을 따로 하지 않고 메인뱅크에 위탁하여 정보수집비용을 절약할 수 있다. 이는 메인뱅크가 대출을 행하고 있는 것 자체로 그 기업이 좋은 양질의 대출기업이라는 것을 다른 은행에 알리는 신호(signal)로도 유용하다.

(4) 보험기능

메인뱅크시스템에 대한 관심이 높았던 1980년대 초, 메인뱅크와 기업간에는 금융시장의 변동에 대한 위험, 기업의 사업경영상의 위험에 대처하기 위하여 보험기능이 존재한다고 이해되었다. 이러한 보험제공기능은 다음과 같이 두 가지로 파악할 수 있다.

첫째, 금융시장의 금리가 높을 경우 은행은 다소 싼 대출금리로 기업에 자금을 제공하고, 반대로 금융시장이 완화되어 금리가 낮을 경우에는 다소 높은 금리로 기업이 자금을 대출받는 형식이다. 또한 기업의 경영수익이 저조할 때에는 메인뱅크가 그 기업의 금융비용을 낮추도록 조치하여 경영수익의 저하를 방지하며, 반대로 기업의 경영이 양호할 경우에는 높은 금리를 지불하여 기업으로부터 메인뱅크로 소득을 이전시켜 위험을 상호간에 분산시키는 기능을 갖고 있다. 즉 금융시장의 위험을 기업과 은행이 상호 분담한다는 의미

34) 정보생산기능에 관해서는 池尾・廣田(1992), 岡崎・堀内(1992)가 있다.

에서 위험분산(risk sharing)기능이라고도 한다.

中谷(1984)는 이를 '대출자에 대한 도산보험의 제공자(借り手に對する倒産保險の提供者)' 라고 정의하였는 바, 이는 평상시에는 거래를 통한 이득으로서 보험료의 형식을 취하여 징수하고, 유사시에 대비해서 도산의 구제형식으로 보험금을 지급한다는 의미를 갖고 있다[35].

둘째, 메인뱅크는 대출기업이 경영위기에 빠졌을 경우 구제융자를 실행하는 등의 보험기능도 갖고 있다. 이를 구제기능이라고도 한다. 대출기업은 그에 대한 보답으로 메인뱅크와의 거래폭을 다른 은행보다 많이 하거나 지불결제계좌를 메인뱅크에 집중해서 그에 따른 운용차익을 얻을 수 있도록 기회를 제공해 준다. 그 외 외환거래 등의 수수료를 메인뱅크와의 거래를 통해 지불함으로서 사실상 보험료를 지불하고 있는 셈이 된다.

메인뱅크가 이처럼 기업에 대한 장기적이고 안정적인 자금을 제공, 기업의 업적이 악화되었을 때 이를 안정화시키는 구제기능과 위험분산기능을 통해 상호 보험기능을 갖고 있다는 것은 메인뱅크가 순기능을 발휘하고 있다는 간접적인 증거이기도 하다.

(5) 모니터링기능

메인뱅크가 수행해 온 본질적인 기능은 기업에 대한 '모니터링(monitoring)' 이다. 모니터링이란 기업이 은행으로부터 조달한 자금을 낭비하는지의 여부와 경영이 효율적으로 이루어지는지를 점검하는 기능이다. 교과서적인 자본주의 모델에서는 기업경영을 감시하는 것은 주주가 하는 일이지만, 일본에서는 법인간의 주식상호보유가 일반화되어 있기 때문에 주주에 의한 경영감시 기능은 완전히 형식화되어 있다.

메인뱅크에 의한 모니터링 기능은 상당히 교묘히 이루어져 있는데, 우선 기업과 장기적인 거래관계를 확립하고 있기 때문에 기업정보가 메인뱅크에 축적되어 있어 융자조건의 심사가 단순히 이루어질 가능성이 있다. 전혀 사전지식이 없는 기업이 융자를 부탁했을 경우와 비교하여 볼 때 경영자와 그 기업의 경영능력 등을 잘 알고 있는 계열기업이 융자신청을 한 경우가 훨씬 편하게 심사를 할 수 있을 것이다.

이러한 관계는 메인뱅크가 다른 금융기관으로부터 기업에 대한 모니터링을 암묵적인 상

35) 中谷(1984)는 보험기능과 더불어 도시은행이 메인뱅크라는 사실이 기업의 신용력을 높여 자금조달능력을 증대시킨다고 하면서, 메인뱅크가 다른 은행에 보내는 신호(signal)를 중시한다고 하였다.

황에서 위탁받고 있다고 볼 수 있다. 메인뱅크가 어느 사업회사의 투자계획을 용인하게 되면 다른 금융기관도 '메인뱅크가 인정한 것이므로 괜찮다' 라고 생각하여, 전반적으로 그 기업에 대한 신용이 증가하고 따라서 자금조달이 용이하게 된다. 이런 의미에서 메인뱅크는 기업에 있어서 신용의 원천이 되어 왔다. 이같은 상호 모니터링의 역할은 은행이 기업의 투자 프로젝트를 심사할 때의 정보코스트를 대폭 절약시켰다.

일반적으로 메인뱅크는 산하기업에 대해서 필요 융자액의 전액을 대출하지 않고 타 은행에 협조융자를 의뢰하는 것이 일반적인데, 이는 특정기업에 집중적인 융자를 하게 되면 냉정하게 모니터링을 할 수 없게 될지도 모르기 때문이다. 예를 들어 다액의 대출을 한 기업이 청산될 상황에 직면할 경우 추가융자를 해서라도 구제해야 하는 사태가 일어날지도 모른다. 이럴 경우 메인뱅크로서는 이 기업을 구제해야 할 것인가, 청산해야 할 것인가를 결정해야 한다. 또한 메인뱅크가 언제라도 구제해 주리라는 기대가 지나치게 강하면 경영자는 경영판단이 무디어져 엉성한 경영을 할 것이고, 냉정하게 채권회수에 나서게 되면 기업과의 신뢰관계가 악화되어 기업에 호의적인 은행이라는 인식이 사라지게 된다. 따라서 메인뱅크는 기업행동을 항상 모니터링하면서 만일의 경우 파산직전에 이르는 기업을 구제해야 할지 어떤지 판단해야 하는 입장에 있다.

일반적으로 메인뱅크는 산하기업에 대해서 필요 융자액의 전액을 대출하지 않고 타 은행에 협조융자를 의뢰하는 것이 보통이다. 실제로 메인뱅크에 의한 기업의 융자비율은 평균적으로 20%~30%에 지나지 않는데, 그 이유는 너무나 밀착된 관계가 되면 냉정하게 모니터링을 할 수 없게 될지도 모르기 때문이다. 예를 들어 당연히 청산해야 할 파산기업의 경우, 융자액이 너무나 거대하기 때문에 추가융자를 해서 구제하지 않을 수 없게 되는 사태가 일어날지도 모른다.

메인뱅크가 언제라도 구제해 주리라는 기대가 지나치게 강하면 경영자는 경영판단이 무디어져 엉성한 경영을 계속할 것이고, 게다가 미국의 은행들처럼 냉정하게 채권회수에 나서게 되면 기업과의 신뢰관계가 나빠져서 사정을 안 봐주는 은행이라는 낙인이 찍혀 버린다. 따라서 메인뱅크는 기업행동을 항상 모니터링하면서 만일의 경우 파산직전에 이르는 기업을 구제해야 할지 어떤지 판단을 해야 하는 '레퍼리(referees)' 의 입장에 있다. 메인뱅크끼리 서로 협조융자를 통해 협력하는 것은, 특정 기업에 대한 융자액을 일정수준 이하로 한정시켜 기업이 도산 위기에 빠질 때 냉정한 입장에서 구제해야 하는가 청산해야 하는

가를 결정할 수 있는 제 삼자의 입장을 유지하기 때문이다.

메인뱅크는 기업과의 장기 지속적인 거래관계를 이용하여 평소 기업경영의 내용을 체크할 수 있는 입장에 있다. 예를 들면 거래결제구좌는 통상 메인뱅크에 집중되어 있기 때문에 현금흐름을 항상 관찰할 수 있다. 메인뱅크는 기업경영이 순조로울 때에는 우선 참견하지 않지만, 일단 업무성적이 악화하기 시작하여 어느 일정 수준을 밑돌게 되면 투자계획에 주문을 붙이거나 임원을 파견하는 등 모니터링을 강화하는 행동에 나선다.

어쨌든 간에 메인뱅크는 융자심사에서 기업경영의 모니터링, 사후청산, 구제처리까지 종합적으로 기업경영을 외부에서 감독하는 중요한 일을 담당해 왔다. 靑木(1996)는 이러한 특징을 '통합적 모니터링이 메인뱅크에 전속적으로 위임되어져 있다(delegated monitor)' 고 표현하였다[36]. 메인뱅크는 다른 은행으로부터 위임된 감시자로서, 예금구좌의 움직임이나 융자의 증감, 여러 가지 금융서비스의 거래를 통해 기업을 모니터 한다. 그러나 메인뱅크에 의한 모니터링 기능은 80년대가 되면서 금융의 자유화, 국제화로 인해 우량 대기업이 유럽시장 등 국제금융시장에서 자금조달이 가능해지면서 기업경영자는 자금조달을 위해 메인뱅크에게 경영에 대한 모니터링을 위임시킬 필요를 느끼지 않게 되었다.

그러나 다음과 같은 측면도 무시할 수는 없다. 일본의 자동차, 전기, 공작기계산업 등 압도적으로 경쟁능력을 갖게 된 업계에서는 자금조달능력이 다양화되면서 기술수준도 세계수준에 도달했다. 예전의 메인뱅크는 기업이 제안한 투자계획에 대해서 그것이 시장의 상황, 정부의 산업정책, 기술력 등에 비추어 어울리는 계획인지 어떤지를 평가하는 능력을 갖추고 있었다. 왜냐하면 일본경제가 아직 선진국들과의 격차 해소 단계에 있던 때에는 선진국 모델이 존재하기 때문에 산업이 발전해야 할 방향성에 대해서 꽤 명확한 평가가 가능했기 때문이다.

---

36) 直木(1996)는 기업 모니터링을 메인뱅크에 전속적으로 위임함으로서 사전적, 중간적 모니터링의 중복이라고 하는 사회적 코스트가 절약된다고 하였다.

[그림 4-3] 대기업의 부채 의존도, 은행차입 의존도, 메인뱅크 의존도 (500사 평균)

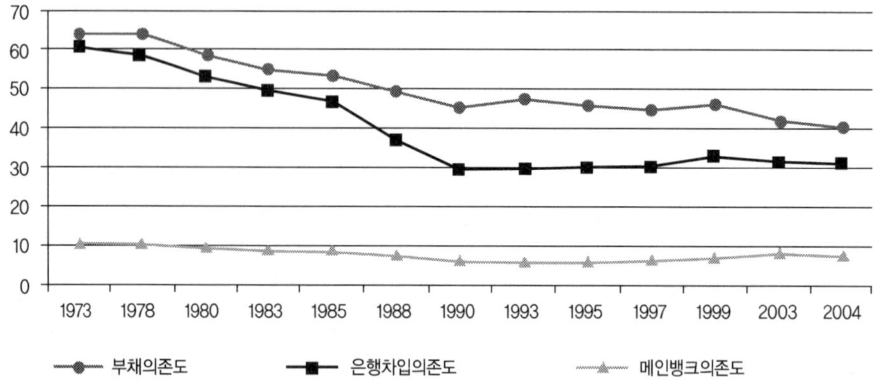

자료 : 廣田眞一(2005)

3. 메인뱅크의 평가에 대한 변화

메인뱅크시스템은 붕괴하였는가? 아니면 여전히 유지되고 있는가? 이러한 문제에 대해서 선행연구 결과물을 보면 흥미롭게도 두 가지 견해로 나뉘어져 있음을 알 수 있다. 즉 메인뱅크제도가 여전히 유효하거나 또는 일본의 고도성장기를 이끌어 왔다는 평가를 받는 분석과 그렇지 않은 결과물로 나뉘어진다. 긍정적인 평가를 받아왔던 일본의 메인뱅크제도가 최근의 실증연구에서는 부정적인 측면을 지적하고 있는 것이다.

긍정적인 분석결과의 공통점은 투자의욕이 왕성했던 일본의 고도경제성장기에 메인뱅크 관계를 갖고 있는 기업들에게 안정된 자금을 제공하였으며 이는 결국 기업의 자금제약을 완화하는 역할을 하였다는 것 등이다. 예를 들어 森(1994)는 안정적인 메인뱅크관계가 대리인비용을 삭감시킴으로서 기업의 투자에 영향을 주었으며, 이는 岡崎 · 堀内(1992)의 결과와 정합적이라는 분석을 발표하면서 메인뱅크와 기업과의 관계를 긍정적으로 평가하였다. Aoki & Patrick(1994)은 그의 연구를 통해 메인뱅크가 거래처기업의 경영위기시 기업을 구제하는 통치구조를 갖고 있으며, 실제로 기업지배가 메인뱅크의 모니터링 기능에 의해 지탱될 경우 기업이 효율성과 재건 가능성을 높인다는 결과를 얻었다. 즉 메인뱅크 관계를 갖고 있는 거래기업이 경영위기에 직면했을 때 그 사업의 재건 과정에 개입해서 파산비용을 경감시킨다는 것이다. Hukuda and Hirota(1996) 역시 일본의 582개사를 대상으로 메인뱅크와 기업의 대리인비용 문제를 분석한 결과 심각한 대리인비용에 직면한 기업은 메인뱅크로부터 차입금을 증가시킴으로서 메인뱅크와의 관계를 강화하고 이를 통해 대리인비용을 삭감할 수 있다는 결론을 얻었다.

이에 비해 메인뱅크의 기능에 대해 부정적인 시각을 갖고 있는 학자들이 1990년대 후반부터 증가하기 시작했다. 부정적인 연구의 공통점으로는 은행의 상대적 역할 감소로 인해 기업지배구조가 변화되어 자본시장의 중요성이 높아질 것이며, 이러한 의미에서 일본의 금융시스템과 기업경영구조가 영미형에 가까운 형태로 바뀔 것이라고 주장한다.

淺野(1999)의 경우 은행의 기업대출 감소, 메인뱅크의 주식상호보유 감소, 메인뱅크에 의한 기업지배구조의 약화 등이 메인뱅크제도를 붕괴시킬 것이라고 주장하였으며, Horiuchi(2000) 역시 일본의 금융자유화로 인해 직접자본시장의 중요성이 높아질 것이라고 예상하였다. 馬場 · 久田(2001)는 일본의 금융시스템이 시장메커니즘을 활용하는 방향으로 변하고 있기 때문에 간접금융의 대표적인 은행으로부터의 자금조달은 이러한 변화에 대응할 필요가 있다고 제시하고 있다. 堀內 · 花崎(2000) 역시 메인뱅크가 기업의 경영성과를 향상시키는데 유효하지 못하였다고 지적하였으며, 堀內 · 福田(1987)는 개별기업의 금융비용과 그 영업이익이 상호 그 변동을 상쇄하고 있는가 어떤가, 또한 메인뱅크로부터 대출의 증가 혹은 감소가 영업이익의 증가 혹은 감소를 초래하고 있는가를 계열기업에 대해서 조사한 결과, 메인뱅크가 기업이 직면하고 있는 위험을 부담하거나, 안정적인 자금제공자로서의 역할은 없다고 결론짓고 있다.

그러나 이러한 상반된 연구결과물에는 어느 정도의 공통적인 시대적 흐름이 존재하고 있다. 즉 일본이 한참 고도성장기를 구가하던 시기를 대상으로 분석한 연구들은 대체적으로 메인뱅크의 효과에 대해 긍정적인 분석을 내놓았지만, 90년대 중반부터는 오히려 같은 연구를 한 학자 가운데에도 부정적인 분석결과를 도출한 학자들이 증가하고 있다. 이러한 이유는 버블붕괴로 인한 장기침체의 원인을 일본식 기업통치구조에서 찾기 위한 방법으로 이용된 것이 아닌가 하는 추론을 하게 된다. 〈표 4-9〉는 위에서 제시한 연구결과 이외의 학자들에 의한 상반된 연구결과를 정리한 표이다.

〈표 4-9〉 메인뱅크의 효과와 관련된 상반된 연구결과

	긍정적인 결과	부정적인 결과
연구자	• 中谷(1984) : 도시은행이 메인뱅크라는 신호(signal)로 높은 신용력 유지 및 자금조달능력 증대 • 大庭 · 堀内(1990) : 메인뱅크에 의한 대리인비용 삭감으로 리스크 경감 • Hoshi, et al(1990) : 도산 위기에 적극협력 통한 경영유지, 기업이 직면한 투자유동성완화 통해 설비투자 촉진 • Hoshi, et al(1991) : 메인뱅크와 강한 관계(계열기업)를 갖고 있는 기업의 유동성제약 완화를 통해 설비투자 촉진, 대리인비용 삭감 • 岡崎 · 堀内(1992) : 계량분석 결과 대리인비용문제 완화 • Hukuda and Hirota(1996) : 메인뱅크로부터 대출을 늘림으로 대리인비용 삭감	• Gibson(1997) : 메인뱅크의 존재여부와 기업의 재무건전도는 상관관계가 없다 • Hayashi(2000) : Hoshi, et al(1990)의 문제점 지적, 메인뱅크에 의한 대리인비용 삭감이 관찰되지 않았다 • 花崎(2000) : 메인뱅크와 기업의 경영효율성은 상관관계가 없다 • 堀内 · 花崎(2000) : 메인뱅크관계가 기업의 경영효율을 향상시킨 증거가 없다 • 宮島 · 新田(2002) : 기업이 도산에 직면할 경우 메인뱅크관계로부터 구제조치가 있을 것을 염두에 두고 경영노력을 게을리 하거나 경영재건에 적극적이지 않을 가능성이 있다 • 正村 · 山田(2002) : 메인뱅크에 의해 구제된 기업이 실제로 경영업적까지 개선된 증거가 희박하다.

4. 기업의 자금제약과 메인뱅크의 대출행동의 변화

메인뱅크가 기업의 자금조달에 있어서 긍정적인 영향을 주었다는 것에는 많은 실증연구를 통해 부인할 수는 없는 결과들이다. 한편, 메인뱅크와 기업과의 관계는 대기업에 대한 대출에 한정되었던 것이 아니라 중소기업, 영세기업도 각각 메인뱅크를 갖고 있다. 이럴 경우의 메인뱅크는 지방은행, 상호은행, 신용금고, 신용조합 등 비교적 소규모적인 금융기관이다.

그러나 금리규제의 철폐, 해외에서의 사채 및 시가주식발행의 자유화 등 금융자유화의 물결이 밀려오자, 메인뱅크가 아니더라도 자금조달의 길이 열리게 되고 기업은 예전만큼 메인뱅크에 의존하지 않게 되었다. 즉 자유로운 시장 참여와 퇴출이 인정되는 자유경쟁체제의 시장구조가 형성되면서 기업의 자금조달은 간접금융에서 직접금융시장으로 자연스럽게 이동하게 되었다.

〈표 4-10〉은 조금 더 일반적인 기업과 메인뱅크의 관계를 나타내고 있다. 도시은행 및 장기신용은행을 메인뱅크로 하고 있는 기업이 총차입잔고 중 어느 정도의 비율을 메인뱅

크에 의존하고 있는가를 나타내고 있다. 각 은행명에 대응하는 수치는 그 은행을 메인뱅크로 하는 기업의 총 차입비율(%)이다. 이 표에 의하면 60년대 메인뱅크로부터의 차입비율은 평균적으로 20% 정도이며, 시기가 지나갈수록 저하하는 경향을 나타내고 있는 것을 알 수 있다.

〈표 4-10〉 주요기업의 메인뱅크 차입의존도 (단위 : %)

은행	1962	1967	1972	1977	1982	1986
第一勸業	–	–	12.4	12.3	12.9	14.4
三井	16.0	13.6	10.9	9.4	8.3	8.4
三菱	21.2	14.7	12.9	12.4	11.9	12.1
三和	23.4	15.8	13.6	13.7	12.8	13.5
住友	21.6	17.2	13.7	11.9	11.6	12.7
富士	21.7	17.9	15.1	12.7	11.6	13.0
東海	31.5	19.1	16.9	16.3	13.6	13.6
大和	38.1	40.3	20.6	18.3	16.7	16.8
協和	26.0	31.9	55.8	31.6	25.6	27.6
東京	47.5	35.3	27.4	20.6	18.2	19.5
日本興業	16.1	17.1	14.0	16.0	15.0	14.8
日本長期信用	21.5	24.8	24.3	36.6	39.1	39.1

자료: 日本經濟調査協議會(客年)

하지만 이러한 재무구성의 역전이 일본기업에 있어서 반드시 좋은 것만은 아니다. 즉 자기자본이 견고해지면서 일본의 경영자는 메인뱅크로부터의 감시를 받지 않게 되는 등 기업의 내부자금으로부터의 제약에서 벗어나게 되자 예전 같으면 선택하지 않았을 위험기피적인 경영 결정을 할 가능성이 높게 된 것이다.

실제로 메인뱅크의 모니터링 기능의 급격한 저하, 무제한의 재테크, 융자방식의 전환, 방만한 경영 등으로 과대한 투자(설비투자뿐만 아니라 금융자산에의 투자를 포함)가 행해지면서 일본기업의 업무성과는 이후 급격히 악화됐다. 그런 의미에서 메인뱅크에로의 회귀(回歸)에 대한 추억을 살펴보는 것은 그 나름대로의 의미가 있다 하겠다.

즉, Hoshi, et al(1991)은 일본의 그룹계열에 속한 기업과 그렇지 않은 기업들의 투자행태를 비교한 결과 그룹계열에 속한 기업들의 투자가 내부자금의 유동성 제약을 적게 받는 것으로 나타났다. 기업의 투자행태가 내부자금의 유동성 제약을 적게 받는다는 것은 은행과 기업 사이에 비대칭정보 문제가 심각하게 존재하지 않는다는 사실을 의미하며, 따라서 이러한 결과는 기업이 메인뱅크와 밀접한 관계를 유지하여 감시기능이 더 효율적일 것으로 판단되는 그룹 계열기업들에서 대리인 비용이 상대적으로 적다는 것을 실증적으로 보여준 결과라고 할 수 있다.

大庭 · 堀内(1990)에 의하면 메인뱅크는 기업이 설비투자를 하기 위해 자금조달이 필요한 경우 대리인비용을 삭감하는 효과를 갖고 있으며, 메인뱅크가 자기자금 → 차입 → 증자 등의 선호서열(financing hierarchy)에 일정한 영향을 줌으로서 투자를 촉진시켰다는 분석결과를 얻었다. 실제로 岡崎 · 堀内(1992)는 1971~1988년 까지의 약 18년간을 실증분석한 결과 융자비율은 기업의 자금제약을 완화하는데 유효한 변수임을 밝혔다. 이는 메인뱅크를 갖고 있는 기업이 메인뱅크를 갖고 있지 않는 기업보다 투자액은 많고 평균자본비용은 낮다는 것을 의미한다.

[그림 4-4] 규모별 대출기업(도시은행)

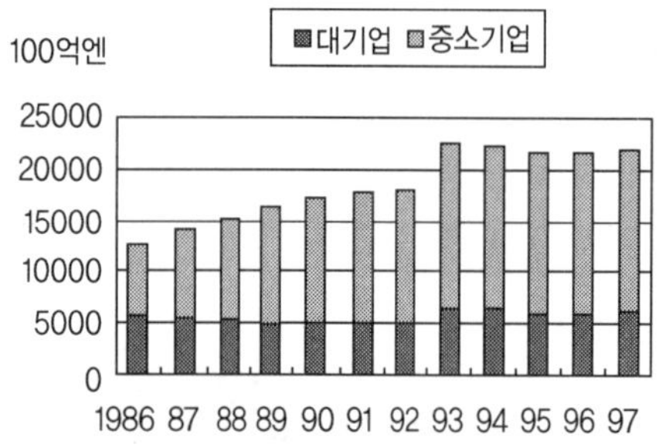

[그림 4-5] 규모별 대출기업(지방은행)

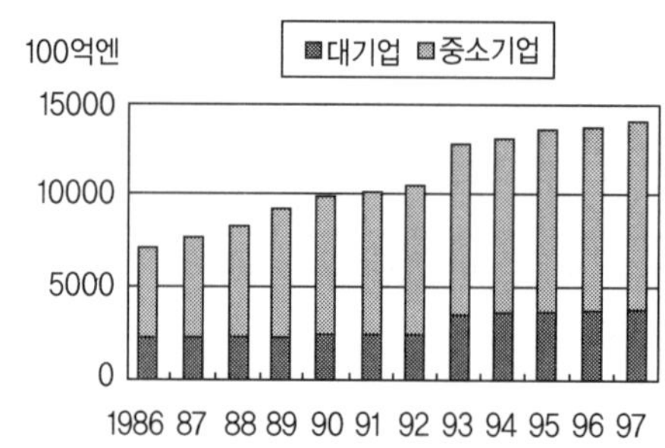

자료 : 姜喆九(2005) 및 日本銀行"經濟統計年報"(各年)

〈그림 4-4〉 및 〈그림 4-5〉는 지금까지 대기업과 안정적인 고객관계를 형성해 온 도시은행이나 지방은행이 80년대 들어와 대기업을 중심으로 은행이탈(disintermediation)이 현저해 지면서 이제는 오히려 중소기업이나 벤처기업을 새로운 고객으로 개척하고 있는 것을 나타낸다[37]. 이는 은행을 중심으로 간접금융 주체가 자본시장을 중심으로 하는 직접금융으로의 이동을 의미하는데, 결국 은행은 기업에 대한 정보를 축적할 수 있는 기회비용

37) 일본은행금융연구소(1995), 『わが國の金融制度』, p290.

까지 사라지면서 새로운 대출시장을 찾기 위한 노력이 있었음을 알 수 있다.

중소기업은 필요로 하는 자금규모가 그다지 크지 않기 때문에 거래은행의 융자액 규모가 크고 거래은행이 고정될 확률이 높다. 더군다나 중소기업의 대부분이 설비투자에 있어서 정보량의 절대 부족과 정보수집비용 등 정보의 비대칭성이 심각하며 기업의 낮은 지명도로 인해 자금제약에 직면할 가능성이 높기 때문에 직접금융에 의한 자금조달에 어려움을 겪게 된다.

중소기업이 설비투자 자금으로서 이용가능한 자금은 내부자금, 공적자금(中小公庫, 國民金融工庫 등), 민간은행 대출 등이 주가 된다(井上 徹, 2000). 더욱이 기업이 경영난에 빠질 경우 긴급 융자에의 대응은 중소기업의 경우 특히 중요한데, 금융환경이 변했다 할지라도 메인뱅크와의 관계를 유지함으로서 메인뱅크 고유의 기능을 활용할 필요가 있는 것이다. 이는 廣田(2005)에 의한 설문조사 결과에서도 마찬가지의 결과를 보여주는 좋은 예이다. 〈그림 4-6〉을 보면 신용등급이 낮게 평가된 기업(BB 이하, BBB의 신용등급)의 경우는 메인뱅크와의 거래관계를 강화하거나 현행유지를 원하지만, 신용등급이 좋은 대기업의 경우(A 혹은 AA 이상의 신용등급)는 현행유지, 혹은 메인뱅크로부터의 자금조달을 약화시키겠다는 대답을 한 것이다[38].

[그림 4-6] 메인뱅크로부터의 자금조달에 관한 설문결과 (단위 : %)

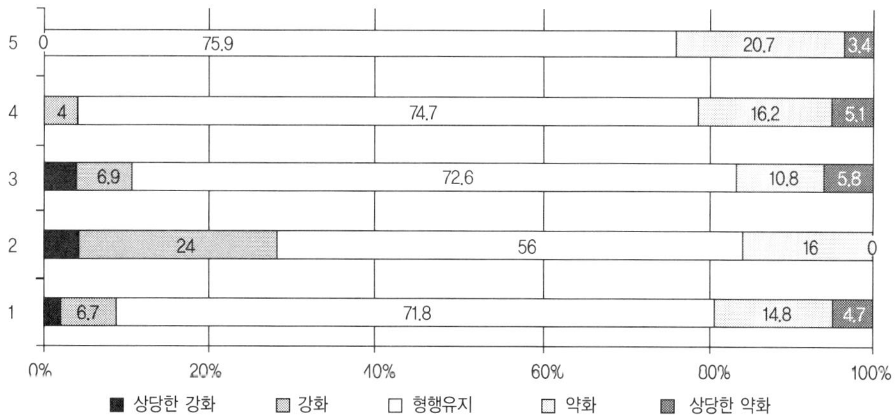

1. 자료 : 廣田眞一(2005)
2. 참고 : 각 항목 내용(1.전샘플 255사, 2.BB 이하 25사, 3.BBB 102사, 4.A 99사, 5.AA 이상 29사)

---

38) 신용등급(rating)은 무디스(Moody's)의 경우 Ba 이하를 투자 부적격 등급으로 보고, S&P(Standard & Poor's)의 기준은 BB 이하가 부적격 등급으로 상정하고 있다.

[그림 4-7] 메인뱅크와의 관계를 강화하겠다는 기업의 이유 (단위 : %)

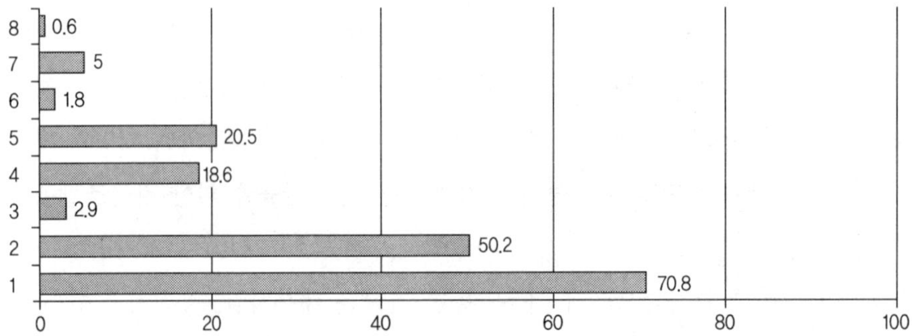

1. 자료 : 廣田眞一(2005)
2. 참고 :1. 회답기업수 824사, 숫자는 각 항목을 선택한 기업비율
2. 각 항목내용 (1. 불규칙한 자금수요, 2. 서비스 · 정보제공, 3. 적대적 매수로부터의 보호, 4. 경영위기시 구제, 5. 낮은 자금조달비용, 6. 인재파견, 7. 그 외, 8. 모르겠다)

이렇듯 금융제도가 급변해 가는 현 시점에서 일본의 금융시스템이 어떤 방향으로 진행되고 있는가에 대한 질문을 통해, 메인뱅크제도가 전후 일본의 경제발전에 어떻게 기여했고, 그 후 어떻게 변해 가고 있으며 그 이유는 무엇인가 등에 관한 연구는 일본경제를 이해하는데 중요한 요소라고 할 수 있다.

5. 메인뱅크제도 붕괴의 함정

1980년대에 들어와 일본기업의 자금조달구조는 크게 변하였다. 주요기업은 은행을 통한 간접조달방식의 비중을 대폭 낮추고 증자(增資), 기채(起債)에 의한 자금조달의 비율을 높이고 있다(표 4-11 참조). 이러한 차입의존의 저하는 금방 메인뱅크의 기능을 저하시키지는 않는다. 왜냐하면 주요기업이라고 하더라도 여전히 사채발행을 할 때에는 메인뱅크 기능에 의존하는 경우가 있기 때문이다.

1980년대에 들어와 일본기업은 보통사채, 워런트사채를 해외시장에서 활발하게 발행하였지만, 이때에 대부분 메인뱅크가 보증을 제공하거나 그러한 보증을 다른 은행에 전매하기도 하였다. 국내시장에서 일본기업이 복수의 은행으로부터 자금을 차입한 것처럼, 해외시장에서의 기채(起債)의 경우에도 메인뱅크를 중심으로 하여 다수의 은행으로부터 보증을 받은 것이다(Horiuchi; 1989). 그러나 장기적인 측면에서 주요기업의 간접금융에서 직접금융으로의 자금조달구조가 변하는 상황은 메인뱅크기능에 대신하여 자금조달자의 정보생산기능을 발휘하게 될 것이라는 것을 시사하고 있다.

〈표 4-11〉 주요기업의 자금조달구조(5년간 평균, %)

기간	자기자금	증자	차입금	매입채무	사채	합계
1957-61	33.4	11.8	30.4	8.2	6.3	100.0
1962-66	35.0	7.3	31.3	12.3	4.9	100.0
1967-71	33.5	3.2	27.9	13.5	4.2	100.0
1972-76	33.0	3.7	32.8	14.6	6.6	100.0
1977-81	60.1	9.2	14.9	6.0	8.2	100.0
1982-86	90.4	13.1	4.6	-12.2	15.4	100.0

자료: 日本銀行, 『主要企業經營分析』

실제 일본기업은 1980년대 들어와 급속히 자기자본비율을 높였지만 미국기업은 그와는 전혀 다르게 채무비율을 높여왔다. 70년대의 일본 주요 제조업 350사, 미국의 주요 제조업 500사의 자기자본비율은 각각 21.3%, 52.5%로 압도적으로 미국의 자기자본비율이 높았지만, 89년에는 일본이 38.5%, 미국이 31.7%로 역전되었다. 그리고 일본의 대기업의 은행융자 의존이 저하되면서 이러한 경향은 90년대에 들어와서도 지속되고 있다.

그러나 재무구성의 역전이 일본기업에 있어서 반드시 좋은 것만은 아니다. 즉 자기자본의 충실에 의해 일본의 경영자는 메인뱅크로부터의 감시를 받지 않게 되는 등 자금제약에서 점점 벗어나게 되자 예전같으면 선택하지 않았을 위험기피적인 경영 결정을 하게 되었다.

이렇듯 메인뱅크의 모니터링 기능의 급격한 저하, 무제한의 재테크, 융자방식의 전환, 방만한 경영 등으로 과대한 투자(설비투자뿐만 아니라 금융자산에의 투자를 포함)가 행해지면서 일본기업의 업무성과는 이후 급격히 악화됐다.

지금까지 알아본 것과 같이 메인뱅크가 기업경영의 모니터링을 맡아온 것은 그에 따른 장점이 있었기 때문이지만, 메인뱅크 제도를 지탱해 온 금융시장이 점점 글로벌화 되고 자유경쟁이 시작되자 대장성 당국과 은행 사이의 의견대립이 표면화되는 등 금융업계와 행정당국의 밀실관계도 변화하지 않을 수 없었다. 이는 대장성의 지시대로 따르는 것이 은행

측에 유리하다고만 할 수 없을 뿐 더러 대장성의 의향을 존중하는 것보다 국제적인 규격에 맞추어 경영전략을 짜는 것이 장기적으로는 더 중요하고, 이는 은행행정에 있는 '관(官)'과 '민(民)' 사이의 밀접한 관계가 붕괴되기 시작했다는 것을 의미한다.

결국 글로벌화, 자유화가 진행되는 상황하에서는 대장성과 은행업계의 긴밀한 조화관계보다는 시장메커니즘을 통해 투명성을 높이지 않으면 안 된다는 것을 의미한다. 그러나 일본의 금융제도는 세계금융시장의 기준이라고 할 수 있는 영국 미국형 시스템과 제도적으로 달라 세계시장으로부터 외면당한 적이 있다. 일본은행이 국제 시장에서 자금을 조달할 때, 금리가 높아지는 소위 저팬 프리미엄(Japan Premium)이 바로 이것을 잘 설명해 주고 있다. 일본의 금융이 글로벌 비즈니스에서 성과를 내기 위해서는 시장 메커니즘을 주체로 한 시스템으로 변화하는 것 이외에 방법이 없게 된 것이다.

메인뱅크의 영향력은 전후의 일본경제의 발전에 매우 중요한 역할을 해온 점을 부인할 수는 없다. 채권시장과 주식시장이 발달하지 않은 개도국과 사회주의국가에서 메인뱅크제도가 관심을 끄는 것은, 전후 일본경제의 발전에 메인뱅크가 기여한 부분이 크다는 평가가 전문가 사이에서 확립되었기 때문이다.

1980년대 이후는 금융자유화 및 국제화의 진전에 의해 국제적인 신용력이 있는 대기업은 서서히 메인뱅크에서 벗어나기 시작하였고 이 시기에 버블(거품경제)이 발생하였다. 따라서 메인뱅크는 기업에 대한 감시자(monitor: 기업경영의 내용을 감시하는 기관)로서의 역할을 발휘할 수 없게 되었고 담보만 있으면 누구에게라도 융자를 확대하려고 하였다. 이렇듯 거품경제가 무너지면서 이제 메인뱅크의 영향력은 결정적으로 약화되고, 예전과 같은 풍부한 자금력과 기업에 대한 영향력이 상실되었을 뿐만 아니라 오히려 거품경제시기에 융자를 남발하면서 대량의 부실채권을 안게 된 것에 대해 국민의 지탄을 받게 되었다.

결국 과거의 메인뱅크제도와는 달리 지금은 조건별로 최적조건을 지닌 은행을 기업이 기능본위로 선택해서 5~6개 은행을 축으로 거래하는 등 금융환경이 변하고 있다. 은행은 예전처럼 산하기업의 자금공급에 관계되는 모든 면을 독점하고 경영을 체크하던 역할에서 벗어나 이제는 어떠한 특정분야에서, 어떤 서비스를 제공하면 기업에게 매력을 주는 은행이 될 수 있는가를 열심히 모색하는 모습으로 하지 않으면 경쟁에서 살아나기 힘든 시대가 온 것이다.

참 / 고 / 문 / 헌

일본경제신문사(1991), 『일본기업의 야망』, 비봉출판사

최정표(1996), 『선진화를 위한 재벌의 선택-소유, 경영분리』, 도서출판 고원

下谷政弘(1993), 『日本の系列と企業グループ』, 有斐閣

姜喆九(2003), 『日本のメインバンクシステムと資金調達の關係』, 東亞研究

青木昌彦・ヒューパトリック(1996), 『日本のメインバンクシステム』, 東洋經濟新報社

淺野幸弘(1999), 『ビックバンとコーポレートガバナンス』, 吉野直行・淺野幸弘・川北英隆編『日本型金融制度改革』, 有斐閣

池尾和人・廣田眞一(1992), 『企業の資本構成とメインバンク』, 堀內・吉野編『現代日本の金融分析』, 東京大學出版會

打込茂子(1998), 『最近の日本企業の金融構造の変化について』, 明大商學論叢 第80卷第1・2號

花崎正晴(2000), 『企業データからみるメインバンクの役割の再検討』, 國民經濟研究協會『景氣觀測』, No.885.

堀內昭義・福田眞一(1987), 『日本のメインバンクはどのような役割を果たしたか』, 金融研究, 日本銀行金融研究所第6卷第3號

佐々木隆文・米澤康博(2000), 『日本のメインバンク關係 : 1964-1992年』, 證券アナリストジャール9月號

鈴木健(1998), 『メインバンクと企業集團』, ミネルブァ書房

宮崎義一(1966), 『戰後日本の經濟構造』, 新評論社

シェーンホルツ カーミット・武田眞彦(1985), 『情報活動とメインバンク制』, 金融研究, 日本銀行金融研究所第4卷第4號

中谷 嚴(1984), 『企業グループの經濟機能一日本企業の行動原理を探る』, 季刊現代經濟, No.58, Summer.

廣田眞一(2005), 『メインバンクの役割:高度成長期~現在まで』, 財政投資融資ガバナンス研究會.

Aoki, Masahiko(1994), "Monitoring characteristics of the Main Bank System:An Analytical and developmental View", *Oxford university Press*, pp. 109-141

Harris, M. and A. Raviv(1990), "Capital Structure and the Informational Role of

Debt", *Journal of Finance*, Vol. 45, pp.321-349

Hattori, Tamio(1989), "Japanese Zaibatsu and Korean Chaebol", In *Korean Managerial Dynamics*, edited by Kae H. Chung and Chong Lee, New York : Praeger.

Horiuchi, A.,(1989), "Informational Properties of the Japanese Financial System," *Japan and the World Economy*, 1, no. 3.

Hoshi, T., A. Kashyap and D. Scharfstein(1991), "Corporate structure, liquidity, and investment : Evidence from Japanese industrial groups", *Quarterly Journal of Economics* 106, pp.33-60

Jensen, Michael C. and Meckling, William H(1976), "Theory of the firm: managerial behavior, agency costs and ownership structure", *Journal of Financial Economics*.

Mayer, C. (1990), "Financial Systems, Corporate Finance, and Economic Development", in R. G. Hubbard, ed., *Asymmetric Information, Corporate Finance, and Investment*, pp. 307-332, University of Chicago Press

쉬어가는 일본경제

경영의 신 마츠시타 고노스케(松下幸之助)

마츠시타 고노스케(松下幸之助). 그의 이름 앞에는 '신화창조의 주인공', '일본 최고의 거부', '마츠시타 전기의 창업자', '불황 극복의 귀재' 등 수많은 수식어가 따라 다닌다. 그러나 마츠시타와 관련된 모든 저서에서 빠지지 않고 등장하는 말이 하나 있다. 바로 '경영의 신, 마츠시타 고노스케'이다. '내셔널', '파나소닉', '마츠시타' 등의 상표가 세계적으로 유명한 것은 사실이지만, 그에 더불어 이 그룹의 창업자 마츠시타 고노스케가 기업 경영의 신으로 더 많이 알려져 있다.

고노스케는 1895년 일본의 와카야마현(和歌山縣)에서 8형제의 막내로 태어나 어린시절 부친의 사업 실패로 생가가 몰락하고 친형제들을 모두 잃어버리는 불행을 겪었으나, 초등학교 중퇴한 학력으로 자신의 대(代)에서 세계적인 마츠시타 그룹을 구축한 위대한 인물이 되었다.

그가 처음 상인의 길로 들어선 것은 초등학교를 중퇴한 9살 때의 일로서 오사카 전등의 견습공원으로 들어가 그곳에서 오사카 상인들의 관서상법(關西商法)을 몸에 익혔다. 이런 철저한 관서상법으로 기업을 일으킨 고노스케는 여기서 한걸음 더 나아가 '새로운 인간관'을 바탕으로 사회활동과 기업활동을 결합시킨 독자적인 경영철학을 내놓게 된다.

1970년대 미국 타임지의 표지 인물로 선정되기도 했던 그는, 독자적인 경영이념과 경영철학을 창조한 사상가이자 70여권에 이르는 책을 출판한 저술가이면서, 또한 PHP 연구소와 마츠시타 정경숙(松下政経塾)의 설립자이기도 하다.

고노스케 사상의 핵심은 'PHP'(Peace and Happiness through Prosperity), 즉 번영을 통한 평화와 행복의 추구이다. 패전 직후의 극심한 빈곤과 인간성 말살의 현장을 몸소 겪었던 그에게 PHP는 하나의 신념이었다. 그는 1946년 교토에 PHP 연구소를 세워 본격적인 연구활동과 함께 출판 · 보급 및 계몽 · 실천활동을 전개하였다. 1989년 4월, 94세를 일기로 사망하기 전까지 세계시장에서 내셔널(National), 파나소닉(Panasonic), 테크닉스(Technics), 빅터(Victor) 등의 브랜드를 히트시켰으며, 마츠시타 전기를 연간매출액 5조 엔 이상, 국내외 관련회사 570개, 사원 19만 명을 거느린 세계적 대기업으로 성장시켰다(2008년 1월 현재 사원 29만명, 관련회사 372개).

마츠시타 고노스케가 입버릇처럼 하는 말이 있다.

"경영은 예술이며 경영자는 예술을 창조하는 예술가다"

그는 기업 이익을 중요하게 여겼지만 그것이 결코 경영의 최종 목적이라고는 생각하지 않았다. 그는 이익보다 더 중요한 사회적 사명이 있다고 생각했으며, 실제로 그 사명을 깨달은 날을 창업기념일로 정했을 정도이다.

〈창업초기 내셔널 브랜드〉

〈타임지 표지인물〉

■ 그가 영웅이란 이유는

① 성장과정

너무 가난해 초등학교조차 중퇴하고 잔심부름부터 시작하여 거대한 기업을 일으킨 그의 생애는 '현대의 토요토미'라 불려도 무방할 정도이다. 그의 최종학력은 초등학교 중퇴. 바로 그가 한때 일본 최고의 기업이면서 세계적으로 활약하는 마츠시타 그룹을 일으켰으니 토요토미 히데요시에 비교될 수 있는 성공담으로서 손색이 없다. 또한 마츠시타는 어려서부터 몸이 약했다는 점도 공감을 불러일으키는데, 육체적으로 결코 좋은 조건이 아니었다는 점에서도 히데요시와 닮았다. 출신성분이 형편없는데다 육체적으로도 약했던 사람이 크게 출세했다는 점에서 마츠시타 고노스케와 토요토미 히데요시는 쌍을 이룬다.

② 성공에 이르는 과정

2개짜리 소켓이나 자전거용 램프를 비롯하여 소비자에게 친근한 전기제품을 잇달아 생산하여 끊임없이 좋은 방향으로 개선해 가는 혁신자로서의 길을 걸었다. 성공하여 거대한 부를 축척한 사람은 대체로 상업적 재능이나 정치적 수완에 의지하는 경우가 많아서, 국민 대중을 착취하여 큰 돈을 벌었다는 인상을 주기가 쉽다. 하지만 그가 보급한 전기제품은 주로 가전제품이었으므로 국민들에게 가깝고 친근한 존재였고 사람들은 제품의 편리함을 절감하면서 생활했다. 기술과 경영, 양면의 개혁자로서 마츠시타는 멋진 아이디어를 용기 있게 추진하였고 사람들에게 행복을 주면서 자신의 부를 축적하였다는 인상을 주는 것이다.

③ '일본식 경영' 창출

1930년 대 공황이 일어났을 때 경영진들은 직원의 절반 정도를 해고하는 길만이 유일한 조치라고 생각했으나 마츠시타는 자사 종업원을 한명도 해고하지 않고 반나절 조업을 강행했다.

'지금부터 생산을 절반으로 줄이되, 종업원은 한 명도 해고하지 않는다. 근로자들을 해고하지 않고 반나절만 일해서 생산량을 줄이는 것이다. 현재 받고 있는 것과 같은 급료를 지불하나 휴일은 모두 없앤다. 그리고 모든 근로자들에게 재고를 팔아치우도록 최선을 다할 것을 부탁한다'

이러한 무해고 정책은 제 2차 세계대전 후에 일본의 기업들이 채택하면서 종신고용제가 정착하게 되었다. 기업이 종업원의 인생에 책임을 진다는 발상이 실현된 것이다. 가난한 노동자 신분으로 공장에서 일을 하는 사람들의 심정을 잘 아는 마츠시타 이었기에 가능한 일이었다. 이것이 전후 전 업종에 퍼져나가 이른바 일본식 경영으로 자리를 잡았다.

④ 경영이념과 관련된 철학

1946년 설립된 PHP연구소는 기업문화를 연구한다기보다는 마츠시타 개인의 신념을 널리 알리기 위해 만들었다. 마츠시타 철학이 있고, 그것을 널리 알리기 위해 자기 자금을 투입한 것이다.

마츠시타 개인의 신념을 널리 알리는 것과, 여론에 호소하는 역할을 맡기 시작한 PHP연구소는 지금은 대규모의 출판 및 연수기관이 되어 'PHP문화' 라 할 수 있는 새로운 사상저널을 만들어 내고 있다. 사회주의적 진보파가 저널리즘에서 커다란 힘을 갖고 있던 시대에도, 자유 경제와 민주주의를 주장하는 중요한 매체로 존재해 왔다.

입신출세의 꿈, 이른바 저패니즈 드림은 전후의 성장시대를 통하여 일본인의 마음에 정착했다고 해도 좋다. 그리고 그것을 널리 퍼뜨린 사람이 학력도 변변찮은 성공자 마츠시타 고노스케였다는 사실은 성공담으로 충분한 조건이기도 하다.

■ 마츠시타의 정신과 그의 경영철학

마츠시타 정신은 산업보국, 공명정대, 화친일치, 역투향상, 예절, 순응동화, 감사보은의 일곱 가지 가치관으로 구성된다. 이는 1933년 7월 27일에 새 사옥 입주를 앞두고 사원이 꼭 지켜야 할 정신을 발표한 것으로 세부적으로 살펴보면 다음과 같다.

- 산업보국 : 본사 강령인 동시에 공유가치 중 핵심가치이기도 하다. 소비자의 요구를 우선시하고 가치를 창조하며, 고용자들이 가진 능력을 최대한 발휘할 수 있는 환경을 만들어주는 것, 즉 단순한 이윤창출이 목적이 아니라 사회에 대한 공헌으로까지 이어주는 공헌이 기업의 책임인 것이다.
- 공명정대 : 인간 처세의 기본으로 아무리 학식과 재능이 있고, 고위직에 있다 할지라도 공명정대한 정신이 없는 사람은 본받을 것 없다.
- 화친 일치의 정신 : 아무리 우수한 인재를 거느리고 있더라도 이 정신이 없으면 소위 오합지졸로 아무런 힘도 없다.
- 역투향상 : 자기가 할 수 있는 한 힘껏 직무에 충실하는 것은, 우리들 사명 달성의

하나의 요체로서 참다운 평화향상도 이 정신 없이는 얻을 수 없다.

- 예절 : 사람으로서 예절을 다하려는 마음이 없으면 사회질서는 본시 이루지 못할 것이고, 올바른 예절이 있어야 사회를 정화시키고 미화시킨다. 이를 통해 윤택한 인생을 살게 된다.
- 순응동화 : 충성의 정신으로, 올바른 것에는 충성해야 한다.
- 감사보은 : 도덕의 최고로 온갖 도덕 가운데 최고에 자리하는 정신이다.

마츠시타 전기는 아직도 이같은 정신을 이어받아 매일 아침 각 사업장에서 경전처럼 외우며 하루 일과를 시작한다.

한편 마츠시타의 경영철학은 다음과 같이 요약할 수 있다.

- 수돗물 경영철학 : 마츠시타는 무엇보다도 기업의 사회성과 책임감 및 가치경영의 중요성을 강조하는 기업문화를 가지고 있다. 그는 값싸고 좋은 물건을 많이 만들어 사회에 공급함으로써 수돗물처럼 넘쳐흐르는 경제적인 풍요가 모두에게 돌아가도록 노력하는 것이 기업의 기본임무라고 생각하고 있다.
- 비가 내리면 우산을 받는다 : 그는 회사경영의 비결에 대한 질문을 자주 받았다. 그럴 때마다 '비가 내리면 당신이라면 어떻게 할 것인가' 라고 질문했다고 한다. 대답은 당연히 '우산을 쓴다' 일 것이다. 지극히 당연한 행동에 발전의 비결, 매매의 요령, 경영의 요령이 있다고 하는 것이다. 즉, 상품은 적정한 이익을 얻을 수 있는 가격으로 판매한다, 팔았지만 대금은 정확히 수금한다, 잘 팔리지 않을 때에는 무리하지 않고 휴식한다. 비가 내리면 우산을 쓰는 것 같은, 이러한 지극히 당연한 것을 착실하게 실천해 가는 것에 발전의 비결이 있다고 하는 셈이다.
- 불평으로부터 인연이 맺어진다 : 고객이 불만을 나타낼 경우 그 때는 '이미 사지 않는다' 라고 생각하고 있어도 그 불만을 정중히 받아들여 원인을 파악하고 성심성의껏 대응을 하면, 도리어 고객이 감동할 수 있다는 것이다. 불평을 받았을 때를 인연이 맺어지는 호기로서 소중히 여기고 싶다고 하는 것이다.
- 상담하듯 의사결정 : 마츠시타는 사장으로서 부하에게 명령을 내릴 때라도 부하와 상담하듯 했다고 한다. 단지 '이렇게 하시오' 라고 명령하는 것이 아니고, '이러한 일을 하려고 생각하는데 너는 어떻게 생각하는가' 혹은 '너, 해줄 것인가' 라는 식이다. 부하 역시 '나도 찬성입니다', '부디 합시다' 라든가 '여기는 이러한 쪽이 좋은 것 아닙니까' 라는 식으로 의견을 제시한다. 이렇듯 인간은 자유스러운 의사, 자주적인 책임에 있어서 일을 할 때에 힘을 발휘하는 것이다.

■ 마쓰시타 고노스케의 명언

- 60점의 능력을 갖춘 사람이라면 일을 맞기기에 충분하다. 60퍼센트의 전망과 확신

이 있다면 그 판단은 타당하다고 말할 수 있다. 사람이 예측할 수 있는 것은 기껏해야 60퍼센트에 지나지 않는다. 나머지는 그 사람의 열의와 용기 그리고 실행력에 달려있다.

- 순수한 마음을 갖추려면 우선 그런 마음을 갖추어야겠다는 결심을 해야 한다. 끊임없이 순수한 마음을 갖추기 위해 노력한다면 적어도 어제보다는 오늘, 오늘보다는 내일 더 순수한 마음을 갖출 수 있다. 바둑을 배우는 사람이 초단이 되려면 대개 만 번 정도는 바둑을 두어야 한다. 순수한 마음을 갖추는 경우도 그와 비슷하다고 말할 수 있다. 우선 순수한 마음을 갖추어야겠다는 결심을 하고 매일 노력한다. 그리고 각자 어제 자신이 한 행동이 과연 순수한 것이었는지, 내일 일을 순수한 마음으로 처리할 수 있는지 검토하고 반성하는 자세를 갖추어야 한다. 겸허한 마음으로 자신을 다시 한번 되돌아보고 어딘가에 얽매이거나 편중된 행동을 하지는 않았는지 끊임없이 반성해야 한다.
- 무리하게 팔지 말아라. 손님이 좋아하는 것도 팔지 말아라. 손님에게 도움이 되는 것을 팔아라.
- 지식이나 학문은 학교에서 배울 수 있지만, 지혜는 가르칠 수 없다. 이것은 스스로 개발하는 것이다.
- 막혔을 때는 결코 당황해선 안 된다. 무리를 하지 않고, 충분히 휴양하고 힘을 기르는 것도 일책이다.
- 같은 것을 봐도 기뻐하는 사람 · 불만을 가지는 사람이 있다. 우리는 기쁨을 느끼는 사람이고 싶다.
- 사람과의 인연 · 연결은 중요한 것. 인연 있는 일을 기쁨, 성의와 열의로 서로의 연결을 보다 강하게 하고 싶다.
- 고민은 있어 당연. 그것은 살아 있는 증거이며 항상 반성하고 있는 증거이기도 하다.
- 산은 서쪽으로부터도 동쪽에서도 오를 수 있다. 자신이 방향을 바꾸면 새로운 길은 얼마든지 연다.
- 나는 경영에 대한 열의에 있어서는 누구에게도 뒤지지 않는다.
- 나는 경영에 대한 열의에 있어서는 누구에게도 뒤지지 않는다.
- 금붕어를 기르겠다고 마음먹었을 때, 단지 금붕어만을 생각하는 것은 잘못된 태도다. 금붕어가 사는 물도 생각해야 한다. 금붕어만 생각하고 물을 무시하면 금붕어는 제대로 길러 보기진에 죽어 버린다.

■ 참고문헌

- 에구치 가쓰히코 (2000), 『마츠시타 고노스케의 인덕경영』, 더난출판사
- 모리 가즈오 (2005), 『이노베이션 경영』, 랜덤하우스중앙
- Kotter, John (1999), 『마쓰시타의 리더십』, 노보 컨설팅

• 松下電器産業 http://www.panasonic.co.jp/
• Panasonic Korea Ltd. http://www.panasonic.co.kr/company_html/company/operation.php
• "친환경이 경쟁력이다," 전자한국일보, 2007. 5. 21.

CHAPTER 05

버블경제와 장기불황

제1절 80년대의 일본경제
제2절 90년대의 일본경제
제3절 버블붕괴 및 장기불황
제4절 설비투자의 역할
◈ 쉬어가는 일본경제

05
CHAPTER

버블경제와 장기불황

제1절 80년대의 일본경제

1. 플라자 합의

1980년대 초 미국의 레이건 행정부(1981~1989)는 레이거노믹스(Reaganomics)를 실천하기 위해 대폭적인 개인소득세의 삭감, 정부규제의 완화, 재정지출 억제정책 등 공급측면을 자극하는 신자유주의를 표방하면서 재정적자를 발생시켰다. 이러한 재정정책은 대규모 무역적자를 초래하였고, 특히 미국의 대일(對日) 무역적자 규모는 1985년 429억 달러까지 확대되었다. 이에 따라 무역마찰의 주요 원인이 타국의 불공평한 무역거래관행에 있다고 주장해 온 미국의 제안에 의해 플라자 합의(Plaza Accord)가 이루어졌다. 이 합의는 무역불균형을 해소하기 위해서는 통화면에서의 조정이 필요하다는 인식을 바탕으로, 지금까지 환율에 대해 개입하지 않겠다는 입장을 내세운 G5의 입장을 크게 변경시킨 획기적인 방침이기도 하다.

달러강세(엔 약세)와 그 원인이기도 한 미국의 고금리정책과 쌍둥이적자(재정적자와 경상수지적자)가 세계경제에 끼치는 악영향을 염려한 미 · 일 · 독 · 영 · 불의 G5(선진5개국) 중앙은행 총재들은 미국의 강력한 요구로 1985년 9월 22일 뉴욕의 플라자호텔에서 회담을 통해 달러강세 시정을 위한 정책협조 의견에 합의하였다. 즉 미국의 경상수지 적자 개선을 위해 일본 엔화와 독일 마르크화의 평가절상(달러가치 하락)을 유도하기로 한 것이다. 이것이 순조롭게 진행되지 못할 때에는 정부의 협조개입을 통해 목적을 달성한다는 등의 내용으로 주요국에 대한 마크로 정책의 협조가 제시되었으며, 이를 계기로 달러강세에 대한 전면수정이 진행되었다.

당시의 일 · 미 무역관계를 살펴보면 80년대 초반 오일쇼크 여파로 기름을 많이 소모하는 미국의 대형 자동차 업체들이 고전한 것에 비해 일본은 소형 자동차를 시작으로 미국시장을 석권하며 경상수지 흑자폭을 늘리고 있었다. 그러다보니 미국의 수출 부진과 무역적자로 인한 불경기가 세계경제 전체에 악영향을 끼칠 우려가 있었고, 이에 미국은 경기 악순환의 원인이 달러강세에 있다고 보고, 따라서 달러 가치를 내리게 되면 미국의 수출증가와 더불어 경기가 회복될 것이라고 여겼다. 아시아권에서는 거의 유일하게 미국을 상대로 대규모 경상수지 흑자폭을 기록했던 일본은 이러한 미국의 환율절상 요구를 받아들일 수밖에 없었고 수출주도형 경제성장정책에서 내수주도형 경제구조로 전환하는 시기를 맞이하게 된 것이다.

플라자 합의가 채택되자 독일 마르크화는 1주만에 달러화에 대해 약 7%, 엔화는 8.3%가 상승하는 등 즉각적인 변화가 나타났고, 이후 2년동안 달러가치는 30% 이상 급락하였다. 당시 1달러 당 260엔대의 달러화는 3개월 만에 달러당 200엔대로 떨어졌으며, 3년후인 1988년에는 절반 수준인 130엔대로 수직 하락하였다[1]. 이후 10년간에 걸쳐 장기하락 추세에 진입, 1995년 4월에는 엔화에 대한 달러환율이 사상 최저수준인 80.6엔, 독일 마르크화는 1.36마르크까지 하락하였다.

이러한 엔고(円高)의 소용돌이와 달러약세의 상황에서 일본 국내에서는 '엔고 디플레론', '일본경제 공동화론'에 대해 심각한 염려가 대두되었다. 플라자 합의 이후 일본 및 독일 등 선진국 경제가 부진을 면치 못하는 반면, 미국경제는 달러약세로 인한 높아진 가격경쟁력을 통해 90년대 들어 해외시장에서 승승장구했으며, 저물가가 지속되어 견실한 성장세를 유지함에 따라 미국경제는 회복세로 전환되었다.

이에 대해 일본정부는 금융완화에 의해 국내수요를 확대하고 이를 통해 경상수지 흑자를 축소시키기 위한 대응을 마련하였다. 국내의 유효수요가 확대되면 그에 따라서 수입수요도 확대되고 무역수지 및 경상수지의 흑자는 축소될 것이라고 생각한 것이다.

1) 당시 한국의 원화는 달러화에 연동(peg)되어 움직이고 있었기 때문에 엔화절상은 오히려 수출경쟁력 제고라는 호재를 가져다 주었다. 이로 인해 한국경제는 3저(底) 호황(저금리, 저유가, 저달러)을 누렸다.

2. 일본경제의 변화

플라자 합의 이후 엔화가치의 급격한 상승은 일본경제와 사회에 엄청난 변화를 몰고왔다. 무엇보다도 수출로 인한 기업의 이익이 급격히 줄어들었고 일본기업들은 엔화가치가 상승했음에도 불구하고 미국시장에서의 가격경쟁력을 유지하기 위해 수출품의 달러가격을 올리지 않았다. 수출품의 달러가격은 엔화가치가 상승되기 이전과 동일한데 달러가치는 절반으로 떨어졌기 때문에 일본기업의 채산성 악화는 당연한 결과였으며, 이는 90년대 일본의 장기불황을 촉진시킨 버블경제 형성의 도화선이 되었다[2].

일본 중앙은행은 채산성 악화로 고통받는 일본 기업들의 이자부담을 줄여주기 위해 저금리정책을 실시했다. 결국 저금리정책을 위해 1986년 1월 30일 공정금리(公定歩合)를 5%에서 0.5% 인하하여 4.5%로, 같은 해 3월 10일 4.0%로, 4월 21일에는 3.5%로, 11월 1일 3.0%로 낮추었으며 1987년 2월 23일, 공정금리를 당시의 사상 최저수준인 2.5%까지 인하하는 등, 1년 1개월 동안 다섯 차례에 걸쳐 인하하였으며, 그 후 1989년 5월 30일까지 2년 3개월 동안 2.5%를 그대로 유지하는 등 금융완화정책을 지속적으로 실시하였다.

가뜩이나 기업쪽으로 자금이 흘러가지 않는 상황에서 정책금리까지 떨어지자 일본 내에서 갈 곳을 잃은 유동성자금은 부동산 등 실물자산으로 몰렸으며 이것이 버블을 형성하게 된 배경이 되었다. 특히 엔고(円高) 현상에 의한 수출산업의 부진과 이로 인한 불황(즉, 엔고불황)을 과도하게 염려하였던 금융완화정책은 결과적으로 과잉유동성을 만들었고 이것이 자산시장에서 버블을 형성한 하나의 원인이 되었던 것이다. 게다가 엔고(円高) 경향에도 불구하고 일본 국내의 저축률은 떨어질 줄 몰라 경상수지는 흑자가 지속되었고, 대외순자산이 축적되면서 일본은 세계 유일의 채권국이 되었는데, 이 역시 일본국내의 과잉유동성의 공급에 공헌하였다.

한편 재정지출정책은 재정재건정책 하에 재정적자를 삭감하고 국채의존도를 인하하는 방침이 통과되었다.이때문에 1980년대 후반 정부의 자금부족은 급속하게 진행되었다.

---

2) 버블(bubble)이란 일반적으로 '실제의 자산가격이 자산의 본원가격(fundamentals)으로부터 괴리된 부분'을 일컫는다. 그러나 획기적인 기술혁신에 성공한 기업의 주가가 상승하거나 새로운 철도건설계획이 결정되어 건설 예정지역의 토지가격이 상승하는 등, 이제까지 알려지지 않았던 정보의 공개로 인해 기대치가 변화한 것을 반영하여 자산가격이 변동하는 경우는 본원가격(fundamentals)의 상승이지 버블(bubble)은 아니다.

1975년 이후 발행된 적자국채는 1982년 7조 엔을 정점으로 계속 감소하여 88년에는 1조 엔을 밑돌았으며, 91년부터 93년에 걸쳐 적자국채 발행액은 제로가 되었다. 즉 1980년대 후반, 특히 플라자 합의 이후의 일본의 마크로 경제정책은 금융완화정책과 재정긴축정책의 조화였다고 볼 수 있다.

일본정부는 엔화절상 압력을 줄이기 위해 해외부동산 및 금융상품 투자를 적극 장려하기 시작했으며 기업들도 채산성 향상을 위해 생산기지를 저개발국가로 이전하기 시작했다. 소니(Sony)는 CBS 레코드(1988) 및 콜롬비아 영화사(1989) 인수, 미츠비시(三菱)는 미국의 자존심인 록펠러센터(Rockefeller Center)를 구입하는 등 해외 부동산을 마구잡이로 사들였고 달러약세로 인해 개인들의 해외소비가 크게 증가하면서 미국과 유럽 등 해외 유명 관광지에는 일본 특유의 '깃발부대' 단체관광이 꾸준히 증가하는 모습을 보였다.

요약하면 1980년대 일본경제의 전반기는 토지 및 주식 등의 자산가격의 상승을 경험한 시기였고 후반기에는 이들 자산가격이 정점에 달한 후 급락을 경험한 시기였다고 할 수 있다. 물론 토지 및 주식가격 외에 맨션, 골프 회원권, 그림, 골동품 등도 마찬가지로 투기의 거품이 들어갔지만 당시에는 자산가격의 상승이 경제의 본원가격(fundamentals)을 반영한 것이었고, 이는 일본경제의 실력이 향상되었다는 긍정적인 견해도 있었다. 이러한 버블의 팽창과 붕괴는 실물경제에도 상당한 영향을 끼쳐 1980년대까지의 일본식 경제체제와 메인뱅크시스템은 사회주의국가 및 개발도상국 등이 추구해야 할 성공적 모델로 제시되었지만, '잃어버린 10년' (lost decade)이란 용어에서 말해주듯이 1990년대 들어와 일본경제는 장기간의 침체에 빠져들면서 일본식경영과 경제체제는 비난받기 시작하였다.[3)]

한편 '잃어버린 10년' 으로 상징되었던 일본경제가 어느덧 최근에 들어와 '부활의 10년' 으로의 방향전환을 가져왔다. 일본경제가 이렇게 부활의 10년을 맞이하게 된 데는 표면적으로는 중국 특수와 디지털 가전 등의 신수요가 창출되었기 때문이다. 즉 2000년대까지 총수출이 -5.2%를 나타냈지만 중국경제의 급성장으로 대중(對中)수출이 2002년에 32%를 기록하는 등 중국수출의 급신장에 힘입어 성장드라이브를 가져다 준 것이다.

게다가 신(新) '3종의 신기' (3種の伸器)로 불리우는 PDP, DVD 레코더, 디지털 카메라 등을 중심으로 한 디지털 가전의 수요가 연평균 50% 이상씩 증가한 것도 한 몫 했다. 이를

3) 이를 두고 미국 MIT의 돈 부시 교수는 다음과 같이 언급했다. "일본의 과거 영광은 이미 사라졌다. 일본은 아시아 위기를 타개할 길을 제공해야 함에도 불구하고 오히려 아시아 위기의 중심적인 문제가 되고 있다. 일본이 성장하지 않으면 세계시장, 자유무역 체제가 흔들리게 될 것이다"(Businessweek Jan.1998)

통해 일본의 고도경제성장을 일으켰던 설비투자가 다시금 살아나고 일본경제는 본격적인 회복기로 접어든 것이다.

〈표 5-1〉 일본의 수출 증가율(엔화 기준) (단위 : %)

구분	1999	2000	2001	2002	2003	2004	2005	2006
총수출	-6.1	8.6	-5.2	6.4	4.7	12.2	7.3	14.6
대중수출	1.4	23.2	14.9	32	33.3	20.5	10.6	22.1

자료: KOTIS(한국무역협회, 수출 DB)

[그림 5-1] 국민총자산의 시계열추이

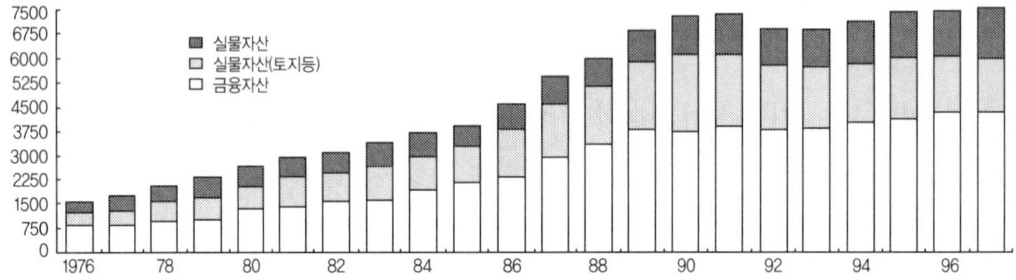

자료: 經濟企畫廳, 『國民經濟計算年報』

[그림 5-1]은 국민총자산의 시계열추이를 나타낸 그래프로서 국민총자산의 총액은 1989년 말 6,858조 엔에 달하였는데, 이 시기의 일본경제는 높은 저축률과 강한 대외 경쟁력, 기술진보 등으로 장기에 걸쳐 경제성장을 달성하여 왔다. 그러나 급속한 경제성장의 배경에는 주식이나 토지의 가격상승에 의한 자본이득(capital gain)의 효과도 크다.

이를 이해하기 위해서 일 · 미 양국간 자산항목의 차이를 살펴보면, 국민총생산 중 금융자산을 뺀 정미자산인 국부는 일본의 경우 1989년 말 대 명목GNP의 8배, 미국은 3배 정도였으며 그 차이는 대부분 토지평가의 차에 상당한다. 즉 1960년과 70년대의 토지평가는 명목GNP의 2배 정도였지만, 1980년에는 3배, 89년에는 5배 정도였다. 국토면적은 미국의 25분의 1에 불과한 일본의 토지평가액이 미국보다도 훨씬 큰 것은 일본의 토지가격이 지나치게 높았고, 이러한 가격상승은 기본적으로 토지 및 주식시장에 대한 리스크개념이 희박해지면서 수요는 높아지고 상대적으로 공급은 한정되어 있기 때문이다. 토지에 대해서는 토지이용규제나 토지세제 등의 정책에서 왜곡이 있었고, 주식의 경우는 낮은 배당이율이 자본이득(capital gain)을 조장하였던 점, 혹은 기업의 구조조정(restructuring)에 대한 기대 등을 들 수 있지만, 근본적으로는 금융완화정책이 투기를 조장하였고 이것이 버블과 직결된 것이다.

3. 토지와 주식가격의 변화

일본은행은 1989년 5월, 공정금리를 2.5%에서 3.25%로, 같은 해 10월, 12월, 1990년 3월, 8월 등 5차에 걸쳐 6% 수준까지 상향조정하였다. 이러한 흐름속에 1989년 말 주식시장은 최고수준에 달하였고 토지가격은 전국적인 상승단계를 보였다. 그러한 가운데 1990년대 들어와 주가는 급락하였다. 즉 닛케이평균주가(日經平均株價)[4]로 볼 때 1989년 말 최고치인 38,915엔을 기록했던 주가가 90년 들어 대폭 하락하면서 1990년 4월 28,000엔까지 약 30% 가까이 급락하였고, 같은 해 8월 이라크의 쿠웨이트 침공을 뉴스로 다시 급락하여 20,221엔으로 한해 동안 48%가 하락하였다.

이와는 달리 토지가격은 90년대 초반까지는 안정된 상황을 보였다. 1991년 7월 기준지가(국토청조사)로 볼 때 동경권(주택지)의 수준은 1983년과 비교하여 약 2.5배의 수준이었으며, 대 전년변동률은 1.0%의 하락에 지나지 않았다. 동 조사에 의하면 전년대비 50% 가까이 상승을 보였던 오사카권에서는 15.3%의 하락이 있었지만, 전국평균에서는 여전히 2.7%의 상승을 나타냈다. 도쿄 및 오사카권에서도 주택지에 비교하면 상업지의 토지가격 하락률은 마이너스였고, 각각 0.3%와 8.9%에 머물렀다. 그러나 1991년 가을부터 토지가격은 무너지기 시작하여 1992년 9월 기준지가는 전국평균 이하로 하락하였으며, 특히 6대도시(東京, 大阪, 京都, 名古屋, 神戸, 横浜)의 지가는 1990년 기준으로 1998년에 이르러 60% 가까이 하락하였다〈표 5-2 참조〉.

국토청의 조사에 따르면 1991년 7월부터 1992년 7월까지 1년간 주택지의 지가는 도쿄 15.1%, 오사카 23.8%, 교토 27.5% 하락하였다. 이는 1989년에 비해 1992년 주식가치는

4) 일본의 대표적인 주가지수인 닛케이평균주가(Nikkei, 일본경제신문사가 관리, 운영한다)는 싱가포르 국제상업거래소(SIMEX)와 오사카증권거래소 등에서 주가지수선물, 옵션의 거래대상이 되기도 한다. 계산방법으로는 도쿄증권거래소(TSE) 1부에 상장된 주식 가운데 유동성이 높은 225개 종목을 선정해 매일 1분 간격으로 평균주가를 산출, 공표하고 있다.

〈표 5-2〉 일본의 6대도시 토지가격의 변화율 (단위 : %)

년도	전체평균	상업지	주택지	공업지
1980	13.3	10.7	20.7	8.7
1981	8.5	8.1	10.6	6.7
1982	6.7	7.9	6.7	5.5
1983	4.8	6.8	3.9	3.6
1984	5.2	8.9	3.5	3.4
1985	7.4	13.2	5.5	3.7
1986	14.3	28.8	9.6	4.9
1987	25.9	33.8	27.0	17.1
1988	27.9	41.8	23.2	19.3
1989	24.4	25.1	15.3	33.0
1990	30.1	27.6	33.1	29.5
1991	3.0	3.3	2.1	3.
1992	−15.5	−15.3	−17.9	−13.1
1993	−17.9	−22.4	−18.7	−12.5
1994	−11.5	−18.5	−8.5	−7.5
1995	−13.4	−24.2	−7.9	−7.8
1996	−11.2	−21.0	−6.0	−5.8

자료 : 小川一夫 · 北坂眞一(1998)

230조 엔, 도쿄의 택지가치는 100조 엔의 가치가 사라져 버린 것과 마찬가지다.

1980년대를 통해 버블이 지속되었던 요인 중 하나는 자기실현적인 기대형성에 의한 측면이 크다. 이를 가능하게 한 근본적인 원인은 자산간의 재정(裁定; arbitrage)을 가능하게 했던 충분한 유동성의 공급(과잉유동성의 존재)이다. 그런 의미에서 1986년 2월 이후 2년 3개월에 걸쳐 당시로서는 일본은행 창업 이래 최저수준인 2.5%의 금융 완화정책에 책임을 돌릴 수 있다. 이 점에 대해서는 나중에 일본은행도 스스로를 비판할 정도의 금리였는데, 이 시기에는 넌뱅크[5]를 포함한 금융기관이 맹렬한 속도로 주식이나 토지를 담보로 하여 융자경쟁을 하였고, 결과적으로 이것이 버블붕괴 후인 1990년대 부실채권문제를 초래하였다.

그렇다면 왜 이렇게까지 금융완화정책이 선택되었을까? 가장 먼저 지적되는 것은 엔고

5) 넌뱅크(non-bank) : 예금은 받지 않고 융자를 하는 금융기관의 통칭을 일컫는다. 소비자금융회사, 리스회사, 카드회사, 과거의 주택금융전문회사(住專, 주센) 등이 있다. 대금업 규제법에 따라 등록만 하면 영업할 수 있는 등 은행 등에 비해 규제가 엄격하지 않아서 거품시기에는 부동산업자에게 거액의 융자를 계속하였고, 그 결과 방대한 부실채권을 안게 되었다.

불황대책과 내수확대정책을 추구한 것에 기인한다. 1985년 9월, 플라자 합의에 의한 급격한 엔고의 진행과 그로 인해 디플레이션현상이 지속되었을 때, 내수확대정책은 경상수지의 흑자폭을 축소하면서 안정적인 성장을 목표로 한 것이었다. 엔고 국면에서 물가상승에 대한 염려가 점점 희미해진 것도 금융완화정책을 지속한 배경이라고 할 수 있다. 또한 금융완화정책을 통해 과도한 엔고의 진행을 억제하려는 이유도 있었다.

버블붕괴 후인 1990년대부터 장기불황이 시작된 일본경제는 1991~96년도의 평균경제성장률이 1.7%였으나 1997년도의 경제성장률은 0.7% 감소하여 제1차 오일쇼크 직후인 74년도 이래 전후 두 번째의 마이너스성장을 기록하였으며 98년 역시 연속적인 마이너스성장을 기록하였다.

제2절 90년대의 일본경제

1990년대의 일본경제는 80년대와는 비교할 수 없을 정도로 저성장이 지속되었으나, 일방적인 후퇴국면은 아니었다. 버블경기의 정점을 이루었던 1991년 4월 이후, 일본경제는 30개월간이나 지속된 전후 2번째로 긴 후퇴국면에 접어들었고 실질성장률은 1992~94년 연속 제로성장률을 기록하였다. 일본은행은 경기회복을 위해 1991년 7월 공정할인율을 인하하였으며, 재정당국은 1992년 8월, 종합경제대책을 시작으로 65조 엔이 넘는 공공사업 중심의 재정지출을 시행했다. 그러나 초저금리정책과 거액의 공공투자 확대로 일시적인 경기부양은 되었지만 자율적인 경기회복은 실패했으며, 이후 1993년 10월부터 1997년 3월까지 43개월간 장기간의 경기회복기간을 거쳤다[6].

〈표 5-3〉은 일본의 주요경제지표를 미국과 비교한 것으로서, 이 표를 보면 1970년대부터 80년대까지의 일본의 경제성장률이 평균 3% 중반에서 4% 중반임에 비해 90년대 전반에는 1.4%로 급격한 저하를 보였다. 1996년에 일시적으로 5.1%의 고성장률을 기록하였지만, 그 후 다시 성장률은 저하하면서 98년에는 전후 두 번째의 마이너스성장률인 2.8%까지 떨어졌다.

한편, 미국은 70년대부터 80년대에 걸쳐 2% 후반에서 3%대의 성장률을 유지해 왔다. 90년대 전반은 1.9%의 성장률을 보였지만 일본에 비해 그 정도가 작고, 평균연율은 오히려 일본을 상회하고 있다. 이렇듯 미국은 1996년 이래 성장률이 더욱 높아졌고, 이는 90년대 전체를 통해 미국의 평균성장률이 일본보다 상향세를 보였다.

한편, 일본의 실업률을 보면, 1970년대는 1%대에 머물다가 오일쇼크를 거쳐 2%대로 상승하였고 95년에는 결국 3%까지 상승하였다. 이후 실업률은 지속적인 상승을 보이면서 98년에는 4%를 넘어 99년에 이르러 4% 후반까지 상승하였다. 이렇듯 일본은 경기순환에

6) 1955년부터 제1차 오일쇼크가 일어난 1973년까지 일본경제는 기적이라고 할만큼 고도경제성장을 계속해 왔다. 이 기간 동안의 경제성장률은 연평균 10%대에 달하였고 GNP는 4.2배나 증가하였다. 장기에 걸친 고도성장은 1965년을 중심으로 전기와 후기로 나뉘어진다. 전기의 고도성장에 해당하는 제1차 고도성장이란 진무경기(神武景氣: 1955~57), 이와토경기(岩戸景氣:1958~61), 올림픽경기(オリンピック景氣:1963~64) 등 3회의 호황을 일컬으며, 후기에 해당하는 제2차 고도성장기는 전후 최장의 이자나기경기(いざなぎ景氣: 1965~70)를 말한다.

〈표 5-3〉 일 · 미 경제의 장기적 동향 추이(1) (단위 : %)

	1970-75		1975-80		1980-85		1985-90		1990-95		1996		1997		1998	
	일본	미국	일본	미국	일본	미국	일본	미국	일본	미국	일본	미국	일본	미국	일본	미국
국내총생산	4.5	2.7	4.4	3.6	3.4	2.9	4.6	2.9	1.4	1.9	5.1	2.8	1.4	3.8	-2.8	3.9
생산지수	1.6	1.6	5.9	4.7	2.9	2.0	4.8	2.4	-0.7	3.0	2.3	3.5	3.6	6.1	-7.1	3.6
생산자물가지수	8.9	9.3	5.5	9.9	0.1	3.3	-1.0	2.2	-0.8	1.6	-1.6	1.3	0.6	0.2	-1.5	-2.4
소비자물가지수	11.4	6.8	6.6	8.9	2.8	5.5	5.9	4.0	1.4	3.1	0.1	3.0	1.8	2.3	0.6	1.6
실업률	1.1	4.9	1.9	8.5	2.0	7.1	2.6	7.2	2.1	5.6	3.4	5.4	3.4	4.9	4.1	4.4
환율	357.7		305.2		203.6		200.6		135.4		116.0		129.9		115.2	

자료: 經濟企畵廳『國民經濟計算』, 日本銀行『經濟統計年報』, 『金融經濟統計月報』
Council of Economic Advisers *Economic Report of the President*. US Depertment of Commerce, Survey of Current Business. Board of Governors of the Federal Reserve System.에 의해 작성하였으며, 5년간을 종합한 수치는 매년의 합의 평균치를 나타낸다.

관계없이 실업률이 지속적으로 상승하였으며 게다가 97년 이후의 금융위기로 인해 산요증권(三洋證券), 야마이치증권(山一證券), 홋카이도척식은행(北海道拓殖銀行), 일본장기신용은행(日本長期信用銀行), 일본재건신용은행(日本再建信用銀行) 등 일본을 대표하는 금융기관이 파산, 혹은 국유화 되었으며 이러한 이유가 고용불안으로 이어져 경제 전체가 장기저성장에 빠지게 되는 배경이 되었다.

한편, 미국은 1970년대 후반부터 80년대에 걸쳐서 7~8%의 높은 실업률이 지속되었지만 93년 이후 급속하게 저하하면서 1998년에는 4%대 전반에서 안정세를 보였다. 일본은 1998년 4.4%를 기록한 이후 경기회복으로 실업률은 저하되면서 미국과 거의 동등한 수준이 되었다. 일본의 실업률은 외국과 비교하여 최저수준을 유지하여 왔지만, 기업의 도산 및 종신고용관계의 변혁기에 조금씩 상승하기 시작하였다. 기업은 업적부진에 의한 불황형 도산이 60%를 점하였지만, 버블기의 부동산 투자의 실패 및 은행의 가시시부리로 인한 자금융통난에 빠진 기업의 도산도 증가하였다. 개인 역시 실업증가, 자영업의 부진, 주택론의 변제에 대한 어려움, 소비자금융의 자금에 의존한 고금리의 다중채무 증가 등으로 인해 자기파산하게 되는 예가 늘어나면서 사회적인 문제를 가져왔다.

1990년대 들어와 미국경제가 회복되면서 경제성장률은 평균 2.3%를 기록, 1998년도에는 재정수지도 흑자로 전환되었다. 1987년 10월 19일 블랙먼데이(black monday) 직후 2천 달러 전후였던 다우평균주가도 2000년 초에는 1만 1천 달러를 넘어섰다. 한편, 이때부터 일본적 경제시스템은 좌초하면서 부실채권 처리문제의 혼미와 경기저하로 인해 침체분위기가 퍼져나갔다. 이러한 비관론은 "일본때리기(Japan bashing)"에 반영되면서 주식시장이나 부동산시장이 장기침체를 가져왔고 1995년 후반 일본 은행들의 자금조달에는 심각한 저팬 프리미엄(Japan Premium)[7]의 고금리 현상이 발생하였다. 이로 인해 주식시장에서는 일본 주식에 대한 매도가 본격화 되었다. 이는 일본 은행들의 자금조달비용이 해외시장 등에서 구미의 은행에 비해 상대적으로 높게 책정되는 현상으로, 금융시스템의 불안 등으로 일본 은행들의 신용도가 떨어진 것이 그 배경에 있다.

7) 저팬 프리미엄: 일본의 은행이 자금을 조달할 때 외국 은행에 비해 특별히 더 부담하는 금리를 말한다. 일본은행자료(금융경제월보 등)에 의하면 저팬 프리미엄은 도쿄미츠비시은행 오퍼(offer)금리에서 바클레이즈은행 오퍼금리를 뺀 금리로 산출한다. 신용도가 낮은 일본은행들 가운데 1997~98년에 0.7%에서 1.1% 정도까지 금리상승을 요구받은 곳도 있었다.

제3절 버블붕괴 및 장기불황

1. 버블붕괴의 요인

버블의 발생과 붕괴는 1986년 이후의 7년간을 일컫는다. 즉 1986~89년을 버블의 발생기, 그 후 1990~92년간을 버블의 붕괴기로 구분할 수 있는데, 이러한 버블발생의 직접적인 원인은 1985년 플라자 합의에서 시작된다. 플라자 합의로 인해 당시 달러 당 240엔이었던 환율이 지속적으로 상승하면서 1988년에는 달러 당 120엔을 기록했다. 엔고가 지속되자 일본은행은 이를 저지하기 위해 1986년 1월부터 공정금리를 잇따라 인하하여 1987년 2월에는 5%에서 2.5%까지 낮추었다. 이와 더불어 1986년 3월부터는 외환시장에서 달러 매입, 엔 매도에 나섰고 이로 인해 일본의 금융시장에는 대량의 엔 자금이 유입되었다. 일본은행의 이러한 적극적인 금융완화조치는 부동산 융자를 급속히 늘려 버블형성을 위한 자금조건을 마련해 주었다.

한편, 1987년 2월 일본전신전화(NTT)가 상장되자 초저금리와 거대한 잉여자금으로 인

[그림 5-2] 1990년대 전후 일본기업의 전환사채(CB) 발행실적

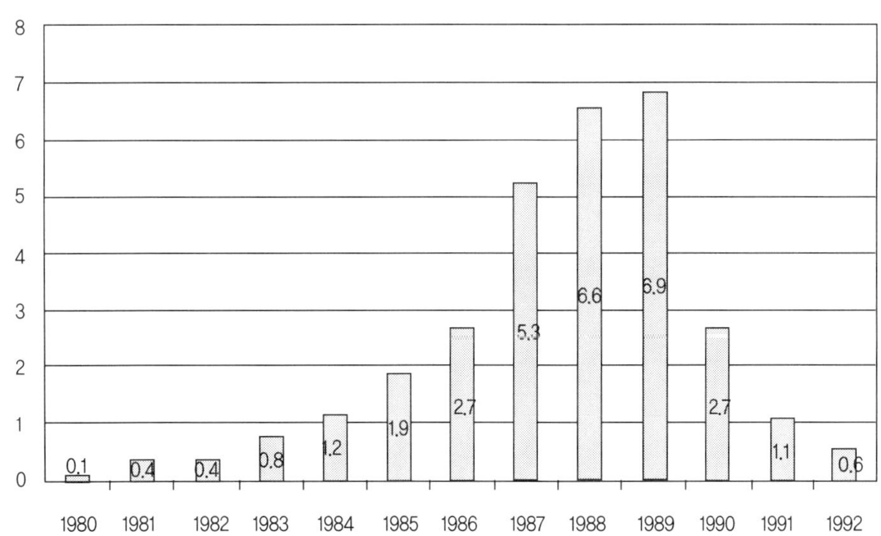

자료: 일본경제신문사(1995)

해 개인의 주식투자의욕을 불러 일으키며 공전의 증권붐을 유발했다. 대기업들은 1986년 이후 낮은 금리와 높은 주식가격이라는 상황에서 은행차입금 대신 국내에서는 전환사채(convertible bond), 해외에서는 워런트채(warrant bond)를 발행하면서 금융시장에서 직접 자금을 조달하기 시작했다. 전환사채나 워런트채와 같은 에퀴티 파이넌스(equity finance)에 의한 자금조달액은 1987~89년에 걸쳐 약 56조 엔에 이를만큼 거액으로 팽창했으며, 이 거액의 자금이 대부분 금융자산, 특히 주식투자 등 재태크 목적으로 운용됨으로서 버블을 팽창시킨 것이다.

〈표 5-4〉 1990년대 전후 일본기업의 워런트채(WB) 발행실적 (단위 : 건수, 억 엔)

년도	국내		해외	
	건수	금액	건수	금액
1984	1	30	61	4,336
1985	5	550	91	8,662
1986	11	1,040	202	19,932
1987	0	0	223	34,390
1988	0	0	219	49,821
1989	24	9,150	242	82,698
1990	11	3,950	143	26,245
1991	9	3,815	268	37,053
1992	0	0	134	16,502

자료: 일본경제신문사(1995)

대기업들의 은행이탈은 은행의 대출환경에도 막대한 영향을 주었다. 즉 대기업의 은행이탈에 대응하기 위해 토지 및 주식 등을 담보로 하여 부동산업체와 중소기업에 대한 대출에 주력하게 되었다. 1986년부터 시작된 토지가격과 주식가격의 상승은 은행이 기업에 대출할 때 기업의 담보대출을 촉진시켰고, 이러한 대출에 의해 조달된 자금의 대부분은 미래의 가격상승을 담보로 다시 토지 및 주식구입에 투입되었다. 이러한 자금운용이 토지와 주식가격의 상승을 초래했음은 당연한 결과이다.

2. 헤이세이불황(平成不況)

1) 정부의 정책실패

불황을 이끌어간 주된 요인은 극심한 내수 부진이었다. 내수 부진을 주도했던 것은 민간소비의 감소, 토지가격 하락과 주택대출규제에 따른 민간주택건설의 부진, 그리고 민간설비투자의 부진 등을 들 수 있다.

플라자 합의 이후 엔고불황을 극복한 일본경제가 1986년 11월 경기침체에서 벗어나 1991년 2월까지 약 51개월간 경기순환의 확장기에 들어가면서 이자나기경기(いざなぎ景氣)때의 57개월간에 이어 전후 두 번째 긴 기간의 호경기를 기록했다. 이 확장기는 새로운 원호(元號)에 비유하여 통상 헤이세이경기(平成景氣)라고 불리우는데, 헤이세이경기의 전반은 자산가격의 버블로 인해 소비와 투자의 내수 및 수출의 외수도 호경기를 맞았다. 이렇게 80년대 후반 4~6%의 높은 성장세를 보였던 헤이세이경기는 1990년대 주식시장에서의 버블붕괴와 토지가격 하락으로 막을 내리고 이후 헤이세이불황을 맞게 되었다.

당시는 토지와 주식의 버블이 이미 붕괴하기 시작하였고 이것이 실체경제에 어느 정도 영향을 끼치는가를 지켜보는 시기였다. 게다가 1991년 7월 금융완화정책으로 공정금리를 6%에서 5.5%로 인하하였으며, 그 후 동년 11월 5%, 12월 4.5%, 1992년 4월 3.75%, 7월 3.25%, 1993년 2월 2.5%, 9월 1.75% 등 약 2년간 7차례에 걸쳐 공정금리를 인하하여 버블기의 2.5%를 밑도는 1.75%의 수준까지 저하하였다[8]. 이러한 초저금리를 유지하는 것은 상당한 이점이 있다. 우선 엔화약세를 유도해 수출기업의 가격경쟁력이 향상되고 이는 수출증대효과를 가져오게 되며, 또한 기업들의 금융비용 부담이 줄어들어 기업수익을 개선시키는 효과도 기대하게 된다. 게다가 수십조 엔에 이르는 부실채권을 갖고 있는 은행업계를 지원해 금융권을 조기에 안정시키게 된다.

그러나 일본은행의 금리인하에도 불구하고 경기자극 효과보다는 부작용이 따른다는 견해가 대두되었다.

첫째, 은행은 기업도산으로 인한 부실채권화가 두려운 나머지 대출을 기피하기 때문에 금융완화정책을 실시해도 효과가 없다고 본다.

8) 이후 2001년에는 0.10%까지 매우 낮은 수준으로 유도되었다.

둘째, 케인즈의 『일반이론』에서 지적하였던 유동성의 덫(liquidity trap)에 빠졌을 가능성이다. 즉 이자율은 충분히 하락한 수준이기 때문에, 장래의 이자율에는 상승기대가 발생하여 금융완화가 반드시 투자의 유인이 되기 힘든 상태이다. 유동성(화폐공급량)의 공급도 그대로 유동성의 수요가 증가하게 되어 포트폴리오의 변경을 촉진하지 않기 때문에 생긴다.

셋째, 이자수입의 감소로 금융소득이 줄어든다. 이 시기의 개인자산이 1,000조 엔 수준이었기 때문에 단순히 계산해도 1% 이자율의 저하는 연간 10조 엔의 소득을 감소시키기 때문에, 국민들은 장래의 생활설계에 어려움을 겪게 된다.

넷째, 경기대책과 엔고대책을 동시에 운용하는 것은 무리가 따른다. 즉 1985년의 플라자 합의 후 약 2년간 엔고가 진행되면서 1993년에는 1달러 100엔대까지 증가하였다. 이때 엔고현상을 억제하기 위해 공정금리를 인하하였는데, 결과적으로는 1993년 9월 1.75%까지 절하된 공정금리도 엔고를 멈추게 하지 못하였다. 즉 엔고는 그 후도 계속되어 1994년 6월 1달러 100엔을, 다음해인 1995년 4월 19일 1달러 80엔을 돌파하였다.

이러한 엔고현상에 대처하기 위해 1995년 4월 공정금리를 0.75%, 그리고 동년 9월에는 0.5% 수준까지 인하하였는데, 이는 선진국에서도 유례를 찾아보기 힘든 최저수준의 금리에 해당한다. 금리인하의 목적은 우선 엔고대책과 부실채권문제로부터 야기된 금융시스템 불안에 대처하기 위해, 그리고 경기회복을 위한 것이라고 할 수 있다. 재할인금리를 인하하면 미국 및 유럽 등과의 금리격차가 확대되어 엔화하락을 유도할 수 있으리란 계산이다. 일본정부와 일본은행은 엔화가 80엔대까지 상승하면서 수출경쟁력을 확보하기 어려운 제조업체로부터 강한 압력을 받았다. 실제로 일본은행의 발표 이후 엔화는 약세로 돌아서기도 하였다.

이상과 같이 1990년대의 헤이세이불황의 경기대책으로서 금융정책은 효과를 발휘하였다고는 할 수 없다. 그보다는 감세와 공공투자를 중심으로 한 재정정책이 효과가 있었다. 1994~96년도에 5.5조 엔 규모의 소득세의 특별감세를 실시하면서, 1997년 4월에는 소비세율을 3%에서 5%로 인상하여 결국 이러한 효과가 상쇄되었다는 의견도 있었지만, 여전히 지속되는 토지가격 하락으로 인해 1997년에는 지가세율 인하와 고정자산세의 대상이 되는 부동산평가액의 인하도 꾀하였다.

예산조치를 동반한 경기대책은 1975년부터 96년에 이르기까지 13회 있었고, 92년 8월 및 93년 4월 종합경제대책, 동년 9월 긴급경제대책, 94년 2월 종합경제대책, 95년 9월 경기회복을 확실히 하기 위한 경제대책 등 5회나 있었다. 그러나 이러한 정책이 경기를 회복시켰다는 근거가 없기 때문에 공공투자 및 재정정책이 백해무익하다는 의견도 만만치 않았다.

2) 금융시장의 변화

일본은 전후 고도성장에 필요한 자금을 안정적으로 확보하기 위해 일본을 대표하는 금융시스템으로서 호송선단형 체제를 갖추어 나갔다. 자금이 절대적으로 부족한 금융환경에서 저축을 집결시키기 위해서는 금융기관의 절대안정이 필요한데, 정부가 금융시스템을 안정되도록 전후 금융체제를 설계한 것이 바로 호송선단방식이다. 부족한 자본을 저축의 형태로 조달하기 위해서는 금융시스템의 안정이 필요하고 이를 담보하기 위해서는 경영기반이 약한 은행도 존속할 수 있도록 자금조달 금리, 즉 예금금리를 인위적으로 낮게 설정하는 것이다. 아울러 점포규제나 신금융상품 및 서비스 개발과 판매에 대한 규제를 통해 경쟁을 제한하고 대신 수익을 보장시켜 준다.

그러나 이러한 직접적인 행정개입만으로 금융기관이 직면하는 모든 위험을 피할 수는 없기 때문에 만일의 경우를 대비하여 이를 흡수할 수 있는 완충장치가 필요한데, 대장성(大藏省)은 이를 위해 금융기관의 파탄을 막고 신용질서를 유지하기 위해 포괄적인 안전망(safety net)[9]을 제공하였다. 즉, 일본금융당국이 은행시스템을 개혁하는 과정에서 2001년 3월 말까지 모든 예금자 및 채권자에 대해 은행파산으로부터 완전하게 보호하도록 한 것이다.

그러나 이러한 호송선단체제는 자금이 부족하던 고도성장시대의 산업발전을 위한 자금배분을 컨트롤하고 금융시스템의 안정성을 높이는데 기여했던 것은 사실이지만, 비효율적인 금융기관까지 끌어안아야 하는 부담감을 키워왔다. 당연히 이러한 규제의 최대 수혜자는 은행이었고, 이들 은행이 누린 이익이 메인뱅크제도가 갖고 있는 여러 기능들을 발휘할 수 있도록 제도적인 뒷받침을 해 주었다고 할 수 있다.

1980년대 이후 일본 역시 금융자유화가 본격화되면서 주로 대기업을 중심으로 에쿼티

9) safety net: 사람들의 불안감을 없애기 위한 경제적, 사회적인 구조를 말하며, 이러한 안전망은 공적개입 비용 증가, 도덕적 해이 등의 부작용을 초래할 수 있어 금융대개혁(big bang)의 원칙에 위배된다. 따라서 금융당국은 안전망을 한시적인 구조로 고안하였다.

파이넌스(equity finance)를 통한 직접금융조달 비중을 증가시켜 나갔다. 그러다 보니 은행은 고객확보차원에서 대출경쟁에 몰두할 수밖에 없었고 대출자금의 전환으로 인한 공백은 건설과 부동산 관련 기업 및 중소기업에 대한 대출로 메워졌다. 이 과정에서 은행은 토지신화[10)]에 근거하여 부동산담보 대출을 과감하게 전개했던 것이다. 이는 은행융자 중 부동산 관련 융자가 차지하는 비율이 1981년 9.2%에서 1991년 20.3%로 급상승한 것만 봐도 알 수 있다.

1990년대 초 불황으로 인해 기업의 수익이 악화되면서 기업은 금융기관에 대한 원리금 상환에 어려움을 겪게 되고, 이에 부동산 매물이 증가하면서 지가하락으로 이어졌으며, 이는 은행의 담보가치가 하락하게 되는 과정이 반복되었다. 부실채권을 안게 된 금융기관은 대출기업에 대해 금리감면 등의 구제조치를 취했으나, 기업수익이 호전되지 않게 되면서 부실채권 액수만 확대되는 결과를 낳았다. 이렇게 되자 은행은 주가하락으로 인한 손실 및 부실채권으로 인한 자기자본의 감소로 은행 스스로 부실화되었다. 그러나 대장성은 경기가 회복되면 부실채권 문제가 자연적으로 해결될 것이라고 믿었으며 적극적인 대처를 하지 않았고, 이로 인한 결과가 바로 일본의 금융시스템의 붕괴를 가져왔다.

3) 일본식 고용시스템의 변화

일본의 장기불황의 원인으로 지적되고 있는 것 중의 하나가 고용시스템이다. 전후 일본경제를 이끌어 온 주력산업은 철강, 조선, 기계, 석유, 화학, 토목 및 건설 등 이른바 중후장대형 산업이었는데, 이러한 산업은 숙련노동의존도가 높다는 특징이 있다. 노동시장에 기업이 필요로 하는 숙련노동자가 크게 부족했기 때문에 기업으로서는 사내교육을 통해 숙련공을 양성할 필요가 있었고, 따라서 신입사원을 정기채용하여 기술을 습득시킨 후 정년때까지 같은 회사에서 일하도록 하는 종신고용제도와 연공서열제도가 자연스럽게 일본 내에 정착하게 된 것이다.

고도경제성장 시기에는 노동력의 확보가 중요한 과제였기 때문에 기업으로서는 노동자

10) 일본경제의 고도성장기에 탄생했던 세 가지 신화가 있다. 첫째 토지가격은 결코 하락하지 않는다는 토지신화, 둘째 불황이라도 소비수요는 감소하지 않는다는 소비신화, 셋째 기업경영은 집단주의하에 전종업원이 종신고용을 전제로 동료의식으로 결합되어 있기 때문에 대규모 종업원해고는 없다는 완전고용신화 등이다. 하지만 거품경기가 붕괴되면서 이러한 신화는 사라져 버렸다.(經濟白書, 1999)

에게 장기근속에 대한 인센티브를 제공하는 합리적인 방법으로 일본식 고용제도가 유용하였으나, 70년대 석유 위기를 계기로 성장률이 저하되면서 종신고용, 연공서열을 지탱하는 기반에 동요가 일어나기 시작했다. 이것이 90년대 들어오면서 불황이 장기화되자 기업은 더 이상 기존의 고용시스템을 고집할 수 없게 되었고 오히려 일본식 고용제도가 거품을 형성하고 불황을 장기화시키는 요소라는 지적이 대두되었다(吉田, 1995).

3. 경제시스템의 붕괴

버블붕괴와 때를 같이하여 일본적 경제시스템이 불안해진 것은 고도성장기 이후 국내시장을 해외시장으로부터 보호하고 원재료를 수입하여 부가가치가 있는 제품을 수출하는 가공무역이 장기간에 걸쳐 엔고현상으로 한계를 맞이하였기 때문이다. 이 때문에 많은 제조업이 해외로 생산거점을 옮겨 결과적으로 산업의 공동화를 초래하였다. 섬유, 철강, 자동차, 반도체 등 계속되는 무역마찰을 둘러싼 미일통상교섭은 결국 마크로경제의 구조시정을 요구한 미일구조협의에 의해 미국으로서는 마에카와보고서(前川レポート; 1986년)[11], 공공투자기본계획(1990년), 히라이와보고서(平岩レポート; 1993년)[12] 등에서 나타난 일련의 양보를 일본으로부터 얻어냈다. 마에카와보고서는 미국과의 무역마찰을 해소하기 위해서는 일본의 경제구조를 수출지향형에서 내수주도 · 국제협조형으로 전환하는 것이 바람직하다는 정책안을 제안한 것이다. 1986년 당시 일본의 수상이었던 나카소네 야스히로(中

11) 나카소네(仲曾根)수상의 사적자문기관인 '국제협조를 위한 경제구조조정연구회'가 86년 4월 6일 작성한 보고서로서 이 연구회의 위원장이 마에카와 하루오(前川春元) 전 일본은행총재였다. 일본의 경상수지 흑자는 수출주도형 경제구조에 기인한다는 관점에서 내수주도형 경제로의 전환을 강조하고 있다. 구체적인 내용으로, ① 주택정책을 중심으로 한 내수확대, ② 탄력적 재정정책운영, ③ 소액저축 비과세제도의 폐지를 비롯한 세제개혁, ④ 농산물 수입확대 등이다. 이에 근거하여 1987년 경제심의회는 구조조정과 관련하여 구체적인 방안을 제시한 '신나에카와보고서'를 발표하였다.

12) 당시 경단련(經團連) 회장이었던 히라이와(平岩外四)를 중심으로 한 경제개혁 연구회는 1993년 히라이와보고서를 제출했는데, 이 보고서는 규제완화가 왜 필요한지에 대해 다음과 같이 지적하였다. "공적규제는 지금까지 산업발전과 국민생활 안정에 나름대로 기여해 왔지만, 지금은 도리어 경제사회를 경직시키고 경제사회구조의 변혁을 방해하는 역할을 하고 있다. 규제완화에 따라 기업에 새로운 사업기회가 생기면 고용이 확대되고 소비자들도 다양한 상품 및 서비스를 선택할 수 있다. 내외가격차도 개선할 수 있다. 이는 동시에 국내외적으로 자유경쟁을 촉진시키고 일본 경제사회의 투명성을 높여 국제적 조화를 이룰 수 있게 될 것이다"

曾根康弘)는 일 · 미 정상회담에서 이를 실행하겠다는 결의를 표명하였지만, 정작 급격한 엔고로 인해 경기후퇴를 우려한 일본정부는 공정금리 인하와 공공투자 확대를 중심으로 대규모 경기진작 정책을 실행하기에 이르렀다.

높은 저축률로 인해 경상수지 흑자가 계속되고 그만큼 매년 대외순자산을 축적하는 세계 유일의 채권국 일본에 대한 해외로부터의 평가는 엄격하였다. 구소련의 붕괴에 의해 미 · 소의 냉전이 종결되고 미국만이 유일한 초강대국이 된 것도 일본에 대한 강력한 요구와 무관하지는 않을 것이다. 1991년 이라크전쟁에 90억 달러 지원, GATT의 우르과이라운드(1994년)에서 미국의 쌀 수입 허용과 국제사회에서의 양보가 계속되었다.

이러한 흐름 속에서 일본경제도 서서히 해외시장과의 개방시스템으로 변모하였다. 그러나 버블붕괴에 의해 토지신화가 붕괴되고 부실채권을 껴안은 은행은 토지를 담보로 해왔던 금융중개를 축소하여 메인뱅크로서의 기능이 점점 희미해지면서 우량기업을 시작으로 탈 은행현상을 야기하였다. 이로서 경쟁력이 약한 금융기관의 존속을 전제로 보다 경쟁력 있는 금융기관에 일종의 보조금이 주어졌던 호송선단방식은 금융기관의 다액의 부실채권으로 더 이상 유지될 수 없게 되었다.

일찍이 세계 유일의 시가총액을 자랑했던 도쿄증권거래소도 주가하락, 주식거래액의 축소가 정착된 후 그 지위가 회복되는 것은 간단하지 않았다. 일본의 증권수수료는 비교적 높았으며 게다가 유가증권거래세도 있다. 이러한 이유로 버블기에는 외자계 증권회사도 주가가 장기간 침체하여 당분간 회복 전망이 없다고 판단하여, 아시아에서의 거점을 일본으로부터 철퇴하여 싱가포르시장으로 옮기는 움직임이 가속되었다. 이에 국제금융시장에서 리스크에 직면하였던 영국이 1986년에 결단한 빅뱅(big bang; 증권수수료의 완전자유화를 축으로 한 금융시장의 대개혁)의 성공을 모방한 일본판 빅뱅의 필요성이 요구되었다.

이 시기의 경기침체의 특징은 버블붕괴로 인한 토지 및 주가 등의 자산가격이 폭락하여 이것이 실체경제에 악영향을 끼친 것이다. 재 · 서비스의 가격인 소비자물가지수나 도매물가지수의 하락, 경기후퇴와 물가하락이 연쇄하는 디플레이션 스파이럴(deflation spiral)까지 경험하였다. 소비자심리가 위축되면서 개인소비나 민간주택투자도 침체하여 세계시장의 동요나 뒤늦은 금융시스템안정화 정책으로 경기의 하락 압력이 강하게 움직였다.

제4절 설비투자의 역할

일본경제의 동향을 분석할 때에 설비투자의 동향은 중요하다. GDP의 구성비를 보면 민간최종소비지출이 GDP 전체의 약 60% 정도를 차지하지만, 민간소비 동향보다도 15~20%의 구성비를 차지하는 설비투자에 많은 경제학자들이 주목하는 이유는 민간기업 설비투자가 매년 심하게 변동하기 때문이다.

〈표 5-5〉 일 · 미 경제의 장기적 동향 추이(2) (단위: %)

	1970-75		1975-80		1980-85		1985-90		1990-95		1996		1997		1998	
	일본	미국	일본	미국	일본	미국	일본	미국	일본	미국	일본	미국	일본	미국	일본	미국
국내총생산	4.5	2.7	4.4	3.6	3.4	2.9	4.6	2.9	1.4	1.9	5.1	2.8	1.4	3.8	−2.8	3.9
민간최종소비	5.5	3.2	3.9	3.2	3.0	3.5	4.4	3.0	1.9	2.1	2.9	2.6	1.0	3.3	−1.1	4.9
민간주택투자	4.8	0.6	0.8	3.9	−1.7	4.3	9.3	−0.8	−2.3	3.1	13.6	5.9	−16.3	2.8	−13.7	11.8
민간기업설비투자	0.5	2.3	4.8	7.8	6.0	4.3	10.0	0.6	−2.2	3.8	11.3	9.2	7.1	9.7	−11.4	10.3
정부최종소비지출	5.4	0.2	4.2	1.4	2.5	2.8	2.5	3.0	2.4	0.0	1.9	0.5	1.5	1.0	0.7	0.9
수출	9.2	7.3	9.7	6.4	7.6	0.4	3.0	10.8	4.3	4.8	6.3	8.3	11.6	12.5	−2.3	1.5
수입	6.6	1.1	4.3	6.4	0.7	8.6	11.6	5.2	3.6	7.3	11.9	9.1	0.5	13.9	−7.7	10.6

자료: 經濟企畫廳, 『國民經濟計算』
Council of Economic Advisers *Economic Report of the President.*
US Depertment of Commerce, *Survey of Current Business.*에 의해 작성하였으며, 5년간을 종합한 수치는 매년의 합의 평균치를 나타낸다.

〈표 5-5〉를 보면 1990년대까지 민간소비는 전체 GDP와 보조를 맞추면서 움직이고 있지만 민간기업 설비투자의 흐름은 훨씬 변동이 심한 움직임을 보이고 있다. 특히 80년대 후반 5년간은 연율 10% 증가한 반면, 90년대 전반 5년간은 반전하여 마이너스 2.2%로 하락하였다. 실제로 이 시기에 설비투자의 변동이 GDP 성장률에 어느 정도 기여했는가를 보면 80년대 후반의 GDP 성장률이 36%가 민간설비투자(주택투자까지 포함할 경우 47%)의 기여에 의한 것이다. 일반적인 민간설비투자의 구성비는 15~20% 정도에서 움직이지만 이때 당시는 이러한 구성비를 훨씬 넘었다.

그러나 97년도의 경기후퇴기 때는 양상이 조금 다르다. 즉 97년은 민간설비투자가 7.1%의 비교적 높은 성장률을 보였음에도 불구하고 국내총생산은 1.4%의 성장에 머물렀다. 이는 민간소비의 성장이 1.0%로 크게 둔화한 것과 더불어 주택투자가 마이너스 16.3%로 급격히 감소하였기 때문이다. 통상 민간소비는 경기의 후퇴에 따른 소득의 감소에 맞추어 서서히 저하하기 때문에 민간설비투자의 변동에 선행하는 일은 드물지만, 97년의 경기후퇴는 소비자간의 요인에 의해 일어난 것이라는 의미에서 특이한 현상이라고 말할 수 있다. 게다가 그 다음해에는 내수의 감소와 더불어 설비투자도 큰 폭으로 마이너스를 기록하여(민간기업 설비투자:-11.4%, 민간주택투자:-13.7%) 전후 최대의 마이너스 성장의 주원인이 되었다.

이러한 현상은 일본과 마찬가지로 미국 역시 민간소비의 움직임에 비해 민간설비투자의 변동이 큰 부분을 차지하고 있으나 GDP 구성에서 차지하는 비율을 살펴보면 민간소비의 구성비가 60%, 민간설비투자는 10% 정도에 불과하다. 이때문에 민간설비투자는 GDP 성장률에 큰 영향을 미치지 못하고 오히려 민간소비가 GDP 성장률을 이끌어 갔다. 예를 들면 1990년대 전반의 민간설비투자의 GDP 성장률에 대한 기여도는 0.4%로서 이 기간의 GDP 성장률에 약 20% 정도밖에 기여하지 못했다. 이는 80년대 후반의 공헌도의 약 반에 해당하는 수치다. 그렇지만 최근 미국경제의 호조에 따른 설비투자의 활성화에 의해 설비투자의 기여도도 높아지게 되었다. 예를 들면, 1998년 민간설비투자의 GDP 성장률에 대한 기여도는 1.4%로 전체성장률의 30%를 차지하게 된다.

〈그림 5-3〉을 통해 일 · 미의 설비투자동향을 다시 한 번 확인해 보면, 약 30년간 일본의 설비투자비율이 미국을 웃돌고 있는 것을 알 수 있으며, 특히 1980년대 후반부터 90년대 중반에 이르기까지 설비투자비율의 변동은 크고 이는 일본경제에서 차지하는 설비투자의 비중의 중요성이 재확인 되는 것이다.

[그림 5-3] 일 · 미 설비투자비율의 추이

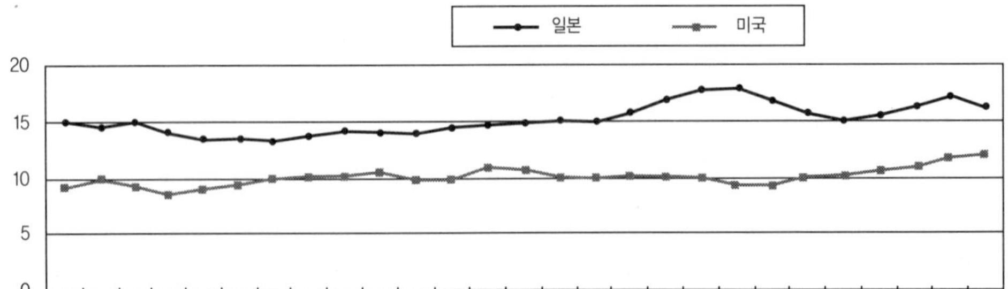

한편, 미국의 설비투자비율은 90년대까지 10%를 조금 하향하는 수준으로 안정적으로 추이되었으나 90년대 중반에 들어서면서 월등히 상승하고 있으며, 1970년대 후반과 비슷할 정도로 일·미의 격차는 축소되었다.

설비투자의 동향과 산업구조의 변화에 대해서는 다음의 〈표 5-6〉을 통해 알 수 있다. 이 표는 산업별 설비투자의 구성비에 대해서 장기적인 표를 나타낸 것으로, 장기적인 산업구조의 변화가 신규 설비투자동향에도 반영되고 있다. 예를 들어 제조업의 설비투자는 1960년대에는 전체의 절반 이상을 차지하고 있지만, 이후 지속적인 하락으로 2000년대에 이르러는 30%대로 떨어졌다. 특히 제조업 중에서도 소재형과 가공형의 구조에도 변화가 보였다. 1960년에는 27%의 구성비를 차지했던 소재계 산업이 석유위기를 거치면서 10%대로 저하하고 2000년에는 10.5%까지 하향 조정되었다. 이에 대해 가공조립형 산업의 구성비는 80년대에 일시적으로 저하하였지만, 거의 13~14%대를 유지하고 있다. 즉 제조업의 비중의 장기적인 저하는 소재형 산업의 설비투자의 구성비의 감소가 크게 영향을 끼치고 있는 것이다.

〈표 5-6〉 설비투자의 산업별 구성비 (단위 : %)

	1960년	1970년	1980년	1990년	2000년
농림수산업	11.2	11.4	12.8	6.1	4.3
광업	1.3	0.8	0.6	0.2	0.2
건설업	2.5	3.9	5.7	4.9	3.7
제조업	52.7	48.6	35.9	36.0	32.6
소재형	27.1	20.7	14.6	12.0	10.8
가공형	13.6	13.4	11.0	14.3	13.3
도매/소매업	5.8	9.1	12.7	10.9	8.1
금융/보험업	3.9	3.2	2.2	3.7	3.3
부동산업	1.7	2.9	2.4	4.6	2.7
운수/통신업	6.6	7.8	6.9	10.0	14.3
전기/가스/수도업	11.7	7.4	10.9	5.8	8.7
서비스업	2.5	4.8	9.9	17.8	22.3
제1차산업	11.2	11.4	12.8	6.1	4.3
제2차산업	56.6	53.3	42.1	41.1	36.8
제3차산업	32.3	35.2	45.1	52.8	58.9

자료: 經濟企畫廳經濟研究所國民經濟計算部編, 『平成2年基準民間企業資本ストック年報』

운수 · 통신은 80년대 중반에 걸쳐 구 일본전신전화공사 및 구 일본국유철도의 민영화 등 제도적 변화로 설비투자를 늘린 측면도 있지만, 정보화의 흐름을 받아들여 90년대에 들어와서도 착실히 구성비를 증가시키고 있다. 일본은 1990년대 초 버블경제의 붕괴로 인한 경제불황이 10여년간 지속되면서 이를 처리하기 위한 구조조정 및 경제불황대책의 실패로 체계적인 정보화정책의 결여와 정보기술에 대한 패러다임 변화에 능동적으로 대처하지 못하였는데, 이로 인해 일본은 정보화의 낙후국으로 인식되었고, 정보화의 지체에 자극을 받아 경제대국 일본을 부흥시키기 위하여 새로운 국가정보화정책을 제시하기에 이르렀다. 즉, 일본의 중앙정부 및 지방정부가 혁신역량을 강화하기 위한 시도와 행정혁신을 위하여 IT전략본부를 통해 2001년 1월 'e-Japan 전략'을 목표로 세계 최첨단의 IT국가를 내세웠으며, 2002년에는 이 전략에 근거하여「행정의 정보인가 및 공공분야에 있어서의 정보통신 기술의 활용촉진」즉, '전자정부 · 전자자치체의 구축'을 최대 중점과제의 하나로 삼았다. 여기서 말하는 전자정부란 '행정내부와 행정, 국민 · 사업자와의 사이에서 서류 및 대면업무를 온라인화하여 정보네트워크를 통해 중앙정부 · 지방이 일체적으로 정보를 동시에 공유하고 활용하는 새로운 행정을 실현하는 것'을 의미한다[13) 14)].

---

13) 『e-Japan戰略』(2003) p 8, 이에 비해 우리나라에서의 전자정부의 개념은 '일하는 방법을 정보화에 맞게 쇄신하여 모든 업무처리를 전자화함으로써 행정기관간, 행정기관과 국민 · 기업간의 모든 업무를 전자적으로 빠르고, 투명하고, 편리하고, 효율적으로 처리할 수 있는 정부'라고 정의하고 있다(행정자치부, 2001.5)

14) 전자자치체는 일본 총무성이 IT를 활용해 '작고 똑똑한 지방정부 구현'을 목표로 추진중인 대단위 지방정보화 프로젝트이다. 일본정부는 현재 3,300여개 지방자치단체의 내부업무 및 대주민 서비스를 표준화하고 이를 ASP 및 공동 아웃소싱방식으로 구현한다는 세부안을 마련하였다.

참 / 고 / 문 / 헌

강철구(2004), 『일본의 기업통치구조와 개혁』, 동아연구 제47호
김동호(2002), 『일본 소니가 한국 삼성에 따라잡히는 이유는』, 창작시대
일본경제신문사, 『일본경제 100가지 상식』, 고려원

小川一夫・北坂眞一(1998), 『資産市場と景氣變動』, 東洋經濟新報社
山崎廣明(2000), 『昭和金融恐慌』, 東洋經濟新報社
吉川 洋(1992),『日本經濟とマクロ經濟學』, 東洋經濟新報社
吉富 勝(1998), 『日本經濟の眞實』, 東洋經濟新報社
奥村洋彦(1999),『現代日本經濟論』, 東洋經濟新報社
『e-Japan戰略』(2003), 高度情報通信ネットワーク社會推進戰略本部
井村喜代子(2000), 『現代日本經濟論』, 有斐閣
松浦克己他(2004), 『資産選擇と日本經濟』, 東洋經濟新報社

쉬어가는 일본경제

혼다(HONDA)

일본의 자동차 회사 Big 3의 개성은 뚜렷하다. 토요타는 소비자의 요구를 잘 파악해 '팔리는 차' 를 만드는 회사, 닛산은 스카이라인으로 대표되는 '모터스포츠 활동', 혼다는 '독창성' 과 '기술력' 을 무기로 삼는 회사 등 각 회사의 개성이 있다.

혼다는 모터사이클 생산을 시작으로 다른 메이커에 비해 뒤늦게 1960년대 첫 승용차를 만들었지만, 독자적인 기술을 바탕으로 차 만들기에 도전, 20년 만에 세계적인 자동차회사로 성장했다. 혼다는 일본 업체들이 외국차 메이커와 합작으로 차를 생산할 때도 유독 독자적인 기술 개발을 고집, 모터사이클 분야에서 착실한 성장을 이루었는데, 이때 축적된 기술이 자동차에 접목되었고, 이 때문에 36년이라는 짧은 기간동안 기술제일주의를 바탕으로 세계적인 기업으로 인정받고 평가받았다.

혼다는 창업 이래 오늘에 이르기까지 '전 세계의 고객들에게 즐거움을 제공하고 싶다' 라는 기업 이념에 기초하여 고객에게 고품질의 상품이 합리적인 가격으로 제공될 수 있도록 최선의 노력을 기울이고 있다. 또한 고객의 기대에 부응할 수 있는 상품을 만들기 위한 노력뿐만 아니라 지구의 환경보존이나 교통안전 문제 등을 시작으로, 사람들의 생활 및 사회에도 도움을 줄 수 있는 상품과 기술, 그리고 서비스를 제공하는 것도 중요한 과제라고 생각하여, 시대의 요청에 앞장서서 다양한 노력들을 전개해 나가고 있다.

■ 창시자 혼다 소이치로(本田宗一朗, 1906~1991)

흔히 '기술의 혼다' 로 불리우는 찬사는 하루 아침에 얻어진 것이 아니다. 일본인들이 가장 존경하고, 본받고 싶어 하는 신화적 인물인 창업자 혼다 소이치로(本田宗一朗)의 능력과 집념이 이루어낸 성과다. 그는 1906년 시즈오카현(靜岡縣)의 작은 마을에서 보잘 것 없는 대장장이의 아들로 태어났지만, 1922년 도쿄의 자동차 정비공장에 사환으로 들어가면서 자동차와 인연을 맺었다. 6년 동안 기술을 익힌 소이치로는 1928년 작은 정비소를 차려 1934년까지 자동차 수리를 하면서 피스톤링과 같은 부품을 제작하였다. 2차 대전이 끝난 후에는 회사를 도요타에 매각하고 자전거용 보조동력을 만들었다. 그 후 1946년 소이치로는 몇 명의 조수와 함께 혼다 기술 연구소를 설립하였다.

"자동차 수리는 한계가 있다. 왜냐하면 나는 단지 이 지방이나 주변 지역에 있는 사람들의 자동차만을 수리할 수밖에 없기 때문이다. 내가 아무리 자동차를 잘 고친다고 해도 미국으로부터, 아니 불과 두 시간 거리인 도쿄에서 조차도 자동차를 수리하기 위해 내 가게로 오려 하지는 않을테니까. 그러나 만일 내가 제조업 분야에 뛰어든다면 훨씬 먼 지역으로 시장을 확대해 나갈 수 있을 것이다."

이런 생각을 가지고 있던 소이치로는 1948년 '혼다'를 창업한 후 언젠가 자신의 엔진을 직접 제작하겠다는 결심을 하였다. 그러나 소학교 교육이 전부인 그에게 남다른 기술력이나 자금력이 없었다. 이러한 그가 본격적으로 사업을 시작한 것이 군수물자를 개조하여 만든 오토바이였다. 당시 일본의 오토바이 산업은 이미 250여개에 달하는 업체들이 난립하여 치열한 경쟁을 벌이고 있었으며, 몇몇 대기업들은 혼다의 제품보다 기술적으로 훨씬 안정되고 우수한 제품들을 생산하고 있었다. 게다가 1949년 후반에 들어와서는 판매업자들이 자신의 마진을 유지하기 위해 혼다의 매출량을 인위적으로 월 80대 수준으로 통제함에 따라 매출신장에 제한을 받았다. 기술적 낙후성, 대기업이 장악하고 있는 기존 유통망의 불이익, 자금조달의 곤란 등 중소기업들이 일반적으로 겪는 어려움으로 인해 혼다는 심각한 경영 위기에 봉착하였다. 그러던 중 혼다는 1951년 뜻하지 않게 같은 무게로 두 배의 마력을 내는 4기통 엔진을 개발하면서 기업성장의 발판을 마련하였고, 1952년에는 미싱공장을 인수하여 오토바이 전문 생산 업체로서의 면모를 갖추었다. 이후 혼다는 초기 제조관리의 경험과 기술 부족으로 극심한 혼란을 겪기도 하였으나, 1959년에 이르러서는 국내시장의 23%를 점유하기에 이르렀다.

초등학생 시절 동네 어귀에 주차한 자동차의 기름 냄새가 좋아 '언젠가 자동차를 만들어 보리라'고 생각했다는 그는 자동차 수리공장의 기술자로 출발한 철저한 기술 제일주의자였다. 그는 1973년 사장직을 물러날 때까지 동료이자 경영의 수완가로 평가받는 후지사와 다케오(藤澤武夫)에게 인감도장까지 맡기고 공장에서 기술과 제품 개발에만 몰두했다고 한다.

기업이 어느 정도 안정되자 소이치로는 평소 자신의 소망대로 엔진에 대한 끊임없는 기술혁신에 몰두하였으며 이러한 기술력을 바탕으로 1959년 오토바이 경주의 올림픽이라 할 수 있는 'Great Britain's Isle of Man'에서 우승을 하면서 각종 경주를 차례로 석권하여 나아갔다. 이러한 기술제일 정신을 혼다이즘(Hondaism)이라고 부른다.

■ 혼다의 경쟁전략

(1) Honda Philosophy

1948년, 자전거용 보조 동력 엔진의 제조로 사업을 시작한 혼다는 항상 꿈(dream)을 원동력으로 삼고, 개인과 사회에는 기동성(mobility)을 제공하겠다는 것을 모토로 삼고 있다. 한 사람 한 사람의 개성을 소중하게 여기는 '인간존중'의 사고방식은 독창성을 존중하는 자유롭고 활달한 사풍을 조성하여, 현재 혼다는 소형 범용 엔진에서부터 스쿠터, 스포츠카에 이르기까지 폭 넓은 제품 카테고리를 갖게 되었으며 독창적인 기술과 상품을 개발하고 생산하는 기업으로 성장하게 되었다.

또한 혼다는 '세계 각지의 고객을 만족시키겠다'는 기업이념을 창업 시절부터 지금까지 꾸준히 지켜가면서 사업을 전개해 왔다. 혼다가 진출해 있는 지역의 고객에게 즐거움을 제공하기 위해서는 무엇이 필요한가를 항상 생각하여 그 지역에 알맞은 상품 및 서비스를 제공하기 위해 스스로 판매망을 구축했을 뿐만 아니라, 상품의 생산이나 나아가서는 개발에 이르기까지 모든 작업을 현지에서 행하는 체제를 정비해 왔다. 그러한 노력의 결과 세계 31개국에 총 110개가 넘는 생산 거점을 마련하였으며 모터사이클, 사륜차, 범용 제품 등 연간 약 1,100만 명에 이르는 고객들과 만나게 되었다. 이와 동시에 사회적 책임을 다해야 한다는 강한 책임감과 사명감 아래 환경이나 안전문제에도 적극적인 자세로 문제해결을 위해 노력하고 있다. 지구환경문제가 주목을 받고 있는 요즈음, 모든 사업활동에서 발생되는 대기오염 물질이나 CO_2 배출량의 삭감 및 자원과 에너지의 효율적인 이용 등의 과제를 해결하기 위해 제품에서 배출되는 가스의 정화, 연비향상, 생산라인의 녹색 지대화 등 다양한 시책들을 실행하면서 지구환경을 지키기 위해 노력하고 있다.

(2) 기술력

자전거에 장착했던 보조엔진으로 혼다는 1947년부터 사업을 시작하였고, 그때 만들었던 제품이 현재 모터사이클의 원조가 되었다. 그 후 혼다는 실용성을 강조하며 저 연비, 고 신뢰성을 기본으로 하여 '달리는 즐거움을 형상화' 시켜왔다. 즉 저 연비-저 공해 실현을 위한 기본 성능의 쇄신 및 기술 향상을 위해 노력함과 동시에 전 세계에서 생산, 판매되는 부품이나 기종들이 최적상태로 상호 보완될 수 있도록 노력하면서 달리는 즐거움을 모터사이클 형태로 형상화시켜 전 세계의 고객에게 전달하고자 한다.

1949년의 '드림호'를 시작으로 반세기가 지난 지금, 혼다가 생산한 모터사이클은 1억대를 초과하였으며 모터사이클의 매력을 더 한층 높이기 위해서 편리성, 안전성, 환경 성능의 향상 등을 위해 노력을 기울이고 있다. 오늘날 혼다는 전 세계 모터사이클의 약 4분의 1을 생산하고 있다.

1963년에는 사륜차 부문에 진출하면서 이듬해인 1964년에 모터스포츠의 최고봉이라고 할 수 있는 F-1에 참가하였고, 1965년 멕시코 GP에서는 첫 우승을 장식하였다. 모터사이클로 연마해 온 엔진 기술과 최고를 목표로 노력해 온 자동차 제작의 꿈, 이러한 기술과 노력들이 어우러져 세계 유수의 자동차 메이커로 성장할 수 있는 원동력이 되었던 것이다. 또한 생활양식이나 비즈니스 스타일의 변화를 미리 감지하여 이를 차량개발에 반영함으로서 참신한 차량을 만들어 낼 수 있게 되었으며, 오늘날 연간 250만대 이상의 사륜차를 전 세계의 고객에게 판매하고 있다.

획기적인 저공해 엔진(CVCC), 가변 밸브 컨트롤에 의한 엔진의 고출력화나 저연비화를 달성한 VTEC, 위급한 상황에서 안정성을 확보한 안티 록 브레이크 시스템-ABS, 운전자의 안전을 지켜주는 SRS 에어백 시스템 등은 혼다가 업계에서 제일 먼저 개발, 실용화한 최첨단 기술의 일례이다. 또한 천연 가스차나 연료 전지차 등의 대체 에너지차, 복지차량 등의 개발에도 적극적으로 나서는 등 안전하고 환경 친화적인 차량제작을 목표로 창조적이고 쾌적하며 기동성 있는 생활을 제공할 수 있도록 노력하고 있다.

(3) Power Products

1953년의 범용 엔진 1호기의 개발 이후 1959년의 경운기 개발, 소형 발전기, 펌프, 제초기, 제설기, 전동 휠체어 등, 오늘날에 이르러서는 16개의 카테고리로 그 범위가 넓어졌다.

혼다는 엔진과 완성기계를 함께 생산하는 몇 안 되는 메이커 중 하나이다. 완성기계 제작의 경험이 엔진개발로 피드백 되어 항상 선진적인 사고로 개발을 진행할 수 있을 뿐만 아니라 엔진을 공급할 수 있는 완성기계 메이커로도 크게 공헌하고 있다. 그리고 이미 혼다의 범용제품은 세계 150개국 이상에서 판매되어 농원과 건설현장, 그리고 레저나 취미 분야에서 폭넓게 활약하고 있다. 생산 거점도 국내 2곳, 해외 9개국 10개의 거점으로 확대되었고 현지의 요구에 적합한 범용 제품을 개발해 온 결과 그 생산대수는 총 4,000만 대를 돌파하였다. 그 중에서도 소형 발전기는 세계 최고의 실적을 올리고 있다.

(4) 일본과 미국에서의 마케팅

미국에서 판매되는 일본차 가운데 혼다는 단연 인기가 높다. 그런데 일본에서는 혼다의 판매량이 토요타, 닛산에 이어 겨우 세 번째로, 도요타의 4분의 1에도 미치지 못한다. 그러나 마케팅은 '제품의 전쟁' 만이 아니라 '마음의 전쟁' 도 중요하다. 만약 마케팅이 제품만의 전쟁이라면 미국에서든 일본에서든 판매 순위가 비슷해야 하겠지만 이러한 차이가 생기는 이유는 무엇보다 전쟁터가 다르기 때문이다. 다시 말해 같은 제품이라도 이를 대하는 소비자의 마음이 다르다. 1970년대부터 수입이 늘어난 일본차 중 가장 먼저 미국 소비자들의 마음에 새겨진 것은 혼다의 시빅과 어코드라는 모델이다. 미국인들에게는 혼다가 '고장 안 나는 일본차' 를 대표하는 셈이다. 반면 일본 사람들은 '혼다' 하면 오토바이를 먼저 떠올린다. 혼다는 오토바이로 일본 사람들과 친숙해졌기 때문에 오토바이 회사가 만드는 자동차를 은연중 꺼리는 것이다.

■ 혼다 마케팅

(1) 분할의 법칙(The Law of Division)

미국에 소형차 영역을 최초로 소개한 폭스바겐은 자체 생산 비틀을 미국에 도입하여 미국의 수입 자동차 시장의 67%를 장악했던 대단히 성공적인 자동차였다. 큰 성공을 거둔 폭스바겐은 자기들도 GM처럼 보다 크고, 보다 빠르고, 보다 스포티한 자동차를 팔 수 있으리라고 생각하여 독일에서 생산되고 있던 모든 모델을 미국으로 실어 보내면서 폭스바겐이라는 동일 브랜드를 사용했다. 그러나 불행히도 계속 팔린 것은 소형 비틀 뿐이었다. 폭스바겐은 이 사태를 바로잡을 방법으로 미국에서의 비틀 판매를 중단하고 크고 빠르고 값비싼 폭스바겐을 팔기 시작했다. 그러나 소형차 시장은 계속 확장되면서 경제적인 폭스바겐을 살 수 없게 된 소비자들은 토요타, 혼다, 닛산을 찾게 되었다. 오늘날 한때 67%에 이르던 폭스바겐의 시장 점유율은 4% 이하로 줄었다.

미국에서의 폭스바겐은 작고 못생긴 것을 뜻한다. 미국에 사는 사람들 가운데 크고 멋있는 폭스바겐을 원하는 사람은 아무도 없다. 폭스바겐의 경쟁자인 혼다는 호화 승용차 시장에서 혼다라는 기존의 이름을 쓰는 대신 아큐라 라는 이름을 소개했다. 이 회사는 혼다와의 혼동을 막기 위해 별도로 아큐라 판매점을 개설하는 비싼 과정을 거치기도 했다. 아큐라는 미국에 최초로 소개된 일제 호화 승용차가 되었고 오늘날 미국에서는 폭스바겐이 팔고 있는 모든 종류의 폭스바겐보다 더 많은 숫자의 아큐라를 팔고 있다.

(2) 혼다의 꿈

창업자인 소이치로는 항공기사업 진출구상을 실현하기 위해 1986년 소형기 개발에 착수해 93년 독자 개발한 기체에 다른 회사 엔진을 탑재해 첫 비행에 성공했다. 소이치로의 꿈을 이은 요시노 사장은 대학을 갓 졸업한 1960년대 당시 오토바이를 만들던 혼다에 입사하였다. 태평양 전쟁을 겪고 가난한 청소년기를 보낸 그는 일본의 하늘을 유린했던 미군의 폭격을 보며 저 비행기를 능가하는 항공기를 일본의 기술로 만들겠다는 꿈을 가지고 혼다에 입사했다. 그리고 그의 꿈은 2003년 12월 17일 혼다 독자 기술로 개발한 제트기의 시험 비행 성공으로 이루어졌다.

자동차 업체 중에는 항공기 엔진 회사로 시작한 회사가 꽤 많다. 브랜드 로고도 프로펠러를 형상화한 BMW를 비롯하여 스웨덴의 SAAB, 일본의 스바루 등이 대표적이다. 그러나 자동차 회사가 비행기의 기체를 비롯 엔진 모두를 독자 기술로 개발한 것은 혼다가 최초이다. 혼다의 제트기 성공은 새로운 첨단 제조업에 대한 일본의 끝없는 도전중의 하나이다. 어찌보면 불가능하고, 현실적으로 마이너스가 될지도 모르지만 꿈을 실현시키기 위한 도전. 혼다는 이를 위해 끊임없이 추구했고 도전한 결과 기술력의 혼다를 이룩했다.

■ 혼다 소이치로의 어록

- 상하의 서열은 학력에 의해서가 아니라 아이디어의 질로 정한다.
- 애사정신보다 자기 자신을 위하여 일하라. 남을 위한 것은 지속되지 못하므로 필요 없다.
- 인재는 기회를 주면서 느긋하게 양성하라.
- 혼다에서 기량을 닦고 큰 회사로 옮겨라. 적극적으로 회사를 이용하라.
- 내 자식이 옆에 있으면 사원들이 불편하다.
- 좋은 제품은 국경이 없다. 세계 최고가 아니고서는 일본 최고가 될 수 없다.

■ 참고자료

- 김태진(2004), 『혼다, 우리는 꿈의 힘을 믿는다』, YBM SISA
- 혼다 소이치로(2006), 『좋아하는 일에 미쳐라』, 부표
- 이와쿠라 신야(2005), 『혼다, 디자인 경영』, 휴먼앤북스
- 혼다 코리아 홈페이지(www.hondakorea.co.kr)
- 월드 와이드 혼다(www.honda.com)

CHAPTER 06

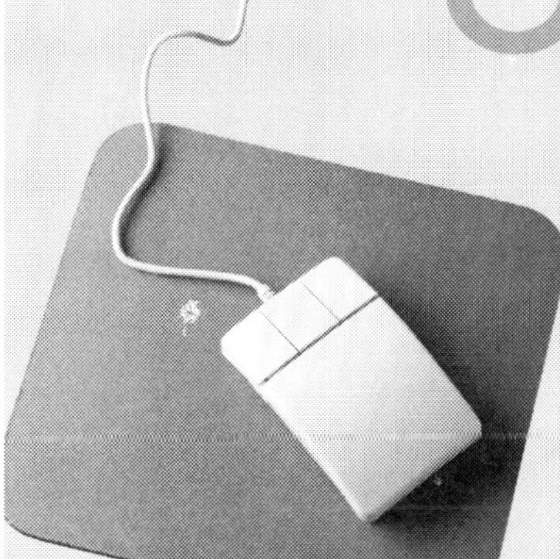

부실채권과 제로금리정책

제1절 부실채권의 발생원인

제2절 부실채권과 금융시스템의 안전성

제3절 부실채권 처리

제4절 제로금리정책

◈ 쉬어가는 일본경제

06 CHAPTER

부실채권과 제로금리정책

제1절 부실채권의 발생원인

1. 자산가격의 급등

2000년대 들어와 부실채권은 일본경제의 최대 현안(懸案)으로 부상하면서 정부차원에서 부실채권 정리를 서두를 수밖에 없었다. 일본 금융기관의 부실채권 규모는 경기부진이 지속되면서 중소기업의 경영실적 악화 및 도산의 증가와 엄격한 채권분류를 적용함에 따라 1990년대 중반 이후 지속적으로 증가하였고 2002년 3월 말 은행권의 부실채권은 43.2조 엔으로 증가하면서 총 대출금의 8.4%를 차지하게 되었다. 게다가 신용금고와 신용조합 등 비은행 금융기관을 포함할 경우 부실채권 규모는 52조 엔, 총 대출금의 8.6%를 웃돈다. 이에 일본정부는 부실채권을 정리하기 위해 1998년과 1999년 각각 1.7조 엔과 7.3조 엔 규모의 공적자금을 투입하였고, 고이즈미 내각(小泉內閣) 출범 이후인 2001년 8월, 9월, 그리고 2002년 2월에도 공적자금을 투입하면서 부실채권 정리계획을 마련하였다.

1990년대 버블경기로 인한 자산가격의 급등, 그중에서도 특히 토지 및 주식가격의 급상승은 많은 사람들에게 자산가격의 상승에 대한 기대를 갖게 하였고, 이는 곧바로 자산에 대한 수요를 증가시키는 결과를 가져왔으며 이것이 일본 금융기관의 부실채권이 크게 증가하게 된 근본적인 원인을 제공한 것이라고 할 수 있다. 1990년대 후반 일본에서는 이와 같은 자산가격 상승의 스파이럴(spiral)현상[1]이 발생하였는데, 이를 지탱한 것이 장기에 걸친 금융완화정책 하에서의 은행의 적극적인 융자활동이다.

1) 스파이럴현상: 원가, 임금, 가격 등의 변동의 악순환.

은행의 전통적인 업무인 융자와 관련하여 부동산, 특히 토지를 담보로 하는 융자방식이 진행되면서, 담보가치의 상승이 지렛대의 역할을 하였고 부동산과 관련하여 극단적으로 편향된 융자가 전개되었다. 당시 일본은 부동산 보유세에 대한 부담이 적었기 때문에 일단 토지를 매입한 후에는 이를 활용하지 않더라도 큰 세금부담 없이 매매차익을 기대할 수 있어서 투자자금이 부동산으로 몰려들게 된 것이다. 그러다 보니 기업들도 본래의 사업과 관련이 없어도 손쉽게 대출받을 수 있는 은행자금으로 부동산과 주식에 투자하였다. 왜냐하면 제조업에 대한 설비투자로부터의 이익보다 주식이나 부동산에 투자할 경우 단기간에 높은 수익을 얻을 수 있다는 기대감이 높았기 때문이다. 물론 1980년대 후반에 대출총액의 증가율이 갑자기 상승하였던 것은 아니지만, 부동산 및 건설업과 관련된 융자가 매년 20%를 넘는 속도로 증가한 것은 사실이다.

정부도 토지가격의 상승에 무관심하게 방관만 한것은 아니고 1987년 이후 금융기관의 토지관련 융자에 관해서 특별청문회를 실시하여 토지관련 융자의 확대를 견제하는 자세를 보였다. 즉 1987년 7월 이후 토지가격이 뚜렷하게 급등한 지역에 대해 상당한 융자를 해준 금융기관을 대상으로 각 금융기관의 심사, 관리체제 및 융자실행후의 팔로우업(follow up) 체제, 그리고 개별융자조건에 이르기까지 문제점을 파악할 목적으로 심도있는 특별청문회를 실시한 것이다. 또한 1987년 10월에는 임시행정개혁추진심의회의 '당면의 지가(地價) 등 토지대상에 관한 답신' 을 통해 '긴급토지대책요망' 이 각의, 결정되었다. 그러나 이 요망은 대장성에 의한 특별청문회를 통해 도덕적 설득은 은행의 토지관련 융자 확대를 어느 정도 억제하는 효과를 가져 왔지만, 경제 전반적으로 토지관련 융자를 억제하는 효력은 갖지 못했다.

2. 부실채권 배경

1980년대부터 90년대까지는 은행위기의 시대였다고 할 수 있다. 장기에 걸친 금융완화정책은 마크로 경제의 과열, 특히 주식과 토지 등 자산가격의 급등을 경험했으며 그 후 급격한 금융긴축정책으로 자산가격의 급락을 초래했던 시기였다. 그 결과 버블경제 기간동안 투기적인 모습을 보여왔던 금융기관의 경영이 어려워지면서 심각한 타격을 주었다. 헤이세이호황(平成好況) 시에 발생한 거품이 붕괴하자 그 후유증으로 금융기관들이 거대한 부실채권을 떠안게 된 것이다. 이로 인해 1994~98년간 금융기관들이 위기에 직면하였고 정부는 1998년 10월 금융감독청을, 12월에는 금융재생위원회를 창설하면서[2] 약 60조 엔에 이르는 공적자금을 준비하여 부실채권처리, 은행에 대한 자본주입, 약소은행의 합병 · 패쇄 등을 이끌어갔다.

이러한 금융기관의 파산은 거품붕괴에 따른 결과라고 할 수 있지만, 이로 인해 대부분의 금융기관들이 대출에 신중을 가하면서 실물경제를 더욱 위축시켰고 부실채권을 증가시켰다. 1997년 대장성(大藏省) 발표에 의하면 금융기관이 떠안게 된 부실채권 규모는 21조 3천억 엔 이지만, 회수에 지장이 있을 위험성 있는 채권까지 포함하면 57조 3천억 엔에 달하며 이 규모는 총 대출금의 14.5%에 해당한다.

이러한 배경을 단순화시키면 다음과 같이 설명할 수 있다.

플라자합의 ⇒ 엔고불황 ⇒ 금융완화정책 ⇒ 토지 및 주식가격의 급등으로 인한 호황국면 ⇒ 금융긴축정책 ⇒ 버블붕괴(잃어버린 10년 시작) ⇒ 자산디플레이션 ⇒ 부실채권 누적 ⇒ 경기부양정책에 따른 소규모 상승 ⇒ 재정적자를 억제하기 위한 소비세인상(소비세율 3%에서 5%로 인상) 등 재정개혁 ⇒ 아시아 경제위기 ⇒ 경기침체의 극심화

이를 좀 더 구체적으로 살펴보면 다음과 같다.

일본 금융기관의 부실채권이 크게 증가하게 된 근본적인 원인은 무엇보다도 1980년대 후반부터 시작된 주식 및 토지가격의 버블현상이라고 할 수 있다. 1985년 플라자 합의를 계기로 시작된 엔화의 평가절상은 일본제품의 국제경쟁력을 상실시켰고, 이는 일본 국내기업들의 생산을 급격히 감소시켜 불황국면을 맞이하게 되었다. 이때 일본은행은 금융완화 및 저금리정책으로 불황을 극복하고자 1987년 공정금리를 사상 최저치인 2.5%로 인하하는 등 통화 공급을 증가시키는 한편 금융자유화조치로 해외의 저금리 자금조달을 활성화하였다. 그 결과 자금의 과잉유동성 현상이 발생하고 풍부해진 자금이 주식과 부동산시장으로 몰리면서 1987년 후반부터 주식 및 토지 등의 자산가격이 상승하였으며, 이러한 배경이 실물경제 가치와 크게 괴리된 버블경제의 계기를 마련하였다.

그 후 경기 과열을 우려한 정부는 다시 금리를 인상하는 금융긴축정책을 실시하여 1989

2) 양자의 기능은 2000년 신설된 금융청으로 통합되었다.

년 5월 31일 공정금리를 2.5%에서 3.25%로 상승시키고 창구지도(window guidance)[3]를 통한 대출억제를 병행하였다. 이후 1990년 8월까지 15개월 동안 총 5회에 걸쳐 공정금리를 6%로 인상하였으며 1991년에는 과거 10% 수준이었던 통화증가율을 3.1%까지 낮추는 등 통화 공급이 축소되었다.

1990년 4월 이후부터는 부동산 가격상승을 억제하기 위해 부동산 관련 대출증가율을 총 대출증가율 이내로 억제하는 조치가 뒤따랐다. 이러한 금융긴축과 부동산 관련 대출 억제정책은 토지 및 부동산 등 자산가치를 급속하게 하락시켰고, 더구나 주식시장이 급속히 하락하면서 부실채권이 크게 증가하였다. 금융기관의 경영정보개시(disclosure)는 버블붕괴 이후인 1993년 3월 결산부터 자기자본비율규제(BIS규제)가 적용되었고 1998년에는 은행법의 개정으로 경영정보개시에 관한 규정이 개편되면서 지금까지의 자주적 개시에서 의무규정으로 바뀌었고 개시의무 위반에 대한 벌칙도 강화되었다. 이에 따라 금융기관들은 자기자본비율이 낮아지게 되었고 시장에서의 평가 역시 저하되면서 이에 대한 대응책으로 대출금 회수 및 대출기피현상(貸し澁り, 가시시부리)이 나타나게 된 것이다.

여기에서 말하는 가시시부리(貸し澁り)란 금융완화기임에도 불구하고 금융기관측이 기업에 대한 대출을 신중하게 대처하는 현상을 말한다. 前田(1996)는 대출기피현상을 공급측인 금융기관에서 한계비용의 상승, 융자자세의 엄격화 등에 의해 대출시장에 있는 공급곡선이 좌상향하는 것이라고 정의하고 있다. 자산가격의 급락에 따라 금융기관들은 안정성을 도모하기 위해 대출에 신중을 가하였고 이러한 대출경색이 심각해지면서 특히 비제조업의 설비투자가 급락하는 양상을 보였으며, 버블경제를 지탱하는 주요한 요인이었던 일본 국내 소비 역시 급격하게 축소되는 상황이 연출되었다. 기업들은 자금조달에 어려움을 겪으면서 기업수익 구조가 악화되었으며, 이는 다시 경기침체로 이어지면서 주식가격을 하락시켜 부실채권이 더욱 증가하는 악순환을 초래하였다.

금융기관의 가시시부리에 대해서는 1990년대 들어와 불황이 장기화되고 은행의 대출액이 저하되면서 제기되었다. 금융기관의 가시시부리가 원인이 되면서 중소기업을 중심으로 도산이 급증하였고 이러한 가운데 1998년 11월 11일 일본은행의 유동성 공급확충책과 11월 16일 정부계 금융기관의 융자 · 보증제도의 확충 및 금융재생 프로그램의 일환인 민간

3) 일본은행이 금융긴축정책을 실시하기 위해 시중은행에 대해 대출증가액을 적정한 범위에서 실시하도록 지도하는 행위를 말하며 창구규제(窓口規制)라고도 한다.

금융기관에 대한 공적자금주입 등 가시시부리 대책을 발표하였다.

그러나 가시시부리 현상을 금융기관측의 문제로만 해석할 수는 없다. 기업측의 재무체질이 악화된 것이 금융기관의 대출자세를 변하게 했던 요인을 무시할 수 없기 때문이다. 90년대에 들어와서 기업의 채무변제능력이 급속히 장기화하고 있는데, 이러한 경향은 중소기업, 특히 비제조업 중소기업에서 현저하게 나타난다. 비제조업 중소기업에서의 채무상환연수는 1993년에는 15년을 넘어 20년 가까이 늘어났지만, 이러한 수치는 기존 설비의 평균잔존연수를 넘은 것으로 새로운 설비투자를 하기에는 굉장히 불리한 환경이다. 이에 따라 일본적 경제시스템이 유효성을 구가했던 1980년대 후반과는 달리, 90년대는 고도성장기에 유효하였던 일본적 정치, 경제, 사회시스템을 변혁하지 않으면 장기불황을 탈피한다는 것은 불가능하다는 목소리가 높아졌다.

이에 정부계 금융기관은 기본적으로 가시시부리에 대한 중소·중견기업대책(97년 12월), 중소기업 등의 가시시부리대책(98년 8월), 긴급경제대책(98년 11월) 등 일련의 시책을 전개하였다. 구체적인 융자제도의 확충책으로 1998년 12월 일본개발은행법을 개정하여 융자대상으로서 사채상환을 위한 자금이나 설비투자자금과 관련이 없는 장기운전자금이 추가되었다. 또한 신용보완제도의 확충에 대해서는 98년 10월 중소금융안정화특별보증(가시시부리 대응 특별보증)제도가 창설되어 중소기업 및 파산금융기관의 거래처 중소기업에 대해서 보증요건의 완화, 신용보증료율 및 보험료율을 인하하였다.

제2절 부실채권과 금융시스템의 안전성

1. 금융자유화는 은행위기의 원인인가

과도한 금융완화정책과 그 후 극단적인 금융긴축정책으로의 전환은 부실채권문제의 발단이 되었다. 그러나 금융정책의 동향만으로 은행의 대출행동을 설명하는 것은 불가능하다. 대형 금융기관이 파산해도 그 영향이 금융 시스템 전체로 파급되지 않도록 금융 안전망(safety net)을 서둘러 구축했다면 일본의 금융환경은 달리 해석될 수도 있었다.

그런 의미에서 1996년 11월 일본의 금융시스템은 다음과 같은 3원칙의 제도개혁을 통해 규제완화를 강력히 추진하였다. 즉 Free(시장원리가 작동하는 자유로운 시장), Fair(투명하고 신뢰할 수 있는 시장), Global(국제적으로 시대를 이끌어 갈 수 있는 시장) 등의 개혁안이 제시되면서 금융에 대한 규제완화가 강력하게 추진되었으며 이를 일본판 빅뱅(big bang)이라고 한다. 하시모토정권(橋本龍太郎: 1996.1~1998.7) 하에서 제기되었던 일본판 금융 빅뱅은 다음과 같은 압력에 기인한 것이다[4]. 첫째, 일본 대기업으로부터의 압력, 둘째, 미국 금융업계로부터의 금융개방 요구, 셋째, 금융업계로부터의 개혁 요구 등으로 그 주된 내용은 다음과 같다(下谷, 1997).

〈표 6-1〉 일본 금융빅뱅의 제3원칙과 내용

Free	-은행, 증권, 보험 분야에 대한 신규참여 촉진 -장기, 단기상품 등의 분리에 의거한 상품규제 철폐 -증권, 은행의 취급업무 확대 -각종 수수료 자유화 -자산운용 업무에 대한 규제 철폐
Fair	-일반 국민에게 정보 공개 -규칙 위반에 대해 적극적인 처분을 발동하여 공정한 금융질서 확립
Global	-데리버티브 등 금융파생상품의 급속한 보급에 대응한 법률적인 장치 마련 -회계제도를 국제표준에 맞추며, 세계적으로 통용될 수 있는 감독협력체제 정비

4) 하시모토정권(橋本政權)의 구조개혁은 다음과 같이 6대개혁으로 제시되었다. 즉, ① 재정구조개혁, ② 경제구조개혁, ③ 사회구조개혁, ④ 금융시스템개혁, ⑤ 행정개혁, ⑥ 교육개혁 등이다.

- 전후 금융기관의 경영전략을 결정하는 기본적인 틀인 금융기관간 업태별 · 분야별 규제 정비
- 1996년 4월부터 신보험업법이 적용되어 보험회사의 자회사 방식에 의한 생명보험사와 손해보험사 간의 사업진입이 가능하게 되었으며, 1997년도부터 전면적인 업무범위에 대한 조정
- 전후 개혁과정에서 도입된 독점금지법 제9조의 지주회사 금지규정이 1997년 6월에 해금

정부에 의한 규제 이외에 다양한 규제와 관행에도 개혁조치가 실시되었다. 그 중 가장 중요한 것은 증권거래소 규칙에 의해 고정되어 있던 유가증권의 거래 수수료를 자유화시킨 것이다. 기타 금융제도 개혁의 대상은 자산운용규제, 시가회계의 도입 등 지금까지의 금융부문에 대한 규제를 완화 및 철폐하였다.

한편, 다이와은행(大和銀行) 뉴욕 지점을 무대로 한 금융사건이 발생하였다.[5] 이 사건은 대장성이 다이와은행 뉴욕지점 부정사건을 미국 금융당국에 신속하게 전달하지 않은 사실이 밝혀져 일본의 금융행정에 대한 불신감을 불러 일으켰으며 1996년에는 '주센국회' 에서도 대장성은 주센처리방법을 둘러싸고 거의 뭇매질을 당하다시피 하였다. 또한 1998년 대장성과 일본은행에 대한 은행의 접대의혹이 드러나 도쿄지검에 의한 체포가 잇따르는 등 사직 당국의 메스를 통해 대장성의 재량행정(裁量行政)은 거의 완전히 숨이 끊겼다. 결국 1998년 금융감독청과 금융재생위원회가 발족해 대장성으로부터 금융행정이 분리되었다.

이후 금융자유화에 따라 주요 기업이 시가발행 증자, 전환사채, 워런트채 등을 통해 금융시장에서 대규모 자금조달이 가능해진 것도 버블형성에 일조했다.

1980년대 금융자유화를 맞이하면서 예금금리에 대한 규제완화, 규제철폐로 인하여 은행간에 예금획득경쟁이 전개되었다. 기업은 규제완화에 의해 은행융자 이외의 자금조달 수단의 선택폭이 늘어났다. 또한 금융자유화의 진전으로 각국의 금융, 자본시장은 고도로 발달한 국제금융시장을 매개로 보다 엄밀하게 연결되었다. 이러한 환경은 각국의 이용자들이 점차 자국의 은행, 금융기관만이 아닌 해외은행, 금융기관(그 중에는 일본의 은행 및

---

5) 다이와 은행 뉴욕지점 사건: 다이와은행 뉴욕지점 촉탁 직원이 미국채 부외거래로 입은 거액의 손실(약 11억 달러)을 11년에 걸쳐 부정하게 은폐한 사실을 둘러싼 사건. 사건이 드러난 뒤 뒤처리를 제대로 하지 못한 일 때문에 결국 미국 금융당국이 1995년 11월 다이와 은행에 대해 미국에서 전면 철수하라고 명령했다.

금융기관의 지점이나 해외 현지 자회사도 포함된다)에 의존하게 되었고, 그러한 의미에서 일본 국내의 금융기관은 해외 금융시장과의 경쟁에 노출되었다.

더욱이 전자통신기술 및 컴퓨터 관련기술의 급속한 발전은 전통적인 은행업무를 저하시키고 그에 대체적인 금융상품을 일반인에게 제공하는 한편, 그 금융상품과 예금구좌를 연결하여 예금과 경합하는 금융상품의 편리성을 높이는 것이 가능해 졌다. 미국으로부터 급속히 보급한 CMA(cash management account)는 증권회사가 제공하는 증권투자신탁과 은행예금구좌를 연결시켜 투자가들에게 CMA의 편리성을 알리는데 성공하였다. 이와 같은 신상품의 도입은 전자통신기술의 발달 없이는 불가능했던 것들이다.

금융자유화나 기술혁신이 초래하는 구조상의 변화는 금융시스템에 있어서 경쟁을 격화시켜 예금자, 투자가, 자금조달자 등 금융서비스의 사용자들에게 편리성을 높이는 효과를 발휘하였다.

한편, 유력기업들의 '은행이탈'(銀行離れ)도 주목할 필요가 있다. 대기업을 중심으로 은행차입에 의존하던 자금조달은 그 정도를 점점 줄여갔다. [그림 6-1]은 주요기업의 자금조달에 차지하는 차입액의 비중을 추이한 것이다. 1960년대부터 70년대 전반에 걸친 고도성장기에는 주요기업의 자금조달의 3분의 1이 은행 등 금융기관으로 부터의 차입에 의존하였으나, 80년대에는 이들 기업이 차입에 의존하는 정도가 현저히 저하하였고, 80년대 후반 이후는 불과 수 %의 수준으로 급격히 저하되었다. 이러한 유력기업의 은행이탈로 인해 은행업무의 중점은 중소기업이나 개인용 융자로 전환되었다. 이 때문에 중소기업 융자가 주요한 업무영역인 지역 금융기관이나 협동조직 금융기관은 도시은행과의 심한 경쟁에 노

[그림 6-1] 주요기업의 자금조달에 차지하는 차입액의 비율 (단위 : %)

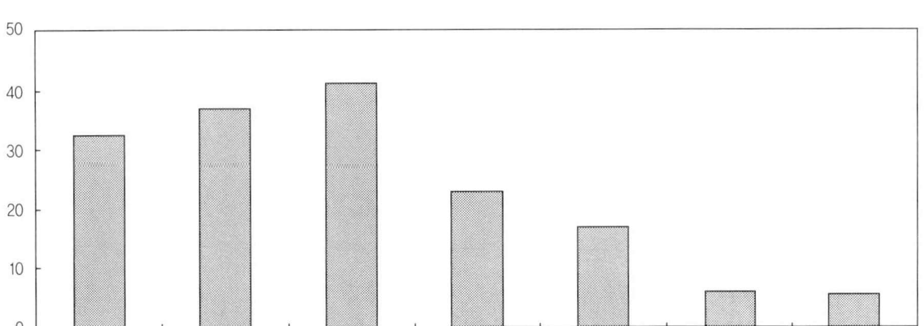

자료: 日本銀行, 『主要企業經營分析』

출되었으며, 이들 지역 금융기관이 한층 리스크가 높은 분야, 예를 들어 부동산 관련 융자에 더욱 힘쓰게 된 것은 그 때문이다.

2. 금융기관의 파산

전통적으로 일본의 금융기관의 대출은 유담보주의(有擔保主義)를 채택하고 있고 그 대부분은 토지 등의 부동산이다. 이는 지가(地價)는 결코 하락하지 않고 상승할 것이라는 전통적인 토지신화(土地神話)를 믿고 있기 때문이다. 이로 인해 버블기에는 금융기관(넌뱅크 포함)이 경쟁하듯이 부동산 관련 융자에 뛰어들었지만, 이러한 신화는 버블이 붕괴되면서 많은 금융중개기관의 대출을 부실채권화시켰다. 이에 따라 적지 않은 금융기관을 파산에 몰아넣었으며 일본의 금융시스템의 안정성을 위협하였다.

금융기관의 부실채권이 문제가 되기 시작한 것은 1992년경부터이다. 물론 1991년 예금보험기구(預金保險機構)로부터 자금원조를 받은 동방상호은행(東邦相互銀行) 등의 예가

〈표 6-2〉 90년대 주요 금융기관의 파산사례

시기	금융기관	처리방법
1994. 12 12	東京協和信用組合 安全信用組合	東京共同銀行(정리회수은행)을 설립, 2개의 신용조합의 사업 계승
1995. 7 8 8 12	コスモ信用組合 木津信用組合 兵庫銀行 大阪信用組合	업무정지명령으로 도쿄공동은행에 업무이양 1,500만 엔의 특별융자 실시 제2지방은행 중 최대규모, 업무이양 도카이은행에 업무이양
1996. 3 11	太平洋銀行 阪和銀行	와카시오은행 설립, 업무이양 영업정지명령
1997. 4 11 11 11 11	日産生命保險 三和證券 北海道拓殖銀行 山一證券 德陽シティ一銀行	생명보험회사 출자의 아오바생명이 계약계승 회사갱생법 적용신청 北洋銀行이 中央信託銀行으로 영업양도 자진폐업 결정 후 파산선고 仙台銀行에 영업양도
1998. 10	長期信用銀行	금융재생법 제37조에 근거 특별공적관리 신청
1999. 6	東邦生命	GE엔진생명에 계약 포괄 이전

자료: 최성일(2000) 및 신문보도 참조

있지만, 결국 기존 금융기관에 흡수 · 합병되면서 청산은 면하였다. 1992년에는 동양신용금고(東洋信用金庫), 93년에는 오사카부민신용조합(大阪府民信用組合)이 기존의 금융기관에 흡수 · 합병되었고, 이들 금융기관은 예금보험기구로부터 증여를 받았다.

흡수 · 합병 이외에 파산처리법도 있으나 이는 우선 기존 기관에 사업을 양도하여 청산하는 식이며, 1993년의 가마이시신용금고(釜石信用金庫)를 시작으로 94년 1개 은행, 95년 3개 은행으로 이어졌다. 도쿄공동은행(東京共同銀行)은 1994년에 도쿄공동신용조합(東京共同信用組合)과 안전신용조합(安全信用組合)을 청산할 즈음에 설립된 은행으로써, 예금보험기구로부터 400억 엔의 증여를 받아 설립되었다.

파산은 계속해서 이어졌다. 1995년 도쿄의 최대 신용조합이 파산했으며 8월에는 제2지방은행 가운데 최대 규모인 효고은행(兵庫銀行)과 기즈신용조합(木津信用組合)이 파산 처리되있다. 이후 1997년에는 홋카이도타쿠쇼쿠은행(北海道拓殖銀行)[6]과 같은 대형은행이 도산했으며, 4대증권회사의 하나였던 야마이치증권(山一證券)[7]이 도산했다.

6) 타쿠쇼쿠은행은 홋카이도개척이라는 국책사업을 수행하기 위해 1900년 특수은행으로 설립된 뒤 1세기 동안 홋카이도 경제를 뒷받침해 온 굴지의 은행으로, 일본 전국의 점포수가 195개에 달하였으며 1997년 9월 현재 예금 총액이 5조 9,670억 엔에 이르렀다.

7) 야마이치증권회사의 부채총액은 3조 엔 이상에 달해 전후 일본 최대규모의 기업도산으로 기록됐다. 1997년 총회꾼 사건으로 미키 아츠오(三木淳夫)사장이 구속되는 파동을 겪으면서 거래처 및 투자가들로부터 신뢰도가 급속히 추락하는 등 경영환경이 악화되었고, 경영전망에 대한 불안감으로 고객들의 예금인출이 그치지 않는데다 자금조달 길이 막히면서 더 이상 경영이 불가능하다는 판단하에 폐업신청을 하게 된 것이다.

제3절 부실채권 처리

1. 주센(住專)처리와 공적자금 투입

금융기관이 떠안고 있는 부실채권을 처리한다는 것은 일본의 금융시스템의 건전화 및 안정화를 위한 불가결한 일이었다. 부실채권을 둘러싸고 대규모 이해 대립이 발생한 최초의 사건이 주센(住專) 문제이다. 원래 주센의 정식명칭은 주택금융전문회사로서 1965년 일본의 고도성장기에 국민의 주택투자열기를 배경으로 주택 론(loan)의 잔액이 확대됨에 따라 개인 주택 론의 자금수요에 따르기 위해 설립한 넌뱅크의 일종이다. 은행, 신탁은행, 생명보험회사, 손해보험회사 등 설립 모체는 금융기관으로서 안정된 주택자금의 공급, 소액 주택자금의 공급, 번잡한 사무의 처리 등으로 론 이용자에게는 은행 론보다 조건면에서 융통성 있는 장점이 있다. 그런데 은행이 점점 개인을 대상으로 주택자금 융자를 확대해 감에 따라 주센은 업무의 중점을 사업회사의 부동산 관련 융자로 급속히 전환하였다.

주센 7개 회사는 1970년대 인터뱅크시장에서 받은 자금을 주택융자에 운용할 목적으로 대부분 금융기관 계열자회사로 설립되었는데, 1980년대 들어와 주택금융정책이 완화되면서 주택금융공고의 융자폭이 확대되었다. 은행과 격심한 융자경쟁을 벌인 주센 각 회사는 개인을 위한 주택취득자금이 아닌 부동산업자를 상대로 거액의 부동산 취득자금을 융자해 주었고 이는 버블붕괴와 더불어 대량의 부실채권을 보유하게 된 배경이 되었다. 주센에 대한 융자를 대량으로 가지고 있었던 농협계 금융기관은 주센문제를 더욱 복잡하게 만들었다.

상황을 한층 악화시킨 사건은 1990년 3월 대장성(大藏省)이 총량규제를 발표하고 난 이후이다. 총량규제란 은행 및 금융기관의 부동산업 대출의 신장률을 원칙적으로 총대출의 신장률 이하로 억제하는 규제로서 부동산, 건설, 비은행금융기관(nonbank) 등 세 가지 업종에 대한 융자실행상황을 보고하는 것을 골자로 하고 있다. 그런데 이때 대장성은 자산가격의 급등을 시정하기 위해 은행에 부동산 관련 대출을 억제시킨 총량규제의 대상에서 주센을 제외시켰다. 그 이유는 농림계 주센들이 농림성 감독하에 있었기 때문이며, 따라서 농림계 주택금융회사는 오히려 농림계 금융기관으로부터 차입을 증대시키면서 부동산 융자를 계속하였고 주센은 결국 버블경제와 직접 관련된 부동산 거래에 집중하게 되었다. 그 결과 주센에 대한 농림계 금융기관의 대출이 1990년대 3조 엔 정도에서 불과 3년 후인 1993년에는 6조 엔 가량으로 늘어났다.

〈표 6-3〉 일본 7대 주센회사의 부실채권액(1995)

회사명	부실채권액(10억 엔)	총여신에 점하는 비중(%)
일본주택금융(日本住宅金融)	1,300	68.9
제일주택금융(第一住宅金融)	742	49.0
주총(住總)	666	41.0
일본하우징 론 (日本ハウジングローン)	1,300	57.6
주택론 서비스 (住宅ローンサービス)	1,000	70.4
종합주택(總合住宅)	716	63.4
지은생명주택론 (地銀生保住宅ローン)	408	46.2
합	6,140	

자료 : Rosenbluth and Thies(2000)

이러한 주센문제가 표출된 것은 주센 최대 기관이었던 일본주택금융이 1992년 파산위기에 직면하면서부터이다. 그 당시 대장성은 종래의 방법으로 일본주택금융(日本住宅金融)의 문제를 처리하기 위해 최대주주였던 삼화은행(三和銀行)과 협의하여 청산한 것이 아니라, 오히려 부채의 이자를 감면해 주는데 합의하였고, 이에 따라 1993년 대장성은 일본주택금융의 채권자를 세 그룹으로 나누어 일본주택금융의 부실채권 이자를 업계 내에서 부담하도록 하였다. 그 결과 일본주택금융의 9개 모은행들은 이자를 포기하고, 일반은행은 2.5%, 농림계 금융기관은 4.5%로 이자를 내렸는데, 이러한 결정에 대해 업계내의 이해관계가 엇갈리면서 갈등이 불거졌다. 특히 9개 모은행 중 7개 은행은 부담이 너무 크다고 주장했고, 농림계 금융기관은 주센이 대장성 감독하에 은행의 위험한 대출을 대신하였기 때문에 농림계 은행의 책임은 적다고 주장하면서 대장성의 금리감면지시를 받아들일 수 없다고 거부하였다. 이에 대해 대장성은 도시은행과 농림계 금융기관에 대해서는 우선변제권을 주기로 하고, 일본주택금융의 모은행에 대해서도 새로운 자금지원을 약속하였지만, 1994년 이후에도 지속된 지가하락으로 주센 각 사의 부실채권은 줄어들지 않았다.

주택금융전문회사와 관련된 금융기관은 출자 모체인 금융기관과 융자금을 빌려준 금융기관으로 나뉘는데, 주센처리가 난항을 겪은 이유는 모체 금융기관과 융자 금융기관이 손실금의 부담을 둘러싸고 서로 발뺌을 하였기 때문이다. 특히 농림계 금융기관은 7개 주센에 빌려준 총 융자액이 5천억 엔에 달하면서 총 채무액의 42%에 달하였다. 주센은 은행이나 농림계 금융기관이 거액을 융자하였고, 이로 인해 주센 융자로부터 발생한 손실을 둘러싸고 은행과 농림계 금융기관 사이에 심한 대립구도가 생겼다. 은행은 대장성의 감독 아래 있고, 농림계 금융기관은 농림성 감독 아래 있다 보니 관청 수준에서는 대장성과 농림성도 대립하는 구도가 되었다. 그런데 주센은 대장성 직할 금융회사로, 이른바 낙하산인사(天下り)도 많았고 농업부문의 강한 집표력(集票力)을 배경으로 농수산성의 정치적 발언력이 강했던 점 등이 상황을 한층 복잡하게 만들었다.

관계자들 사이에서는 주센 처리에 필요한 자금이 거액이기 때문에 융자해 준 쪽만 부담을 져서는 곤란하며 정부가 공적자금을 투입해야 한다는 방향으로 여론이 흐르게 되었다. 국민들로부터는 거센 비판에도 불구하고, 1995년 12월 6,850억 엔의 공적자금 투입을 동반한 주센 처리가 각의에서 결정되면서 사태가 수습되는 듯 했다. 그러나 국민의 비판은 한층 강해졌으며 악화된 여론을 배경으로 1996년 정기국회는 '주센국회'(住專國會)가 되었다. 당시 연일 시위대가 대장성을 둘러싸고 구호를 외쳤고, 우익 선전차가 경찰청을 대장성으로 잘못 알고 뛰어드는 사건도 발생하였다. 1996년 3월에는 신진당 의원들이 의사당에서 3주에 걸친 연좌농성을 하며 의안 심의를 거부했다.

1998년 2월 정부는 '금융기능 안정화 긴급조치법'을 제정하면서 부실채권 처리 및 부실금융기관 정리 등 금융구조조정을 위한 공적자금 투입을 본격적으로 시행하였다. 동년 10월에는 부실채권의 조속한 처리와 금융개혁을 가속화하기 위하여 '금융기능 재생 긴급조치법' 등 금융재생관련법을 제정하고 공적자금 투입규모를 대폭 확대하였다. 이 후 2000년 5월 예금보험법을 개정하면서 예금전액보호 기간을 2002년 3월말까지로 연장하였고 공적자금 규모를 70조 엔으로 증액하였다.

주센문제는 사실 중요한 이슈는 아니었다. 그러나 다음과 같은 문제점을 노출시키면서 사회적인 이슈화가 된 것이다.

① 주센 문제를 처리하는 과정에서 금융 당국의 서투른 태도와 공적자금 도입을 둘러싼 애매한 교섭과 불투명한 결착 등을 보였다.

② 다액의 주센용 대출금을 갖고 있던 농림계 총 금융기관, 특히 그 경영을 책임져야 할 임원을 구제하는데 재정자금이 사용된 것으로 밝혀지고, 이를 제대로 해명하지 않으면서 여론의 냉철한 비판을 받았다.

③ 정보가 공개되지 않고 사태의 심각성을 국민에게 충분히 전달하지 않은 점도 공적자금에 대한 국민의 저항을 낳은 요인이 되었다.

④ 금융기관의 파산처리에 대한 공적자금 투입의 원칙에 대해서 철저한 논의를 피한 것 역시 중대한 정책적 실패이다.

2. 부실채권의 회수기관

부실채권이란 경영파산채권과 6개월 이상의 연체채권만을 이르는 용어로 사용되었지만, 1997년도 결산부터는 3개월 이상의 연체채권도 포함하였다. 이때 공표한 부실채권은 도시은행과 지방은행 및 농협이나 신용조합 등을 포함한 예금취급 금융기관 전체를 합계한 잔고가 30조 엔에 달하면서 총 대출금의 5% 수준에 이르렀고, 1998년 3월에는 25조 엔으로 감소하였다.

이에 일본정부와 금융계는 부실금융기관을 정리하기 위해 금융재생법에 근거하여 구제합병, 전담기구, 특별은행, 가교은행(bridge bank) 설치 등을 시도하였다. 그러나 이에 대한 성과가 저조하자 1998년 4월 종합경제대책으로 총 16조 엔의 경기부양조치를 발표하면서 부실채권 정리방안을 제시하였고, 동년 7월에는 금융재생종합계획을 발표하였다. 그러나 종래의 종합경제대책은 부실채권을 처리하는데 중점을 두었으나, 금융재생종합계획은 금융기관으로부터 부실채권을 강제 인수해 가교은행과 정리회수은행 등을 통해 손실을 공적자금으로 보충하는 것을 목적으로 하였다. 이에 따라 1998년 10월 예금보험법 및 주센법이 개정되었던 주식회사 정리회수기구(整理回收機構:RCC: The Resolution and Collection Corporation)를 탄생시키는 등 부실채권을 처리하기 위한 조치들을 추진했다. 부실채권을 본격적으로 처리하기 위한 금융재생 프로그램의 일환으로 탄생한 RCC는 1980년대 미국의 S&L위기[8] 때 금융시스템 불안을 해소하기 위해 공헌한 미국판 RTC(整理信託公社)를 모델로 삼은 것이다.

1999년 4월 1일 발족한 RCC는 금융기관이 보유하고 있는 불량채권을 사들여 관리, 회수하는 조직이며 예금보험기구가 전액 출자한 자회사로서 1980년대에 성공을 거둔 미국판 RTC를 본받은 것이다. 그러나 양 시스템에는 다음과 같은 다른 점도 있다. 첫째, RCC는 채권회수를 주목적으로 하지만 RTC는 관리대상이 된 S&L의 청산 및 매각을 중심 업무로 하였기 때문에 채권회수업무는 민간에 위탁하였다. 둘째, RTC는 경영파산한 S&L 그 자체의 받침역할을 하였지만, 일본에서는 특별공적관리방법과 가교은행 방식의 제도가 별도로 생겨서, RCC는 오로지 그들의 대상이 된 금융기관의 부실채권을 처리하는 것에 그쳤다. 단, RCC도 공적자금의 주입을 받은 건전한 은행으로부터 부실채권을 매입하기도 한다. 셋째, RTC는 처음부터 단기의 시한적인 기구로서 설립되었지만 RCC에는 존속기한이 없었다.

한편 RCC가 설립되기 전에 존재하였던 부실채권의 회수기관에는 예금보험기구, 정리회수은행, 주택금융채권관리기구 등 세 개의 기관이 있었다.

1) 예금보험기구

예금보험기구는 1971년 7월 예금보험법에 의거하여 예금자 보호 및 신용질서 유지를 위한 자금지원 등을 목적으로 파산금융기관의 예금을 보호하는 것이 본래의 업무였다. 그 후 1996년 6월부터는 정리회수은행이나 주관기구에 대해 부실채권회수의 지도 및 조언도 하게 되었다.

예금보험기구의 기능으로는 예금대지급, 특별공적관리업무, 부실채권회수, 파산금융기관의 인수기관에 대한 자금지원 및 공적자금 특별 계정관리 등이 있다. 이후 2001년 1월 6일 예금보험기구는 폐지되면서 금융청으로 업무 이관된 금융재생위원회의 결정에 따라 공적자금을 조성·집행하고 효율적인 자금관리를 위해 계정과목별로 구분하여 관리하고 있다.

8) S&L 위기: S&L은 미국에서 주택자금 공급을 목적으로 운영되는 영세한 저축대부기관이다. 1980년대에 두 번에 걸쳐 경영위기를 맞았다. 위기의 원인은 급격한 금융기관의 변화에 대응하지 못한 데 있지만, 이 금융기관은 미국 금융위기의 저변부에 위치하는 만큼 큰 문제가 되었다. 1970년대에는 4천개를 넘던 것이 S&L 위기 뒤인 1998년에는 505개로 줄어들었다.

2) 정리회수은행

정리회수은행은 1996년 9월에 파산한 도쿄의 코스모신용조합 등의 받침대가 된 도쿄공동은행을 전신으로 설립되었다. 당초에는 파산한 신용조합의 부실채권을 회수하는 업무만 담당하다가 1998년 2월 예금보험법의 개정으로 신용조합 이외의 금융기관의 자산정리도 대상이 되었다. 1998년 10월에는 예금보험법 개정으로 주택금융전문회사의 부실채권을 처리하기 위해 15년 시한부로 설립되었던 주택금융 채권관리기구가 1994년 4월 부실금융기관 가교은행인 정리회수은행을 흡수 합병하여 확대 개편하였다. 이 기구는 주센 7사, 파산금융기관 등으로부터 양수 또는 매입한 자산의 관리, 회수 및 처분과 금융기관의 자기자본 확충과 관련된 업무가 주이며, 직원은 약 2천 6백여명에 이른다.

3) 주택금융채권관리기구

주택금융채권관리기구는 파산한 주센 7사의 부실채권을 회수하기 위해 1996년 7월에 설립되면서 총 7.6조 엔에 달하는 금융기관의 부실채권을 처리하였다.

이상의 3기관은 정부와 일본은행이 직접 · 간접적으로 출자한 공적기관이며 파산한 금융기관의 부실채권을 회수하는데 그 목적이 있다. 한편 건전한 금융기관의 부실채권을 사들여 매각하는 방법으로는 민간조직의 공동채권매입기구(도시은행 등의 출자에 의해 1993년 1월에 설립)가 있다. 금융재생 프로그램 중에는 파산 전의 금융기관의 부실채권처리의 받침대 역할로서 주목되었다.

〈표 6-4〉 전국은행의 부실채권 처리실적 (단위 : 조 엔)

	1996.3	1997.3	1998.3	1999.3	2000.3	2001.3	2002.3
부실채권잔액	28.5	21.7	29.7	29.6	30.3	32.5	42.0
부실채권 처리액	13.3	7.8	13.3	13.6	6.9	6.1	9.2
1992년 이후 누계액	24.0	37.3	45.1	58.8	65.7	71.8	81.0

자료 : 배상민(2003)

제4절 제로금리정책

1. 제로금리정책 배경

일본은행은 1995년 9월 이후 공정금리(公定歩合)를 0.5%, 98년 9월에는 0.25%로 인하하였다. 이러한 초저금리정책을 통해 1998년 9월 이후 상승세로 반전된 장기금리의 하락과 함께 엔화 약세를 유도함으로써 소비 및 투자 증대, 수출 진작 등을 도모할 수 있을 것으로 기대하는 한편 초저금리정책이 금융 중개기능을 활성화시키는 방향으로 작용할 것으로 판단하였다. 즉 금리를 제로수준까지 인하한다는 것은 단기적인 자금수요를 충족시킬 수 있도록 중앙은행이 자금을 충분히 공급하는 것을 의미하기 때문에 금융시장의 유동성 부족에 대한 불안감을 크게 해소할 수 있다고 판단한 것이다. 또한 초저금리정책을 통해 금융기관의 자금조달 비용을 낮추기 때문에 금융 중개활동을 촉진하는 효과가 나타날 것으로도 기대하였다.

그러나 경기침체 국면이 계속됨에 따라 1998년 4월과 11월에 각각 17조 엔, 24조 엔 등 두 차례에 걸친 사상 최대 규모의 경제회생정책을 추진하였으나, 재정지출 재원조달을 위한 대규모 국채발행에 대한 우려가 확산되면서 1998년 10월 0.7%까지 하락하였던 장기국채(만기10년) 수익률이 상승세로 반전하였고 1999년 2월 초에는 2.6%까지 상승하였다.

일본은행은 이와 같은 장기금리의 상승이 기업의 투자나 민간 소비에 악영향을 미치고 엔화강세 유발에 따른 수출경쟁력 약화로 경기침체를 우려하지 않을 수 없었다. 이에 일본은행은 시장동향을 지켜보면서 신중하게 콜금리 인하를 추진하여 1999년 2월 12일 일단 콜금리 목표를 0.25%에서 0.15%로 인하하였으며, 이후 일본은행이 콜금리의 점진적 인하를 유도함에 따라 4월에는 콜금리가 사실상 제로수준인 0.03%까지 인하되면서 실효금리 수준이 제로가 되는 제로금리정책을 취하였다. 즉, 90년대 초부터 시작된 불황이 장기적 국면을 보이면서 일본은 근본적인 불황 타개책으로 기업 및 금융구조 조정 등을 실시하기 보다는 저금리정책 및 재정확장 등에 매달리는 양상을 보였고, 그러한 결과 중 하나가 바로 공식적으로 제로금리를 선언하여 장기금리 인하를 유도하는 정책을 펼친 것이다. 1999년 4월에는 일본은행이 "디플레이션 우려가 불식될 때까지 콜금리를 사실상 제로 퍼센트로 유지"하겠다고 천명하였고 이에 따라 회사채 수익률과 예금금리 등도 제로금리에 진입하게 되었다.

이후 2000년 8월 일본은행이 정부의 반대에도 불구하고 제로금리를 해제하였으나 IT 버블 붕괴 및 미국경제의 악화가 원인이 되어 일본경제가 급속한 감속을 보이기 시작하면서 2001년 3월 양적완화정책을 통해 제로금리정책을 다시 실시하였다. 그러나 이러한 제로금리정책을 실시함에도 불구하고 경기가 살아난 것은 아니었다.

〈표 6-5〉 제로금리 해제 시기 경제지표 비교

	2000년 8월	2006년 7월 13일
닛케이평균주가	16,117엔	15,097엔
엔 · 달러환율	108.80엔	115.10엔
장기금리 (10년국채수익률)	1.730%	1.910%
소비자물가지수	-0.3%	0.6%
실업률	4.6%(6월)	4.0%(5월)
유효구인배율	0.61배	1.07배

자료 : SERI 경제포커스(2006)

2. 제로금리정책 해제 배경

일본은행은 2001년 3월 이후 콜금리를 0%로 동결해 온 제로금리정책을 2006년 7월 14일 0.25% 인상하고 공정금리를 0.4% 인상함으로써 5년 4개월 만에 제로금리정책을 해제하였다. 제로금리 해제를 통해 일본은행은 금융정책 수단을 통화량 조절에서 금리 조절로 전환한 것이다. 일본은행 정책위원들이 이제 일본경제가 제로금리를 해제할 수 있는 충분한 여건이 마련되었고, 지속적인 경기 확대에 따라 디플레이션 리스크 역시 해소되었다고 평가한 것이다. 또한 제로금리정책이 지속될 경우 과잉투자로 인한 경기 과열과 인플레이션 및 버블 발생의 위험성이 있을 것이라는 우려와 2005년 후반부터 일본경제가 회복 국면에 진입했다는 판단도 한몫 했다.

일본은행의 제로금리정책 해제 결정은 2002년 이후 일본 경제가 회복을 보였고 소비자물가지수는 2005년 11월 이후 2006년 5월에 이르기까지 7개월째 상승했다는 점, 그리고 이제는 금융시장을 정상화하려는 의도에 의한 것이다.

이렇게 경기가 개선되는 상황에서 초저금리를 유지할 경우 경기과열에 대한 불안감과 자원배분에 대한 왜곡이 발생하기 때문에 이를 방지하기 위한 점 역시 제로금리정책을 해제하려는 배경이라고 볼 수 있다. 게다가 일본은행은 1989년 및 2000년 무리한 금리인상으로 신뢰를 상실한 바 있기에, 금리인상의 적기를 놓칠 경우 신뢰회복이 어렵다는 위기감도 따랐다.

3. 제로금리 해제의 성과

1995년 이후 10년간 초저금리로 인한 가계소득의 감소는 14조 3천억 엔(内閣府 계산)에 이른다. 이를 좀 더 자세히 살펴보면 예금이자소득 감소 21.2조 엔, 주택자금 등 대출이자 감소 6.9조 엔, 기업의 차입비용 경감효과 21조 8천억 엔 등 기업은 이를 기초로 구조조정을 진행하고, 실적을 개선한 것으로 평가되고 있다. 1991년 이후 15년간의 금융완화 정책에 의한 국내수요 촉진으로 GDP 연율환산 0.3%의 인상 효과(三井總合硏究所 계산)를 가져 왔다.

2006년 7월 18일 대부분 시중은행은 0.001%인 보통예금 금리를 0.1%로 100배 인상 방침을 발표하였고, 그중에서 특히 스미토모신탁은행(住友信託銀行)은 0.2%로 200배나 인상하였다. 정기예금 금리 역시 인상하였는데, 미츠비시도쿄UFJ은행(三菱東京UFJ銀行)의 경우 1개월 정기예금을 0.02%에서 0.15%, 1년 정기예금을 0.15%에서 0.25%로 인상하였다. 제일생명경제연구소(第一生命經濟硏究所)는 장기금리가 0.25% 상승하게 되면 기업의 경상이익은 1.2% 하락할 것으로 예상(1% 상승시 4.8% 감소)하였고, 대기업의 경우 장기금리가 1% 상승할 경우 경상이익 감소는 3.9%에 머문다는 연구결과를 발표하였다.

제로금리의 해제는 장기금리를 상승시키는 결과를 가져왔다. 즉 장기금리의 지표인 10년 국채 수익률이 1.91%로 증가하였고, 민간 금융기관이 시장 전체의 금리 동향에 맞춰 예금금리 및 주택담보 대출 금리 등을 인상하였으며, 대형은행인 미즈호은행(みずほ銀行)은 300만 엔 미만의 슈퍼 정기예금 금리를 연 0.02~0.08%로 인상하고 정기예금 금리뿐 아니라 보통예금 금리도 인상시키고 있다.

한편 2006년 제로금리 해제는 경기상황이 불투명한 상태에서 제로금리정책을 해제하였던 2000년의 상황과는 다르다. 즉 실물경제는 급속한 내수회복에 의해 견인되고 있는 상황이고 특히 개인소비는 고용, 소득 환경의 개선을 배경으로 크게 확대되고 있기 때문이다. 소비자물가 역시 상승 추세가 가속화됨으로써 디플레이션 상황이 종료되었다는 분석과 2006년 초의 소비자물가 상승률이 플러스로 전환되었으며, 전반적인 공급부족으로 향후 추가적인 물가상승이 예상되고 있다.

참 / 고 / 문 / 헌

권순우(2006), 『일본 통화정책 변화의 영향』, 삼성경제연구소

미와 료이치(2004), 『근대와 현대 일본경제사』, 보고사

배상민(2003), 『일본의 부실채권과 공적자금』, 한국동북아논총 제28집

사이토 세이치로(1999), 『일본경제 왜 무너졌나』, 들녘

양준호(2006), 『일본 제로금리 해제의 배경과 영향』, 삼성경제연구소

진창수(2001), 『한국과 일본의 금융 개혁』 세종연구소

최성일(2000), 『일본경제의 장기불황과 경제시스템의 변화』, 경제학논집 제8권 2호

前田 努(1996), 『わが國銀行業における貸出し伸び悩みについて一貸澁り論に關する考察と實證分析』, フィナンシャル・レビュー

淺子和實・篠原總一(2001), 『入門日本經濟』, 有斐閣

宇澤弘文(1995), 『日本經濟蓄積と成長の軌跡』, 東京大學出版會

中島克己・三好和代(2007), 『日本經濟の再生を考える』, ミネルヴァ書房

下谷政弘(1997), 『特株會社解禁』中公新書

Rosenbluth, Frances M. & Ross Schaap(2000), The Domestic Politics of Financial Globalization. Paper Presented at APSA, Washington D.C.

쉬어가는 일본경제

스튜디오 지브리(GHIBLI STUDIO)

GHIBLI STUDIO는 일본의 가장 위대한 만화 제작자인 미야자키 하야오(宮崎 駿)에 의해 움직이는 애니메이션 스튜디오이다. GHIBLI란 뜻은 사하라 사막을 통해 불어오는 뜨거운 바람을 의미하는데, 이 이름은 제2차 세계대전 동안 이탈리아 정찰 비행기들 사이에서 사용된 용어로, 비행기와 이탈리아를 좋아했던 미야자키가 여기에서 스튜디오의 이름을 따왔다.

미야자키는 1941년 1월 5일, 도쿄도 분쿄구(東京都 文京區)의 유복한 가정에서 4형제 중 차남으로 태어났다. 그는 미군정의 교육개혁에 의해 천황제와 황국사관을 강요받지 않은 최초의 전후세대로서 1947년 우쯔노미야 초등학교에 입학, 1958년 중학교를 졸업할 즈음에는 만화가가 되겠다고 결심, 본격적으로 그림공부를 시작하였고, 1962년 고등학교 졸업 후에는 가쿠슈인대학(學習院大學)의 정치경제학부에 입학, 아동문학연구회에 가입, 영국작가의 동화에 열중하면서 만화작업에도 몰두했지만 당시에는 완성작은 없었다. 1963년 대학 졸업 후 "아이들이 진정 좋아하는 작품을 만들고 싶다"는 생각에 토에이 동화의 마지막 정기채용으로 입사, 극장용 장편 '멍멍 츄신구라' 에 처음 동화맨으로 제작에 참여, 그 후 TV시리즈 '늑대소년 켄' 의 동화를 담당하였다.

수많은 작품 중 1975년 TV 시리즈 '프란다스의 개' 의 원화를 담당하였고 TV 시리즈 '엄마 찾아 삼만리' 에는 메인 스태프로 참가하였으며, '미래소년 코난' 의 기획에도 착수하였다. 1979년에는 TV 시리즈 '빨강머리 앤' 의 장면설정과 화면구성을 15회까지 담당한 후에는 최초의 극장용 감독 작품인 '루팡3세-카리오스트로 성' 을 개봉하였다.

이하 그의 작품을 소개하면 다음과 같다.

연도	작 품	감 독	흥 행	관 객 동 원
1984	바람 계곡의 나우시카	미야자키 하야오	7억 4200만 엔	91만4767명 (52일간)
1986	천공의 성 라퓨타	미야자키 하야오	5억 8300만 엔	77만4271명 (42일간)
1988	반딧불의 무덤	타카하타 이사오	5억 8800만 엔	80만1680명 (35일간)
1988	이웃집 토토로	미야자키 하야오	5억 8800만 엔	80만1680명 (35일간)
1989	마녀의 우편배달	미야자키 하야오	21억7000만 엔	264만619명 (77일간)
1991	추억은 방울방울	타카하타 이사오	18억7000만 엔	216만9435명 (84일간)
1992	붉은 돼지	미야자키 하야오	27억1300만 엔	304만9806명 (84일간)
1994	헤이세이너구리대전쟁폼포코	타카하타 이사오	26억5000만 엔	325만4132명 (70일간)
1995	귀를 기울이면	콘도 요시후미	18억5000만 엔	217만 명 (70일간)
1997	원령 공주	미야자키 하야오	96억5000만 엔	1430만 명
2001	센과 치히로의 행방불명	미야자키 하야오	193억 엔	2400만 명(30일간)
2004	하울의 움직이는 성	미야자키 하야오	215억 엔	2200만 명

■ 출발

지브리의 출발은 매우 어려운 상황에서 이루어졌다. 미야자키는 1982년부터 출판사 토쿠마 서점에서 발간하는 월간 '아니메쥬'에 신작 만화 '바람계곡의 나우시카'를 연재하게 되었는데, 이 작품은 편집자들과 충분한 사전협의를 거쳐서 처음부터 애니메이션을 염두에 두고 만들어진 것으로, 연재시 이색적인 소재와 독특한 그림 스타일로 대단한 주목을 받은 작품이었다. 그러나 이를 원작으로 애니메이션을 만든다는 것은 많은 위험성을 안고 있었다. 당시 미야자키라는 이름은 그다지 유명하지도 않았고 토쿠마 서점은 에니메이션에 대해서 어떠한 노하우도, 작업할 스튜디오도 없었기 때문이다. 이렇듯 그를 충분히 뒷받침해 작업할 스텝들이 없는 상황속에서 만들어진 '바람계곡의 나우시카'가 대단한 성공을 거두게 됨으로써 이후 인기와 흥행의 보증수표가 된 지브리 작품의 기반이 되었다.

'바람계곡의 나우시카'의 성공 후 '천공의 성 라퓨타(天空の城ラピュウタ)'의 기획이 한창이던 1985년 토쿠마 서점을 중심으로 마침내 벤처 성격(자본금 500만 엔)을 지닌 에니메이션 제작사 스튜디오 지브리가 설립된다. 그리고 미야자키와 타카하타 이사오의 양감독체제를 구성하여 극장용 위주로 에니메이션을 만들기 시작하였다. 1986년에 발표한 '천공의 성 라퓨타'는 일본내에서 80만 명에 가까운 관객을 동원하였으며, 1988년 '이웃집 토토로(となりのトトロ)', '반딧불의 무덤'은 미야자키와 타카하타가 감독을 맡아 제작하였다. 이 두 작품은 영화 비수기인 4월에 개봉되어 흥행성적은 좋지 않았으나 작품성 면에서는 높은 평가를 받았다. 특히 '이웃집 토토로'는 그 해 실사 영화를 합쳐 일본내 모든 상을 휩쓸었고 일본 뿐 아니라 아시아, 유럽, 미국 등 국외에서도 크게 히트한 미야자키의 대표작이다. '반딧불의 무덤' 역시 문예 영화로서 큰 호평을 받았다.

지브리가 흥행면에서 처음으로 대성공을 거둔 것은 89년에 만든 '마녀의 우편배달'(魔女の宅急便)에서였다. 1차 배급에서만 250만 명이 넘는 관객을 동원하여 그해 일본방화 흥행 1위라는 공전의 대히트를 기록하였다. 이 영화는 스칸디나비아 반도의 해외로케이션을 통해서 그린 아름다운 자연 풍경과 유럽식의 고풍스런 시가지 모습이 인상적이며 가슴 후련해지는 비행 묘사가 일품인 작품이다. 상영 후 일본 내에서 마녀 소재의 만화 붐을 일으켰으며 미야자키에게 페미니스트라는 꼬리표를 확실하게 달아 준 여성 영화로 평가되고 있다.

이후 미야자키는 '스텝의 사원화, 고정급 제도의 도입과 신인 정기 채용 · 육성'의 두 가지 제안을 하였다. 1991년에 개봉된 타카하타 감독의 '추억은 방울방울(思い出ぽろぽろ)'은 흥행관계자들의 불안과는 달리 그해 일본 영화 중 최고의 히트를 기록하였다. 이 작품의 성공으로 두 배 임금 지급과 신인 채용이라는 미야자키의 소망이 이뤄졌다.

1991년 '붉은 돼지'(赤い豚)의 개봉 직후 지브리는 미야자키 본인이 스스로 구상한 스튜디오의 설계대로 도쿄 부근의 코가네이시(小金井市)의 새 건물로 이사하였다.

1993년 지브리는 컴퓨터로 제어되는 두 대의 대형 촬영기를 도입하여 촬영부를 신설,

분업화를 이루어 작품의 질적 향상을 이루었다. 같은 해 지브리는 처음으로 TV용 장편 에니메이션 '바다가 들린다'를 제작하였는데, 당시 20~30대의 젊은 스텝들이 중심이 되어 만들어진 이 작품은 '신속, 저렴, 양질'을 캐치프레이즈로 내걸고 70분 짜리 TV스페셜 판으로 제작되면서 예산을 크게 초과하여 지브리에게 적지않은 부담을 주었다. 그러나 지브리의 장편 히트는 이후에도 계속 이어졌다. 94년 타카하타 감독의 '헤이세이 너구리 대전쟁 폼포코(平成狸合戦ぽんぽこ)'가 디즈니의 '라이온 킹'을 누르고 흥행 1위를 하여 일본영화의 자존심을 지킨 것이다.

1995년 '귀를 기울이면(耳を済ませば)'을 제작 공개하면서 미야자키는 그해 프로듀서, 각본, 콘티를 맡아 일하면서 동시에 6분 40초짜리 뮤직비디오인 'On Your Mark'를 감독하였고, 그 후 3년이라는 긴 세월을 걸쳐 만들어진 미야자키 감독 최초의 시대극으로 '원령공주(もののけ姫)'가 97년 여름 개봉되어 '잃어버린 세계'를 누르고 개봉 두달만에 관객 1천만 명을 돌파하는 대열풍을 일으키며 연말까지 장기 상영하였다.

'센과 치히로의 행방불명(千と千尋の神隠し)'은 모노노케 히메 이후 4년만의 작품으로, 치히로라는 10세 소녀를 주인공으로 하는 환타지물이다. 2001년 7월 20일 일본 전역 도호(東邦) 계열의 극장에서 개봉해 주말 일본 박스오피스 정상에 올라 원령공주의 기록을 깨면서 미야자키를 넘볼 수 있는 이는 미야자키 밖에 없다는 가설조차 만들어 낼 정도였다. 2002년 제 52회 베를린 국제영화제에서 이례적으로 애니메이션인 '센과 치히로의 행방불명'이 최우수 작품상(금곰상)을 수상하면서 세계를 놀라게 했다.

2004년 말에 개봉한 '하울의 움직이는 성(ハウルの動く城)'은 미야자키 감독이 직접 감독으로 참여하는 것은 물론, 오랜만에 애니메이션계로 복귀한 '마녀배달부 키키'의 곤도 가쓰야가 작화 감독으로서 절묘하게 호흡을 맞췄다. 이 만화영화는 미국 아카데미 시상식에서 장편 애니메이션 부문을 수상하였다.

スタジオジブリ
STUDIO GHIBLI

■ 지브리와 미야자키의 특징

지브리가 타 제작사와 구별되는 가장 큰 특징은 '작가중심'으로 제작과 운영이 이루어진다는 것이다. 지브리라는 제작사보다 미야자키라는 작가가 더 유명한 것은 절대로 외부하청을 주지 않고 감독의 역량이 다른 제작사들보다 매우 크고 강하게 작용하는 작가 중심 체제를 이루고 있기 때문이다. 이같은 작가주의는 지브리의 모든 애니메이터들을 일하는 노동자가 아닌 한 명의 장인으로 대접하게 만든다. "작품 제일주의만이 우리의 살길이다" 라는 미야자키의 구호가 이를 증명한다.

한편, 1996년 7월에는 디즈니와의 배급 및 업무 제휴를 맺으면서 전세계 애니메이션계의 이목을 집중시켰다. 서양을 대표하는 디즈니와 동양을 대표하는 지브리의 협력은 세계 애니메이션계의 거대한 지각 변동을 예고하는 대사건으로 배급망이 취약한 지브리로서는 최강의 디즈니 배급망을 타고 전세계에 자신들의 작품을 알릴 수 있는 좋은 기회를 갖게 된 것이다.

이렇듯 세계적인 존재가 된 미야자키와 스튜디오 지브리가 진정으로 추구하는 것은 무엇일까? 미야자키의 애니메이션은 '이웃집 토토로' 를 제외하고 그 인물과 배경이 유럽 백인문화와 깊은 관계를 맺고 있다. 일본의 상업 애니메이션 안에서 일본을 무대로 일본인이 나오는 작품들도 다수 제작되기는 했지만, 서양을 배경으로 서양인이 주인공으로 나오는 작품이 훨씬 많았던 것이 사실이다. 미야자키도 결코 예외는 아니어서 그의 많은 작품 속 배경은 유럽에 바탕을 두고 있다.

네덜란드의 농촌을 연상시키는 '바람계곡의 나우시카', 영국 웨일즈 지방을 현지 로케이션한 '천공의 성 라퓨타', 역시 스칸디나비아 등지를 현지 로케이션한 '마녀의 우편배달부', 카와사키 공장지대의 이미지와 자신의 상상력만으로 2, 30년대 이탈리아를 현실감 있게 축조해낸 '붉은 돼지' 등이 그렇다. 캐릭터들은 오히려 배경에 비해 상대적으로 더 일본적이다. 때때로 여전히 금발과 파란 눈을 갖고 있지만 밋밋한 얼굴윤곽과 작은 코, 검은 눈동자와 머리카락을 하고 있으며, 더욱이 그 캐릭터들이 리얼리즘 애니메이션에 들어오면 일본인의 얼굴을 무척 간결한 느낌으로 충실히 재현한다.

그럼 다카하타가 일본을 배경으로 하는 것과는 달리 미야자키가 굳이 유럽을, 유럽의 느낌이 나는 곳을 배경으로 하는 이유는 무엇일까? 여기에는 먼저 미야자키 개인을 떠나 서구화에 의한 근대화라는 과거 일본 역사속의 명제가 개입되어 있다. 그러나 더 중요한 것은 미야자키의 그러한 비 일본적 공간과 그 안에서 취급되고 있는 주된 테마들과의 상호관계이다. 미야자키에게는 그를 특징짓는 몇 가지의 테마들이 존재한다. 이것이 미야자키 애니메이션의 모티브이다. 가령 잘 알려진 예로는 자연회귀, 환경보호, 반전주의, 반파시즘… 그러나 지구상의 어디에서도 이 모든 것들이 실현되고 지켜지는 곳이 없음을 누구보다도 잘 알고 있는 미야자키는 자신의 애니메이션영화를 통해서 부단히 이상향을 축조하고 제시하고 싶어 했다. 그런데 그가 만들어낼 수 있었던 이상향이란 무엇이고, 미야자키 본인조차 본 적도 들은 적도 없는 그러한 세계를 일본인 관객들에게 시각적으로 제시할 수 있는 방법은 무엇이었을까. 그의 일차적인 선택은 엑조티시즘(exoticism)이다. 그러나 그가 바라는 이상향의 구체적인 모습은 완전히 새롭게 창출해낼 수 없을 뿐 아니라 인간으로서의 한계이기도 하다. 따라서 유럽은 미야자키에게 있어 이상적인 사회주의 사회의 시각화에 쓰일 최적의 재료로 생각되었을 것이다.

미야자키의 거의 모든 작품에는 이상적인 마을, 부락이 등장한다. '미래소년 코난'의 하이하바, '바람계곡의 나우시카'의 바람계곡, '천공의 성 라퓨타'의 슬러그 계곡 등이 그렇다. 이런 공동체를 형성하고 있는 주민들은 대부분 순박하고 친절하며, 단결을 잘한다고 묘사되어 있다. 즉 인간의 삶의 형태에 있어서 이런 형태의 공동체가 가장 모범적이라는 식으로 미야자키는 관객에게 제시한다. 그러나 하이하바는 마치 에덴동산 같으며 바람계곡은 중세유럽의 봉건사회이다. 또한 슬러그 계곡은 자본주의의 폐혜가 극에 달하던 20세기초의 영국 탄광촌이다. 이것은 이상향이 아니라 과거에 대한 단순한 환상에 불과한 것으로, 결국 미야자키가 '빨간 돼지'에서 도달한 곳은 아무도 살지 않는 무인도였다.

미야자키의 이러한 이데올로기는 그가 대학 졸업 후 토에이 동화(東映童話)에 입사했을 때 입사이유가 "미제국주의 디즈니에 대항하는 애니메이션을 일본에서 만들기 위해서"였다고 밝힌 적이 있다. 이러한 사회주의적인 식견은 사상과 철학 등 다카하타의 영향을 많이 받은 탓이기도 하다.

지브리는 미야자키 등을 중심으로 항상 그 시내에 필요한 현재의 일본에 비진을 제시하는 작품을 만든다는 자부심을 가지고 활동하고 있다. 완벽한 미야자키, 다카하타 중심의 작가체제를 통해 흥행보다는 늘 작품성을 우선으로 한 스튜디오 지브리는 완벽한 회사체제를 통해 애니메이터들을 '그림 그리는 노동자'가 아닌 안정된 상황에서 작업을 할 수 있도록 해왔다. 외국에 하청을 일체 주지 않고 자체력으로 제작할 뿐만 아니라 컴퓨터 그래픽을 남용하지 않고 가능한 한 인간의 손으로 모든 작업을 함으로써 보는 이들이 화면에서 따뜻한 인간미를 느낄 수 있도록 한다는 기본 자세를 지키고 있다. 이런 수작업을 고수하는 것은 그만큼 수작업에 자신이 있다는 표현이기도 하다.

■ 참고문헌

- 황의웅(2000), 『미야자키 하야오는 이렇게 창작한다』, 시공사
- 시미즈 마사시(2004), 『미야자키 하야오 세계로의 초대』, 좋은책만들기
- 헬렌 매카시(2004), 『미야자키 하야오(일본 애니메이션의 거장)』, 인디북
- http://www.nausicaa.net
- http://www.ntv.co.jp/ghibli

CHAPTER 07

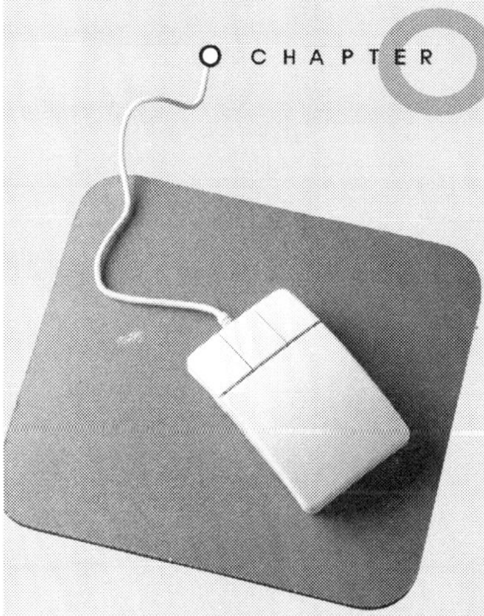

일본의 글로벌화와 EPA 전략

제1절 일본의 글로벌화 준비
제2절 일본의 EPA 전략의 추진배경
제3절 EPA 추진현황
제4절 EPA 전략추진에 따른 문제점
제5절 EPA에 따른 경제적 효과
◈ 쉬어가는 일본경제

07 CHAPTER

일본의 글로벌화와 EPA 전략

제1절 일본의 글로벌화 준비

1980년대 이후에 나타난 세계 교역환경은 제 2차 대전 이후 주요 선진국들이 GATT 체제를 중심으로 점차 다자주의(multi-lateralism)에서 지역주의(regionalism)(다자간에서 양자간)로 변하고 있다[1]. 그 중 세계 2극체제의 지역주의라 할 수 있는 NAFTA(북미자유무역협정; North America Free Trade Agreement)이 1994년 발효되면서 지금은 전 미주를 포함하는 34개국의 FTAA(미주자유무역지대; Free Trade Area of the Americas)를 구상하고 있으며, EU(유럽연합; European Union)가 2004년 5월 10개국의 신규 회원을 받아들이고, 2007년 1월 1일 루마니아와 불가리아가 새로이 EU에 가입하면서 27개국의 회원을 지닌 경제통합단계까지 진전되었다. 이러한 상황에서 동아시아 지역만이 EPA/FTA를 체결하지 않을 경우 상대적인 고립과 불이익이 발생할 수도 있다는 공통된 인식하에 동아시아 지역을 통합시켜야 한다는 필요성이 대두되고 있다.

아시아를 살펴보면 구성 국가간에 자유무역 촉진을 목적으로 지속적으로 노력해 오고 있는 동아시아의 AFTA(아세안자유무역지역) 외에 남아시아의 SAPTA(남아시아특혜무역지역), 그리고 중동지역의 GCC(걸프협력회의) 등이 있으나, 세계적인 지역주의 흐름에 대응하기 위한 공식적인 지역경제 협력체는 아직 출범하지 않은 상태이다. 물론 제도적 통합의 필요성에 대한 주장은 1990년대 초부터 제기되어 왔지만 이를 이끌어갈 추진주체가 부재한 채로 최근까지 이어져 왔다.

이러한 상황에서 일본은 '통상입국(通商立國)'[2]의 입장에서, WTO에 의한 자유 · 무차

1) 1990년대 이후 지역통합의 움직임이 가속화 되면서 WTO에 통보된 지역무역협정은 1990년 27건에서 2006년 6월 시점 185건으로 증가하였다.

별 · 다각적인 국제통상체제의 강화에 대응하기 위하여 국가적인 전략으로 2006년 4월 '글로벌 경제전략'(クローバル經濟戰略)을 책정하면서 ASEAN(동남아시아국가연합; Association of Southeast Asian Nations) 및 한국과 중국 그리고 호주와 뉴질랜드, 인도 등 총 16개국을 포함하는 '동아시아 경제연대협정(EPA)'을 발표하였다[3]. 이를 통해 일본 정부에서도 '동아시아공동체'의 존재에 대해 일본이 취해야 할 외교 · 경제전략상 관점에서 주요 각료에 의한 성청간회의(省廳間會議)를 통해 정부 내부에서 충분히 논의를 거친다고 발표하였다(2006. 5. 18. 經濟財政諮問會議決定). 이후 2006년 8월 24일 16개국 경제장관 모임에서 이러한 구상을 공식적으로 제안하였고, 이에 더하여 2006년 11월 2일에는 경제재정자문회의 산하에 동경대학 교수인 이토(伊藤隆敏) 교수를 회장으로 하는 'Global화 개혁 전문조사회'를 설치하였다.

사실 지금까지 일본은 동아시아 지역통합 등 지역주의에 그다지 적극적이지 않았지만, 21세기에 들어와 '동아시아경제권', '동아시아공동체', '동아시아경제공동체' 등을 구상하고 관심을 갖기 시작하면서 이제는 FTA를 중심으로 하는 EPA 체결 교섭을 급속히 진행하기 위하여 정부차원에서 노력하고 있다[4].

WTO 체제 하에서는 가맹국 및 지역과 협정을 맺거나 교섭을 하기에 어려움이 따르지만, EPA/FTA는 2개국 간 혹은 수개국 간의 교섭으로 기동적인 교섭이 가능하기 때문에 일본이 추구하고자 하는 '동아시아 EPA'에 대한 구상은 동아시아 전체에서 효율적이고 성숙한 시장 경제권을 실현시키기 위해, 그리고 일본이 동아시아 경제통합을 리드하기 위해 '동아시아 EPA' 교섭을 개시한다는 목적을 갖고 있다. 그 안에 포함되는 멤버는 시장 경제권으로서 의미 있는 ASEAN, 세계 11위 무역국가인 한국, 신흥 경제대국으로 부상하

---

2) 통상입국이란 무역 · 투자에 의해 국가의 유지발전을 꾀하는 것을 의미한다.

3) 이에 대해 삼성 SERI는 EPA를 '경제동반자협정'이라고 정의('말레이시아의 FTA정책과 배경' -SERI 경제포커스)하고 있고, 세명대학 김필동 교수는 '연계협정' (일본의 '동아시아 경제권' 구상의 문화적 배경)으로, 그리고 한국은행은 '경제연대협정' 등으로 각각 표기하고 있다. 한편, EPA라는 용어는 EU에서 처음 사용하였으며 2000년 이후 구식민지 개발촉진과 이들 사이에 체결된 경제통합체와의 연대강화를 위한 협정의 의미로 사용되었다.

4) 박번순 외(2003)에서는 일본이 다자주의를 벗어나 EPA/FTA를 추진하게 된 원인을 다섯 가지로 보고 있다. ① 지역경제통합이 전 세계적으로 확산되는 가운데 일본만이 세계적인 흐름에서 완전히 벗어나고 있다는 일종의 위기감, ② WTO를 둘러싼 상황변화, 즉 이해의 일치가 상대적으로 쉬운 EPA/FTA가 무역정책의 새로운 선택지로 부상, ③ 외압에 대한 반발, 미국이 주도해 온 WTO체제에 대한 의구심, ④ 1997년에 발생한 아시아 통화위기 이후 일본경제와 아시아경제의 상호의존성에 대한 긍정적인 인식변화, ⑤ 미국을 능가하는 동아시아의 거대시장으로의 부상 등이다.

고 있는 중국, 그리고 인도, 호주, 뉴질랜드 등 총 16개국(10+3+3)이다. 일본이 추구하는 '동아시아 EPA' 전략이 성공할 경우 전 세계 인구의 절반가량인 31억 인구에 전 세계 GDP의 약 1/4에 해당하는 10조 달러의 거대 경제권이 탄생하게 된다. 게다가 아베신조(安倍晋三) 전 일본총리는 초기 집권공약으로 일본의 무역장벽을 낮추고 외국인 투자를 적극 유치하는 등 경제 개방폭 확대를 추진하기 위해 주요국들과 자유무역협정(FTA)보다 대상이 넓고 포괄적인 EPA 체결에 적극적으로 나선다는 방침을 밝혔다. 한편 일본은 동아시아 EPA 전략을 성공시키기 위하여 자국 주도하에 2008년부터 교섭을 개시하여 2010년에 체결할 것을 제안하였다.

이에 대해 동아시아 주요국인 한국과 일본의 반응은 어떠한가? 우선 우리나라는 'ASEAN+3' 및 'ASEAN+1'이 선결과제라는 입장을 보이고 있고, 중국 역시 'ASEAN+1'을 추진하면서 당분간 'ASEAN+3'을 중시해야 한다는 주장이기 때문에 '동아시아 EPA' 전략이 일본의 의도대로 추진될지에 대해서는 아직은 냉담한 반응이다.

따라서 일본이 추구하고자 하는 EPA는 FTA와 어떻게 다르며 그 내용은 무엇인지 알아보고, EPA 전략을 통한 일본의 경제적 편익과 궁극적인 목표가 무엇인지를 살펴보고, 아울러 일본의 EPA 전략에 대한 한국측의 준비와 향후 한일 FTA(일본의 일 · 한 EPA) 협상에 대한 대응과제 및 시사점을 알아보도록 한다.

제2절 일본의 EPA 전략의 추진배경

1. EPA

1) FTA와 EPA의 개념

FTA(자유무역협정; Free Trade Agreement)는 재화의 무역일 경우 관세인하, 서비스 무역일 경우 외자규제 등 무역분야에 한정해 특정국가나 지역 간의 관세 및 무역장벽을 삭감·철폐함으로써 자유무역을 실현하기 위한 체결을 협정하는 것이라고 할 수 있다. 이에 반해 EPA(경제연대협정; Economic Partnership Agreement)는 단순히 관세철폐 및 무역장벽의 제거 뿐만이 아니라 체약국 간의 경제 거래 및 투자의 활성화, 경제 제도상의 조화와 협력 촉진 등 상대국과의 인적, 물적, 자본의 교류 전반을 규율하는 보다 폭넓은 경제활동을 규정하는, FTA보다 한 단계 높은 협정을 일컫는다. 즉, FTA는 EPA의 주요한 내용 중의 하나이며 FTA보다 광범위하고 포괄적인 방식이라고 할 수 있다[5].

[그림 7-1] FTA와 EPA의 관계

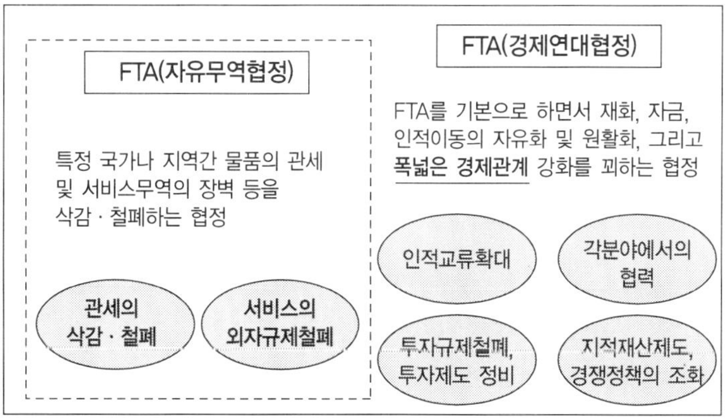

5) 현재 일본에서는 FTA보다 EPA 라는 개념을 더 강조하고 있다. 예를 들어 우리나라 등 일본을 제외하고는 '한 · 일 FTA' 혹은 '일 · 멕시코 FTA' 등으로 표기하지만, 일본에서는 상기 FTA 대신 '일 · 한 EPA' 혹은 EPA/FTA 등으로 병기하여 사용하고 있으며, 실질적으로 외무성 및 경제산업성 홈페이지에서도 EPA라는 용어를 더 선호하고 있는 상황이다. 그러나 최근에는 FTA의 포괄범위가 확대되고 있는 추세이므로 두 용어의 실질적 차이는 축소되고 있다.

2) EPA의 의의(意義)

일본은 다자간 협상인 GATT · WTO를 중심으로 하는 다각적 무역체제를 유지 · 강화하는 것을 대외경제정책의 기본으로 해 왔기 때문에 지금까지 양자 간 무역협정에는 소극적인 자세를 보여왔다. 그러나 전 세계적으로 EPA/FTA가 전개되는 가운데 일본 역시 EPA/FTA를 추진하는 것이 WTO를 중심으로 하는 다각적 무역체제를 보완하고, 무역자유화나 경제활성화를 신속히 추진할 수 있다는 관점에서 중요하다는 인식을 하게 되어 EPA/FTA를 적극적인 전략으로 취하게 되었다[6].

또한 2000년 이후 세계적인 추세인 지역주의에 대해 적극적인 자세로 전환하면서 관세철폐 등 무역장벽의 완화를 중시하는 FTA보다는 중장기적인 관점에서 상품, 서비스뿐 아니라 생산요소의 자유로운 교류까지를 포괄하는 EPA를 선호하고 있다. 이는 중장기적인 관점에서 확고한 수출경쟁력 및 세계 2위의 경제력을 바탕으로 FTA보다 EPA를 추구하는 것이 가능하다고 보고 있기 때문이다. 이를 위해 일본은 EPA를 체결할 때 민감부문의 개방은 최소화하고 FTA 이외의 이슈를 부각시켜 협상에 임한다는 자세를 취하고 있다.

한편 EPA는 일본 및 상대국의 구조개혁의 추진에도 이바지할 뿐만 아니라 동아시아 공동체의 구축 및 정치 · 외교전략상, 일본에 보다 유익한 국제환경을 형성할 것이라고 전망하고 있다. 아베신조(安倍晋三) 전 총리가 EPA 체결에 적극적으로 나섰던 이유가 바로 이러한 전략 및 일본의 산적한 문제들에 대해 포괄적인 해결책으로 일본 국내의 개방확대와 국제적 현안에서 더욱 적극적인 역할을 감당하겠다는 의지로 보이며, 이에 대한 평가로 일본이 전후 발전해 온 방향과는 완전히 다른 변화를 추구하겠다는 의지로 해석되고 있다.

아소(麻生太郎) 외무장관 역시 EPA를 '동료만들기'(仲間づくり) 전략이라고 표현하였는데, 이는 일본의 국익을 염두에 두면서 가치관을 함께 가질 수 있는 동료를 아시아 · 태평양지역에서 점점 넓혀간다고 하는 의미가 포함되어 있다. 즉, EPA와 같은 중장기적이고 복잡한 협정을 같이 진행하다 보면 동료(仲間)가 되기 때문에 장기적인 안목으로 볼 때 시간이 절약되는 FTA보다는 EPA교섭에 더 큰 의미를 두겠다는 것이다. 아울러 선진경제를 구사하고 있는 일본으로부터 EPA 협정을 통해 개발도상국에의 대대적인 기술이전이 따르

6) "今後の經濟連携協定(EPA)の推進についての基本方針" (2004. 12) 경제연대추진관계 각료회의에서 결정한 내용에 포함되어 있다. 즉 일본이 추진하고자 하는 EPA는 단독적인 구상이 아니라 WTO를 중심으로 하는 다각적 무역체제를 보완하는 것이라고 명기되어 있다.

〈표 7-1〉 EPA의 의의 및 구체적인 시책

EPA 의의	구체적인 시책
WTO를 중심으로 하는 다각적인 자유무역체제의 보완	이를 통해 대외경제관계의 발전 및 경제적 이익의 확보
일본 및 상대국의 구조개혁 추진	현재 진행중인 동아시아와의 교섭에 전력 경주. 그 외 국가와의 교섭도 실시
정치 · 외교전략상 일본에게 유익한 국제환경 형성	상대국과의 경제관계의 현상에 따라 FTA가 아닌 EPA 검토(투자협정, 상호승인협정, 투자환경정비 등)

게 되기 때문에 상대국과 호혜호조(互惠互助)의 '동료만들기'가 가능하다는 주장이다(아소외무대신 연설, 2006. 3. 8. 일본기자클럽 연설내용 중).

한편 교섭상대국 · 지역결정에 관한 기준을 결정할 때 이하 종합적으로 세 가지 시점을 감안하여 결정한다.

(1) 일본에 유익한 국제환경의 형성

① 동아시아의 커뮤니티 형성 및 안정과 번영을 위한 전략에 도움이 되는가?

② 일본의 경제력 강화 및 정치 · 외교상의 과제에 이바지할 것인가?

③ WTO 교섭 등의 국제교섭에 있어서 일본이 상대국 · 지역과의 연대 · 협력을 꾀하고 일본의 입장을 강화할 수 있는가?

(2) 일본의 경제적 이익 확보 및 구조개혁 촉진

① 물품 · 서비스무역이나 투자자유화에 의해 광공업품, 농림수산품의 수출과 서비스무역 · 투자의 실질적 확대, 원활화가 가능한지, 지적재산권 확보 등의 각종 경제제도의 조화 및 인적이동(Human Mobility)의 원활화 등에 의해 현지 진출기업의 비즈니스 환경이 개선될 수 있는가?

② EPA/FTA를 체결함으로써 경제적 불이익을 해소할 수 있는가?

③ 일본이 안전하고 안심할 수 있는 식량과 자원을 안정적으로 수입하여 공급할 수 있는가?

④ 일본 경제사회의 구조개혁이 촉진되어 경제활동의 효율화 및 활성화가 초래될지, 농

림수산분야에 대해서는 일본의 식량안전보장의 시점이나 일본에서 진행중인 같은 분야의 구조개혁의 노력에 악영향을 끼치지는 않는가?

⑤ 전문적 · 기술적 노동자의 수용이 보다 촉진되어 일본 경제사회의 활성화 및 국제화에 이바지 할 수 있는가?

(3) 상대국 · 지역의 상황, EPA/FTA의 실현가능성

① 일본 및 상대국 · 지역이 각각 상대방과 교섭할 경우 자유화가 곤란한 품목에 어떤 것들이 있는지, 이러한 쌍방의 곤란함에 상호 적절한 고려를 하고 있는가?

② 상대국 · 지역 이외의 국가 · 지역에 대해 무역투자상 생길 수 있는 영향을 둘러싸고 마찰 등이 생기지는 않는가?

③ 상대국 · 지역이 WTO 및 EPA/FTA상의 약속을 지킬 수 있는 체제가 정비되어 있는가?

④ 상대국 · 지역과의 EPA는 사실상 관세의 삭감 및 철폐를 중심으로 하는 FTA가 가장 적절한 것은 아닌가?

〈표 7-2〉 EPA 추진에 관한 일본의 기본방침

일본에게 유익한 국제환경의 형성	• 동아시아의 커뮤니티 형성 • 일본의 경제력강화 및 정치 · 외교상의 과제에 대한 전략 • WTO 등의 국제교섭에 관한 연대
일본의 경제이익 확보	• 무역 · 투자의 실질적인 확대 · 원활화, 비즈니스환경 개선 • 협정의 부존재에 의한 불이익 해소 • 자원 및 식량의 안정적인 수입 • 일본 경제사회의 구조개혁을 촉진 • 전문적 · 기술적 노동자의 수용 촉진
상대국 · 지역의 상황, EPA의 실현가능성	• 자유화 곤란에 대한 배려 • 마찰의 평가 • 협정실시체제의 평가 • 경제연대의 존재로서 EPA(관세철폐 및 삭감 중심)의 타당성

2. 왜 '동아시아 EPA' 인가? 추진배경

1) 일본외교의 발상전환 : 정치적 배경

일본이 통산성 주도로 EPA/FTA를 추진하는 배경에는 '대미(對美)관계 환원주의(American reduction)' 로 부터 '동아시아 연대 중심주의(Asian orientation)' 로의 포괄적 외교원리라는 가설로 설명이 가능하다(Ogita, 2003).

전후 일본외교는 무역뿐만이 아니라 국제적 시스템 전반에 걸쳐 일본의 안전보장을 약속한 미국과의 2국간 관계인 '일 · 미 2국간주의 징후군' (姜, 2003)으로 상징되어 왔다. 지금까지는 안전보장 외 외교전반에 걸쳐 일본외무성이 주도적이었고, 일 · 미 안전보장 조약체제 이외의 국가와 동맹관계를 모색한다는 것은 일본에서는 일종의 터부시 되어 왔다. 그러나 일본이 경제대국으로 대두되면서 경제의 글로벌화가 진행되고 냉전이 종결됨에 따라 일본외교의 주제가 안전보장에서 경제문제로 상대적 이동이 되면서 지금까지의 '대미(對美)관계 환원주의' 외교에서 벗어나 동아시아의 급속한 경제성장과 역내 경제통합 및 일본국내의 지역주의에 대한 분위기 등으로 경제관청인 경제산업성의 역할이 강해졌다. 경제산업성은 처음에는 미국을 포함하는 환태평양지역인 APEC을 염두에 두었으나, 아시아 경제위기를 계기로 동아시아지역으로 범위를 좁히고 EPA를 추진하기에 이른 것이다.

〈표 7-3〉 일본외교의 요소의 이동측(이념형에 의한 가설)

	舊	新
포괄적 외교원리	대미(對美) 관계 환원주의	동아시아연대 중심주의
외교주제	안전보장	경제
무역정책원리	전일적(專一的)다국간주의	선택적 2국간주의/지역주의
주도적관청	외무성	통산성/경제산업성

자료: Ogita(2003), p245

어쨌든 일본외무성은 아직도 일본외교의 중심적 역할을 하는 기관으로 EPA/FTA 추진에 있어서도 WTO의 다국간 자유화를 기본으로 추진하고 있으며, 대미(對美)관계 환원주의 역시 2001년 9. 11 테러 이후, 그리고 아프가니스탄전쟁 및 이라크전쟁 등을 통해 오히려 더 강해진 것처럼 보이는 것 또한 사실이다. 물론 〈표 7-3〉에서 보듯이 현실적으로는 신 · 구의 관계가 양자택일의 형태는 아니지만, 일본의 포괄적 외교원리가 동아시아를 중요한 무대로 생각하고 있다는 사실은 일본이 갖고 있는 또 하나의 외교전략임을 간과해서는 안 될 것이다.

한편, 일본은 외교전략상 WTO 중심의 다자주의에 대한 실효성에 의문을 갖기 시작하였다. 즉 WTO의 경우 교섭상대국이 너무 많고 협상속도가 느리지만, EPA/FTA는 교섭상대국이 한정되어 있기 때문에 다자체제에 비해 협상에 필요한 기간이 짧아 보다 기동적으로 대응할 수 있으며 EPA/FTA 체결로 정치적 연대와 신뢰를 증진시켜 일본의 국제정치적 파워게임에서 유리한 선점을 가져다 줄 수 있다고 보는 것이다.

2) 동아시아의 중요성의 증대 : 경제적 배경

일본은 동아시아와 정치적 관계 뿐만이 아니라 경제적으로도 상호 의존관계를 갖고 있다. 이러한 경제적 배경은 바로 '동아시아 EPA' 전략을 통해 동아시아지역에 효율적이고 성숙한 시장경제권을 구축하려는 목적에 따른다.

동아시아는 일본 무역의 약 40% 이상을 점하고 있으나 의외로 동아시아는 일본으로부터의 수출품에 높은 관세를 부과하고 있으며, 서비스 · 투자면에서도 장벽이 높은 상황이다. 관세율에서 오는 불이익은 미국이 3.6%, EU가 4.1%인데 비해 중국 10%, 말레이시아가 14.5%, 한국 16.1%, 필리핀 25.6%, 그리고 인도네시아가 37.5%로 일본상품은 무역액이 가장 많은 동아시아 지역에서 가장 높은 관세를 부과하고 있는 셈이다. 따라서 일본기

[그림 7-2] 일본의 무역액을 통해 본 동아시아의 중요성

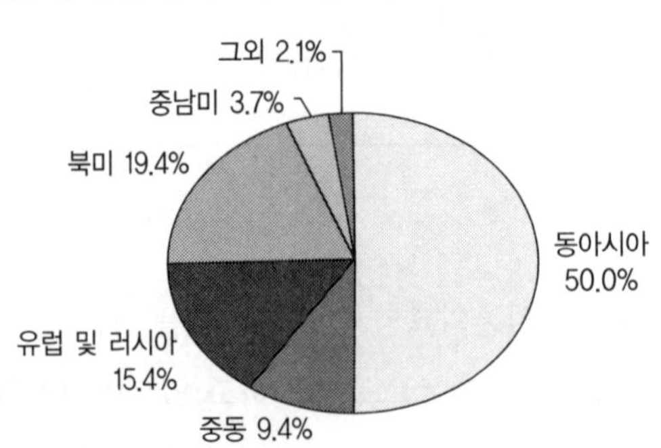

업들이 기존의 구미 투자 중심 거점을 상당부분 동아시아로 옮기고 있는 상황이며, 이들 동아시아국가들과 EPA를 체결하는 것이 일본기업의 원활한 활동에 도움이 된다고 판단하고 있다(진창수, 2005).

또한 일본의 무역액에 점하는 동아시아의 비율은 매년 눈에 띄게 증가하고 있는 추세이고, 이러한 경향은 앞으로도 지속적으로 증가할 것으로 내다보고 있다. 그중에서도 한·중·일 3국이 차지하는 비중은 매우 높아 동아시아 역내 무역액 전체의 절반이 넘는 비중을 차지하고 있다. 즉 일본의 총 무역액(수출+수입)은 122.6조 엔(2005)으로 그 중 50%가 동아시아가 차지하고 있으며, 이를 각각 살펴보면 중국을 포함한 중화경제권이 25.9%, 한국 6.4%, ASEAN 13.3%, 인도 0.6%, 호주 3.3%, 뉴질랜드가 0.4%이다(그림 7-2 참고).

동아시아의 경제상황을 살펴보면 '세계의 성장센터' 로서의 역할을 할 정도로 충분한 경제성장을 하고 있다. 이러한 높은 경제성장 결과 실실적으로 1980년대의 선 세계에 대한

〈표 7-4〉 일본의 상위 20위까지의 무역상대국

순위	국가명	무역액(수출+수입) 단위 :억 엔	전체에 점하는 비율
1	미국	204,941	18.6%
2	중국	181,931	16.5%
3	한국	71,685	6.5%
4	대만	63,469	5.7%
5	홍콩	40,066	3.6%
6	독일	38,958	3.5%
7	태국	37,174	3.4%
8	오스트레일리아	33,805	3.1%
9	인도네시아	30,036	2.7%
10	말레이시아	28,855	2.6%
11	싱가포르	26,250	2.4%
12	아랍수장국연방	24,808	2.2%
13	사우디아라비아	23,927	2.2%
14	영국	23,395	2.1%
15	필리핀	19,303	1.7%
16	프랑스	18,056	1.6%
17	캐나다	17,356	1.6%
18	네덜란드	16,623	1.5%
19	이탈리아	14,439	1.3%
20	이란	10,140	0.9%

자료 : 경제산업성 자료(2006) 참고 작성

[그림 7-3] 일본과 세계경제의 상호의존관계

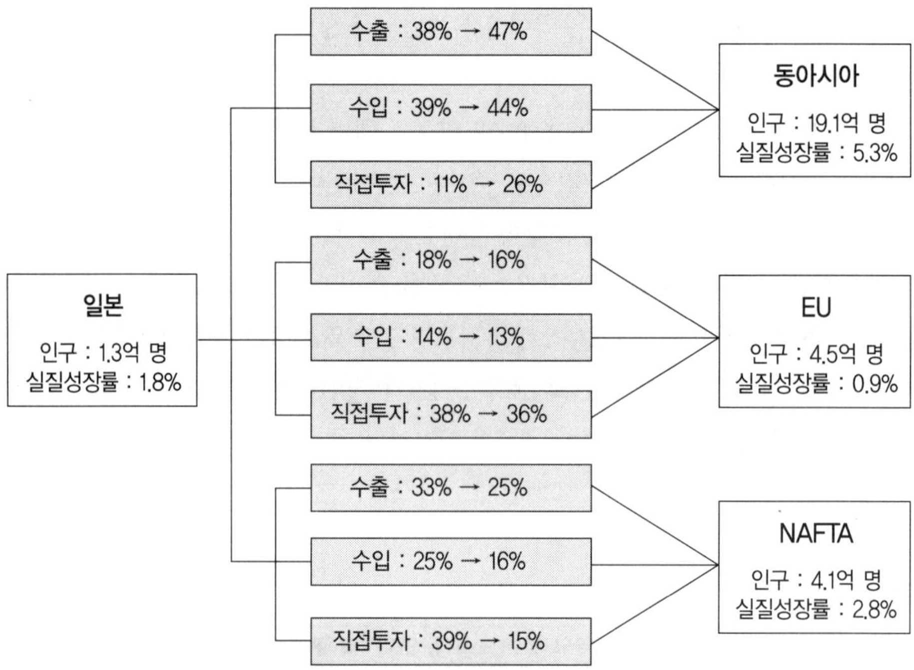

주) • 동아시아는 일본을 제외한 아세안 10개국, 중국, 한국, 대만, 홍콩의 합계
• 일본의 대외직접투자, 수출입에 점하는 비율은 1999년에서 2004년의 변화율
• 인구 · 실질성장률의 기준은 2003년
자료 : 경제산업성 자료(2007) 참고 작성

동아시아의 GDP 비율은 19.7%였으나 2004년에는 24.4%로 크게 확대되었다. 경제성장의 메커니즘은 바로 대외개방에 의한 해외의 적극적인 투자유치를 통해 높은 경제성장을 실현하게 만들고, 이러한 성장은 다시 투자를 끌어 들이는 호순환에 따른다. 특별히 ASEAN의 경우 일본 등으로부터 직접투자를 유치하고, 중국 역시 적극적으로 대외개방으로 일본 등 각국으로부터 투자를 유치하기에 이르렀다[7].

〈표 7-4〉는 일본의 상위 20위까지의 무역상대국을 나타낸 표로서, 동아시아가 압도적으로 많은 비율을 차지하고 있고 상위 10위안의 7개 국가가 동아시아 국가이다. 무역액 역시 동아시아와의 수출입이 전체의 약 50% 이상을 점하는 등 동아시아의 경제규모는 장기

7) 일본의 역내투자는 중국과 ASEAN에 분산되어 있어 투자의 분산을 통한 투자리스크를 낮추고 있는데 비해, 우리나라는 對 중국투자규모가 92억 달러로 역내 국가들 중 최고 수준으로 중국에 집중투자를 하고 있다. 한일 간 투자상황을 보면, 세계 전체로부터의 대한투자는 116억 달러(2005년 잠정치)이고, 이 가운데 일본의 대한투자는 18.8억 달러(2005년 잠정치)이다.

〈표 7-5〉 일본의 동아시아 직접투자액 추이 (단위 : 100만 달러)

	1999	2000	2001	2002	2003
동아시아 · 인도 합계	92,889	102,220	99,597	89,972	96,571
중국	40,319	40,715	46,878	52,743	53,505
한국	15,541	15,217	11,292	9,101	6,467
대만	4,231	7,608	5,129	3,272	3,576
ASEAN 10	26,959	34,845	31,861	22,581	31,860
태국	3,595	5,301	4,718	2,319	5,125
말레이시아	3,230	5,223	4,976	3,047	4,116
필리핀	2,731	1,819	1,231	892	628
인도네시아	10,891	16,076	15,056	9,796	13,584
싱가포르	3,692	4,197	3,689	3,931	3,600
베트남	1,484	1,289	1,300	1,200	1,450
브루나이	748	549	526	1,035	3,123
라오스	52	34	24	25	19
미얀마	304	208	192	191	128
캄보디아	232	149	149	145	87
인도	5,839	3,835	4,438	2,275	1,163
ASEAN10 / 중국	67%	86%	68%	43%	60%

자료: JETRO(2006)

적으로는 EU, NAFTA를 능가하는 대규모 경제지역으로 발전할 가능성이 높다.

〈그림 7-3〉을 통해 일본과 동아시아와의 무역관계를 보면 일본이 왜 동아시아 EPA 전략을 취하려 하는지 알 수 있다. 즉, 1999년에서 2004년까지의 EU 및 NAFTA에 대한 일본의 수출, 수입 및 직접투자의 변화율을 살펴보면 전반적으로 감소추세이지만, 동아시아에 대한 변화율은 수출, 수입의 상승뿐만 아니라 직접투자의 변화율은 두 배가 넘는 상승률을 보이고 있다.

일본의 동아시아 지역내 직접투자는 1985년 플라자 합의 이후 엔고의 영향으로 급속히 확대되었으며, 이는 역내 국제분업구조를 자연스럽게 형성하면서 산업 내 무역을 촉발시키고, 동아시아지역을 하나의 생산 네트워크로 만들어 주었다. 일본 주도하의 직접투자의 급속한 증가는 동아시아의 고도성장의 견인역할을 해 왔는데, 1980년부터 2003년에 걸쳐 동아시아의 GDP는 4.8배 증가한 것에 비해 직접투자 유입은 26.1배 확대되면서 동아시아 역내 국가 간의 상호의존성이 증대된 것이다.

일본은 동아시아에서 가장 고도화된 산업구조와 정보, 생화학, 다기능 매체, 의약 등 첨단 기술산업에서 비교우위를 차지하고 있으나, 천연자원이 빈약하고 노동비용이 높으며 내수시장이 충분히 크지 않다는 면에서 제약을 받고 있다. 게다가 산업 부문에서 공동화현상이 나타나고 있기 때문에 동아시아 EPA에 의해 일본경제가 활성화되어 기업을 강한 체질로 만들고자 하는 목적을 갖고 있다.

3) 능동적 · 주체적인 자세의 필요성

일본이 구상하고 있는 EPA/FTA는 대부분이 상대국으로부터의 제안에 의한 수동적인 관계였다. 이는 미국주도의 세계무역체제에 대한 일본외교의 수동적인 태도에 기인한다. 그러나 EPA 추진배경에는 이러한 일 · 미관계의 수동적인 태도에서 탈피하려는 동기와, 중국과 ASEAN의 FTA 구상에 대항하기 위한 적극적이고 주체적인 자세의 필요성을 자각한데 기인하기도 하다. 중국이 ASEAN과 FTA 추진에 박차를 가하는 이유가 바로 동아시아에서의 중국의 국제정치적인 영향력 및 발언권을 강화하려는 의도가 있기 때문이다.

이러한 배경하에 2002년 일본이 ASEAN과의 포괄적 경제연대구상(JACEP)을 제안하고 다음해 일본 · ASEAN 특별수뇌회의에서 '동아시아 커뮤니티' 구축을 구가한 것은 동아시아 전체에서의 경제연대를 중국과의 협동을 통해 모색한다고 하는 능동성의 맹아라고 볼 수 있다.

〈표 7-6〉 동아시아 EPA 전략에 포함해야 할 요소

디지털가전 등 전략산업을 포함한 무역자유화	동아시아지역의 산업발전을 리드하는 산업분야는 디지털가전, 자동차 등이므로, 이와 관련된 원재료분야를 중심으로 국제기능분업을 더욱 진화시켜야 하며 무역자유화가 가능한 부분
투자 · 지적재산권분야 등의 제도 정비	동아시아의 역동성의 원천인 직접투자를 더욱 활발화시키고 투자, 지적재산권분야 등에 대한 제도정비
경제협력	환경 · 에너지절약 협력이나 산업인재 육성 등의 경제협력을 추진하여 동아시아의 균형있는 발전과 경쟁력 있는 산업기반 만들기

이렇듯 일본은 적극적이고 주체적인 자세를 갖고 교섭 상대국을 확대하여 동아시아뿐만이 아니라 전 세계의 국가와 EPA 교섭을 예정하고 있다. 이를 위해 한층 속도감 있고 적절한 대응을 위한 기본방침을 정하였는데, 이것이 바로 'EPA Action Plan' 이며 이는 일본정부와 산업계가 정보를 공유한다는 관점에서도 중요하다.

(1) EPA Action Plan 책정

현재 진행중인 EPA를 동시 병행적인 성공으로 이끌기 위해 명확한 우선순위에 따라서 중점적으로 자원을 배분함과 동시에 주도 면밀한 준비와 일본 국내 관계자의 지지를 얻어 교섭을 진행하고자 하고 있다. 따라서 일본정부가 상대국 · 지역의 우선순위 및 시간을 명확하게 한 EPA Action Plan을 책정하고, 이를 산업계에 공표하는 것은 기업의 국제사업 전략을 구축하는데 정책의 예견 가능성을 높이기 위한 중요한 작업이다.

(2) 광범위한 동아시아 EPA 추진

동아시아에서 효율적이고 성숙한 시장경제권을 형성하기 위해, 또한 동아시아 전체의 경제통합을 리드하기 위해 일본의 2개국 간 EPA가 진전되고 일 · ASEAN 포괄적 EPA 교섭이 타결되는 기회를 얻어, 일본이 주도권을 발휘하고자 하고 있다.

(3) 속도와 질의 양립

동아시아의 성장에 있어 직접투자가 결정적으로 중요하다는 인식하에 무역자유화뿐만이 아니라 투자, 지적재산, 무역원활화를 포함하는 높은 수준의 포괄적인 내용의 EPA 체결을 목표로 한다. 한편, 중국, 한국 등과 EPA에 대한 적극적인 전략상황을 포함하여, 지금까지 일본과 EPA 체결을 맺은 케이스를 참고로 작성한 '모델 협정' 을 활용하는 등 전략적인 경제협력을 활용하여 속도감 있고 양질의 EPA를 체결한다.

(4) 지역전략에 근거한 EPA 추진

EPA 상대국에 대해 명확한 지역전략을 갖고 교섭을 행한다. 예를 들어 중국에 대해서는 시장경제화를 촉진하면서 국제 경제질서에 맞추고, 한국과는 동아시아의 선진공업국이며 민주주의국가와의 연대, 인도는 발전잠재력이 높은 시장경제국이라는 점을 강조한다. 또한 자원소국인 일본이 지속적인 경제성장을 하기 위해서는 석유, 천연가스 등 에너지 자원 및 철광 등의 원재료자원, 천연자원의 안정적인 공급을 확보하는 것은 불가결한 과제이다. 따라서 GCC(일본과는 2006년 4월부터 교섭 개시)나 호주 등의 자원국과는 폭넓은 관계강화를 위해 EPA를 진행시킨다.

3. '동아시아 EPA'의 구체적 전략

〈표 7-7〉 동아시아 EPA 구상의 로드맵

<table>
<tr><th></th><th colspan="2">~2006</th><th colspan="2">2006~</th><th>2008~</th></tr>
<tr><td rowspan="3">ASEAN</td><td>2국간
협정</td><td>싱가포르(발효)
말레이시아(발효)
태국(합의)
필리핀(합의)</td><td>2국간
협정</td><td>인도네시아
베트남
브루나이</td><td rowspan="3">동아시아 EPA : 일·ASEAN 협정을 디딤돌로 포괄적인 EPA 체결
• ASEAN 및 한중일 + 호주·인도·뉴질랜드 등 총 16개국을 멤버로 한다.
• 관세삭감 외 투자, 지적재산, 경제협력 등의 분야를 포함
• 2010년 APEC 일본개최</td></tr>
<tr><td rowspan="2">지역
협정</td><td rowspan="2">ASEAN 전체와의
교섭</td><td>지역협정</td><td>2005.4 → 2007.3</td></tr>
<tr><td colspan="2">일·ASEAN EPA 완성
• 디지털가전 등 전략산업을 포함한 무역자유화
• 공동투자 제도 책정
• 지적재산보호에 대해 공통목표 설정
• 2국간 높은 수준의 EPA 실현</td></tr>
<tr><td rowspan="2">한국·
중국</td><td colspan="2">한·일 EPA
(04년 교섭중단)</td><td colspan="2">한일 EPA 교섭 재개 위한 노력</td><td rowspan="2">한중일 EPA 검토 : 동아시아 범위 안에서 높은 수준의 EPA 협정 목표</td></tr>
<tr><td colspan="2">한중일 투자협정
(교섭단계 협의 중)</td><td colspan="2">투자협정 교섭 실시</td></tr>
<tr><td>호주</td><td colspan="2">2005년부터 공동연구</td><td>EPA 가능성 검토</td><td rowspan="2">확대 동아시아, 자원에너지 및 식량 안전확보의 차원에서 EPA 추진</td><td rowspan="2"></td></tr>
<tr><td>인도</td><td colspan="2">2005년부터 공동연구</td><td>EPA 교섭 검토
(06~07)</td></tr>
</table>

자료 : 경제산업성(2006) 자료 참고 작성

일본은 2002년 11월 처음으로 싱가포르와 EPA를 체결한 이후, 멕시코, 말레이시아, 필리핀 등 4개국과 EPA를 체결, 발효하였고 그 외 여러 나라와 교섭중에 있다[8]. 그런 가운데 아시아 16개국으로 구성하는 '동아시아 EPA' 전략을 기본틀로 하면서 양자 간 협상을 병행하여 아시아 경제권 맹주를 노리는 중국과 대응한다는 전략을 갖고 있다.

이에 일본 경단련(經團連)에서는 2003년 11월 무역투자위원회 등의 국제관계위원회, 아시아 · 대양주위원회 등의 지역별 · 국가별 위원회, 농정문제위원회 등의 국내관계위원회 등 횡적 조직으로서 EPA 추진 합동 TF(Task Force)를 설치하고, EPA를 체결하는데 있어 불가결한 이러한 중요한 과제에 대해 검토를 진행해 왔다. 그 결과를 협정에서 실현해야 할 과제와 일본이 EPA를 추진해 가기 위해 시급히 대응해야 할 과제를 정리하고 그에 대한 구체적인 해결안 및 전략에 대해 다음과 같이 제시하였다.

[그림 7-4] 일본의 EPA 체결 현황

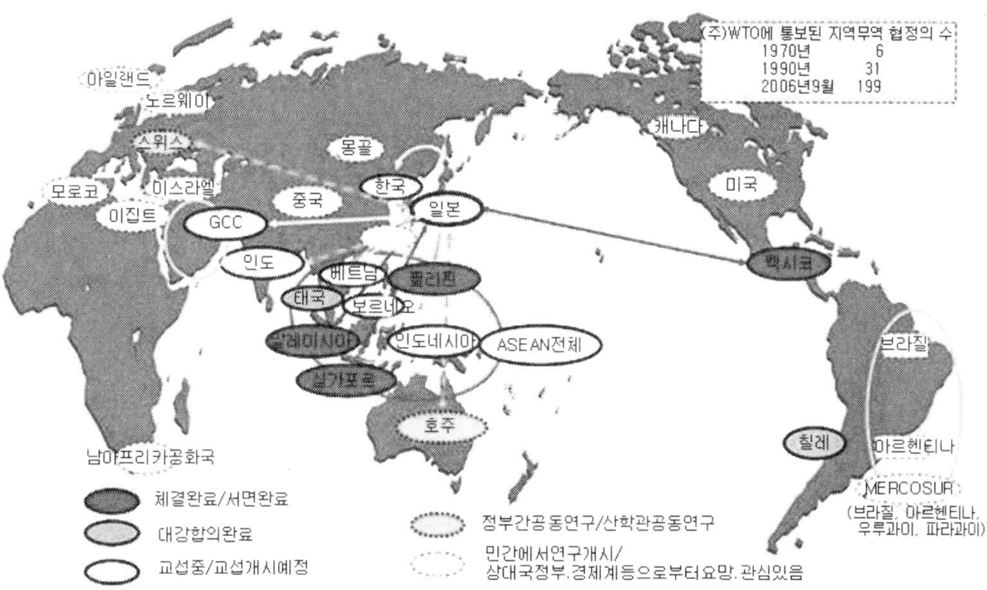

자료: 일본 외무성(2006)자료

---

8) 일본은 2002년 1월 싱가포르와 FTA를 체결하고 11월에 이를 발효시켰으며, 같은 달 멕시코와는 정부간 본 협상에 들어갔고 한국과도 2002년 7월부터 본 협상의 전단계 조치로 산 · 관 · 학 공동연구를 추진하는데 합의하였다. 2002년 11월에는 ASEAN과도 EPA 체결을 발표하는 등 지금까지 지역주의에 대한 소극적인 태도에서 적극적인 자세로 전환되는 것을 계기로 2002년을 'FTA의 원년(元年)' 으로 규정하고 있다.

1) 인적이동

고령화가 진전되는 상황에서 상대국의 인적자원 활용을 EPA의 주요목표로 삼는 것은 의미있는 전략이라고 할 수 있다. 일본 경제사회의 활성화, 기업의 글로벌한 사업전개의 원활화, 소자 · 고령화에 대한 대응 등의 관점에서, 또한 호혜적인 EPA를 실현하기 위해 다양한 직종의 인재를 국적과 관계없이 적극적으로 수용할 필요가 있다. 이를 위해 기술, 인문지식 · 국제업무, 기업내 전근 등의 산업인재에 대해서는 재류자격 요건을 완화하고, 재류기간을 연장해야 한다.

전 세계적인 인구감소 시대에 대비하여 아시아의 고급 인력을 일본으로 유입하려는 전략을 취하기 위해 고이즈미 전 일본총리도 ASEAN과의 EPA 추진과 관련하여 "아시아 개도국 인재의 흡수 여부가 일본의 미래를 결정한다"고 발언하였다. 다만 현재 태국, 필리핀, 말레이시아로부터의 간호사의 일본내 취업 허용이 이들 국가와의 EPA 체결에 있어 주요 쟁점이 되고 있는 상황임을 주시할 필요가 있다.

간호 · 개호분야의 인재에 대해서는 일본의 국가자격시험을 취득할 경우 취로를 인정해

〈표 7-8〉 EPA가 목표로 하는 내용

재화 · 서비스 · 인적 교류의 자유로운 이동의 확보	역내 관세 철폐	일본이 한층 더 시장개방을 하는 한편 ASEAN시장을 포함한 동아시아시장의 통합, 관세의 상호철폐 등을 실현
	원활한 재화의 이동	ASEAN광역형 물류인프라정비(ODA 등의 활용), 통관간소화/전자화(IC태그)추진 등
	서비스 무역의 자유화	서비스에 관련된 규제철폐, 투명성, 안전성 확보, 시장접근의 개선 등
	인적교류의 확대	간호사, 개호사(개호복지사) 등 특정자격을 가진 인재의 교류확충 및 수용, 비자수속 및 입관수속의 간소화, 연수제도 도입에 관한 인프라정비, 고도기술자에의 영주권 부여에 대한 검토 등
역내 경제활동의 원활화	투자규정의 정비 · 공통화	외자규제철폐 및 완화, 수속의 간소화 및 투명화, 접수리스크에 대한 해소, 분쟁해결수속의 정비 등
	제도의 조화 및 투명화	지적재산제도, 기준 및 규격, IT관련제도, 경쟁법, 사법제도 등의 협조 및 투명화, 수행능력 향상 등
안정성 · 지속적 발전	금융정책의 변화	통화위기대응지원을 확충하며, 엔화거래 확대 및 바스켓통화의 검토, 자본거래의 자유화, 마크로정책의 조정 등
	그 외	동아시아 에너지 안전(긴급시 융통), 환경보전에 관한 협력

〈표 7-9〉 EPA 교섭과 관련된 인적이동의 현상

	전문 · 기술노동자	gray zone 노동자	단순노동자	그 외
필리핀	간호사	개호노동자		
태국		마사지사 온천 임상치료사 노인개호사 보육사 조리사	가사보조자 베이비시터 (baby-sitter)	치료목적으로 도항했을 경우 의료보험 적용

줄 것과, 그 적용에 대해서는 국내외의 실태에 맞추고 동시에 수험자격의 수정, 취로내용 · 기간제한을 철폐함과 동시에 자격취득 등을 지원해야 하며, 상대국에 있어서 충실한 일본어교육과 육성학교 · 강좌의 설치, 강좌 수강자 등이 일본 국내에서의 연수 · 실습체제 등을 정비해야 한다. 이때 치안이나 고용정세 등 일본 경제사회에 미치는 영향도 배려하면서 질서있는 외국인의 수용에 대해 체제 정비를 할 필요가 있다.

한편, 해외에 설치한 각 기업의 지점 등에의 일본인 사원 파견 등 기업 내 인적이동에 대한 엄격한 요건(예를 들어 단기체제인 경우에도 취로허가가 필요) 완화 및 사증(visa)이나 취로허가의 수속에 관한 투명성 확보와 간소화 · 신속화 등도 앞으로의 과제로 남아있다.

(1) 다양한 인재교류에 의한 상호경제의 활성화

현재 일본기업은 여러 가지 형태로 국경을 초월한 인적이동을 활발하게 진행하고는 있지만, 무엇보다 경제 글로벌화를 통해 국적과 상관없이 우수한 인재를 전략적으로 활용하는 것이 중요하다. 또한 저출산 · 고령화 등 일본의 사회구조가 변해가고 있는 가운데, 앞으로 노동력 부족이 예상되는 분야를 포함하여 지금까지 이상으로 다양한 분야에서 외국인의 수용 및 교류를 진행하는 것도 중요하다. 한편, 태국이나 필리핀 등으로부터는 간호 및 개호 등의 분야에 대한 노동시장의 자유화 · 원활화가 강하게 요망되고 있어, 일본으로서는 이러한 교류 상대국의 요망에 근거하여 일본경제의 활성화나 국가적인 경쟁기반을 강화하는 등의 호혜적인 EPA 체결을 통해 인재의 원활한 흐름을 확보하는 것이 중요하다.

(2) 다양한 인재의 적극적인 수용과 교류 추진

일본은 소위 고급인력에 대한 수용은 적극적으로 추진하기로 하였으나, 기업에서 요구하는 수준 높은 대응 및 일본 경제사회의 활성화라는 관점에서 다음과 같은 것들이 요구되고 있다. 즉, 투자 · 경영, 기술, 인문지식 · 국제업무, 기업내 전근 등의 재류자격 요건의 완화, 재류연수의 연장, 수속의 투명성 확보와 간소화 · 신속화 등의 시책을 강구함으로서, 산업인재에 대한 수용을 확대하고 인재교류를 촉진할 필요성이 있다. 또한 기업조직의 재편이나 아웃소싱화가 국경을 초월하여 진행되고 있는 가운데, 국외에 있어서 이러한 관계회사 등의 고급인력을 원활하게 수용해야 하며, 일본기업과 직접 고용계약이 없는 경우에도 일정한 요건만 갖추면 재류자격을 인정하는 등의 조치에 대해서도 검토가 필요하다. 아시아 여러 나라의 니즈가 높은 IT 분야나 기술자 등에 대한 자격의 상호인정도 한층 더 추진해야 할 문제이다.

① 간호 분야

지금까지 간호에 대해서는 일본의 간호사 자격을 취득하는 조건으로 재류가 인정되어 왔지만 일정한 일본어능력을 갖춘 해외 간호사 자격자 등에 대해서는 국가시험의 수험자격의 완화 · 수정이 필요하며 4년 이내의 연수만을 인정하고 있는 취로내용 · 기간 제한 역시 시급히 철폐해야 한다. 동시에 이러한 자격 · 능력취득을 지원하고, 현지에서의 충실한 일본어 교육과 간호분야의 육성소 · 강좌설치 등이 경제협력을 활용하여 일본이 상대국 · 지역에 시행해야 할 부분이다. 또한 현지에서의 시험을 실시하는 등 다양한 시험방법도 필요하며, 국내 간호사 양성소의 외국인 수용제한 인원을 완화하고 국내 시설에서의 취학 · 연수 · 실습체제 등을 정비해야 한다.

② 개호 분야

현재 개호(介護)를 목적으로 일본으로의 입국 · 취로는 인정되지 않고 있다. 따라서 개호복지사의 자격취득자나 외국에 있어서 인접직종의 자격자 중 일정한 일본어능력을 갖춘 자 등에 대해서는 기술이나 기능과 관련된 재류자격으로서 취로를 인정해야 할 필요가 있다. 동시에 이와 같은 자격 · 능력취득을 지원하면서, 현지에서의 충실한 일본어교육 및 개호분야의 강좌설치 등, 경제협력을 활용하여 실시함과 동시에 현지에서의 시험실시와 같은 다양한 시험방법 및 현지에서의 방문개호원 양성강좌의 수험자 등에 대한 일본 국내에서의 보호 · 연수 · 실습이 가능하도록 체제정비를 행해야 한다.

③ 고용정세 등에의 배려

상기 분야에서의 외국인 수용에 대해서는 적절한 능력 · 기술을 확보하면서 일본의 고용정세 등에 대한 영향을 충분히 배려해야 하며, 공적기관 등에 의한 송출 · 수용 및 국내에 있어서 취로관리 등 일원적인 업무 실시나 노동시장 테스트, EPA를 포함한 양국 간 협정 등을 통한 외국인 수용소의 적절한 수준을 유지하는 등, 투명하고 안정된 제도로 만들어야 한다.

(3) 원활한 기업 내 이동의 추진

현재 동아시아 지역 내 기업이 해외에서 비즈니스를 전개하는데 있어서 국가에 따라서는 해외지점에 기업 직원을 파견할 때 단기체재라도 취로허가가 필요하게 되는 등, 기업 내 이동에 대해 엄격한 요건이 부가되는데 이러한 제도 역시 완화할 필요가 있다. 또한 비자나 취로허가의 수속에 관해서도 인수 제한에 의해 우수한 연구자나 특정분야의 전문가를 시간적으로 적정하게 채용할 수 없는 사례가 있으며 비자 발급수속에 상당한 시간을 요할 뿐 아니라 차별적인 취급을 받는 사례도 있기 때문에 이에 대한 투명성 확보 및 간소화 · 신속화 등이 중요하다.

(4) 관광교류의 촉진

관광을 목적으로 일본에 체류하는 외국인이 증가하는 것은 일본경제의 활성화뿐만 아니라 국제적인 상호 이해의 증진에도 기여하는 것이다. 이를 위해 비자면제조치의 확대, 일본 재외공관의 관광비자 발급 수속의 간소화 · 신속화 · 투명성의 확보(심사기준 · 표준처리기간의 설성 · 공표 등) 및 성실하고 충실한 입국관리체세 등에 내해 검토해야 한다. 아울러 정확한 외국어 표시 및 국내의 기본적인 인프라 정비, 고비용 관광에 대한 시정, 산업관광의 추진 등에 대한 전략도 중요하다.

(5) 외국인 수용을 위한 일본 국내의 체제정비

인적이동의 원활화를 위해 외국인들이 일본에 대한 매력을 갖게 하는 것도 중요하지만, 동시에 일본의 치안유지의 관점에서 종합적으로 외국인 수용정책을 실시해야 한다. 특히 외국인이 안정된 생활이 가능하도록 취로 · 생활환경의 정비 및 체재기간 중에 취로관리와 더불어 치안대책의 강화를 꾀하여야 한다.

2) 일본 경단련(經團連)의 동아시아 EPA 추진에 대한 기본적 요구사항

일본 경단련(經團連)에서는 일본과의 관계에서 중요한 국가 · 지역과 WTO를 근간으로 보다 고도의 자유화 및 폭넓은 규정을 만들어 지역적인 EPA에도 적극적으로 대응하기 위한 준비를 하고 있다. 아울러 자유로운 경제활동을 행할 수 있는 기반을 만들어 줄 것을 일본정부에 요구하며, EPA 추진에 있어서 기본적으로 이하 세 가지를 주장하고 있다[9].

(1) 분야의 포괄성

일본이 목표로 하는 협정에는 실질적으로 모든 무역자유화를 추진하는 WTO 협정과의 정합적인 자유무역협정(FTA)의 요소가 당연히 포함되어야 한다. 아울러 서비스 무역의 자유화, 투자규정의 확립 등과 관련된 투자환경의 정비, 안티 덤핑 등의 무역규정의 규율강화, 정부조달시장의 개방, 지적재산권 보호를 위한 법제도, 인적이동의 자유화 · 원활화, 기준 · 연구 · 인증의 통일화, 상호승인의 추진, 경쟁정책, 전자상거래 등에 대한 규정의 정비, 분쟁처리제도의 정비, 기술 · 연구 · 관광 · 문화 · 인재육성 등의 분야에서의 교류 · 협력촉진 등의 분야를 포함하는 포괄적인 EPA를 추진해야만 한다.

---

9) 일본 경단련(經團連)에서는 '차기 WTO 교섭에 대한 기대와 이후 일본의 통상정책 과제' (1999.5.18, '자유무역협정의 적극적인 추진을 바란다' (2000.7.18), '전략적인 통상정책의 책정과 실시를 바란다' (2001.6.14), '일 · ASEAN 포괄적 경제연대구상의 조기구체화를 바란다' (2002. 9. 17), 또한 새로운 비전으로서 '활력과 매력이 넘치는 일본을 목표로' (2003.1.1) 등의 제언에 의해 WTO를 중심으로 하는 자유 · 무차별 · 다각적인 국제통상체제의 강화에 대응할 것을 주장해 왔다.

(2) 전략적으로 중요한 상대국 · 지역과의 체결

이미 타국과 FTA를 체결하고 있는 국가 · 지역의 경우 일본기업이 상대적으로 불리한 입장에 놓이게 되기 때문에 일본과 상호 보완적인 경제관계에 있어 호혜적인 협정을 체결할 수 있는 국가 · 지역을 선택하여 적극적으로 진행해야 할 것이다. 특히 일본으로서는 지리적으로 가깝고 경제관계가 긴밀하여 앞으로 성장이 기대되는 동아시아를 중요 전략지역으로 인식하여야 하며, 동아시아의 균형있는 발전과 이들 국가 및 지역과의 공생을 목표로 적극적으로 '동아시아 자유경제권' 을 실현하기 위해 노력해야 한다.

(3) 정치 리더십의 발휘

지금까지 설명한 동아시아 EPA 전략을 실현하기 위해서는 강력한 정치 리더십이 필요하다. 강력한 리더십에 의해 스스로 시장을 개방하고 '제3개국(第3開國)' 을 목표로 일본 국내의 제도개혁, 구조개혁을 통상정책으로 일체적으로 추진함과 동시에 관계각성청의 종적체제의 폐해를 시정하고 일본이 하나가 되어 이를 추진하기 위한 체제를 정비해야 한다[10].

일본 경단련은 계속하여 관계위원회와의 연대를 꾀하면서 정부 · 여당의 EPA 전략에 대해 적극적인 대응을 요구하여 그 조직을 통해 지원하기 위한 준비를 갖추었다. 동시에 일본상공회의소, 경제동우회, 관서경제연합회, 일본무역회 등, 다른 경제단체, 나아가 일본 활성화를 위한 경제연대를 추진하는 국민회의 등도 연대하여 일본의 EPA 추진과 그를 위한 국민이해의 촉진에 지금까지 이상으로 적극적으로 대응하기 위한 준비를 하고 있다.

10) 제1개국은 1853년 일본의 페리(Perry)제독에 의한 일본의 개국, 제2개국은 전후 맥아더(Douglas MacArthur)장군에 의해 일본의 개혁을 추진했던 시기이며, 제3개국은 일본이 EPA전략을 통해 동아시아의 주도권을 잡아 국가경쟁력을 강화하여 동아시아 공동체를 형성한다는 의미에서 쓰이는 말이다.

제3절 EPA 추진현황

일본은 2002년 11월 싱가포르와 EPA가 발효된 것을 시작으로 2005년 4월 일본 최초로 농수산품을 포함한 본격적인 EPA인 멕시코와의 EPA가 발효되고 같은 해 12월에는 말레이시아(말레이시아와의 EPA에서는 자유화율이 말레이시아측 99.1%, 일본측이 94.1%였다)와의 EPA를 서명하였다. 나아가 필리핀(2004. 4), 태국(2005. 9)과도 수뇌간에 대부분이 합의되었고, 2005년 4월부터 ASEAN 전체와의 EPA 교섭을 개시하였다. 우리나라와도 2003년 10월에 교섭을 개시하였으나 2004년 11월 이후 교섭이 중단된 상태이다. 2006년 2월부터는 칠레와의 교섭을 개시하였고, 그 외 인도, 베트남, 브루나이(2006. 5), 호주, 스위스와도 EPA를 염두에 둔 공동연구회를 개최하고 있다.

구체적인 내용을 평가하자면, 무역자유화 분야에서는 자동차부품, 철강제품 등의 전략분야를 시작으로, 거의 모든 상대국의 관세철폐 및 높은 수준의 자유화를 달성하고 있다. 한편 일본측도 거의 모든 광공업품 관세 및 일부 농림수산품에 관련된 관세를 철폐하고 있으나, 민감한 품목에 대한 배려도 겸하고 있다.

이하 일본과 실질적으로 EPA 교섭 후 발효된 국가를 중심으로 EPA가 어떻게 추진되었고 그 구체적인 내용이 무엇인지 알아보기로 한다.

1. 싱가포르

싱가포르와의 협정은 관세 철폐나 서비스 무역 자유화보다는 통상외교정책의 전환이라는 상징적인 의미가 강하다. 싱가포르는 1999년 12월 일본에 적극적인 자세로 FTA를 제안하여 2002년 1월 '일 · 싱가포르 신시대 경제연대협정(JSEPA; Japan-Singapore Economic Partnership Agreement)'을 체결하였다[11]. 이 협정은 1999년 12월 싱가포르의 고척동 수

11) 싱가포르는 일본뿐만 아니라 2002년 6월 EFTA(스위스, 아일랜드, 리히텐슈타인, 노르웨이)와 FTA를 서명한 후 2003년 1월 발효하였고, 호주와는 2003년 1월 FTA를 체결하였다. 한편 2003년 1월 한국에도 FTA를 제안하였고, 미국과는 2003년 5월 FTA를 타결하였으며 2005년 8월에는 한 · 싱가포르간 FTA에 조인하였다.

상(당시)이 오부치(小渕)수상(당시)에게 제안한 것으로 무역 · 투자의 자유화 및 원활화, 금

〈표 7-10〉 일본의 동아시아지역의 EPA/FTA 추진 현황

상대국	일본과의 교섭 내용
싱가포르	2001년 1월 교섭 개시 2002년 1월 양국수뇌 간(JSEPA) 협정 서명 2002년 11월 일본 최초의 EPA 발효
말레이시아	2003년 12월 교섭 개시 합의 2005년 12월 양국수뇌 간 협정에 서명, 농림수산분야를 포함한 포괄적 내용. 특히 자동차관세 등에 대해 말레이시아측의 대담한 양허. 2006년 7월 발효
필리핀	2002년 5월 아로요대통령 방일, FTA 제안 2003년 12월 교섭 개시 합의 2004년 11월 기본 합의 2005년 11월 양국수뇌 간 기본합의 2006년 9월 서명. 이후 양국의 국내법상 수속을 완료하여 발효
태국	2001년 11월 탁신정권에 의해 일본에 FTA 제안, 정부 간 예비교섭 2003년 12월 교섭 개시 합의 2005년 9월 기본 합의 2006년 2월 기본 조문 확정
인도네시아	2005년 7월 EPA 교섭 시작 합의 2006년 2월 제3차 교섭 2006년 8월 제5차 교섭 개최. 일본의 투자액은 ASEAN역내 최대
베트남, 브루나이, 캄보디아, 라오스, 미얀마	2005. 3월부터 2국간 협의 실시 (일-ASEAN 교섭과 동시 진행)
ASEAN 전체	2002년 11월 포괄적 경제협력안(CEP; Comprehensive Economic Partnership Plan) 제시 2003년 10월 양국 간 EPA 구상 체결 2005년 4월 교섭 개시(ASEAN 각국과 2국 간 교섭 동시 진행) 2005년 12월 2년 이내에 교섭종료 의견일치 2006년 7/8월 제5회 교섭회합 개최 2007년 1월 일 · ASEAN 수뇌회담을 통해 타협에 관한 결의 재확인 2007년 11월에 개최되는 일 · ASEAN 수뇌회담까지 교섭 타결 목표
한국	2002년 3월 김대중 대통령 · 고이즈미 총리의 산학관 공동연구회 검토 개시합의 2003년 11월 교섭 개시 2004년 11월 교섭 중단
인도	2005년 7월 공동연구회 개시 2006년 2월 제3차 공동연구 회합
호주	2002년 5월 정상회담에서 경제관계 강화 합의 2005년 9월 공동연구회 개시 2005년 11월 제1차 공동연구 회합

자료: 일본 외무성, 경제산업성 자료(2007) 참조 작성

〈표 7-11〉 일본의 아시아 외 지역의 EPA/FTA 추진 현황

상대국	일본과의 교섭 내용
멕시코	2002년 10월 교섭 개시 2003년 10월 농업부문에 대한 양국간 의견차이로 체결 지연 2004년 3월 실질합의 도달 2005년 4월 EPA 발효
칠레	2000년 2월 칠레의 제안으로 JETRO와 공동연구 개시 2001년 6월 결과보고 및 양국간 EPA 조기체결 제언 2005년 11월 교섭 시작 합의 2006년 2월 제1차 교섭
스위스	2005년 11월 제1차 공동연구 회합

자료: 일본 외무성, 경제산업성 자료(2007) 참조 작성

융서비스, 정보통신기술, 과학기술, 인재양성 등에 관한 협력이 포함되어 있다.

일본의 싱가포르와의 EPA는 다음과 같은 의미를 부여한다.

첫째, 일본의 관계성청(關係省廳)은 싱가포르와의 EPA를 통해 일본정부 내부의 의식개혁, 나아가 상호인증협정 등 일본의 제도개혁에 도움이 될 것이라고 판단하였다. 이를 계기로 지금껏 타국의 FTA를 견제하였던 소극적인 자세와 일본의 'WTO 지상주의'에 대한 수정, EPA 추진에 대한 지지를 넓히는 등, 민간과 산업계 모두에게 의식의 전환을 가져다 주었다는데 의미를 두고 있다.

둘째, 일본이 싱가포르와 최초로 EPA를 체결한 또 하나의 이유는 EPA를 체결하는데 있어 최대 장애요인인 농산물 비율이 양국 간 무역에 1.7%(1999년 당시 기준)에 불과할 정도로 낮아 실질적으로 농업자유화를 회피할 수 있었고, 나머지 품목의 관세율도 양국 모두 낮았기 때문이다[12]. 양국 간 EPA 협정에 따른 내용을 살펴보면 일본의 자유화 리스트에 포함된 농림수산품목은 전농림수산품 2,777품목 가운데 486품목이며, 그 중 58품목은 실행세율이 0, 나머지 428품목은 WTO에서 이미 관세철폐를 약속하고 있어서 실질적으로 농산품의 자유화는 회피되었다[13](荻田, 2002). 즉, 싱가포르가 농산품 수출국이 아니라 중

12) 그럼에도 불구하고 일본은 싱가포르와의 EPA 교섭에서 관상어(금붕어;金魚)를 제외하는 등 농수산물 개방에 대한 강한 저항감을 느낄 수 있다.

13) 싱가포르와는 대조적으로 일본이 중국으로부터의 FTA 제안을 받아들이지 않았던 이유도 농산품의 자유화를 피할 수 없었기 때문이었는데, 현재 일본과 태국과의 EPA 교섭도, 태국 측이 농산품의 완전 자유화를 요구하고 있어서 교섭이 제대로 이루어질지는 앞으로 더 두고봐야 한다.

계무역국이었기 때문에 일본과의 EPA 교섭을 용이하게 할 수 있었고, 이로 인해 ASEAN과의 관계를 강화할 수 있는 가능성이 생겼다는데 그 의미를 크게 두고 있다. 그러나 양국의 EPA(JSEPA)는 이러한 의미에서 오히려 가치가 없다는 부정적인 의견도 있다. 즉, 농업분야를 EPA 교섭에서 상당부문 제외시킴으로서 양국간 EPA 체결에 대한 나쁜 전례를 만들었다는 지적이다.

셋째, 일본은 ASEAN과의 관계를 보다 강화하기 위한 전략적인 측면에서 ASEAN의 주요 멤버인 싱가포르와의 EPA를 중요한 대상으로 삼았다.

〈표 7-12〉 일 · 싱가포르 EPA협정 대상범위

협정대상	범위
관세	일본측: 무관세양허품목 비율이 84%에서 94%로 확내 실효세율 무관세품목 이외의 자유화는 없다 싱가포르측: 모든 품목에 대해 무관세 허용(맥주 등 주류 4품목 자유화)
상호인증(MRA)	전기통신기기 및 전기제품을 대상으로 상호인증
지적재산권	일 · 싱가포르에서 동일 특허출원을 행할 경우 일본의 심사결과를 영어번역과 함께 싱가포르 지적재산청에 제공하면 싱가포르 특허를 간단하고 값싼 요금으로 취득 가능
그 외	서비스, 투자, 인적이동, 정부조달, 원산지규정, 분쟁처리 등

1) 무역면에서의 경제적 효과

(1) 물품

양국 간 무역량의 98%를 넘는 산품의 관세 철폐

⇨ 일본의 싱가포르 수출 관세는 모두 철폐(무관세)

⇨ 싱가포르의 일본 수출 총액의 약 94%가 무관세

〈표 7-13〉 일 · 싱가포르 EPA 협정 발효후의 무역동향(2003 - 2004년 비교)

내용	무역액	증감액	%
무역액 증가	무역총액 싱가포르 수출액 싱가포르 수입액	2조3,446억 엔 → 2조6,250억 엔 1조7,158억 엔 → 1조9,449억 엔 6,288억 엔 → 6,802억 엔	+12% +13% +8%
관세를 철폐한 분야 · 품목의 무역액 증가	맥주(일본 · 싱가포르) 플라스틱(싱가포르 · 일본)	9,088만 엔 → 1억200만 엔 174억7,100만 엔 → 192억200만 엔	+12% +10%

자료 : 일본 재무성무역통계(2006)

(2) 협정발효 후의 무역추이(2003년과 2004년 비교)

- 일본경제의 정체 및 SARS, 9.11 테러 발생 등에도 불구하고 무역량은 예년 수준으로 유지
- 일본의 싱가포르 수출액 : 1조 7,158억 엔 → 1조 9,449억 엔(13% 증가)
- 싱가포르의 일본 수출액 : 6,288억 엔 → 6,802억 엔(8.% 증가)

(3) 관세가 철폐된 주요품목의 무역추이(2003년과 2004년 비교)

- 일본의 싱가포르 맥주 수출액
  관세: 최대 1.7 싱가포르 달러/리터당 → 0% (무관세, 무역액 20.3% 증가)
  *아사히맥주는 EPA 체결을 통해 생산거점을 중국에서 일본으로 변경
- 싱가포르의 일본 플라스틱제품 수출액
  관세: 최대 6.5% → 0% (무관세, 무역액 74.7% 증가, 일부 즉시 철폐되지 않은 품목 존재)

2) 투자면에서의 경제적 효과

- 싱가포르에서의 대내투자는 건수, 금액 모두 발효전보다 증가
- 특히 2003년 대내투자금액은 2002년보다 약 550% 급증
- 2003년 8월, 싱가포르 국제기업청(IE싱가포르)이 동경(東京)에 'Business Support Office' 를 설치, 이미 3사가 이용 중

- 일본은 2001년 10월, JETRO가 'Business Support Center'를 설치하였고 2003년 12월 시점에서 19사가 이용, 그 중 16사가 현지에서의 사업을 개시

2. 멕시코

멕시코는 일본이 추진하고자 하는 '동아시아 EPA' 구상에는 포함되는 국가는 아니지만, 1998년 6월, 일본에 FTA를 제안한 최초의 국가로서 멕시코와의 EPA 교섭은 일본에게 있어 중요한 의미를 갖는다. 일본이 멕시코와 EPA 체결에 힘쓴 이유는 멕시코가 NAFTA의 일원이면서 게다가 2001년 7월에 발효한 EU와의 FTA를 포함해 지금껏 32개국과 11건의 FTA를 체결한 FTA 선진국 국가이기 때문이다. 또한 멕시코의 수입처가 일본에서 다른 NAFTA 가맹국 및 EU로 이동하게 되면 일본이 멕시코와의 무역에서 많은 비즈니스 기회를 잃어버릴 염려가 있다는 것도 이유 중 하나이다.

양국 간 EPA는 1년 4개월의 교섭 끝에 2004년 3월 대략적인 합의에 도달하였고, 같은 해 9월에는 고이즈미 수상이 멕시코를 방문하면서 EPA를 조인하기에 이르렀다. 2005년 4월에는 농업분야까지 포함한 포괄적인 EPA를 발효하였는데, 이는 싱가포르에 이어 두 번째 EPA 교섭이기는 하지만 특별히 일본으로서는 처음으로 농산품 자유화를 포함한 협정을 맺은데 의의를 두고 있다. 즉 일본이 앞으로 ASEAN 및 한국, 중국과 어떠한 형태의 EPA를 교섭해 나가야 할지에 대해 상당한 영향을 미칠 수 있는 중요한 교섭이었다.

멕시코는 일본 제품에 상대적으로 높은 관세를 부과하고 있어 FTA 선진국인 멕시코와 EPA를 체결하게 되면 경제적 이익이 크다는 판단 하에 당시 일본 정부는 우선적으로 체결해야 할 필요성이 있었다. 실질적으로 멕시코와의 EPA 발효 후 교역량의 대폭 증가(연말까지 교역량 전년 동기비 33.9% 증가), 현지 자동차 공장 설립 및 판매 등 실질적인 효과가 발생하였다.

한편, 싱가포르와는 비교할 수 없을 만큼 난항을 겪었던 품목인 돼지고기(豚肉), 오렌지과즙에 대해 멕시코측은 무관세의 특혜 수입틀을 설정하자는 제안을 하였고, 일본측은 국내 농업의 보호차원에서 이러한 요구를 수용할 수 없는 상황이었다. 그런 가운데 최종적으로 돼지고기는 2.2%의 관세, 오렌지과즙에 대해서는 관세율 50% 삭감으로 설정하여 타결되기에 이르렀다.

〈표 7-14〉 일 · 멕시코 EPA 개요

분 야	내 용
물품 무역	• 농림수산물 · 광공업품 양방의 포괄적인 관세철폐 및 인하
서비스	• 상대국의 서비스 제공자에 대한 내국민대우 및 최혜국 대우
인적이동	• 사업자의 입국수속 우대
투자	• 투자 전단계에서의 내국민 대우 및 최혜국 대우, 퍼포먼스 요구 금지 등(네거티브리스트방식) • 송금 자유의 확보, 분쟁처리규정의 정비
정부조달	• 내국민대우 및 투명성 확보
경쟁정책	• 당국 간의 정보교환, 규제집행 활동상의 협력 · 조달
기준인증	• 정보교환 등을 통한 협력의 추진(소위원회 및 정보교환창구 설치)
비즈니스환경정비	• 양국에의 권고권(勸告權)을 갖고 있는 관민으로부터 '비즈니스환경 정비위원회' 설치
양국간협력	• 9개 분야(무역투자촉진, 중소기업지원, 과학기술, 인재양성, 지적재산, 농업, 관광, 환경)에 있어서의 2국간 협력 추진
분쟁처리	• 협력의 해석 · 적용에서 생기는 양국 간의 분쟁을 우호적이고 공정하게 해결하기 위한 중재재판을 포함하는 법칙 · 수속 책정

광공업품 분야의 합의 배경을 살펴보면, 멕시코에 진출한 일본기업은 NAFTA 성립 이후 양국 간 FTA가 체결되지 않았기 때문에 연간 4천억 엔의 영업이익을 손실하게 된다는 추정치(일본 경제산업성 발표자료)를 통해, 일본의 철강 · 자동차업계로부터 다소의 농산물을 희생하더라도 멕시코와의 EPA를 조기에 체결해야 한다는 압력이 있었다고 한다(谷口, 2006). 한편, 멕시코측도 멕시코경제가 미국 일극의존(一極依存)에서 탈피하기 위해 EU, 일본 등과의 경제관계를 강화하려는 의도가 있었다. 또한 2003년 對미수출 순위에서 멕시코를 능가한 중국과의 경쟁에서 살아남기 위해 일본과의 EPA를 조기에 체결하여 투자 및 기술이전에 의한 경제 경쟁력을 갖추기 위한 행동이 바로 양국 간 EPA를 추진하게 된 배경이 된다.

〈표 7-15〉 일 · 멕시코 EPA 광공업품 무역분야 내용

물 품	내 용
총론	광공업품 분야에 있어서는 양국의 관심에 따라 국제적으로 손색없는 자유화(관세철폐)를 의미하며, 양국 모두 모든 품목에 대해 10년 이내에 관세 철폐
철강제품	예외 없이 모든 철강제품에 대해 10년 이내에 관세 철폐, 그 중 특정업종(전자, 가정용전기제품, 자본재, 자동차 등 4개 분야)에 사용되는 것에 대해서는 관세 즉시 철폐
자동차	협정 발효시부터 승용차 및 대형차를 제외한 버스, 트럭에 대해서는 전년도 멕시코 국내 판매대수의 5%의 신규 무관세틀을 설정하여 7년째부터 완전자유화(멕시코 내에 생산거점을 갖고 있는 기업에 대한 기존 무관세 틀은 별도 유지)

1) 무역면에서의 경제적 효과

(1) 협정 발효후의 무역추이(재무성 무역통계)

일본의 멕시코 수출액 : 약 1,821억 엔 → 약 2,257억 엔(전년 동기비 436억 엔 증가, 23.9% 증가)

일본의 멕시코 수입액 : 약 729억 엔 → 약 886억 엔(전년 동기비 157억 엔 증가, 17.7% 증가)

(2) 개별품목의 무역추이(JETRO조사)

일본의 멕시코 자동차 수출액 : 약 1억 7,581만 달러 → 약 2억 6,400억 달러(전년동기비 1.5배 증가, +50.5 증가)

일본의 멕시코 무정전전원장치(컴퓨터 등을 정전으로부터 보호하는 장치) 수출액 : 약 71만 달러 → 약 191만 달러(전년 동기비 2.7배 증가, 169% 증가)

2) 무역 이외의 분야에서의 경제적 효과

자동차산업을 중심으로 멕시코에 진출하는 기업이 증가하고 있다. 일본과 멕시코와의 EPA 협정 이후 멕시코시장에 진출한 주요한 일본기업은 다음과 같다.

〈표 7-16〉 EPA 협상 이후 멕시코시장에 진출한 대표적인 일본기업

진출기업	내 용
이스즈자동차(いすず自動車)	2005년 여름 현지 판매회사 설립
마츠다(マツダ)	2005년 중반부터 판매개시
아이신정기(アイシン精機)	2005년 가을부터 생산개시
브리지스톤(ブリヂストン)	2007년 7월부터 생산개시

• 對 멕시코 직접투자 : 8,023억 엔 /406건(1951~2002년도의 누계)
• 멕시코진출 일본계 기업 : 339사(2002년)

EPA 협정에 근거하여 일 · 멕시코 양 정부관계자와 민간대표가 참가하여 현지에 진출한 일본계 기업이 갖고 있는 여러 문제에 대해 논의하는 '비즈니스 환경 정비위원회' 의 틀을 설정하고 2006년 4월 21일 멕시코시티에서 첫 번째 위원회를 개최하였다.

3) 경제파트너로서 멕시코의 중요성

① 멕시코는 세계 제10위의 GDP(6,372억 달러), 약 1억 명의 인구를 가진 나라이며, 멕시코의 GDP는 ASEAN 전체(6,150억 달러)보다 크다.

② 일본의 첫 평등조약 체결국이기도 하며 일본계 이민자도 많고 오랜 기간 동안 우호관계의 역사를 갖고 있는 중요한 친일국이다.

③ 경제적 연결고리도 있다. 다수의 일본기업이 현지에 진출하고 있어 북미에의 수출기지로서 극히 중요한 국가이다.

④ 멕시코와의 관계는 NAFTA에의 디딤돌이 되며 가까운 장래에 성립할 FTAA에의 창구역할도 가능하다.

3. 말레이시아

일본과 말레이시아의 EPA 협정(2006년 7월 발효)은 다음과 같은 의의를 갖고 있다.

① 2국간의 무역투자 확대 및 자유화의 틀 제공

② '동방정책(東方政策)' 을 발전시킨 신시대 경제연대의 상징

③ 동아시아 EPA 교섭의 진전을 위한 추진력

한편, 일 · 말레이시아 EPA 협정을 통해 양국의 왕복 무역액의 약 97%에 해당하는 관세가 철폐되었다. 현재 일본의 말레이시아 수출액의 약 99%는 무관세이고, 말레이시아로부터의 수입액의 약 94%가 일본에 무관세로 들어오고 있다. 말레이시아는 태국이나 필리핀에 비해 쌀, 열대 과일의 수입요구 정도가 낮아 EPA 협상이 비교적 원활하게 진행되었으며 쟁점사안이 비교적 적기 때문에 순조롭게 진행되었다. 그 외 타 분야에서도 포괄적인

〈표 7-17〉 일 · 말레이시아 EPA 개요

분 야	내 용
물품 무역	• 말레이시아는 모든 자동차 · 자동차부품, 그리고 철강제품 등의 관세 철폐 • 일본은 광공업품 관세 및 일부 농림수산품에 관한 관세 철폐
서비스 (주로 말레이시아)	• 한정된 분야에 최혜국대우 부여 약속 • 제조업 관련 서비스 등에 있어서 WTO 수준 이상의 자유화 약속 • 규제에 관한 정보교환의 기준 설치 • 자국의 특정분야에 있어서 시장 접근
투자(주로 말레이시아)	• 상호 내국민대우, 최혜국대우, 투자보호 등을 규정 → 이에 반하는 규제의 리스트화 • 많은 분야에 있어서 자유화의 현상유지 의무
세관수속	• 양국 간 정보교환 · 협력 추진
경쟁정책	• 자국에 있어서 반경쟁 행위에의 적절한 조치 • 2개국 간 협력 실시 • 규제분야에서의 협력
지적재산	• 지적재산권의 적정한 범위확보 및 협력, 권리의 집행강화 • 제도강화를 위한 협의 메커니즘 설치 및 협력
비즈니스환경정비	• 권고권(勸告權)을 만들고 관민(官民)에 의한 위원회 설치 • 상대국 기업으로부터의 고민 및 조회창구가 되는 연락사무소 설치
2국간 협력	• 농림수산업, 교육 · 인재양성, 정보통신기술, 과학기술, 중소기업, 관광 및 환경 등 7개 분야에 있어서 2국간 협력 추진

연대협정인 EPA를 추진하고 있다. 즉, 관세철폐뿐만이 아니라 서비스, 투자, 지적재산, 비즈니스 환경정비 등의 분야를 대상으로 교섭하였기 때문에 인재육성이란 측면에서도 상당한 발전을 가져오게 되었다. 양국의 EPA 교섭으로 고급인력의 이동 및 관광객의 자유로운 이동과 연수프로그램에 의한 학생이동에 관한 규정이 완화되었다.

4. 필리핀

필리핀 정부는 일본과의 EPA 체결이 양국간 교역 확대는 물론 IT 및 S&T, HRD 등 광범위한 분야에서 양국간 협력체계를 구축하는 것은 물론, 필리핀의 수출시장 확보 및 구조적 문제를 해결하는데 기여할 것으로 평가하고 2002년 5월 아로요 대통령이 일본을 방문하였을 때 일본측에 FTA를 제안하였다. 이에 일본은 필리핀과 EPA를 체결하기 위해 2002년부터 약 5차례에 걸쳐 실무반 회의와 2차례의 공동조정팀 회의를 개최하였고, 2004년 2월부터 11월까지 총 5차례의 정부간 공식협상을 진행시켰다. 일본은 2006년 9월 9일 필리핀과 EPA 협상을 체결하였는데, 이는 2002년 싱가포르와 첫 EPA 체결 후 멕시코, 말레이시아에 이어 네 번째로 발효되었다.

필리핀은 일본에 있어서 약 9,571억 엔의 수출시장이며 경제적 효과는 약 1,600억 엔으로 추정하고 있다(일 · 필리핀 경제연대 공동연구회 보고서, 2006). EPA 기대효과로 필리핀은 주로 1차산품에서 무역수지의 개선이 예상된다.

필리핀과의 EPA는 다음과 같은 점에서 그 의의를 찾고 있다.

① ASEAN에서 일본기업의 경제적 이익 확보 : 일본이 ASEAN과의 EPA를 추진하는데 있어 생산거점으로서 필리핀이 최적지이며 부품조달비용의 절감으로 경쟁력이 강화될 수 있다.

② 필리핀 최초의 EPA/FTA : 필리핀으로서는 최초의 EPA/FTA로서 필리핀이 강한 국가가 될 수 있다는 자신감을 회복할 수 있고 ASEAN에 있어서의 입지회복의 기회를 갖게 된다. 또한 양국간 상호 인증제도를 통해 필리핀의 간호사 · 개호사를 일본에서 받아들이기로 합의, 일본 노동시장의 빗장을 풀어 EPA 협상에 새로운 돌파구를 마련한다는데 의의를 두고 있다.

③ 동아시아 커뮤니티 구상의 구현화(具現化) : ASEAN과의 포괄적인 EPA 모델이 될

것이며, 높은 수준의 협정이다.

일본은 필리핀과의 EPA 협상과정에서 농산물에 대한 저관세 범위 설정, 간호사 · 개호사에 대한 특례자 발급에 대한 양보안, 광공업품에 대해 10년 이내 관세 완전철폐 등의 양보안을 제시하여 합의를 도출한 결과, 2004년 11월 JPEPA 협상이 타결되었다.

일본이 필리핀과의 EPA 협상에서 노동시장을 개방하게 된 배경에는 일본이 노동시장을 개방하는 대신 필리핀으로부터 농업분야와 관련, 양보안을 받고 일본의 고령화에 따른 간호사 · 개호사의 노동력 문제를 해결할 수 있기 때문에 이에 대한 특례로 필리핀 노동자의 입국을 인정하게 된 것이다. 이러한 일본정부의 제안을 필리핀정부가 수용함으로서 양국간 EPA를 도출하였다. 물론 일본측에서는 노동시장 개방에 따른 의료수준 저하 등 우려되는 문제점이 있으나 〈그림 7-5〉에서 나타난 바와 같이 노동시장 개방을 위한 전제조건 및

[그림 7-5] 간호사 · 개호복지사 국가시험수험 코스

후보자 선발
- 간호후보자의 요건 : 간호사 자격 보유자 + 간호사 경험자
- 개호보호자의 요건 : 필리핀 개호사연수 수료자(TESDA 인증보유) + 4년제 대학 졸업자 또는 간호대학 졸업자

↓

입국 및 체재
- 체재기간 : 간호 → 상한 3년, 개호 → 상한 4년

↓

일본어 연수 및 간호개호연수
- 공동실시기관: AOTS(일본어, 간호개호연수) 및 국제교류기금(일본어)
- 연수기간 : 6개월

↓

취로 · 연수
- 일본 국내의 간호, 개호 관련시설에 취로
- 취로 중의 연수는 수용시설이 실시

↓

국가시험 수험
- 간호 : 간호사 국가시험
- 개호 : 개호복지사 국가시험

↓

수험 후
- 합격자는 새로운 재류자격으로 일본 내 취로
- 재류기간 3년 갱신가능
- 불합격자는 귀국

주) AOTS: 해외기술자연수협회로서 해외의 산업기술연수자의 수용 및 연수에 관한 사업을 하는 곳이다. 도교(東京), 요코히마(横浜), 오사카(大阪), 토요타(豊田)시 등에 연수소가 있다.

명확한 양보안을 제시하고 있다.

한편, 필리핀과의 EPA 협정은 포괄적인 부분을 포함하고 있다. 이에는 인적이동, 지적재산, 경쟁, 상호인증, 비즈니스환경정비 등에 관한 제도 정비 등이 포함되어 있으며, 본격적인 FTA의 내용으로는 거의 전품목의 관세를 철폐하기로 하여 대상품목이 9,300품목에 이른다. 서비스 무역에서는 투명성과 안정성을 향상시키며 투자 역시 수준 높은 제도를 실현하는 내용이 포함되어 있다. 본 협정에 의해 필리핀으로부터의 수입 총액의 약 92%, 필리핀의 수출 총액의 약 97%, 일 · 필리핀 간 무역액의 약 94%가 무관세화 된다.

〈표 7-18〉 일 · 필리핀 EPA 개요(2004년 11월 양 수뇌 간 합의 개요)

물품 무역	• 필리핀 측은 모든 자동차, 자동차부품, 전기, 전자제품 등의 관세 철폐 • 일본 측은 대부분의 광공업품 관세 및 일부 농림수산품에 관한 관세 철폐 • 물품 무역의 대상이 약 9,300품목
서비스 (주로 필리핀 측)	• 내국민대우, 최혜국대우 등 규정. 이에 반하는 규제의 리스트화 약속 • 많은 분야에 걸친 규제의 현상 유지
인적 이동 (주로 일본 측)	• 간호사, 개호사의 유자격자는 일본에서의 자격을 취득하기 위한 취로 허가(체재는 각각 3년 및 4년 한도) • 일본에서 양성하는 코스를 수강하고 개호복지사 자격을 취득하는 제도 개설 • 국가자격취득자는 연장 취로 허가
투자 (주로 필리핀 측)	• 내국민대우, 최혜국대우, 투자보호 등을 규정, 이에 반하는 규제의 리스트화 약속 • 많은 분야에 걸쳐있는 규제의 현상 유지
관세 수속	• 양국 간 정보교환 및 협력 추진
경쟁정책	• 자국에 있어서 반경쟁행위에 대한 적절한 조치 • 양국 간 협력 실시
지적재산	• 지적재산권의 적정한 범위 확보, 권리의 집행강화 • 나아가 제도강화를 위한 협의 메커니즘 설치, 협력 실시를 통해 권리자의 권리보호 실현
비즈니스환경정비	• 권고권을 갖는 관민에 의한 위원회 설치
양국간 협력	• 무역투자촉진, 인재양성, 에너지, 환경 등 9개 분야에 걸쳐 양국간 협력 추진

5. 그 외 동아시아 EPA 전략

1) ASEAN

ASEAN(Association of Southeast Asian Nations)은 1967년 인도네시아, 싱가포르, 말레이시아, 태국, 필리핀을 멤버로 설립되었으나, 초기에는 '반공군사동맹'의 성격이 강하였고 경제통합을 지향하지는 않았다. 그러다 1992년 싱가포르에서 개최된 제4차 ASEAN 정상회의에서 결정된 아세안자유무역지대(AFTA; ASEAN Free Trade Area)의 발족이 그 효시가 되어 1984년 브루나이가 가맹한 이후 1995년 베트남, 1997년 미얀마, 라오스, 1999년 캄보디아가 가맹하면서 ASEAN 10개국 체제로 성립하였다. 이후 동아시아지역의 FTA 추진논의는 주로 ASEAN을 중심으로 논의 · 전개되어 왔다. 즉 1996년 ASEAN 주도로 ASEM(Asia Europe Meeting)이 출범되었고, 1997년의 동아시아 금융위기를 계기로 ASEAN을 중심으로 한 · 중 · 일 3국을 포괄하는 'ASEAN+3' 차원의 EAFTA(East Asia Free Trade Area)를 통해 동아시아 차원의 경제협력 및 통합 논의가 구체화되었다. 물론 그 전의 APEC(Asia-Pacific Economic Cooperation)이 동아시아 국가들의 다각적인 경제협력을 위한 노력을 해 왔으나 APEC 자체가 협력 논의를 위한 포럼(forum)에 지나지 않아 지금의 역내 국가 간 EPA/FTA 논의가 구체적으로 논의되는 상황에서는 그 역할에 한계가 있다고 할 수 있다(정인교, 2003).

ASEAN 전체의 인구는 약 5억 6천만 명으로 1인당 GDP는 약 1,200 달러에 불과하지만, 천연자원이 풍부하고 국제무역에 많이 의존하고 있는 주요한 지역이다. 이들 구성국가 간에는 자유무역을 촉진시키는 것을 목적으로 지속적으로 노력하여 왔으나 아직까지 큰 진전을 이루지 못하고 있다. 현재 ASEAN 국가 간의 무역 중 약 5% 만이 ASEAN 지역의 무역협정에 의해서 관세 감면 혜택을 받고 있으며 그 성과는 미흡한 실정이다. 한편 ASEAN은 1997년 동아시아 경제위기를 통해 재발방지 및 역내 경제협력 강화를 위해 AFTA를 출범시켰으며, 출범 이후 ASEAN은 개별국가가 아닌 단일시장으로서 하나의 지역단위로 일본과 경제협력방안을 모색하고 있다.

일본과의 EPA 상황을 살펴보면, 2002년 1월 고이즈미 일본 총리가 싱가포르를 방문했을 당시 '일 · ASEAN 포괄적 경제연대(JACEP; Japan-ASEAN Comprehensive Economic Partnership)'를 제안하였고, 2003년 12월, 동경에서 일본 · ASEAN 특별수뇌회의를 개최하였는데, 이때 양자의 영속적인 관계를 구가하기 위해『일본 · ASEAN 도쿄선언』을 채택하였다. 2005년 4월에 정식 EPA 교섭을 개시하면서 2년 이내에 합의를 목표로 하고 있다. 특별히 일본의 기술 · 중핵부품의 공급과 ASEAN의 젊은 노동력을 활용하여 세계 최고 수준의 산업연대가 가능하도록 추진하고 있으며, 투자 및 지적재산권 확보 등으로 동아시아를 리드할 수 있는 제도를 만드는데 의의를 두고 있다.

그러나 여기서 주목해야 할 것은 일본이 對 동아시아 공동체를 형성하기 위하여 ASEAN을 전면에 드러내 놓으면서 중국과 한국을 배제하였다는 점이다. 이에 대해『일본 · ASEAN 도쿄선언』후 공동의장을 맡았던 인도네시아 메가와티(Megawati) 대통령과 고이즈미(小泉純一郎) 수상은 중국을 의식하여 수뇌회의를 개최한 것이 아니라고 강조하면서도 ASEAN과 중국과의 관계의 중요성을 다시 한 번 부언하기에 이르렀다.

ASEAN은 일본의 교역(3위) 및 직접투자(7.8%)의 주요상대이며 성장잠재력이 큰데다 개방정도가 낮아 EPA 체결에 따른 기대효과가 매우 클 것으로 판단하고 있다. 1995년부터 2003년에 걸쳐 일본뿐만이 아니라 중국과 우리나라도 ASEAN국가들에 대한 직접투자를 해왔지만, 각각의 직접투자액을 비교하면 일본의 직접투자액은 중국의 44배, 한국의 11배에 상당하는 규모이다. 또한 관세인하 효과가 크고 인구 및 자원이 많아 직접투자 확대로 인한 이익이 상당할 뿐 아니라 우수한 인적자원의 활용 가능성도 높다고 평가하고 있다[14]. 일본 경제산업성(METI)은 ASEAN과의 EPA 체결시 일본 GDP가 약 1.1조~2.0조엔 정도 증가하고 고용창출 효과도 약 15만~26만 명에 달할 것으로 추정하고 있다. 일본 측은 전통적 강세 품목인 기술 및 자본집약산업에서 무역수지가 개선될 것이고, ASEAN 국가들은 1차산업과 노동집약산업에서 무역수지 개선이 예상되고 있다. 그러나 일본 측은 농업을 포함한 일부 광공업제품의 관세 철폐에 대한 부담을 느끼고 있다.

방법론적으로는 ASEAN의 개별 국가와 2국 간 교섭(2005년 4월 개시)을 진행시키면서 ASEAN 전체와의 교섭도 동시에 진행하고 있다. ASEAN 전체와의 교섭은 2002년 10년 이내에 EPA를 체결하기로 합의하였으나, 협상 진행방식에 대한 견해차이로 한때 중단되었다가 2006년 4월 재개하여 8월에 제5차 협상을 종료하였다. 그러나 ASEAN과의 EPA 협상이 원활히 진행되기 위해서는 먼저 민감한 분야인 농수산물의 시장 개방에 대한 일본 내 합의가 선결조건이다. 제5차 협상에서 일본은 개별 품목별 협상을 원한 반면, ASEAN

---

14) 평균관세율이 말레이시아 14.5%, 필리핀 25.6%, 인도네시아 37.5% 등으로 미국(3.6%), EU(4.1%) 등에 비해 크게 높다.

은 일괄협상을 요구하였고, 농산품의 관세철폐품목 수와 철폐시기에 대해서도 합의에 이르지 못하고 있다.

ASEAN지역에 있어서의 일본의 EPA 전략은 FTA와는 확연히 다르다. 즉 일본의 직접투자에 견인되는 상호 의존적인 경제실태를 전제로 관세 · 외자규제 등의 국경조치에 한정되는 것이 아니라 포괄적으로 전략을 취한다는 것이다. 동아시아지역에 대한 투자국으로서 협력의 요소도 포함하면서 일 · ASEAN 쌍방의 발전에 도움이 되는 환경을 조성하는 것을 목표로 한다. 일본은 ASEAN과의 EPA 체결에 매우 신중하면서도 전향적인 자세를 취하고 있으며 중국에 앞서 ASEAN과의 EPA를 체결해야 한다는 정치적 성향도 보이고 있다.

한편 양국이 EPA를 추진하는데 있어 주요 관심사항은 다음과 같다.

[그림 7-6] 일본과 ASEAN과의 EPA 교섭에서의 상호 주요 관심사항

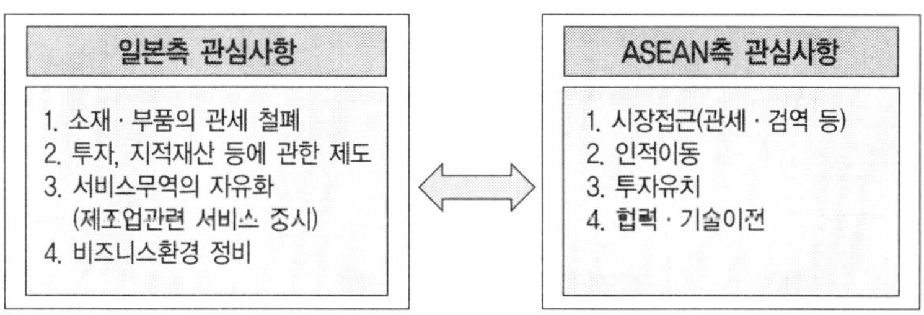

(1) 일본이 ASEAN과 EPA를 추진하기 위한 전략

① 일본의 직접투자에 의한 상호 의존적인 경제실태를 전제로 관세 · 외자규제 등의 국경조치뿐만 아니라 포괄적인 전략을 취한다.

② 투자국으로서의 협력요소도 포함하면서 일 · ASEAN 양방의 발전에 이바지하는 환경을 양성한다.

③ 재화의 무역에 관하여 높은 수준의 협정을 목표로 하고 품목별로 교섭한다.

일본과 ASEAN과의 무역관계를 살펴보면 다음과 같다. 1980년대 초까지만 해도 일본이 ASEAN으로부터 원재료, 농수산품 등을 수입하여 완제품을 다시 ASEAN에 수출하는 형태를 취해 왔으나, 1980년대 중반 이후부터는 일본의 對 ASEAN 수입규모가 확대되어 2002년에는 전체 수입의 14.8%(한국 약 4.8%)를 점유하였다.

[그림 7-7] 2002년 ASEAN의 무역관계(2006년)

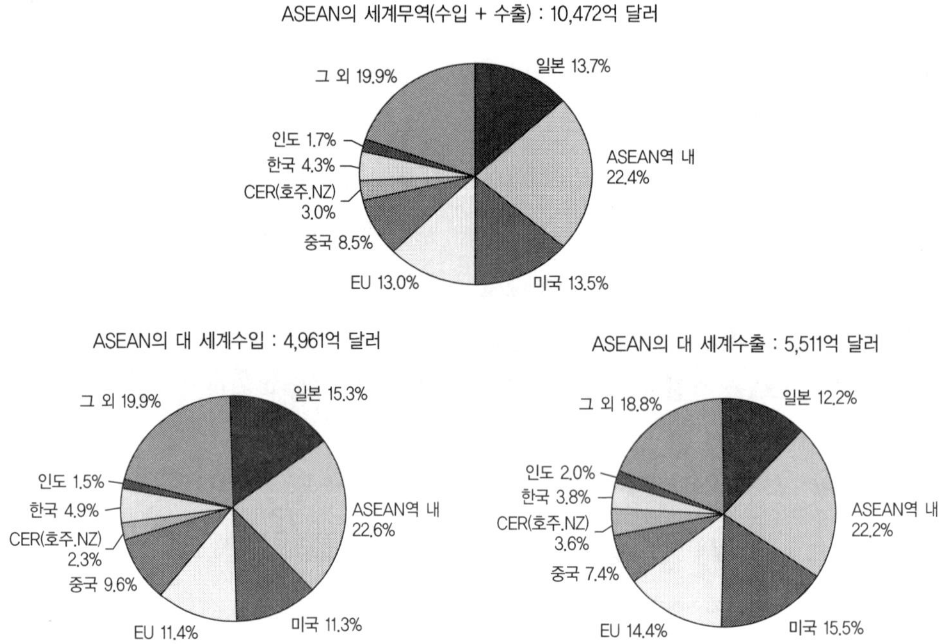

[그림 7-8] 일본의 무역관계(2006년)

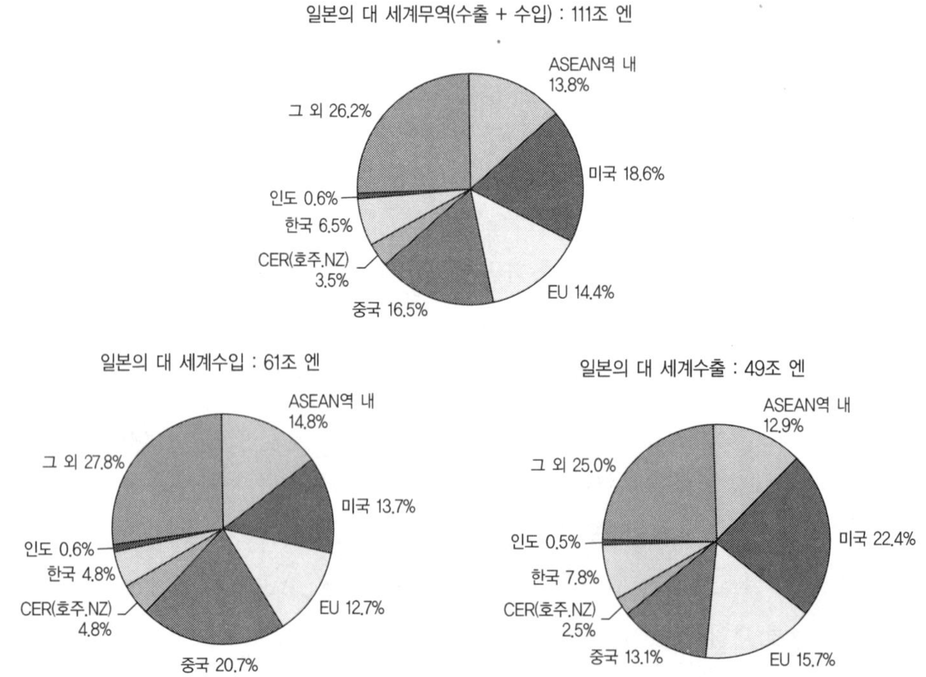

(2) 중국과 비교했을 때 일본이 ASEAN에 투자하는 장점

① 막대한 투자스톡(대부분이 원가상각 종료), 일본식 투자방법이 비교적 통용되는 안정적인 투자처이며 제도면에서도 안정된 지역이다(이에 비해 중국은 아직까지 일본사회에서의 인식이 High Risk High Return이라고 생각한다).

1. AFTA는 일본 브랜드가 침투한 시장으로 일본인구의 4배에 해당하는 5억여 명이 존재한다.
2. 중국의 13억 인구×시장장악비율 20% ≤ ASEAN 5억 인구×시장장악비율 60%
3. 리스크 헷지(risk hedge)의 거점
4. 인도 · 중동 · 호주 등 ASEAN과의 FTA 체결 지역에의 공급 · 진출거점(ASEAN의 FTA 허브화로 새로운 기능)
5. 중국에 비해 코스트는 그다지 높지 않고 장소에 따라서는 오히려 낮다.

그러나 ASEAN이 통합되기까지는 해결해야 할 난관이 존재한다. 그중에서도 ASEAN 10개국의 GDP 격차는 심하다. 예를 들어 싱가포르와 미안마의 격차는 약 136배나 차이가 난다.

[그림 7-9] ASEAN 10개국의 일인당 GDP

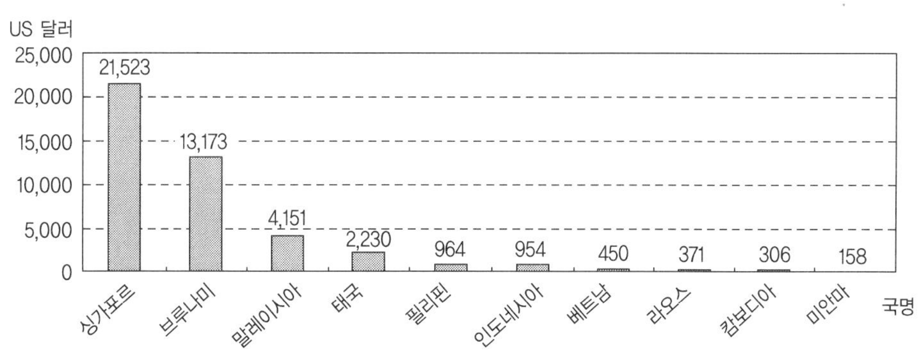

자료: World Economic Outlook(IMF) September(2004)

2) 한 · 중 · 일의 중요성

일본에 있어서 가장 중요한 당면과제는 'ASEAN+3' 이다. 그중에서도 한 · 중 · 일 3국은 무역측면에서 밀접한 관계를 갖고 있어 경제적으로 분리불가결한 관계이며, 3국간에 투자협정의 검토가 진행되고 있는 지금의 상황에서도 앞으로 계속하여 지켜보아야 할 중요한 관계이다. 물론 일본이 EPA를 추진함에 있어서 자국의 이익과 전략을 우선 생각할 것이고 이에 근거하여 진행할 것이라는 것은 말할 필요도 없다.

[그림 7-10] 한 · 중 · 일 무역관계

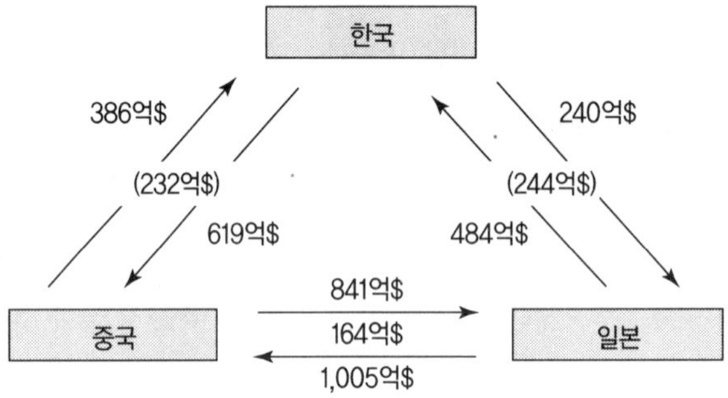

자료 : 이형오(2006)

'ASEAN+3'의 협력체제는 1999년 11월 마닐라에서 열린 정상회의에서 '동아시아협력에 관한 공동성명(Joint Statement on East Asia Corporation)'을 통해 채택되었고, 이는 기본적으로 ASEAN이 주도하고 있다. 아울러 ASEAN 수뇌회의 중 당시 우리나라의 김대중 대통령이 3개국 경제협력강화에 대해 각국의 연구기관이 공동연구를 해야 할 필요성을 제안(共同通信, 1999.11.28)한 것이 한 · 중 · 일 3국간의 FTA에 관한 최초의 제안으로, 이후 3국 정상회담은 정례화되어 왔다.

2001년 11월 브루나이에서 개최된 3국 정상회담에서는 향후 3국의 경제 · 통상장관, 재무장관 및 외교장관회의의 정례화에 합의, 2002년부터 3국 장관회의가 정기적으로 개최되고 있다. 그후로도 우리나라의 노무현 대통령이 2003년 2월 25일 대통령 취임연설에서도 "동북아시아 공동체" 형성을 주장한 바 있으나, 국가수뇌로서 유일하게 참석하였던 고이즈미 수상 및 일본의 외무성 관계자들은 이를 단순한 미래의 꿈(夢の夢) 정도로 심각하게 받아들이지 않은 상태에서 외면하였다. 당시 일본은 중국이 WTO에 가맹한 역사가 극히 짧기 때문에 앞으로 어떻게 될지 그 상황을 지켜보겠다는 정책으로 결단을 늦추게 된 것이다. 그러나 중국은 ASEAN과의 FTA 합의를 통한 역내통합에의 발빠른 행동을 취하였고, 이는 일본에게 충격적일 만한 일이었다.

한 · 중 · 일 3국은 지역적으로 서로 인접하고 있으면서 세계시장에서는 점차 격렬한 경쟁관계를 통해 경제연대협력을 구축해 나가야 하는 상황에 직면에 있다. 그런 가운데 한 · 중 · 일 3국의 경제협력체제를 구축한다는 의미는 통상압력으로 발생되는 경제적 손실의 누적을 줄일 수 있으며, 경제협력체 내에서의 공존공생을 추진함으로서 경쟁조건을 개선하고 새로운 성장요인을 창출하는 효과를 가져다 줄 것이다. 특히 중국과 일본의 동아시아에서의 보이지 않는 주도권 다툼이 가시화되지 않도록 조정할 필요가 있으며, 일본이 내세우는 '동아시아 EPA' 전략이 동아시아 전체에 이익이 되는 전략이 되도록 노력해야 할 필요가 있다.

(1) 한국

우리나라는 2003년 대외경제정책연구원(KIEP) 주관으로 한 · 중 · 일 3국간 FTA에 관한 합동연구를 시작한 이후, 경제사회연구회 소속 연구기관들, 예를 들어 KDI, 산업연구원, 한국농촌경제연구원 등이 참여하여 FTA 관련 기초연구를 수행하였고, 그 외 13개 연구기관이 한 · 중 · 일 FTA의 한국내 산업별 파급효과와 무분별 영향을 분석해 왔다. 다행히 한 · 중 · 일 FTA에 관하여 한국의 대외경제정책연구원, 중국 국무원발전연구중심(DRC), 일본 총합연구개발기구(NIRA) 간에 공동으로 연구가 진행되어 온 것은 그만큼 동북아 3개국의 중요성을 인식하고 있다는 표현이다.

우리나라는 1996년 아시아에서는 일본에 이어 두 번째로 OECD에 가맹하여 선진국 진입에 신고를 하였고, 2007년 4월에는 미국과의 FTA가 타결되면서 일본에 있어서 한국은 EPA를 체결하기에 가장 어울리는 상대국이기도 하다. 게다가 수출 · 수입 모두 제3위를 차지하고 있고 FTA에 대한 연구기관의 공동연구도 상당히 진척되어 있기 때문에 그 성과를 기대하고는 있으나, 양국의 역사적 · 정치적 관계가 복잡하기 때문에 실제로 정부 간 교섭을 통한 EPA 발효시기까지는 상당한 시간이 걸릴 것으로 예상된다.

일본은 2002년 12월부터 한 · 일 FTA 협상을 시작으로 2003년 10월 한일정상회담에서 FTA 협상 개시에 합의하여 2005년내 타결을 목표로 협상을 진행하였으나, 2004년 11월 제 6차 협정을 마지막으로 농수산물 문제, 기타 정치적 이슈로 인해 교섭이 더 이상 이뤄지지 않고 있는 상태이다.

한 · 일 FTA 협상은 〈표 7-19〉에서와 같이 단순히 관세 철폐 및 경제적인 효과만으로 그 의의를 국한할 수는 없다. 즉 정치 · 경제적인 협력관계를 통해 포괄적인 틀을 확립하여 동아시아 EPA 모델이 될 수 있기 때문이다. 특별히 한국은 일본에 있어 전략적 중요성이 큰 데다 양국간 이해 상충 부분이 적어 현안 정리를 위한 연구절차를 생략할 수 있는 것으로 평가되고 있다.

이를 위해 일본은 EPA를 통한 손익을 계산하거나 불필요한 오해를 제거할 필요가 있으며 한국과의 대화폭을 넓혀 인접국가로서 좋은 이미지를 만들어야 할 과제를 안고 있다. 따라서 지금은 협상속도 뿐만이 아니라 양국이 상호 이익을 얻을 수 있는 장기적인 안목에서의 EPA 협상 추진이 한층 더 중요해지고 있는 단계이다.

〈표 7-19〉 한국과의 EPA 의의

동아시아 EPA 모델	선진국인 한 · 일 양국이 리더십을 발휘하여 높은 수준의 자유화에 근거한 동아시아 EPA 모델이 되는 규정을 구축
양국의 경쟁력 향상	시장의 일체화를 통해 양국기업이 국경을 초월하는 경쟁과 협력, 나아가 경제구조개혁을 한층 진전시켜 양국의 경쟁력을 향상
양국 경제잠재력 개발	한 · 일 양국의 경제관계의 잠재력을 현재화(顯在化)시킬 수 있는 첫걸음
양국관계 개선	한 · 일 양국의 더욱 긴밀한 관계 형성

(2) 중국

중국은 비록 사회주의 체제이기는 하나 자본주의 시장경제제도를 수용하여 개방의 속도가 빠르며, 더욱이 2001년 12월 143번째 WTO 가맹국이 되었고, 2008년에는 북경올림픽을 개최하는 대국이 되었다. 중국의 WTO 가맹 후 가장 주목을 요하는 부분은 관세인하는 물론 이로 인해 중국의 경제 · 산업이 단계적으로 고도화되고 이는 일 · 중 무역관계에서 당분간 IT 품목 및 자동차 등 내구소비재는 물론 원재료, 부품 및 중간재 등의 수출이 증가한다는 점이다[15].

15) 물론 이러한 긍정적인 견해와 다른 의견도 있다. 장기적으로 중국은 WTO 가입에 힘입어 ① 관세인하에 따른 수입물가 및 생산비용 하락, ② 국내산업은 물론 수출기업의 생산력, 제품 · 기술개발력 강화에 의한 중국제품의 품질 향상, ③ 이에 따른 수출경쟁력 향상, ④ 중국 수출품목의 고부가 가치화(첨단산업 중심)와 생산증대 등의 영향으로 일본과의 보완관계는 경쟁관계로 심화되면서 일본의 對 중 및 對 세계 수출은 감소할 수밖에 없음을 지적하고 있다(일중경제협회(2003) 재인용, 이홍배 외, 2003)

중국의 산업구조의 수준은 한국이나 일본에 비해 낮고 자본의 부족과 전자 · 정보산업을 비롯한 전반적인 신기술에서는 아직은 선진기술이라고 볼 수는 없다. 그러나 풍부하고 값싼 노동력을 보유하고 있고 다양한 천연자원과 함께 거대한 내수시장을 보유하고 있기 때문에 절대 무시할 수 없는 거대국가이다. 중국제품의 저가에 양질의 노동력 공급이 계속되는 한 국제경쟁에 있어서 중국의 우위성은 변하지 않을 것으로 예상하고 있다. 그러나 중국의 투자환경에 대해서는 아직 상당한 개선의 여지가 있다. 1997년 이후 일본의 중국에 대한 직접투자 규모는 감소하였는데 이는 중국의 외자자본관련 제도에 변화가 있었기 때문이다. 즉, 1996년 1월 대중(對中) 직접투자의 최대 인센티브 제도였던 외국기업의 수입기계설비에 대한 관세면제조치를 철폐하였다가 결국 1998년 단계적으로 부활한 적이 있는데, 이러한 제도의 수시 변화는 외국인 직접투자의 급격한 감소를 초래하게 된다.

국제협력은행개발금융연구소가 500사 전후의 일본기업을 대상으로 행한 해외직접투자 앙케이트조사에 의하면(丸上外, 2003), 일본기업은 중국을 가장 유망한 투자처로 생각하고 있으나, 1996년도부터 2000년도까지의 5년 연속으로 중국은 수익성과 매상고에 관한 사업실적평가에 있어서는 세계의 어떤 지역보다 낮았다. 많은 일본기업이 중국의 투자환경에 관하여 '법제의 빈번하고 돌연한 제도변경', '법제의 불투명한 적용', '세제의 빈발하고 돌연한 제도변경' 등에 대한 염려를 토로하고 있다. 이뿐만 아니라 법 · 규제의 불투명, 중앙과 지방정부의 통일성 없는 정책결정 등으로 인해 아직까지도 대중(對中) 직접투자에 대한 신중론이 대두되고 있는 상황이다. 이렇듯 직접투자가 일 · 중 간의 무역확대의 가장 중요한 촉진 요인인 이상 투자환경 개선이 결여된 EPA/FTA는 그다지 의미가 없다는 인식을 갖게 된다. 따라서 대중(對中) 직접투자는 국제무역환경의 변화에 부응하여 꾸준히 증가하고는 있으나, 상기 중국의 투자환경의 염려로 인한 신중론과 중국의 WTO 가입에 따른 기대감이 있다.

일본은 중국과의 EPA/FTA를 체결해도 수입은 그다지 증가하지 않을 것이라는 예상을 하고 있다. 그 이유로는, 첫째 원래 일본의 관세가 낮기 때문에 관세 장벽 철폐효과가 그다지 높지 않다는 것이고, 둘째 일본기업의 對 중국 투자전략이 90년대 중반까지의 제품별 분업, 공정간 분업에서 최근에는 중국시장을 지향하는 지역완결형 전략으로 변화해 가는 것 등 중국에서 제조한 제품을 역수입하는 것이 상대적으로 감소하고 있기 때문이다.

그러나 중국경제의 급속한 출현은 일본뿐만이 아니라 ASEAN 및 그 밖의 여러 국가에서 '중국경제위협론(中國經濟脅威論)'이 높아지고 있는 상황이고 중국과의 EPA/FTA를 체결하는 것에 대한 일본의 경계감도 굉장히 강하다. 실질적으로 중국과 EPA/FTA를 체결하여 무역장벽이 철폐될 경우 이미 보호장벽이 낮아진 일본이 중국보다 상대적으로 이익이 크다는 것은 이론적으로 분명한데도 중국과의 경제통합은 손실이 더 클 것이라는 인식이 강하게 작용하고 있다.

일본은 중국 및 대만과 홍콩을 포함하는 중화경제권과 수출입거래를 통해 실질적으로 전 세계를 상대로 부가가치가 높은 공업용 자료를 공급해 나갈 수 있기 때문에 일본과 중국은 경제적으로는 '상호 보완관계'에 있다. 결국 일본이 중국을 매개로 하여 세계와의 무역을 확대할 수 있을지는 중국의 시장개방이 아닌 일본의 시장개방과 개혁에 관계가 있다고도 볼 수 있다.

이상 일·중 관계를 살펴봤으며, 중국의 對 아시아 FTA 관계는 다음과 같다.

중국은 2000년 11월 프놈펜에서 열린 ASEAN 수뇌회담에서 중국의 주룽지(朱鎔基) 수상이 ASEAN과의 FTA를 제안하였는데, 이에 고촉동(吳作棟) 싱가포르 수상은 동아시아의 균형을 염두하고 한국과 일본을 더해 ASEAN+3 수뇌에게 역제안하기에 이르렀다. 이에 대해 중국은 정력적으로 ASEAN과 FTA를 실현시킬 수 있도록 노력하여 1년 후인 2001년 11월 중·ASEAN 정상회담에서 10년 이내에 FTA를 체결하기로 합의하게 된 것이다. 2003년 6월에는 홍콩과 미니 FTA라고 할 수 있는 경제무역긴밀화협정(CEPA)을 체결하였는데, 주 내용은 중국이 홍콩으로부터 수입하는 273품목에 부과하였던 관세를 제로로 한 것 외에, 부동산이나 은행 등의 17개 서비스분야를 홍콩기업에 우선적으로 개방하는 것이다. 나아가 2003년 6월에는 마카오와도 CEPA 협의에 들어갔으며 같은 해 7월에는 대만에 대해서도 협정체결을 제안하였다.

게다가 전 세계 인구 중 40%에 해당하는 24억 명을 보유하고 있는 중국과 인도(Chindia)가 새로운 협력관계를 모색하고 있는 중이다. 후진타오(胡錦濤) 중국 국가주석은 2006년 11월 20일부터 나흘간 인도를 공식 방문하면서 만모한 싱(Manmohan Sinh) 인도총리와 회담을 갖고 양국간 정치·경제교류 확대뿐 아니라 국제이슈까지 폭넓게 논의한 것은 중국의 아시아에서의 위치를 증명해 주는 행위로 보일 수 있다. 중국과 인도의 양국 간 교역을 살펴보면 2005년 187억 2천만 달러로 전년대비 37.5% 증가한 데 이어 2006년에는 200억 달러를 넘어서고, 2009년에는 300억 달러를 웃돌 것으로 예상하고 있다.

다만 양국 간에는 국경분쟁 등 아직 해결되지 않은 문제가 산적해 있고 외자유치, 에너지 확보에서는 서로 경쟁을 벌이고 있는 등 외교 · 경제분야에서 팽팽한 긴장감도 흐르고 있다. 특히 2003년부터 논의가 시작된 양국 간 FTA 협상을 둘러싸고 중국이 적극적 자세를 보이고 있는 반면 인도는 중국산 공산품의 대량 유입을 걱정해 소극적 태도를 유지하고 있는데, 이는 중국의 월등한 제조업 능력을 감안할 때 성급한 FTA 체결은 인도 경제에 득보다는 해가 될 것으로 보기 때문이다. 게다가 중국 정부가 수출상품에 대해 과도한 보조금을 지급하고 있어 자유시장경제 지위를 부여하기 힘든 상태이고, 중국이나 홍콩에서 유입되는 투자자금 출처가 불투명한 점도 개선되어야만 자유시장경제 지위 부여문제를 협의할 수 있는 상황이다. 이러한 상황으로부터 동아시아에서의 경제통합에 중국이 주도권을 잡는 것이 아닌가 하는 견해가 대두되었다.

(3) 인도

일본은 ASEAN+3 다음으로 중요한 지역을 인도로 보고 있다. 중국 다음으로 성장하고 있는 경제권이 인도이고, 경제 규모면에서도 상당한 잠재력을 갖고 있는 만큼 일본에서도 그 중요성을 인식하고 있다. 특히 인도는 실질 GDP 성장률이 2003년도 8.5%, 2004년도 6.9% 등 급속한 경제성장을 유지 해 오고 있으며 그 존재감 역시 확대되고 있다. 이러한 인도의 경제성장은 지금까지의 개발도상국의 경제성장과 비교했을 때 IT, 의약, 바이오 등 첨단산업의 성장으로 지탱해 왔다는 특징이 있다.

11억의 인구를 가진 인도는 경제성장률이 연평균 약 8%에 달하고 있지만, 양국 간 무역은 일본 무역총액의 1%에도 미치지 못하고 있다. 일본의 대중(對中) 무역액에 비하면 약 1/30에 불과한 정도인데, 이는 인도의 일용품시장이 미국에 의해, 가전제품 시장은 한국에 의해 선점(先占)당했기 때문이기도 하다. 그러나 일본과 인도 사이의 무역규모는 2005년 65억 달러에 달하는 등 2002년 이래 큰 신장세를 나타내고 있으며, 일본의 수입은 보석류와 해산물, 수출은 기계제품 등에 품목이 한정돼 있어 향후 EPA 협상에서는 무역구조의 다변화가 과제가 될 전망이다.

한편, 중국은 인도와의 FTA를 향해 만전을 기울이고 있고 양국은 지역적으로도 인접해 있기 때문에 상호 EPA를 체결하기 위한 밑작업이 시작되었다. 이때문에 일본은 상당한 위기감을 강하게 갖고 접근하고 있다. 경제분야에서도 중국과 인도 양국은 관계를 강화하고 있다. 2006년도 중 · 인 무역은 200억 달러를 넘어설 전망이며, 이는 일 · 인 무역 총액의 약 3배를 넘는 규모에 해당한다. 중국의 후신타오주석 역시 2006년 11월 인도를 방문하여 무역투자의 촉진과 민생용 원자력 분야 협력에 합의하면서 지역경제협력을 강화하기로 양국 간 회담을 갖고 그 성과를 노출시킨 경험이 있기 때문이다.

이에 일본은 인도와 2006년 2월까지 3차례의 공동연구 회합을 갖는 등 비교적 빠르게 교섭을 진행하고 있으며, 아베신조(安部晋三) 전 일본 총리와 만모한 싱(Manmohan Sinh) 인도 총리는 2006년 12월 15일 도쿄에서 양국 정상회담을 통해 2007년 초부터 EPA 체결을 위한 본격교섭을 시작하기로 합의에 이르렀다. 두 정상은 2007년을 양국 간 '교류원년'으로 삼아 경제 · 문화 등 여러 분야에서 적극적으로 교류하기로 하는 한편, 양국을 취항하는 항공기도 현재보다 약 4배정도 늘리고 인도의 주요 도시를 연결하는 화물철도 건설계획에 일본이 협력하기로 하였다. 일본이 이처럼 인도와의 관계에 적극적인 것은 양국 간 이해관계가 맞아 떨어질 뿐 아니라 동아시아 정상회의 참가국인 인도와의 협력관계를 통해 중국을 견제하려는 의도도 숨어 있다.

양국의 EPA 체결이 갖는 의의는 다음과 같다.

1. 지금까지는 양국의 경제규모에 비해 국제적 활동에 대한 잠재력이 충분히 활용되지 못했으나, EPA에 의해 경제관계의 활성화 및 비즈니스기회를 크게 넓힐 가능성 존재
2. 인도의 부품 · 소재분야의 고관세는 제조업 중심의 일본의 투자를 크게 저하시키는 장애요인
3. 투자, 서비스무역에 대해 높은 수준의 자유화 제도를 책정, 사업환경을 정비하는 것이 중요 과제
4. 아시아에 있어서 중국과의 비등한 존재감을 갖고 있는 국가로서 국제전략상 중요한 국가

(4) 호주

주택투자와 왕성한 개인소비를 배경으로 경제성장(14년 연속 플러스 성장)을 계속하고 있는 호주는 활발한 개인소비와 설비투자를 배경으로 높은 경제성장을 달성하고 있다. 호주는 역사적으로 유럽과 미국과의 정치 · 경제면에서 강한 연결고리를 갖고 있지만, 1989년 APEC이 발족할 때 호주가 일본과 함께 주도권을 잡고 이를 실현하고자 고민한 관계를 갖고 있다. 특히 최근에는 장래의 동아시아와 경제관계를 강화하기 위한 움직임이 현저하게 눈에 띄고 있으며 일본과 가치를 공유하고 정치 · 안전보장 면에서 협력관계의 중요성

이 고조되고 있다.

〈표 7-20〉 생산연령과 피부양인구 비율 전망 (단위 : 만명, %)

나이계급	2005년	2015년	2050년
생산연령(14~64세)	8,442(66.1)	7,622(60.6)	4,930(51.8)
피부양인구(65세~)	2,676(20.2)	3,883(25.2)	3,764(39.6)

주 : ( )안의 수치는 구성비
자료 : 후생성 "新推計方式(2005年 國世調査 第一次 基本集計)". (2006. 12).

호주는 뉴질랜드, 싱가포르, 태국, 미국과, 뉴질랜드는 호주, 태국, 싱가포르, 브루나이, 칠레(2006년 5월 발효)와 이미 FTA를 체결하고 있으나, 현재는 ASEAN, 중국, 말레이시아와의 FTA 체결을 향한 교섭을 진행하고 있는 중이다. 나아가 2005년 12월 동아시아 정상회담 발족에서는 정상회담 참가 조건인 TAC(동남아시아 우호협력조약)에 가맹을 표명하며 참가하는 등 동아시아 경제통합에 참가하기 위한 정치적 의지를 보이고 있다.

일본은 호주로부터 석탄, 철광석, 천연가스, 우라늄, 아연, 육류 등을 수입하고 있고, 뉴질랜드로부터는 알루미늄, 육류 등 주요 원료자원 및 식량을 수입하고 있다. 호주로서는 일본이 최대 무역상대국이며 오랜기간 동안 최대 수출시장이기도 하다. 호주의 대일(對日) 수출액은 2005년 316억 호주 달러(약 2조 7천억 엔)에 달하였는데, 이는 전년보다 24% 증가한 금액으로 호주의 對중 수출액과 對미 수출액을 합한 금액보다 웃도는 수치이다. 호주는 일본의 12번째 수출시장이고 7번째 무역상대국이다. 일본의 對 호주 수출액은 2005년 1조 4천억 엔(약 166억 호주 달러)에 달하였으며, 자동차 및 자동차 관련 부품 수출은 2번째 수출국이다. 수입상대국으로서도 호주는 5번째 순위이고 호주로부터의 광물 및 에너지공급을 받고 있어 일본의 에너지공급에 가장 큰 공헌을 하는 국가이다. 이렇듯 양국 모두 극히 중요한 무역 파트너로서 상호 보완적인 무역관계를 맺고 있을 뿐만 아니라 우호적이고 안정적인 관계를 맺고 있다.

한편, 호주는 아시아 태평양지역의 안전보장상 중요한 위치에 있으며, 이후 동아시아 경제통합을 진행하는데 있어 자유와 민주주의, 그리고 시장경제주의의 이념을 일본과 공유할 수 있는 파트너로서, 그리고 미국이나 유럽과 동아시아를 연결할 수 있는 연결고리의 역할을 담당하는 멤버로서 의미를 갖고 있다.

양국은 현재 공동연구회를 진행하고 있으며 경제모델 분석은 양국 모두 국내총생산, 무역 및 투자에 걸쳐 경제적 이익을 얻을 수 있다는 결과를 보이고 있다(일 · 호 경제관계 강화를 위한 공동연구, 일본 외무성 자료 2006. 12). 즉 양국이 EPA를 체결함으로서 호주는 2020년 GDP가 0.66~1.79% 증가하고, 일본은 2020년 GDP가 0.03~0.13% 증가한다고 한다.

그러나 아시아의 변두리인 호주와의 EPA 협상은 농산물 수입이 최대 관건이어서 이를 어떻게 진행시켜야 할지 난관이 예상된다.

제4절 EPA 전략추진에 따른 문제점

1. 저출산 · 고령화 문제

일본의 저출산 · 고령화 문제는 바로 노동인구 및 농업후계자의 부족현상과 직결된 문제이다.

〈표 7-21〉 주요 선진국의 65세 이상 노년인구 비율의 변화와 예측: 1990-2025 (단위 : %)

연도	미국	스웨덴	영국	프랑스	일본
1990	11.85	17.71	15.13	13.17	11.63
1995	11.97	17.62	15.08	13.99	13.62
2000	11.73	17.21	14.92	14.83	15.57
2010	12.15	18.78	15.31	14.89	18.79
2020	15.36	21.88	17.35	18.10	21.82
2025	17.17	22.29	18.29	19.35	21.29

자료 : 일본 후생성 인구문제연구소의 자료(2007)

한편 〈표 7-21〉에서 알 수 있듯이 65세 이상 피부양 인구비율은 2005년 20.2%에서 2015년 25.2%로 증가할 것이며, 노인 1명을 부양하는 근로자수가 2005년 3.3명에서 2015년에는 2.4명으로 줄어들어 근로자의 부담이 크게 증가하게 된다. 현 연금제도 하에서 단카이세대(團塊の世代; 1947~49년의 전후 베이비붐 시대에 태어난 세대)에 대한 연금급부는 현역세대에게 큰 부담이 되며 젊은 세대의 취업 의욕을 저하시키고, 직장 없이 갖가지 아르바이트로 생활하는 프리터를 증가시키게 된다. 또한 제철, 제지, 자동차, 산업기계 등과 같이 노하우가 중요한 업종에서, 일본경제의 성장 주역이자 일본 제품의 고품질과 고생산성을 지탱해 온 숙련 기술자인 단카이세대의 대량 퇴직은 차세대로의 기능 전수에 문제를 가져온다. 게다가 이들이 정년퇴직을 한다는 것은 전문화되고 숙련된 노동인구의 상당부분이 사라지는 것과 마찬가지이므로 이들의 빈 공간을 채우기 위해 새로운 인력이 필요하지만, 저출산 등의 문제로 쉽지 않은 상황이다. 그러다보니 고령자들의 퇴직

시기를 늦추는 방향을 선호하거나 또는 이미 퇴직한 직원들을 재고용하는 방안도 활성화되고 있다.

따라서 인구감소사회 하에서의 새로운 성장을 위해서, 그리고 농업부문과 노동력에 대한 최대효과를 발휘할 수 있도록 아시아로부터 노동력을 제공받아야 하는 과제를 안고 있다. 지금과 같은 속도로 저출산 · 고령화가 진행된다고 볼 때 아시아로부터의 노동자를 통해 잠재성장률을 높이고 경제효율성과 활성화를 달성해야 할 필요성이 있으나, 아시아로부터의 노동력 유입이 일본국민의 복지를 향상시킬 수 있다는 인식이 아직은 결여되어 있을뿐만 아니라 그들이 일본경제를 발전시키거나, 일본사회의 일부분이라는 인식이 기본적으로 부족하다. 따라서 지금 당장 필요한 것은 일본이 아시아로부터 인적자본을 받아들여 이를 경제 활성화와 발전으로 이어지게 한다는 사고방식을 갖는 일이 급선무이다. 이를 위해 아시아에서 분업체제를 어떻게 만들어 나갈 것인가, 상호 의존관계를 만들어 가면서 공생해야 할 필요성이 있다.

2. 농산물시장 개방에 따른 문제

일본은 전통적으로 경쟁력이 강한 자동차, 전자, 전기, 기계산업 등은 일본의 EPA 교섭에 찬성하지만, 국내생산비용이 높은 농수산물 등의 1차 산업은 아직 개방시기를 놓고 의견일치를 보이지 못하고 있다. 협상 진행국 및 협상 체결의 후보국에는 아시아 각국이나 호주 등 농산품의 수출국이 많고, 중국이나 인도의 경우 미숙한 자국산업을 지키기 위해 간단하게 외국기업에 투자규제를 제거하기 힘든 상황인데다, 농산품의 수출국에는 이점이 적은 협정이 되기 쉬워 일본의 전략대로 체결이 가속화할지는 불투명하다. 그러나 농업부문 개방 등에 대한 일본 국내에서의 의견조정이 절실히 필요하고, 이러한 상황에서 농산품 및 노동력 유입에 대해 일본 내 이해상충이 쉽게 조정되기는 어려울 것으로 보여 실질적으로 동아시아 EPA 전략의 실현가능성은 불투명한 상태이다.

일본정부는 그동안 금기시 해온 노동시장과 더불어 농산물시장에 대한 개방도 전향적인 자세를 보이기 시작했지만, 이에 대한 반대입장을 적극 표현하는 단체도 있다. 예를 들어 2006년 12월 초 동경시내에서는 전국농업협동조합 대표자 회의가 열린 후 호주와의 EPA 협상에 반대하는 가두시위를 벌인적이 있다. 이렇듯 일본이 EPA를 추진하고자 하는 상대국은 일본의 농업시장 개방을 강력히 요구하고 있으나 일본정부는 국제경쟁력을 갖추지 못한 농업개방에 대한 농민들의 저항과 농어촌에 지역구를 두고 있는 정치가들의 농수산품에 대한 관세 인하 반대에 따른 어려움을 겪고 있다. 한일 FTA 체결이 2004년 11월 제6차 협상 이후 더 이상 진전을 보이지 못하는 이유 역시 농수산물 분야에서 일본측이 지나치게 소극적인 조건을 제시하였기 때문이다.

일본정부는 일본의 농업을 보호하기 위해서도 동아시아 경제통합을 될 수 있는 한 광범위하게 설정하고 싶어하고 그 구성국가 역시 'ASEAN+3' 으로 한정하지 않고 호주, 인도, 뉴질랜드 등을 포함하여 앞으로의 미국의 관여를 배려하려는 의도가 엿보이지만, 이점에 대해서 일본을 제외한 동아시아의 방침은 일본과 다르다. ASEAN 각국은 일본의 농업자유화를 강력히 기대하고 있으며, 'ASEAN+3' 체제가 '동아시아 공동체' 의 구성국가라는 기본방침에 변함이 없고, 한국과 중국 역시 광범위한 'ASEAN+6' 보다는 'ASEAN+3' 의 구성을 지지하고 있는 상황이다.

이러한 상황에서 일본만이 동아시아에서 고립될 위험성이 있어 '동아시아 EPA' 전략이 제대로 성과를 낼지는 불투명한 상태에 있다. 물론 일본정부를 중심으로 통상당국과 외교당국이 일본의 '동아시아 EPA' 전략을 성공시키기 위해 적극적인 자세로 임하고는 있으나, 미국의 NAFTA, 독일과 프랑스의 EU보다 상대적으로 지도자의 리더십이 약한 편이어서 일본이 추진하고자 하는 이러한 정책이 성공하기란 간단하게 보이지 않는다. 게다가 WTO가 종합적이고 포괄적인 협정인 이상, 농업분야 전체를 제외하는 것은 사실상 불가능하다. 따라서 일본 농업 종사자의 고령화 및 후계자 부족, 농지의 황폐 등에 대응하여 강한 농업을 확립하기 위한 구조개혁을 진행해야 한다. 또한 농산물 차별화, 고부가 가치화와 저코스트화를 통해 구제경쟁력을 강화하는 것도 중요한 과제이다. 이를 위해 농업계가 대응하고 있는 농업구조개혁에 대한 위기감을 공유하면서 한편으로는 일본 국민으로부터의 지원이 필요하다. 농업부문은 시장을 개방하지 않아도 어차피 경쟁력이 없어 버티기 어려운 분야이기 때문에 정부의 지원과 농가의 대안작물 위주의 전환을 통해 농작물 생산의 증가를 가져오는 사고의 전환이 필요하다.

3. 세계화 및 동아시아의 중요성에 대한 인식문제

현재 '동아시아 EPA'를 구상하고 있는 일본뿐만이 아니라 아시아의 리더인 한·중·일 3개국이 동아시아 경제공동체를 형성하는데 불필요한 장애물을 해결하기 위한 노력과 새로운 정책방향을 찾아내는 노력은 반드시 필요하다. 그러나 세계적인 흐름에 대응하기 위한 한·중·일 삼국의 경제협력에 관한 논의가 본격화되면서 동아시아의 지역통합이 빠른 속도로 진전될 것으로 기대했으나 현실은 그렇지 못하고 있는 실정이다. 이는 역내 경제협력의 기반이 취약한 상태에서 국가간 중대한 이해관계가 걸린 분야에서 상호간 입장차이가 분명할 뿐 아니라, 북한의 핵문제 등 동아시아 지역통합의 활성화를 막는 장애물들이 존재하고 있기 때문이다.

대외적으로는 동아시아의 지역주의에 대한 미국의 강한 경계감에 대한 대응도 필요하다. 일본이 동아시아지역 통합에 본격적으로 뛰어들지 않았던 최대 이유가 미국에 대한 눈치, 즉 대미(對美) 관계의식, 일본인 엘리트들의 탈아입구(脫亞入口)의 정신구조 때문이기도 하다. 일본이 동아시아의 안정적인 발전 메커니즘을 만들기 위해서도 역내의 경제순환구조를 강화해야 하지만, 대미(對美) 관계를 고려하면서 제도화를 진행시키지 않으면 안되는 입장에서 일본의 역할이 필요하다. 즉, 일본이 구상하고 있는 'ASEAN+6'를 중심으로 하는 '동아시아 EPA' 구상은 정치적 슬로건 색채가 강하여 아직도 구체적인 내용이 확실히 보이지 않고 있다.

한편, 동아시아에서 아직까지 경제통합을 이루지 못하고 있는 장애요인 중 하나는 각국의 국내정치적 요인과 국제정치적 요인이 엮여져 있다. 국내정치적 요인으로는 각국이 민감한 산업에 대하여 경쟁력이 낮은 취약한 부분을 보호하기 위해 관세 및 비관세장벽을 이용하고 있고, 국제정치적 요인으로는 과거사 문제 및 중국과 일본의 경쟁적 관계가 동아시아의 경제적 통합에 장애요인으로 등장하고 있는 것이다. 더군다나 지금은 동북아 3개국 공동의 관심사이며 국제정치의 가장 큰 변수인 북한의 핵 문제로 인해 더욱 큰 갈등을 불러일으키고 있다.

일본은 ASEAN이 성립되기 직후부터, 그리고 중국에 대해서는 1970년 말부터 지금에 이르기까지 ODA 등 아시아에의 경제원조와 경제협력에 상당한 공헌을 했음에도 불구하고 아시아에서 그에 상응할 만큼의 충분한 이해와 평가를 받지 못하고 있는데, 그 근본적인 이유는 바로 과거 침략전쟁과 그에 따른 역사인식의 차이가 타 동아시아와 철저히 다르기 때문이다. 역사적 · 문화적으로도 2천 년 이상의 교류관계를 갖고 있는 한 · 중 · 일의 중요성을 통해 얻을 수 있는 공유와 경제적 이익보다, 불과 150여 년의 교류 역사를 맺고 있는 미국과의 관계를 중요시 여긴다는 것에 대해서도 가볍게 넘어갈 문제는 아니다. 이러한 일본의 태도와 뿌리깊은 의구심이 동아시아 경제통합에 커다란 장애요인이 되고 있다.

4. 동아시아 EPA 추진에 필요한 속도문제

전 세계적으로 지역주의라는 흐름 속에서 일본만이 EPA를 고집한다면 교섭이 진척되지 않고 오히려 국제경쟁력이 약해질 것이라는 위기감에 대한 발언이 자민당과 경제계에서 나오고 있는 상황이다. 경단련(經團連)의 경우, FTA의 뒤처짐으로 인한 일본기업의 상대적인 불이익을 우려해 FTA 추진을 도입하자는 의견이 나오고 있으며, 자민당 역시 진행이 더딘 EPA보다는 속도감 있는 FTA를 지지할지도 모르는 입장에 놓여있다.

일본은 현재 약 4개국과 EPA를 추진하였고, 그 외 여러 나라와 교섭중에 있지만 EPA를 위주로 FTA를 추진하고 있어 관세의 상호 철폐만이 아니라 분쟁해결 절차나 지적재산권 제도의 정비 등으로 체결에는 상당한 시간이 걸리는 상황이다. 특히 한국과 중국이 먼저 ASEAN과의 교섭을 일단락한 시점에서 일본이 장기적인 안목을 갖고 EPA를 계속하여 고집할지는 앞으로 더 지켜보아야 한다. 속도를 중시하는 세계화의 흐름에서 아시아에서의 존재감을 높이고 있는 중국에 대한 초조감이 없지 않아 존재하고 있다는 지적도 나오고 있다. 중국이 WTO가맹에 의해 고속으로 시장경제를 이행하고 경제비용을 효율화할 때에 일본이 그 속도에 따라갈 수 없게 된다면 일본의 경쟁력은 저하될 것이다.

5. 문제해결책

1) 농업구조개혁의 가속화

농업은 어떤 나라이건 식량안전보장이라는 의미 외에 자연환경의 보전과 양호한 경관형성 등 다양한 요소가 포함되어 있기 때문에 일본 역시 농산물 시장개방에 상당히 소극적인 자세로 임해왔다. 또한 일본은 지금껏 자국이 세계 최대의 농산물 수입국가라는 점 때문에 2010년까지 자국의 농산물 자급도를 45% 수준으로 끌어올린다는 계획을 수립하였으며 WTO 협상결과에 따라 농산물 개방 정도를 결정하겠다는 입장을 고수해 왔으나 ASEAN과의 EPA 체결을 앞두고 농업의 기업화, 농업 지원확충 등 신규조치를 강구하겠다는 기본 방침을 세웠다.

일본의 국토는 우리나라와 비슷하게 대부분이 산으로 되어 있어 농업을 하기에는 불리한 자연조건 하에 있다. 게다가 지금까지 농업을 지탱해 왔던 세대가 은퇴기를 맞아 심각한 후계자난을 배경으로 중대한 기로에 서 있는 상황이다. 따라서 일본 농업의 국제경쟁력을 강화하기 위해서는 젊은 세대가 꿈과 희망을 갖고 일할 수 있는 산업으로서 농업을 활성화시키는 것이 중심적인 과제가 되지 않으면 안 된다. 그런 안목을 키우기 위해서는 농업생산품의 차별화 · 고부가가치화 · 저비용화가 요구된다. 소비자가 요구하는 안전하고 신선하며 맛이 뛰어난 고품질 농산품을 합리적인 가격으로 생산하는 것이 해외 농산품과의 경쟁에 이길 수 있는 첫걸음이고, 이는 우리나라의 경우도 마찬가지이다. 나아가 지금까지는 생각하지도 못했던 일본 농산품의 해외수출을 실현하고 판로확대를 꾀할 필요가 있다. 농업에 대한 구조개혁을 서두루지 않으면 일본의 농업은 전면적으로 붕괴할지도 모른다는 위기감을 농업 관계자뿐만 아니라 국민 전체에서 공유할 필요가 있다.

한편 경쟁력 있는 농업구조를 만들어 가기 위해서는 실질적으로 관세가 축소 · 철폐되는 경우에 영향을 받는 농업경영에 대해, 소득감소를 보상하는 직접지불 등, 국내조치로서 새로운 지원책을 도입할 필요가 있다. 단, 새로운 지원책은 국가 및 지방자치체의 기존의 농업예산을 재편하거나 환경 및 국토보전의 관점에서의 지원대책에 대해서도 상기 지원책과 더불어 기존 예산의 범위에서의 검토가 적당하다.

개별농가나 농협, 유통관련 사업자의 노력만으로 달성하기 어려운 환경정비 등에 대해서는 국가 및 지방자치체가 주체적으로 대응할 필요가 있다. 고비용 구조를 시정하기 위해 대폭적인 규제개혁을 추진하여 국제적으로 손색이 없는 물류서비스를 제공하도록 환경을 조기에 정비해야 한다.

2) 동아시아의 중요성에 대한 인식전환

현재 동아시아의 경제통합과 관련하여 한국, 일본, 중국이 각각 개별적으로 움직이고 있는데, 2010년 전후로 ASEAN+한국, ASEAN+일본, ASEAN+중국, 이렇게 세 개의 지역으로 나뉘어지는 자유무역권이 형성될 가능성을 수렴해야 할 필요성이 대두되고 있다. 'ASEAN+1'의 협력체제가 제도화되면 ASEAN에게 주도권이 넘어갈 가능성이 높은데 그 이유는 현재 한·중·일 3개국간의 정치적 불신감이라 할 수 있다. 3개국 간의 역사인식과 국제적 감각, 그리고 장래에 대한 비전이 각각 다르기 때문에 동아시아 경제권, 혹은 동아시아 경제 공동체를 형성하기 위해서는 무엇보다 상호 신뢰관계를 형성하는 것이 중요하다.

일본은 최근 눈에 띄게 ASEAN 등 동아시아와 EPA 협정에 적극적인 자세를 보이고 있는데, 이는 중국의 부상에 따른 아시아 지역에서의 정치·외교적 영향력 약화를 방지하고 일본 국내 노동력 부족에 대비하여 우수인력을 확보하기 위해서이다. 더군다나 중국이 2005년 11월 ASEAN과의 FTA를 체결하자 일본은 이에 자극받아 ASEAN과의 EPA를 가속화하고 있다.

이에 일본은 그간의 ODA(정부개발원조; Official Development Assistance)를 바탕으로 교섭기간을 단축한다는 방침을 세우고 있는데, 지금까지의 일본의 對 아시아 통상정책이 대부분 ODA를 통한 기술협력과 자금지원 차원에서 전개되어 왔고, 이를 통해 아시아와 긴밀한 경제관계를 유지해 왔다고 보기 때문이다. 예를 들어 태국 전력의 약 10%가 일본의 ODA 프로젝트로 만들어졌고 아세안 국가들의 인프라정비에도 상당한 도움을 주었다. 나아가 아시아지역에의 경제적 공헌도를 측정하는 지표(공헌도지표)는 일본이 ODA 분야에서 제1위, 전체에서도 제2위를 차지하고 있다. 국별로 보면 ASEAN, 중국 등 아시아지역에 대한 일본의 ODA 공여액은 1위이다. 일본으로부터의 ODA 공여액 누계는 아시아에 대한 전 세계 공여액의 약 1/3에 해당한다.

일본이 아시아에 대해 1960년부터 2004년까지 누계 약 1,210억 달러의 ODA를 제공하고 동 지역의 경제발전에 대한 공헌 및 상호신뢰관계 구축 등을 통해 일본이 추구하고자 하는 동아시아 EPA 전략에 많은 도움이 될 것으로 평가받고 있다. 특히 아시아 전체를 최종 목표로 염두에 두면서 먼저 한국 및 ASEAN과의 EPA를 추진한 후 중장기적으로 중국을 포함한 다른 동아시아 국가와의 EPA를 체결하고자 하는 것이다. 경제원조 등을 통해 경제협력의 기반을 구축하는 한편 단기적 이익보다 중장기적 관점을 중시하는 전략은 다른 나라에도 참고가 될 것이다.

〈표 7-22〉 동아시아에 대한 ODA 공헌도 순위 (단위 : 만명, %)

순위	경제적 공헌도 (1/100%)		ODA(1,000만 달러)	
1	미국	102.1	일본	5,130
2	일본	61.5	영국	856
3	독일	20.4	미국	622
4	한국	20.2	독일	449
5	중국	18.5	캐나다	444
6	영국	17.9	프랑스	325
7	네덜란드	16.0	네덜란드	292
8	호주	11.7	호주	267
9	프랑스	9.1	덴마크	239
10	벨기에	8.5	스웨덴	152

자료 : 社團法人日本經濟研究センター(2005) 작성

〈표 7-23〉 국가별 ODA 금액 순위 (단위 : 100만 달러)

	1	2	3	4	5
중국	일본	독일	프랑스	EU	영국
	759.7	152.2	74.3	55.4	47.4
인도네시아	일본	미국	독일	호주	네덜란드
	1141.8	210.9	91.1	86.5	76.9
말레이시아	일본	덴마크	독일	스페인	프랑스
	79.2	10.1	6.3	5.4	3.5
필리핀	일본	미국	호주	독일	스페인
	528.8	55.3	32.1	27.8	25.8
태국	일본	영국	미국	독일	EU
	1002.2	27.8	27.1	13.0	12.5
베트남	국제개발협회	일본	ADB특별기금	프랑스	덴마크
	566.2	484.2	233.7	99.0	69.8
미얀마	일본	영국	EU	유니세프	그 외
	43.1	11.1	10.6	7.2	6.7

라오스	일본	ADB특별기금	국제개발협회	스웨덴	프랑스
	86.0	47.6	41.6	22.7	18.5
캄보디아	일본	ADB특별기금	국제개발협회	미국	프랑스
	125.9	74.1	62.6	51.2	25.8

자료 : 社團法人日本經濟研究センター(2005)
원자료 : OECD『International Development Statistics』

〈표 7-24〉 일본의 ODA 내용 추이 (단위: 백만 달러)

년도	1993	1995	1997	1999	2000	2001	2002	2003	2004
사회인프라 · 서비스	3,450	4,862	3,332	2,669	3,475	2,066	2,310	2,873	3,117
경제인프라 · 서비스	5,588	8,109	6,535	4,407	4,438	4,161	3,630	3,307	4,077
생산섹터	1,841	2,128	2,281	1,937	1,177	1,687	1,087	984	914
멀티섹터 원조	166	221	479	670	836	682	427	318	396
프로그램 원조 등	4,194	2,916	1,997	4,083	4,066	3,328	2,101	7,825	4,606

사회인프라 · 서비스는 교육, 보건, 인구계획 등
경제인프라 · 서비스는 운송, 통신, 에너지 등
생산섹터는 농림수산업, 광공업, 무역 및 관행 등
프로그램 원조는 세계은행/IMF와의 구조조정지원 등
자료 : 2007년 일본외무성「ODA백서」

3) 그 밖의 문제 해결책

투자관계는 역내국가 간 상호의존성을 증대시키지만, 동아시아지역은 아직 개선해야 할 문제가 산적해 있다. 각 국가 간 투자환경이 서로 다르고 투자리스크를 저하시키기 위한 제도가 정비되어 있지 않기 때문에 이에 대한 제도정비가 절실히 필요하다. 또한 지적재산권의 보호나 투자자 보호를 위한 규범도 정비되어 있지 않아 이러한 문제점들이 해결되어야 할 과제이다. 동시에 일본에 있어서 중요하다고 판단되는 국가 및 지역과는 WTO를 근간으로 보다 고도의 자유화 및 폭넓은 규칙을 만들어야 하고, 이를 내용으로 하는 포괄적인 EPA를 체결하고 자유로운 경제활동을 할 수 있도록 기반을 만드는데 중층적(重層的)으로 진행할 필요성이 있다.

그러나 무엇보다도 장기적인 안목에서 일본이 경제대국에 버금가는 정치대국으로서의 역할이 중요하다고 본다. 즉 동아시아 주변국가로부터 정치적인 신뢰를 얻지 못한다면 'ASEAN+3'은 물론 일본이 기대하는 ' 동아시아 EPA ' 구상은 실현되기 어려울 것이다.

제5절 EPA에 따른 경제적 효과

1. EPA에 따른 우리나라의 경제적 효과

2006년 하반기 들어와 한국경제는 지금까지와는 비교할 수 없을 정도로 불확실성과 위험에 직면하고 있다. 안으로는 개방의 물결에 맞추어 울타리 허물기 작업을 본격적으로 진행해야 하고, 밖으로는 한미 FTA, 한일 FTA 등 협상추진과정에서 보듯이 전면적인 무역개방 및 경제개방을 추진해야 할 시점을 맞이한 것이다. 이러한 급격한 상황변화에 대해 현명하고도 냉정하게 대처하기 위해서는 정확한 상황파악에 근거한 슬기롭고 합리적이며 안정적인 대응전략을 강구해야 할 때이다.

원래 일본의 EPA 상대국의 첫 번째 후보는 한국이었다[16]. 일본의 인접국으로서의 정치적 중요성, 이미 형성되어 있는 경제적 상호 신뢰관계, 그리고 아시아에서는 일본을 제외하고 유일한 OECD 가맹국이며 아시아신흥공업경제군(NIEs) 가운데 정치적으로 가장 안정되어 있는데다 성숙한 시민사회의 존재로 다양한 각계각층의 의견을 수렴할 수 있는 잠재력이 있는 국가이기 때문이다. 또한 국가 규모면에서도 대만이나 홍콩과는 다르며 도시국가인 싱가포르와도 다르고 동아시아 역내의 안정과 공동번영을 추구할 수 있는 주도적인 국가이기 때문에 일본뿐 아니라 주변국으로부터도 기대가 적지 않다[17]. 1998년 11월 멕시코가 일본정부에 공식적으로 FTA체결을 타진해 왔을 때도 일본정부는 '2국간투자협정' 을 대체제안으로 내놓는 등 적극적으로 대응하지 않았는데, 그 이유 역시 첫 EPA/FTA 대상을 한국으로 잡았기 때문이다(渡邊利夫, 2005).

한편, 한국과 일본은 산업구조가 비교적 비슷하기 때문에 EPA를 체결할 경우 시장의

16) 일본의 EPA 체결대상국 중 일본 기업들이 가장 선호하는 나라 역시 한국이다. 한국과의 EPA 교섭을 희망하는 기업은 전체기업의 약 40% 가량으로 싱가포르 35%, 멕시코 13%, 캐나다 10% 보다 월등히 높았다(박범순 외; 2003)

17) 냉전시대가 끝나고 21세기에 들어와 한일관계는 유럽의 EU나 미주의 NAFTA에 버금가는 공동체를 동아시아에 구축하기 위한 담론을 활발히 진행해 왔으며, 무라야마 담화(1995)와 문서화된 21세기의 새로운 한일 파트너십 공동선언(1998)으로 불완전하지만 과거사 문제가 매듭지어지는 듯 보였다. 2003년 10월 방콕회담에서는 노무현 대통령과 고이즈미 총리가 2005년 한일 FTA에 조인할 것을 합의하였다. 그러나 고이즈미정권 5년 반의 불미스러운 행적은 한일관계를 다시 어두운 터널 속으로 빠지게 만들었다.

일체화를 통해 양국 산업이 국경을 초월한 경쟁과 협력, 나아가 경제구조개혁을 일층 진전시켜 양국의 생산성 · 효율성을 향상시킬 수 있다는 점에서 중요한 동반자 관계에 있다. 또한 현재는 비교적 간단한 관계에 머물러 있는 투자관계의 발전 등 양국의 경제관계의 잠재적인 능력을 현재화시킬 수 있는 계기로서 의의가 있다. 지리적으로 가까울수록 양국의 무역관계에서 수송비가 적게 들고 경제통합효과는 훨씬 더 많은 이익을 발생시키기 때문에 양국간 EPA/FTA 교섭은 수출시장을 확대하고 거래비용을 축소할 수 있는 경제적 효과를 창출할 수 있다.

그러나 한국과 일본의 EPA 협정에 대해서는 그 이전에 풀어야 할 문제가 산적해 있다. 우선 경쟁 산업분야에서 동일분야 폭이 넓기 때문에 서로 양보할 수 없다는 점이다. EPA가 체결되어 동일분야에 대한 관세가 폐지되거나 혹은 대폭 줄게 되면 동일 분야에서 비교우위를 통해 우위를 차지하지 못하게 되는 국가의 산업은 파산할 수 있는 부정적인 우려가 있다. 이는 한일 FTA 뿐만이 아니라 한미 FTA의 경우도 마찬가지이며, 시장개방이 우리나라의 농업과 산업기반을 붕괴시킬 위험성이 있다고 믿고 있는 단체나 개인도 다수 존재한다. 게다가 한일 간의 역사 및 정치적으로 얽힌 문제들이 방해물로 작용되고 있고 북핵문제 등 변수가 있기 때문에 쉽게 해결될 문제는 아니다.

[그림 7-11] 한일 간 경제관계(수입 : 일본 · 한국)

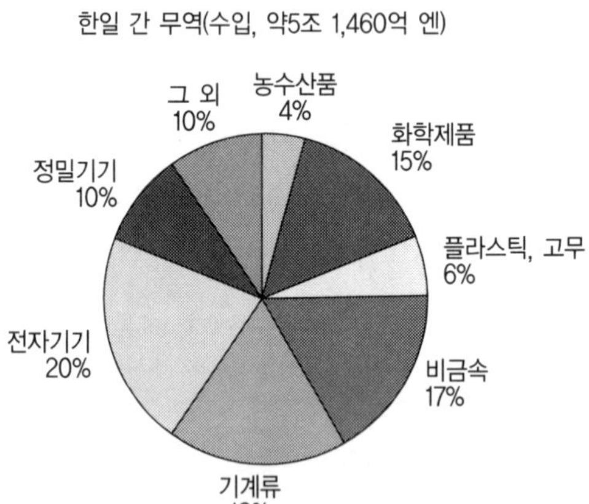

자료: 재무성 무역통계(2006)

[그림 7-12] 한일 간 경제관계(수출 : 한국 · 일본)

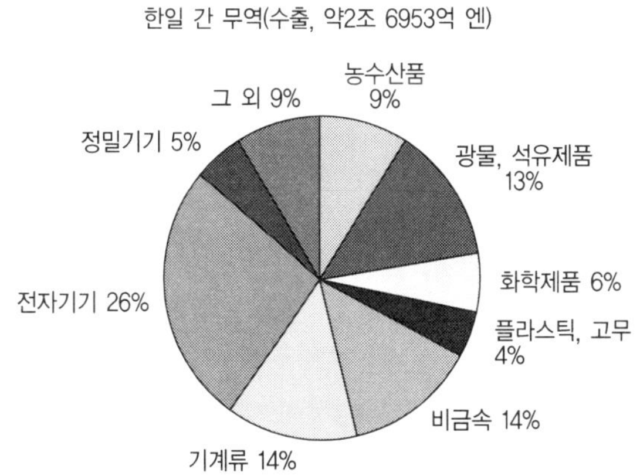

자료: 재무성 무역통계(2006)

일본은 우리나라에게 있어 가장 중요한 교역 대상국 중의 하나이다. 한일 양국 간 교역의 당면과제이면서 가장 큰 특징인 한국의 만성적인 대일(對日) 무역적자는 일본측이 주장하는 EPA에 대해 저항감을 갖게 하는 또 다른 요인이 되고 있다. 한일 간 무역은 2001년부터 2005년까지 약 5년동안 68%의 증가를 보이고 있는 등 착실하게 확대되고는 있지만, 한국은 2005년도 역시 243억 달러의 만성적인 적자를 보였다. 이를 통해 한국은 일본으로부터 자본재 및 중간재 수입, 그리고 조립가공제품의 대 세계수출이라는 한일 양국의 경제협력 관계의 특징을 알 수 있다. 또 하나의 특징은 [그림 7-11], [그림 7-12]를 통해 알 수 있듯이 양국은 유사한 상품을 수출하면서 한편으로는 수입하고 있다는 점이다. 이는 바로 일본으로부터 부품과 중간재를 수입하여 조립가공하는 무역구조를 가졌기 때문이다.

한편 가장 최근 한일 EPA 교섭을 통해 한국경제에 미치는 영향을 정량적으로 분석한 연구는 일본의 METI(經濟産業省) 등이 있으나 이는 일본의 시각에서 논한 것이고, 우리나라의 경우 KIEP(2001)의 연구결과 수출이 41~52억 달러, 수입이 64~88억 달러 증가할 것으로 추정하고 있으며, 한국은행(2002)의 경우는 수출 1.1억 달러, 수입 4.7억 달러 증가할 것으로 추정하였다. 한편 이창재 외(2005)에 의하면 동북아 3개국의 FTA가 한국경제에 미치는 영향은 중국과 일본에 비해 거시경제적 파급효과에서 상대적으로 더 유리할 것으로 예측하고 있다[18].

그러나 한국은 자본과 기술집약형 산업을 중점 육성, 발전시켜 오면서 자동차와 같은 중간기술에서 비교우위가 있으나, 천연자원의 부족과 노동비용 상승 등으로 노동집약형 산업의 해외 이전이 확산되고 있으며, 협소한 내수시장으로 인해 수출의존도가 타 국가에 비해 매우 높은 수준이다. 이러한 현실을 인식하면서 한일 FTA(일본측 EPA)에 따른 경제적 효과는 면밀히 검토할 필요가 있다.

일본과 한국은 과거사 문제나 미묘한 감정적 대립으로 한일 FTA 협상이 중지된 이래 아직까지도 양국의 FTA 협정에 관한 제반 문제를 논의하지 못하고 있는 상태이다. 따라서 한 · 중 · 일 3국 정상회의 등 대화채널을 통해 이러한 문제를 논의할 수 있는 장이 제공되는 실질적인 모임을 이용해야 할 필요가 있다. 무엇보다도 한국은 동아시아 경제공동체 형성에 대해 주도권 다툼으로 보이는 중국과 일본의 이해관계에 얽매이지 않고 중재자 · 조정자의 입장에서 그 필요성과 구체적인 대안을 제시하는 역할이 필요하다.

현재 한국은 고도의 부품소재 기술을 보유하고 있는 일본과 중중급의 부품소재 및 완제품 조립 분야에서 경쟁력을 갖고 있는 중국기업 사이에서 전반적인 경쟁력을 상실할 우려(이형오, 2006)가 있기 때문에 한일 EPA 교섭은 한국에게 있어 또 다른 중요한 상호협력관계를 이룰 수 있는 기회로 삼아야 한다. 우리나라의 경우 세계시장에서 중국 등 아시아 신흥국가들의 저가 제품과 경쟁이 불가피한 점에 비추어 일본과 같은 전략을 취하기는 어려울 것으로 평가된다. 따라서 한일 EPA 교섭이 재개될 경우 일본의 민감품목인 농수산물과 한국의 민감품목인 중소부품 소재산업의 양허수준에 대하여 상호 수용할 수 있는 준비가 필요하다. 아울러 양국은 교착상태에 있는 EPA 재개를 위해 학계 및 재계는 물론이거니와 정부 역시 성실한 자세로 임해 대화채널을 꾸준히 유지해야 한다.

2. EPA에 따른 동아시아의 경제적 효과

동아시아의 성장에 대한 견인역할을 해 온 직접투자를 바탕으로 동아시아 EPA 경제효과는 일본과 ASEAN에서 EPA를 체결할 경우 일본 GDP는 약 1.3조 엔(체결국 전체 약 6조 엔) 정도의 상승효과가 있고, ASEAN+한 · 중 · 일에서 EPA를 체결할 경우 일본의 GDP는 약 4.2조엔(체결국 전체 약 20조엔), ASEAN+3+3으로 체결될 경우에는 약 5조엔

18) 이 보고서에 의하면 한중일 FTA로 인한 GDP성장률은 한국 5.14%, 중국 1.54%, 일본 1.21%로 예상하고 있으며, 한국경제에 대한 거시경제적 파급효과는 한중 FTA와 한일 FTA의 파급효과를 합친 것보다도 약간 높을 것으로 예상하고 있다.

(체결국 전체 약 25조엔)의 상승효과가 있다고 한다(일본 경제산업성,2006, 川崎研一 내각부경제사회총합연구소 특별연구원에 의한 계산). 이러한 GDP 상승효과 외에 기업경영의 효율화 등에 의한 기업수익의 개선, 경제활성화 효과 등이 기대되며, 이런 것들이 상호 영향을 주어 경제효과가 한층 더 성장할 것으로 예상하고 있다.

〈표 7-25〉 EPA에 의한 일본의 경제효과

	전부분 자유화		그 중 서비스 부분 자유화	
	100만 달러	%(GDP)	100만 달러	%(GDP)
일 · 싱가포르 EPA	4,996	0.09	4,385	0.08
일 · 인도네시아 EPA	10,730	0.20	3,589	0.07
일 · 말레이시아 EPA	10,478	0.19	2,884	0.05
일 · 필리핀 EPA	6,840	0.13	2,201	0.04
일 · 태국 EPA	19,458	0.36	4,256	0.08
일 · ASEAN EPA	52,727	0.97	18,275	0.34
다각적무역자유화(WTO)	401,806	7.40	189,667	3.49

자료 : 川崎研一(2006)

[그림 7-13] 동아시아 EPA의 경제적 효과

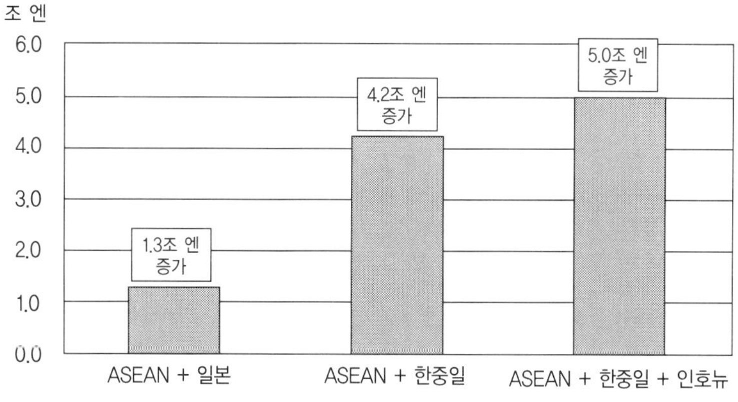

자료 : 川崎研一(2006)

인류역사를 살펴보면 교역과 개방의 성장역사를 갖고 있다. 물론 역사의 어느 시점에서 약간의 후퇴를 경험할 때도 있고 주춤거릴 때도 있지만, 이와 같은 흐름은 거스를 수 없는

대세이다. 오늘날 지역주의의 세계적인 확산추세는 WTO도 막을 수 없을 만큼 그 수가 급증하였으며 세계 각국이 규모의 대소와 상관없이 자유무역협정에 참여하여 경제적 이익을 추구하고 있는 시대를 맞이한 것이다. 이러한 변화 속에 지역통합을 통해 교역과 개방은 반드시 필요하며, 급변하는 세계정세 속에서 우리나라는 단순히 적응하는 정도가 아닌 변화의 주역으로 자리매김을 해야 할 필요가 있다.

특별히 동북아는 세계 주요 경제지역 중 지역차원의 지역무역협정이 없는 유일한 지역이라는 점에서 앞으로 동북아 3개국의 협력이 필요하다는 강한 의미가 포함되어 있으며 이를 방해하는 장애요인을 해소하고 공동체의식을 제고해야 한다. 이러한 때 동아시아지역이 통합을 이루기 위해서는 한 · 중 · 일 3개국이 공동으로, 혹은 어느 한 나라가 주도권을 잡고 역사인식 등 해결해야 할 현안 문제들을 하나씩 해결해 나간다면 앞으로 EU, NAFTA에 필적할 만한 지역경제권을 형성할 수 있을 것이라 본다.

지금은 경제성장을 바탕으로 외교력과 국방력을 보유한 중국과, 튼튼한 경제력에 상응하는 외교력과 국방력을 보유한 일본이 동북아 지역경제통합에서 주도적 역할을 하기 위한 보이지 않는 패권경쟁이 시작되었다. 일본이 인도, 호주 등을 동아시아 EPA 전략에 포함시키고 양자 간 협상에 적극적인 자세로 나서는 것은 바로 이러한 중국을 겨냥하는 대응력의 표현일 수도 있다. 이는 아시아 경제권에서 영향력이 커진 중국을 견제하기 위해 10억 명의 인구대국인 인도와, 천연자원과 농산물이 풍부한 호주를 끌어들여 힘의 균형을 맞추려는 의도에서도 짐작이 가능한 부분이다.

물론 일본의 '동아시아 EPA' 전략이 계획대로 추진될지에 대해서는 아직도 해결되지 않은 많은 문제점이 존재하고 있는 것은 사실이다. 그러나 EPA에의 대응의 성공여부는 통상입국인 일본 경제의 앞으로의 전개뿐만 아니라 동아시아 지역 나아가 전 세계를 상대로 하는 일본의 입장에도 커다란 영향을 끼칠 것이기 때문에 우리나라 역시 대응해야 할 과제 중의 하나이다. 특별히 우리나라는 일본과 유사한 경제사회적 특징을 갖고 있기 때문에 상호신뢰를 위한 노력이 필요하며, 한일 FTA 협상이 중단된 현 시점에서 장기적인 안목을 갖고 우리나라 역시 동아시아 경제 통합에 따른 거버넌스 구축을 준비해야 할 것이다.

참 / 고 / 문 / 헌

강명세(2001), 『동아시아 신지역주의의 정치경제』, 세종정책연구

김도형(2003), 『동북아 경제통합을 위한 한일의 역할』 한국일본학회, 제55호 2권

김영작, 김기석편(2006), 『21세기 동북아공동체 형성의 과제와 전망』, 한울

박기덕(2002), 『동북아시아-동남아시아의 경제협력안 모색;동아시아자유무역지대(EAFTA)의 가능성과 한국의 선택』 동북아시아에서의 경제협력의 정치경제, 세종연구소

신용대(2004), 『동북아경제협력과 통합을 위한 로드맵』, 산업연구원

신태용, 김학기 외(2001), 『한 · 중 · 일 경제협력을 위한 분야별 협력방안의 연구』, 재정경제부 · 산업연구원

안충영(2001), 『현대 · 한국 동아시아 경제론』, 박영사

이요한(2003), 『동아시아 협력 이론의 분석과 적용』, 동남아시아연구, 13권 1호

이형오 외(2006), 『미래지향적 한일기업간 협력방향과 대응전략』, 한일산업기술협력재단 연구보고서

정인교(2003), 『한 · 중 · 일 FTA의 추진당위성과 선행과제』, 대외경제정책연구원

진창수 편(2005), 『1990년대 구조불황과 일본경제시스템의 변화』, 한울아카데미

한국은행(2003, a), 『한 · 중 · 일 FTA 설립가능성과 한국의 대응방안: CGE분석방법』, BOK 최신자료

한국은행(2003, c), 『우리나라와 중국 및 일본의 수출입구조 비교분석과 향후과제』, BOK 발간자료(#173)

현진덕(2003), 『동북아 경제통합과 제도화과정에 있어서의 일본의 정책』, 평화연구, 제11권 4호

アジアクラブ(2003), 『アジアの經濟統合：アジアFTAの新潮流と日本の行方』, 文眞堂

阿部一知 · 浦田秀次郎編著(2002), 『中國のWTO加盟と日中韓貿易の將來』, 日本經濟評論社

浦田秀次郎 · 日本經濟研究センター編(2002), 『日本のFTA戰略』, 日本經濟新聞社

姜尙中編(2003), 『日米關係からの自立―9 · 11からイラク · 北朝鮮危機まで』, 藤原書店

菊地努(2001.1), 『東アジア地域主義の可能性』,『國際問題』

外務省經濟局(2006), 『日本の經濟連携協定交涉；現狀と課題』

經濟産業省(2001), 『經濟連携協定(EPA)について』

經濟産業省(2004), 『經濟連携の取組狀況について』

經濟産業省(2006), 『グローバル經濟戰略』

經團連(2000), 『自由貿易協定の積極的な推進を望む』

清田(2006), 『日本の二國間 · 地域的自由貿易協定と多核的貿易自由化の效果：ミシガンモデル

による分析」獨立行政法人經濟産業研究所
谷口誠(2004),『東アジア共同體：經濟統合のゆくえと日本』, 岩波親書
原洋之介(2000),『アジア型經濟システム』, 中公親書
東アジア共同体評議會政策報告書(2005.8),『東アジア共同体構想の現狀, 背景と日本の國家戰略』
山影進(2003),『東アジア地域主義と日本外交』, 日本國際問題研究所
和田春樹(2003),『東アジア共同の家：新地域主義宣言』, 平凡社
渡邊利夫(2004),『東アジア經濟連携の時代』, 東洋經濟新報社
渡邊利夫編著(2004),『東アジア市場統合への道―FTAへの課題と挑戰』, 勁草書房
猪口孝編著(2003),『日本のアジア政策アジア經濟危機後の展開』, 白桃書房
尹春志(2002.3),『日本の自由貿易協定戰略と東アジア經濟の胎動』,『世界』
日本經團連. http://www.keidanren.or.jp
日本經濟産業省 http://www.meti.go.jp/

Dent, Christopher M.,(2002), "The International Political Economy of Northeast Asian Economic Integration," in Christopher M. Dent and David W.F. Huang, (eds.), *Northeast Asian Regionalism*, London: LoutledgeCurzon

Munakata, Naoko(2001), "Evolution of Japan's Policy toward Economic Integration", *RIETI Discussion Paper Series* 02-E-006

Nabers, Dirk(2003), "The social construction of international institutions: The case of ASEAN+3," *International Relations of the Asia-Pacific.*

Ogita, Tatsushi(2002), "An Approach towards Japan's FTA Policy" *APEC Study Center*, IDE-JETRO

Ogita, Tatsushi(2003), "Japan as a Late-coming FTA Holder: Trade Policy Change for Asian Orientationn?", Chapter 8 in *Whither Free Agreements?: Proliferation*, Evaluation and Multilateralization, ed. Jiro Okamoto, Chiba: Institute of Developing Economies.

Pangestu, Mari and Sudarshan Gooptu(2003), "New Regionalism: Options for East Asia." K. Krumn and H. Kharas Eds. *East Asia Integrates: A Trade Policy Agenda for Shared Growth.* The World Bank.

Ravenhill, John(2002), "A three bloc world? The new East Asian regionalism," *International Relations of the Asia-Pacific.*

IMF, *International Financial Statistics Yearbook*, 각년호

UN, *International Trade Statistics Yearbook*, 각년호

쉬어가는 일본경제

도코모(DoCoMo)

현재 일본의 이동전화 서비스 제공 사업자는 NTT DoCoMo, KDDI, 소프트뱅크가 대표적인 3사이다. 이중, NTT 도코모가 50% 이상의 가입자를 보유하고 있으며 KDDI가 28%, 그리고 소프트뱅크가 16% 정도를 차지하고 있다. 수치상으로만 보게 된다면 이 세 기업들이 이동통신 시장을 과독점하고 있지만, 이 세 기업들은 서로 높은 점유율을 차지하기 위해 보이지 않는 싸움을 하고 있다.

그 중 최대 가입자를 보유하고 있는 NTT 도코모(Do Communications over the Mobile network)는 1992년에 NTT[19]의 이동 통신 부문이 독립하면서 일본 경제를 책임지고 이끌어 가는 일본 최고의 이동 통신 회사로 성장하였다. NTT Docomo가 이렇게 성장하기 까지는 남다른 노력과 CEO의 뛰어난 리더십이 뒷받침 하고 있다. 현재 휴대전화 및 PHS[20] 등의 통신 서비스를 제공하고 있으며, 일본에서 처음으로 인터넷 기술을 응용한 휴대전화의 정보 서비스 'i-mode'를 제공해 대성공을 거두어 세계적으로 주목을 끌었다. 근래에는 일본 국내의 경상이익 랭킹으로 상위에 얼굴을 내밀 정도의 급성장을 이루어 풍부한 자금력을 배경으로 해외의 통신 사업자에게로의 출자도 행하고 있다.

이러한 NTT Docomo는 남다른 경영전략과 아이디어를 내세우며, 생산하는 상품 또한 독특한 디자인, 다양한 기능, 기발한 아이디어를 개발하여 일본경제 뿐 아니라 세계경제에까지 영향을 미치며 자리매김을 굳건히 하고 있다.

■ 회사연혁

1990년 3월「정부 조치」에 의해 일본 전신전화 주식회사의 「이동 통신 업무의 분리」에 대한 방침을 근거로 1991년 8월 NTT · 이동 통신 기획 주식회사로서 설립했다.

---

19) NTT : 일본전신전화[日本電信電話, Nippon Telegraph and Telephone Corporation]. 1952년 일본의 공공 통신회사로 설립, 1986년 사유화되어 일본에서 가장 크며 세계에서 두 번째로 큰 통신회사로 성장하였다. 주요 사업은 전화사업, 회선리스업, 데이터전송업, 전신업, 터미날 기기 판매, 디지털 데이터 교환서비스 등이다.

20) PHS : (Public Health Service) 종래의 가정용 아날로그식 무선전화기를 대신하여 새롭게 디지털 방식을 채용한 무선 전화기로 옥외에서도 사용 가능한 새로운 이동통신 서비스.

당사 설립 전	설립에 이르는 경위
1968년 7월	무선 호출(포켓 벨) 서비스 개시
1979년 12월	자동차 전화 서비스 개시
1985년 4월	일본 전신전화 공사의 민영화(일본 전신전화(주) 설립)
1988년 10월	NTT 중앙 이동 통신(주) 설립 및 각 지역 이동 통신(주) 설립
1991년 7월	일본 전신전화(주) 이동 통신 사업부의 설치

당사 설립 후	연혁
1991년 8월	일본 전신전화(주) 의 출자에 의해 NTT · 이동 통신 기획(주) 설립
11월	각 지역(北海道 · 東北 · 東海 · 北陸 · 關西 · 中國 · 四國 · 九州. 이하 '지역기획회사 8사') 이동 통신 기획을 설립
1992년 4월	NTT 이동 통신망(주) 에 상호 변경
1993년 4월	지역기획회사 8사가 각 지역 이동 통신망(주)에 상호 변경
1994년 4월	휴대 · 자동차 전화 「단말매입제도」의 도입휴대 · 자동차 전화 디지털방식 서비스 개시
1995년 3월	포켓 벨 「단말매입제도」의 도입
1996년 3월	포켓 벨 · 넥스트 서비스 개시 위성 휴대 · 자동차 전화 서비스, 위성선박 전화 서비스 개시
1997년 3월	패킷 통신 서비스 개시
1998년 10월	도쿄 증권거래소 시장 제일부 상장
1999년 2월	「i-mode」서비스 개시
3월	휴대 · 자동차 전화 및 선박 전화 아날로그 방식 서비스 종료
2000년 4월	(주) NTT · 도코모에 상호 변경, 지역 도코모 8사도 이와 같이 상호 변경
2001년 5월	「FOMA」 시험 서비스의 개시
2002년 3월	런던 증권거래소 및 뉴욕 증권거래소 상장, I-mode 서비스 계약 3천만 명 돌파
2004년 3월	FOMA 계약 200만 돌파
2005년 12월	iD 신용카드 시작

■ 기업이념

- 우리는 새로운 커뮤니케이션 문화의 세계를 창조한다.
- 우리는 손님에게 만족을 준다.
- 우리는 개인의 능력을 살린다.

■ CEO

1. 직원을 중시하는 철저한 현장주의자 오보시 코지(大星公二 ; 전 CEO)

1932년 홋카이도(北海道) 출생으로 동경대학교 법과대학을 졸업한 후 일본전신통화공사 데이터통신본부 영업부장, 일본전신전화 기업통신 시스템 본부장 등을 거쳐 1998년 NTT 이동통신망 대표이사 회장에 취임하였다. 현재 NTT 도코모 대표이사 회장과 하얼빈(哈爾濱)공업대학 고문교수로 있다.

침몰 직전의 도코모 호를 전 세계적인 이동 통신 기업으로 성장시킨 NTT 도코모의 오보시 회장은 철저한 현장주의자다. '볼륨(volume)에서 밸류(value)로' 라는 새로운 개념 아래 사용자들의 불평을 분석하고, 현장 판매원들의 목소리를 귀 기울여 듣고, 시간이 날 때마다 사내를 돌며 말단 사원과의 대화에 힘쓰고, 아이디어 넘치는 인재를 등용해 개발에 집중시켰다.

2. 고객을 중시하는 나카무라 마사오(中村維夫 ; 현 CEO)

나카무라 사장이 가장 중시하는 것은 바로 '고객' 이다. 나카무라 사장은 고객의 기호를 잡고 이를 휴대폰 서비스로 만족시킨다면 성장은 한순간이라고 생각했기 때문이다. 나카무라 사장은 CEO에 오르기 전까지 대부분의 시간을 영업현장에서 보냈으며, 부사장 시절에도 '고객의 소리가 모이는 영업 일선이 가장 중요하다' 며 매장을 일일이 방문했을 정도다. 사장에 임명된 후에도 'CEO라서 가지 않는다는 것은 말도 안 된다' 며 틈틈이 시간을 쪼개 영업점을 방문하고 있다.

■ DoCoMo의 성장요인

첫째, '시장창출노력' 을 들 수 있다. DoCoMo는 93년 '디지털 무버F', 'N', 'P' 의 3기종과 '무버R' 을 시장에 투입한 이후에도 신제품 개발은 계속 이어졌다. 또한 99년 2월부터는 I-mode 서비스를 개시했으며, 보증금제도의 폐지, 판매제 도입, 통화료 인하 등 구 NTT 시절에 관료주의적인 발상으로는 도저히 기대할 수 없는 고객지향, 고객만족을 위한 새로운 마케팅에 주력한 것이 큰 효과를 보았다. 한편 오늘에 이르기까지 고품질의 서비스와 신뢰를 확보하기 위해 끊임없는 기술 개발과 일본 전역을 커버하는 모바일 네트워크를 구축하는데 모든 힘을 기울였다. 이러한 노력이 열매를 맺은 것이 현재의 DoCoMo인 것이다.

둘째, '시장 환경 변화에 대한 대처' 가 있다. DoCoMo는 변화에 민첩하게 대응해 왔다. 이것이 가능했던 이유는 DoCoMo가 모체인 NTT와 똑같은 통신회사이면서도 NTT와는 다른 방법으로 비즈니스를 전개해 왔기 때문이다. DoCoMo의 비즈니스 특징은 개별성과 무선(wireless)에 있다. 그런 의미에서 스피드경영이 DoCoMo에게 가져다 준 긍정적인 요소는 실로 지대하다 할 것이다.

셋째, '사풍'(社風)이다. DoCoMo는 1992년에 탄생한 젊은 회사로서 활발하고 자유로운 분위기가 형성되어 있으며 다양성을 추구한다. 즉 변화를 추구하기 때문에 그곳에서 일하는 사원들도 변화를 좋아하는 사람들이 대부분이다.

■ 경영전략

• 모바일 멀티미디어화

i-mode 서비스나 고속 · 대용량 데이터 통신을 가능하게 하는 FOMA 서비스의 보급 확대를 목표로, 단말 기능을 향상시킨 상품 라인업을 충실히 함과 동시에, 비주얼 커뮤니케이션 및 영상 · 텍스트의 전달 서비스 등, 다양한 서비스의 개발 · 제공에 노력한다. 또한 FOMA 서비스의 한층 업그레이드를 목표로 하여, 고속 패킷 통신 기술인 HSDPA(High Speed Downlink Packet Access) 시스템의 개발에 임하고 있다. 2003년 5월에는 제4세대 이동 통신 시스템의 실현을 향한 고속 패킷 통신을 가능하게 하는 무선 액세스 방식에 관한 옥외 실험을 개시하는 등, 모바일 멀티미디어의 추진을 꾀하고 있다.

• 유비쿼터스화

이동 통신의 영역은 모바일 멀티미디어의 진전에 의해, 음성 통신을 중심으로 한「통신 인프라」로부터, i-mode 서비스로 대표되는「IT 인프라」로 확대해 왔다. 향후는 이전부터 임해 온 정보 가전의 원격 조작, 자동차전용 정보 전달(텔레마케팅 디크스) 등의 추진에 의한 이용기회의 확대에 가세해 휴대전화가 가지는 적외선 통신 ·「QR코드」(Quick Response : 생산이력 정보를 알 수 있는 모바일 2차원 바코드) · 비접촉 IC 탑(무선으로 정보를 교환하는 형태) 등을 이용한 외부와의 인터페이스 기능을 활용해 모바일 멀티미디어 서비스와 그 외의 여러 가지 상거래를 제휴시키는「리얼 제휴」를 관련하는 것 외 기업과 함께 추진해 간다. 이러한 대적을 통해서 휴대전화를 생활이나 비즈니스의 모든 장면에서 도움이 되는「생활 인프라」로 진화시켜, 종래의 종량제에 의한 통신료 수입의 골조에 의존하지 않는 부가가치 서비스에 의한 사업 기회의 창출에 임한다.

• 글로벌화

DoCoMo가 출자 · 제휴하고 있는 해외의 사업자 등과 제휴해 W-CDMA(휴대전화 포켓 벨 따위를 포함한 차세대 이동통신 무선접속 규격) 방식에 의한 제3세대 이동통신 시스템이나 모바일 멀티미디어 서비스의 해외 전개를 착실하게 추진하고 있다. 해외에서의 새로운 수익 기회를 창출하고 해외 전개를 계속 추진하면서 국제 로밍서비스를 확대하며, 전세계적으로「언제든, 어디에서든, 누구와든」커뮤니케이션 할 수 있는 "Global Mobility Support"의 실현을 목표로 한다.

■ i-mode란?

휴대전화를 주축으로 하는 이동전화는 그야말로 폭발적이라는 표현이 어울릴 만큼 무서운 기세로 보급되고 있다. PC 시대를 지나 휴대전화의 시대가 왔다 해도 과언이 아닐 정도다. 휴대전화는 작고 가볍기 때문에 말 그대로 가동성(可動性, mobile)이 있고, 무엇보다도 DoCoMo의 i-mode 대응 기종이라면 무선으로 그 자리에서 인터넷에 접속할 수 있다는 것이 가장 큰 매력이다. i-mode란 NTT 도코모 그룹이 동사의 휴대전화망을 사용해 제공하고 있는 인터넷 접속 서비스로서 i-mode에 대응한 전용의 휴대전화(501i/209i 이후, FOMA는 PC카드형 이외의 전기종)를 사용해 이용한다. e-mail의 송수신이나 www를 이용한 정보 제공 서비스, 인터넷 뱅킹이나 티켓 예약 등의 어플리케이션 서비스 등이 주체였지만, 보급이 진행되면서 게임 등의 엔터테인먼트계 콘텐츠 서비스가 증가하고 있다. 휴대전화의 좁은 액정화면으로 효과적인 서비스를 제공하기 위해 Compact HTML로 불리는 HTML의 부분집합으로 콘텐츠를 기술한다. 그러다 보니 한국의 휴대전화보다 일본의 휴대전화 액정이 상대적으로 크다.

은행이나 증권회사, 크레디트 카드 회사, 생명보험 회사, 여행 회사, 티켓 판매 회사, 신문사, FM방송국, 부동산 회사 등 여러 가지 업종의 기업이 i-mode 전용의 서비스를 제공하고 있다.

i-mode는 조작이 간편하고 가격도 비싸지 않을뿐더러 커뮤니케이션의 새로운 수단으로 요긴한 정보 도구로 활용하기도 한다. 편리성이라는 측면에서도 휴대전화는 PC에 비할 바가 아니다. 새로 등장하는 i-mode는 초기에는 전문가나 새로운 것을 찾는 마니아 등 극히 일부의 사람만이 사용했지만, 차츰 개량되면서 사용하기 편리해지고 가격까지 적당한 선으로 내려가는 등 대중 소비자에게 침투하기 시작하였다.

〈도코모 뷰세2본〉

〈도코모 P904I 모델〉

■ i-mode의 성공비결

첫째, 우선 현실적이고 유연한 사고의 서비스를 실시하고 있다는 점이다. 무선 인터넷 서비스를 보급하는 데 있어 거창하고 복잡한 단말기보다 쉽게 이용할 수 있는 휴대폰 모습을 취한 것에 주목할 필요가 있다.

둘째, 과감한 기술 전략이다. 비싼 기술에 집착하지 않고 이미 검증되고 누구나 쓰고 있는 기술을 과감히 채택하였다. 예를 들면 웹 브라우저와 콘텐츠 언어의 간이형(C-HTML) 등이다. 콘텐츠 제공업자(CP)들이 이미 잘 알고 있는 언어와 문법만으로 콘텐츠를 만들어 도코모의 게이트웨이를 통해 복잡한 여과 과정 없이 그대로 이용자의 단말기에 접속할 수 있게 한 것이다.

셋째, 매우 매력적인 비즈니스 모델을 수립한 점이다. 이른바 누구나 이득을 보는 '윈윈윈(win-win-win)모델'이다. 사업자인 DoCoMo는 이미 웹에서 수요가 검증된 콘텐츠를 쉽게 확보함으로써 이용자를 늘이고, CP업자들은 공신력이 있는 DoCoMo가 요금회수 대행에 보안문제까지 해결해주니 편리하고, 이용자는 모든 정보를 쉽고 싸게 이용할 수 있으니 3자 만족인 것이다.

무에서 유를 창조하는 이동통신의 가능성은 앞으로도 무한하다. 그 가능성을 위해 한국의 삼성을 비롯하여 일본 역시 자국의 기술력을 발전시키며 새로운 기능을 개발할 것이다. Docomo는 2006년 원세그 핸드폰을 출시하면서 앞으로도 지속적으로 일본에 새로운 형태의 휴대폰 모델을 개발하며 일본시장을 리드해 나갈 것으로 보인다.

■ 참고문헌

- 오보시 코지 (2000), 「NTT 도코모 급성장의 비밀」, 영진.COM
- 시노하라 이사오 (2002), 「i-mode 대 혁명」, 삼각형 M&B
- 마쓰나가 마리 (2001), 「i-mode 사건」, 김영사
- EC연구회 외 (2000), 「i모드 비즈니스의 모든 것」, 김영사
- 네이버 IT뉴스
- NTT 도코모 http://www.nttdocomo.co.jp/
- 광고정보센터 http://www.advertising.co.kr/

찾 / 아 / 보 / 기

가시시부리 223
간판방식 90
경사생산방식 71, 113
경제부흥금융금고 72
경제산업성(METI) 284
경제안정 9원칙 73
고금리정책 188
고도성장기 77, 78
공정금리 81, 190
공해문제 116
과도경제력집중배제법 62, 142
관동대지진 55
관세자주권 28, 29
관영공장 4
광란물가 86, 128
구제기능 167
국가주의 34
국립은행 22
국민소득배증계획 69
근대화 6
금융긴축정책 110, 188
금융완화정책 190
기업계열 62
기업별 조합 68
기업집단(business group) 62, 146
기업통치기능 163
기업통합 146

낙하산인사 232
내셔널리즘 34
넌뱅크 194
노동3법 61
노동조합법 61
농지개혁 60
닛산(日産) 147
닛케이평균주가 193

다이와은행(大和銀行) 224
다이이치 22
다자주의 248
단카이세대(?塊の世代) 297
달러강세 188
닷지라인 73, 104
대리인비용 162
대일(對日) 무역적자 188
대출기피현상 223
대형호황 115
도카이도신칸센 117
도쿄 올림픽 117
도쿄증권거래소 115, 117
도큐 147
독점금지법 106, 143
동아시아 공동체 249

레퍼리(referees) 168

마에카와보고서 205
메이지유신(明治維新) 4, 9
메인뱅크 153
모니터링 167
미나마타병 116
미이케탄광 113
미츠비시 22, 62, 138
미츠비시중공업 125

미츠이 22, 62, 138
미츠이광산 113

버블 197
버블경제 190
법인 자본주의 62, 142, 144, 149
법인화 현상 149
보통은행 22
보험기능 166
부실채권 220
비은행금융기관(nonbank) 230

사민평등 5
사장단 147
사장회 150
사토내각 119
사회당 110
산별회의 69
산업혁명 2
산와 147
산요증권 197
삼종 신기 124
상호주식보유 146
생애고용 64
샤우프권고 106
설비투자 113
세이브 147
소니(Sony) 191
소득배증계획 112, 114
수량경기 108
스미토모 22, 62, 138
시부자와 에이치 31, 35
식량관리제도 60
식산흥업정책 27
신(新) '3종의 신기' 191
신닛데츠(新日鐵) 147
신일본제철 125
실물자산 190

아베신조(安倍晋三) 252
안보투쟁 114
안정공황 74
안정망(safety net) 203
안정주주 150
야마이치사건 118
야마이치증권(山一?券) 118, 197, 229
야스다 22, 62, 141
야스다강당사건 125
야스다플랜 141
엔고(円高) 190
엔고불황 190
역코스(Reverse Course) 70
연공서열제 66
연합군 총사령부(GHQ) 59
오일쇼크 86, 187, 194
오키나와반환 125
올림픽경기 117
위험분산(risk sharing)기능 167
유동성자금 190
은행이탈 200
이시바시 내각 108
이와토경기(岩戸景氣) 112
이자나기경기 121
이케다내각 112
일 · 미 안전보장조약 116
일본권업은행 23
일본때리기(Japan bashing) 197
일본열도개조론 87, 127
일본장기신용은행 197
일본주식회사 27

일본판 빅뱅 206, 225
일본형 고용관행 63
일은특융 118
잃어버린 10년(lost decade) 191
임원파견 154

자민당 110, 112
자본주의 7
재벌 해체 62, 140
재벌 138
저금리정책 190
저출산?고령화 문제 297
재팬 프리미엄(Japan Premium) 178, 198
점령정책 59
정리회수기구(RCC) 233
정보생산기능 165
정한론
제1차 세계대전 54
제2차 세계대전 56
제3개국 269
제국주의 7
제로금리 해제 237
제일권업은행 125, 147
조선특수 75
종신고용(lifetime employment) 63
주센국회 232
주식상호보유 149
지역주의 248
지주회사 139
지주회사정리위원회 141
집배법 142

창구지도 223
청일전쟁 9
초저금리정책 196, 236
총량규제 230
춘기투쟁 69
춘투 114

카이젠 90

타나카 가쿠에이 87
타나카내각 127
토요타 147
토지신화 204
특수 76

판적봉환 5
폐번치현 5
플라자 합의(Plaza Accord) 188

하토야마 내각 106
한 · 일 FTA 289
헤이세이경기(平成景氣) 201
헤이세이호황 221
호소카와 내각 110
호송선단방식 203
회사인간 84
후요 146
후쿠자와 유키치 6
홋카이도척식은행 24, 195
히라이와보고서 205
히타치(日立) 147

3C 121, 124
40년 불황 119
4대재벌 62, 139, 141
55년 체제 110, 112
6대 기업집단 147
6대 도시 193

AFTA 248
ASEAN 249
ASEAN+3 287
ASEAN+6 300
delegated monitor 169
EPA 249, 251
FTA 249, 251
FTAA 248
G5 188
GHQ(연합군총사령부) 106
HCLC 141
JIT 90
NAFTA 248
NHK 110
ODA 303
TPS 91

강철구(姜喆九)

일본 메이지대학(明治大學) 상학과 졸업
일본 메이지대학 대학원 상학 박사
일본 메이지대학 대학원 조수
서울대학교 행정대학원 선임연구원
고려대학교 경제학과 연구교수
현 : 한동대학교 국제어문학부 국제지역 교수

〈주요 논문 및 저서〉
- 일본의 메인뱅크시스템이 제조업에 미치는 영향『동아연구』 제45호, 서강대학교 동아연구소. 2003. 8
- 일본기업의 자금제약에 관한 분석『經濟硏究』제22권 제4호, 한국경상학회, 2004. 12
- 『도쿄의 도시정책』서울시정개발연구원, 2005

현대 일본경제

2008년 3월 10일 1판 1쇄 발행
2010년 1월 5일 1판 2쇄 발행

저 자 / 강철구
발행자 / 오판근
발행처 / 교우사

주 소 / 서울 동대문구 제기2동 148-19
전 화 / 925-2861(대), 편집부 / 925-2825
팩 스 / 925-2860
E-mail / kyowoo@kyowoo.co.kr
http://www.kyowoo.co.kr
등록 / 1994. 3. 24 제6-0256호

ISBN 978-89-8172-737-6 (93320)

값 **19,000**원